“十二五”国家重点出版物出版规划项目
海岸河口工程研究论丛

岛群中建港水动力
关键技术问题研究

杨　华　左书华　赵洪波
李　蓓　吴明阳　陈汉宝　著

RESEARCH ON HYDRODYNAMIC
KEY TECHNOLOGIES OF PORT CONSTRUCTION IN
ARCHIPELAGO WATERS

人民交通出版社股份有限公司
China Communications Press Co.,Ltd.

内 容 提 要

本书的编写是以“十一五”交通科技重大专项课题《离岸深水港建设关键技术研究》中的“岛群中建港水动力关键技术问题研究”为基础，全面论述岛群海域泥沙环境、波浪特征、泥沙淤积机理、淤积计算和模型试验的研究成果。书中有关成果已纳入《海港总体设计规范》(JTS 165—2013)和《海港水文规范》(JTS 145-2—2013)中。

图书在版编目(CIP)数据

岛群中建港水动力关键技术问题研究 / 杨华等著.
— 北京:人民交通出版社股份有限公司, 2015.6

ISBN 978-7-114-11718-3

Ⅰ. ①岛… Ⅱ. ①杨… Ⅲ. ①岛-港口建设-研究
Ⅳ. ①U65

中国版本图书馆 CIP 数据核字(2014)第 215330 号

海岸河口工程研究论丛

书　　名: 岛群中建港水动力关键技术问题研究
著 作 者: 杨　华　左书华　赵洪波　李　蓓　吴明阳　陈汉宝
责任编辑: 韩亚楠　崔　建　陈　鹏
出版发行: 人民交通出版社股份有限公司
地　　址: (100011)北京市朝阳区安定门外外馆斜街 3 号
网　　址: http://www.ccpress.com.cn
销售电话: (010)59757973
总 经 销: 人民交通出版社股份有限公司发行部
经　　销: 各地新华书店
印　　刷: 北京市密东印刷有限公司
开　　本: 720×960　1/16
印　　张: 21.25
字　　数: 357 千
版　　次: 2015 年 6 月　第 1 版
印　　次: 2015 年 6 月　第 1 次印刷
书　　号: ISBN 978-7-114-11718-3
定　　价: 48.00 元

序

海岸、河口是陆海相互作用的集中地带，自然资源丰富，是经济发达、人口集居之地。以我国为例，我国大陆海岸线北起辽宁省的鸭绿江口，南至广西的北仑河口，全长18000km；我国海岸带有大大小小的入海河流1500余条，入海河流径流量占全国河川径流总量的69.8%，其中流域面积广、径流大的河流主要有长江、黄河、珠江、钱塘江、瓯江等。海岸河口地区居住着全国40%左右的人口，创造了全国60%左右的国民经济产值，长三角、珠三角、环渤海等海岸河口地区是我国经济最为发达的地区，是我国的经济引擎。

人类在海岸河口地区从事经济开发的生产活动涉及到很多的海岸河口工程，如建设港口、开挖航道、修建防波堤、围海造陆、保护滩涂、治理河口、建设人工岛、修建跨(河)海大桥、建造滨海火电厂和核电厂等等，为了使其经济、合理、可行，必须要对环境水动力泥沙条件有一详细的了解、研究和论证。人类与海岸河口工程打交道是永恒的主题和使命。

交通运输部天津水运工程科学研究院海岸河口工程研究中心的前身是天津港回淤研究站，是专门从事海岸河口工程水动力泥沙研究的专业研究队伍。致力于为港口航道(水运工程)建设和其他海岸河口工程等提供优质的技术咨询服务，多年来，海岸河口工程研究中心科研人员的足迹遍布我国大江南北及亚洲的印尼、马来西亚、菲律宾、缅甸、越南、柬埔寨、伊朗和非洲的几内亚等国家，研究范围基本覆盖了我国海岸线上大中型港口及各种海岸河口工程及亚洲、非洲一些国家的海岸河口工程，承担了许多国家重大科技攻关项目和863项目，多项成果达到国际先进水平和国际领先水平并获国家及省部级科技进步奖。海岸河口工程研究中心对淤泥质海岸泥沙运动规律、粉沙质海岸泥沙运动规律和沙质海岸泥沙运动规律有深刻的认识，在淤泥质海岸适航水深应用技术、水动力泥沙模拟技术、悬沙及浅滩出露面积卫星遥感分析技术等方面无论在理论上还是在实践经验上均有很高的水平和独到的见解。中心的一代代专家们为大型的复杂的项目上给出正确的技术论证和指导，使经优化论证的工程方案得以实施。如珠江口伶仃洋航道选线研究、上海洋山港选址及方案论证研究、河北黄骅港的治理研究、江苏如东辐射沙洲西太阳沙人工岛可行性及建设方案论证、瓯江口温州浅滩围涂工程可行性研究、港珠澳大桥对珠江口港口航道影响研究论证、天津港各阶段建设回淤研究、田湾核电站取排水工程研究等等，事实证明这些工程是成功的。在积累的成熟技术基础上，主编了《淤泥质海港适航水深应用技术规范》、《海岸与河口潮流泥沙模拟技术规程》、《海港水文规范》泥沙章节、参编《海港总体设计规范》和《核电厂海工构筑物设计规范》等。

本论丛是交通运输部天津水运工程科学研究所海岸河口工程研究中心老一辈少一辈专家学者多年来的水动力泥沙理论研究成果、实用技术和实践经验的总结，内容丰富、水平先进、科学性强、技术实用、经验珍贵，涵盖了水动力泥沙理论研究，物理数学模型试验模拟技术研究，水沙研究新技术、水运工程建设、河口治理、人工岛开发建设实例介绍等海岸河口工程研究的方方面面，对从事本行业的技术人员学习和拓展思路具有很好的参考价值，是海岸河口工程研究领域的宝贵财富。

本人在交通运输部天津水运工程科学研究院工作20年(1990~2009年)，曾经是海岸河口工程研究中心的一员，我深得老一代专家的指导，同辈人的鼓励和青年人的支持，我深得严谨治学、求真务实氛围的熏陶、留恋之情与日俱增。今天，非常乐见同事们把他们丰富的研究成果、实践经验、成功的工程范例著书发表，分享给广大读者。相信本论丛的出版将会进一步丰富海岸河口水动力泥沙学科内容，对提高水动力泥沙研究水平，促使海岸河口工程研究再上新台阶有推动作用。希望海岸河口工程研究中心的专家们有更多的成果出版发行，使本论丛的内容越来越丰富，也使广大读者能大受裨益。

交通运输部科技司司长 赵冲久

2014 年 11 月

前　　言

我国近岸深水资源缺乏，可开发的深水港址几近枯竭，随着我国国民经济快速发展，沿海港口吞吐量大幅增长，运输船舶不断大型化，海港工程建设开始向深水水域发展。我国近海存在众多岛屿，目前许多岛群和岛屿中的深水岸线开发程度不高，开发潜力很大，是离岸深水港选址的重要资源之一。由于群岛海区的海洋水文特性和地貌特点与近岸海域有很大的不同，机理更复杂，影响因素更多，需要解决的问题更难，因此，研究群岛区的动力特性、泥沙问题和船舶安全靠泊问题有益于岛群深水港口岸线的开发，能有效缓解水路运输需求与港口现状之间的矛盾，促进海洋水文学、海岸动力学以及泥沙运动的基本理论学科的发展，具有广泛的应用前景。

岛群区域水动力受岛屿束流效应影响，多具有高流速、高含沙的特征。在这一海域建港水动力和泥沙及船舶安全靠泊问题是港口建设的关键问题。本书的编写是以"十一五"交通科技重大专项课题《离岸深水港建设关键技术研究》中的"岛群中建港水动力关键技术问题研究"为基础，主要从与港口有关的水文、泥沙和波浪条件出发，以洋山深水大港为依托，以港口调研资料分析为基础，全面论述岛群海域泥沙环境、泥沙淤积机理、淤积计算和物理模型的研究成果，总结岛群港口选址及建筑物布置的基本原则。并通过对岛群间波浪传播模拟方法的研究，以及对岛群间波浪的波高频率分布特征、台风浪双峰谱周期特征、波浪能量的方向分布特征的分析，得到岛群波浪与无遮掩海域波浪的特点及模拟方法与关键技术点，在大量模型实践基础上，结合已有规范，给出了考虑波浪的船舶系泊参数计算方法；书中提出的平衡含沙量理论、航道港池淤积计算公式与建港选址原则等已成功应用于洋山深水港建设中，且有关成果已纳入《海港总体设计规范》(JTS 165—2013)和《海港水文规范》(JTS 145-2—2013)中。

本书第一、九章由左书华、杨华编写；第二、八章由陈汉宝，孟祥玮编写；第三、四章由赵洪波、曹祖德编写；第五、六章由李蓓、张征编写；第七章由吴明阳、杨华编写；第十章由杨华编写。杨华和左书华对全书进行了统稿。参加重大专项课题人员还有赵冲久、王宣、程泽坤、蔡嘉熙、冯玉林、孙精石、侯志强、肖辉、刘国亭、庞启秀、闫新兴、成建华、沈可虹、孟祥玮、刘海源、高峰、姜云鹏、张慈珩、刘针、刘海成、杨会利、李华国、白静、孙百顺等。

由于作者的水平有限，书中不当之处在所难免，敬请读者不吝赐教。

著者

2014年12月

目　　录

1　我国主要岛群分布及特征

1.1　我国主要岛群分布

岛群主要是指由岛屿形成的群岛，河口海岸区由于泥沙运动形成明、暗沙洲群，以及人工岛等。岛群所在海岸基本上属于两大类，即平原淤泥、粉沙质海岸和山地区丘林岬湾或海岸。前者多与大河河口三角洲相联系，岸线平直，岸滩平缓；后者海岸曲折，具有突出的海岬和深入的海湾，岬湾相间，岛山罗列。我国的岛屿群主要分布在山东及辽东半岛、长江河口和杭州湾外，以及浙闽广东、海南局部沿岸。

1.1.1　*渤海湾海岸*

黄河口—滦河口之间，海岸的历史演变受黄河和滦河的深刻影响。黄河三角洲在发育时期，岸线外伸；黄河改道以后，岸线后退。海岸性质为粉沙、沙质海岸，并有贝壳堤堆积。滦河尾闸具有游荡性，多次改道，走大清河入海时，沙质海岸的沙嘴伸至曹妃甸附近，后又被切蚀成一段段孤立的沙岛，称为“曹妃甸岛群”。曹妃甸一带的岛屿，面积为 3.74km^2，各岛大致平行岸线分布，由北向南主要由石臼坨、月坨、腰坨（乐亭县）、西坨、蛤坨、腰坨（滦南县）、东坑坨、西坑坨、曹妃甸等共 36 个小岛组成，沙岛距大陆岸线约 20km，甸头端部紧邻渤海湾 20～30m 的深水区，是渤海湾内少有的深水海区。

在海洋动力的长期作用下，曹妃甸浅滩的甸头形成了一岬角地貌，长期以来处于稳定状态。利用曹妃甸天然港址优势，曹妃甸的总体开发正在分期建设中，主要工程包括：建设 4 个 25 万吨级矿石码头、3 个 30 万吨级原油码头、16 个 5 万～15 万吨级煤炭码头、1 个 10 万吨级 LNG 码头等。

1.1.2　*山东半岛及辽东半岛海岸*

辽东半岛是位于海岬之间的海湾，沉积物不厚，水深较深，具有发展深水大港的潜力，目前开发利用的有大连、旅顺以及长兴岛附近的港口。

山东半岛北部海岸，海岸线曲折程度较小，与庙岛群岛峡道相连的岸线有蓬莱港、蓬莱新港、长山港等重要港口；还有一系列海湾，均湾口敞开，两侧往往有陆连岛。陆连的沙坝以及沙嘴为港口的发展创造了有利的条件（如龙口港等）。

1.1.3 苏北海岸

苏北海岸是我国最长的淤泥质及粉沙质海岸,北部的连云港为岬角型海岸,连岛与大陆之间的峡道型通道,为建港提供了条件。之后通过筑堤,又使海峡成为狭长海湾。苏北平原海岸的发育受黄河来沙影响巨大。1855 年,黄河改道山东入海之后,废黄河三角洲持续侵蚀后退,侵蚀泥沙一般运移至海州湾,另一股向东南运移,与长江口外向西北运移的泥沙流相汇于弶港附近,再以弶港为中心,发育成规模巨大的辐射状沙洲群,沙脊之间为狭长的峡道(潮汐通道)、外海波浪行经沙脊(由连续分布的明、暗沙岛组成),发生破碎,又为泥沙物资由潮流向沙洲群内部输送堆积创造了条件。由明、暗沙岛沙洲组成的辐射状分布的岛群、岛(洲)间的较深峡道,较好的波浪掩护条件以及高可动性粉沙底质,构成了本区独特的港口航道开发环境。

在辐射沙洲中,有烂沙洋水道、黄沙洋水道两个主要的潮汐通道深槽,这两个水道又被沙洲分成不同南北水道。烂沙洋水道和黄沙洋水道具有开发成 10 万吨级以上深水航道的前景和潜力。

1.1.4 长江河口和杭州湾

长江河口是陆海相互作用的典型区域,径流和潮流作用很强,河槽涨、落潮流路的分歧使缓流区的泥沙堆积,2000 多年来,长江河口经历南岸边滩推展、北岸沙岛并岸、河口束窄、河槽成形并加深的演变建筑。在自然和人工干预下形成了由一系列明、暗沙洲和岛屿(崇明岛、横沙、长兴岛、九段沙等)组成的岛群,其间分布有不同程度的峡道(汊道),如北支、南支、北槽、南槽等。在南支南岸有上海市重要港口——上海港,为了发挥长江口黄金水道的作用,在北槽实施了长江口重大工程——深水航道工程。

杭州湾口外分布有我国最大的岛群,包括崎岖列岛、嵊泗列岛和舟山群岛,共有大小岛屿 1339 个。杭州湾外岛群也是我国作为港口资源开发程度最高的岛群,已建大型港区有镇海(北仑)港区、舟山港区、洋山港区等。洋山港区一期、二期、三期码头于 2008 年已全部建成,形成 5600m 长的码头深水岸线;舟山港区可建码头岸线有 1538km,其中水深大于 10m 的深水岸线 183.2km,水深大于 20m 的深水岸线 82.8km,具有极大的深水岸线发展潜力。

1.1.5 杭州湾以南的浙东、闽北岬湾式海岸

杭州湾以南的浙东、闽北岬湾式海岸主要有三门湾、乐清湾、瓯江口、罗源湾等。其特点是:大陆岸线非常曲折,港湾深入内地,呈溺谷状态;河流入海泥沙以细颗粒居多;岸外岛屿罗列,外海大浪不易传进,湾内水域静稳;大多处于强潮环境,

潮差较大,潮流成为泥沙运移、堆积的主要动力;海湾成为淤泥沉积有利的场所,湾内沉积物主要为粉沙和淤泥。

其中瓯江口外岛群最为典型,在瓯江口及口外有灵昆岛、大小门岛、洞头岛等岛屿,岛屿之间形成了不同的水道。温州港以这些岛屿和水道为依托,不断地向周围发展,目前已形成龙湾港区、七里港区、瑞安港区、鳌江港区,状元岙、大小门、乐清湾等新港区也相继启动开发,沿海港口生产泊位岸线达到13km以上。

1.1.6 闽南及广东海岸

闽江口以南的闽南海岸[闽江口、湄州湾及泉州(晋江口)等],同样具有岸线曲折、近岸岛屿众多、潮汐作用明显等岬湾式海岸的特点,但海积地貌(如连岛沙坝)较为发育。广东海岸及其附近岛屿,亦有类似情况。其沿岸沙堤、沙嘴、沙坝和连岛沙坝等海积地貌更为发育,它们把一部分海水封闭在内,成为泻湖和盐沼。广东还有一些海湾,如珠江口以东的大鹏湾、大亚湾,珠江口以西的广海湾,均湾口敞开,并有岛群分布。除湾顶有泥滩或粉沙滩发育,湾内水深较深,海湾及近岸岛屿有良好的港口开发条件。闽南、广东、海南岛南部的沿岸,特别是海湾内的沉积物,主要为沙及沙砾,为港口的发展提供了良好的泥沙环境。

1.2 我国已建岛群部分港口的自然条件及工程近况

本文重点调查收集了上海洋山港、浙江宁波—舟山港、福建泉州港、浙江温州港等岛群港口资料,并对其港口的自然条件和港口建设情况分述如下。

1.2.1 自然条件

资料显示,某些岛群(如舟山群岛)跨越海域范围较大,各区动力、泥沙条件存在差异,分别叙述过于繁复,在此后的某些章节中,出于分析所需,还将再次提及。为避免烦叙、利于对比,在此,仅将有关水文泥沙条件等简要概括于表1.2-1中。

1.2.2 港口近况

港口工程主要包括码头泊位、航道及锚地。以港为序,分述如下:

(1) 洋山港

洋山深水港区位于杭州湾口、长江口外的浙江省嵊泗崎岖列岛,由大、小洋山等数十个岛屿组成(图1.2-1,图1.2-2)。洋山港西北距上海市南汇芦潮港约32km,南至宁波北仑港约90km,向东经黄泽洋水道直通外海,距国际航线仅45海里,是距上海最近的深水良港。到2020年,洋山港布置集装箱深水泊位50多个,设计年吞吐能力1500万TEU以上;通过跨海大桥与上海交通运输网络连接,充分发挥上海港经济腹地广阔、箱源充足的优势。

水文泥沙条件对比

表 1.2-1

项目/港口	边界条件	潮汐(潮位:m)	潮流(流速:m/s)	波浪	主要沙源	含沙量(kg/m³)	底质(粒径:mm)
洋山港	(1)计有岛屿20余个,主要汊道近10条; (2)岛屿以岛链形式分列于南、北,构成东窄西宽、一主多汊的喇叭型宽阔水域	(1)非正规半日潮型; (2)潮位(理论基面): 最高潮位 5.73 最低潮位 −0.23 平均高潮位 3.88 平均低潮位 1.14 平均潮差 2.73 (3)平均历时: 涨潮 5小时47分 落潮 6小时37分	(1)往复流性质明显; (2)南、北岛链间水域断面潮段平均最大流速: 西口门涨潮 1.07 落潮 1.21 东口门涨潮 1.42 落潮 1.41 中部水域涨潮 1.18 落潮 1.20 (3)各断面平均流向: 涨潮 284°~293° 落潮 107°~111°	(1)海域以小波高、短周期的风成浪为主; (2)杨梅嘴站:热带气旋影响4次/a,最大波高4.7m(1998~2005年); (3)工作船码头强浪向N~NW,台风最大波高3.1m(2004~2005年)	受杭州湾及长江口南下泥沙影响较小;港区高含沙量主要为强水流就地掀沙所致	(1)含沙量平面分布以港区最大,其次为西部、南部和东部,北部最小; (2)港区平均含沙量约1.4kg/m³; (3)含沙量垂线分布较均匀	(1)底质表层$\bar{D}_{50}$:港区外围介于0.016~0.004; 港区所处主通道一般为0.018~0.027; 各汊道介于0.016~0.032; (2)沉积物分选处于好~中常范畴; (3)港区及外围基本属于泥质海岸性质
宁波港(北仑港区)	(1)北仑港区所处的金塘水道,岛屿较少,主要由金塘岛和陆岸所挟; (2)平面上呈宽窄相间的藕节状; (3)底部地形在纵向上呈中段低,东、西口门高的马鞍形。是一条不可多得的深水峡道	(1)金塘水道属不正规半日潮型; (2)潮位(理论基面): 最高潮位 4.87 最低潮位 0.06 平均高潮位 2.96 平均低潮位 1.15 平均潮差 1.82 (3)平均历时: 涨潮 5小时45分 落潮 6小时42分	(1)金塘水道涨落潮为往复流,外侧海域属旋转流; (2)为高流速峡道区,小潮时近岸的涨、落潮平均流速可分别达1.38和2.0; (3)水道流路分歧:涨潮流轴线靠北,落潮流轴线靠南	(1)除杭州湾有NW向涌浪传入外,其他均为局部风成浪(1986~1989年北仑测波站); (2)常浪向、强浪向均为NW,最大实测$H_{1/10}$为2.4m,通常小于0.4m;10年一遇设计波高为3.3m	除台风过境和东侧及北侧滩面冲刷泥沙影响本区外,其含沙量主要受杭州湾自水道西口进入沙量的多寡所控制	(1)含沙量的平面分布为水道西口大于东口; (2)水道平均含沙量为1kg/m³左右; (3)除憩流期外,表层与底层含沙量差别不大	(1)水道底质$\bar{D}_{50}$为0.010,d_{50}的区域变化幅度较小,介于0.009~0.011; (2)沉积物分选多为中常; (3)峡道沉积物属粉沙质淤泥

续上表

项目 港口	边界条件	潮汐(潮位:m)	潮流(流速:m/s)	波浪	主要沙源	含沙量 (kg/m^3)	底质(粒径:mm)
舟山港	(1)该水域岛屿星罗棋布(约1390个岛),潮汐通道纵横交错; (2)北部多为小岛,分布稀疏,南部多大岛,排列密集; (3)以基岩岸线为主(占岸线总长的75.8%),其次是以海堤为主的人工海岸(占21.6%),再次为沙质海岸(占2.1%),泥质岸线仅占0.5%; (4)水道地形处于动力平衡或微淤状态	在众多岛屿的复杂组合下,使潮汐因子出现如下特征: (1)水道的潮型多样,既有正规半日潮,又有不正规半日潮和混合潮型; (2)自东海陆架—杭州湾,高潮位逐渐降低,低潮位升高,潮差减小,水域平均潮差为2.53; (3)历时:在算山以东,涨潮历时由东向西沿程缩短,而算山以西由东向西则逐渐加长;落潮时则相反	(1)水流总体流向为SSE~NNW,水道(含汊道)总体呈往复流; (2)潮流强度受岛屿密集度、岛距及排列形式的影响明显。岛群密集区的潮汐通道,涨潮表层V_{max}为0.92~2.34,落潮为0.93~2.31。岛群稀疏区:涨潮表层V_{max}为0.29~1.00,落潮为0.31~1.49	(1)非掩护区的北部海域,年平均波高1.1m,台风期最大波高17.0m(E向),南部海域,年平均波高0.5m,最大波高4.2m(E向); (2)岛间波高随掩护状况不同而异,但均表现出波高明显减弱的特征	从沙源影响时间的长短及程度出发,可分为3个方面:冬春两季受苏北沿岸流挟沙和长江、杭州湾南下泥沙的影响相对较大;大风浪,特别是台风浪在岛群东侧及南、北两侧滩地的强掀沙,对该水域含沙量的明显增加有着短期但却不可忽视的作用;至于甬江、瓯江陆源沙的影响则仅居于次要地位	(1)由于岛群分布范围广,动力条件差异大,故各水道的含沙量除均随季节更替而变化外,含沙量的区域差异较明显; (2)冬高于夏:冬季为0.1~0.5,夏季远小于此值; (3)中部高于南部和北部:中部为0.1~0.5,南、北部为0.1~0.2; (4)就整个岛群水域而言,属较低含沙量范畴	(1)水道沉积物类型丰富,区域变化大。如水道口门外侧:金塘水道西口的d_{50}为0.1,属沙质,而虾寺门口门处则为淤泥,其d_{50}仅为0.008; (2)水道岸滩及岛群周边物质较细,属泥质粉沙类

续上表

项目 港口	边界条件	潮汐(潮位:m)	潮流(流速:m/s)	波浪	主要沙源	含沙量 (kg/m^3)	底质(粒径:mm)
温州港 (瓯江口)	(1)瓯江口外岛屿众多、滩槽交错、地形复杂,计有大门、洞头等岛屿数十个及主要水道4条,形成三滩四槽; (2)龙湾以外水面迅速展宽,形成喇叭形边界; (3)水道水深较良好,槽区地形基本稳定	(1)属于不规则半日潮型; (2)受岛屿分布不同的影响,不同区域的潮差有别,如江心屿为3.96,而龙湾却为4.50; (3)潮差自外向内增大;属强潮型河口	(1)属往复流; (2)龙湾向外,以中水道、黄大岙水道潮流最强,垂线平均涨落潮最大流速分别达0.39~1.95和0.80~2.45; (3)落潮流速大于涨潮流速	岛群掩护良好: 据湾外侧甲米礁站观测(1990年12月~1992年9月)台风侵袭时最大波高4.3m(E向),而岛内掩护区的南口水道附近,波高却为2.1~3.0	(1)河口主要沙源为强流对浅滩泥沙的悬扬及挟带; (2)瓯江口下泄泥沙(年平均含沙量0.13)及杭州湾南下泥沙流(卫星遥感资料分析仅0.05~0.3),均远低于河口区,因此两者不是河口水域的主沙源	总体属含沙量较大河口,但区域差别明显:正常天气条件下,水体含沙量在1.0左右,以龙湾最大,其垂线涨落潮潮段平均为1.8~3.2;而口门北侧的乐清湾却仅为0.3左右	(1)河口滩面沉积物总体较细,如乐清湾各区底质的平均中值粒径仅为0.005~0.007; (2)其他水域底质略粗,但仍属于泥质粉沙类

续上表

项目 港口	边界条件	潮汐(潮位:m)	潮流(流速:m/s)	波浪	主要沙源	含沙量(kg/m^3)	底质(粒径:mm)
泉州港后渚港区(泉州湾)	(1)计有近10个岛、礁分布于泉州湾口,在口门形成三条主要进出水道,最大水深为13~20m; (2)大坠门、小坠门、公牛礁等岛礁横亘于湾口南北,岛内宽阔水域总体掩护较好; (3)1972年建闸及大规模围垦前,湾内地形冲淤平衡;此后7年内,全水域及港区总体淤积较重	(1)正规半日潮型; (2)潮位(理论基面): 最高潮位 7.68~7.85 最低潮位 −0.08~0.29 平均高潮位 6.31~6.67 平均低潮位 1.34~1.55 平均潮差 4.88~5.22 属强潮型水域; (3)平均历时: 涨潮 6小时10分 落潮 6小时16分	(1)港区为往复流,但涨落潮流路分异; (2)港区附近深槽主流的涨潮最大流速为1.19,落潮最大流速为1.32;涨落潮潮段平均流速相近,一般变化为0.25~0.47;岛群外侧流速相对较大,如大坠门口外落潮潮段平均流速为0.7以上	(1)岛群以内,台风影响相对较小,如湾口以内北侧的秀涂站,设计高水位的$H_{1\%}$仅为3.58m(E向); (2)据崇武海洋站(1974~1983年)观测:湾口外侧的波高却较大,其中SE向最大为5.2m,SSE向为5m,ESE为3.6m	据历时29年实测,晋江年最大悬移质输沙量为424万t,平均222万t/a,是湾内的主要沙源;湾外的沿岸输沙微弱	(1)正常天气含沙量的平面分布,以晋江口外水域相对较大; (2)属较低含沙量海域,含沙量一般为0.2~0.3;大风天港区含沙量仅为1.0以内	(1)港池及其近侧滩面物质较细,d_{50}为0.005~0.1; (2)大、小坠门浅滩,底质变幅较大,为中粗沙~泥质粉沙,由此区向外为淤泥沉积物

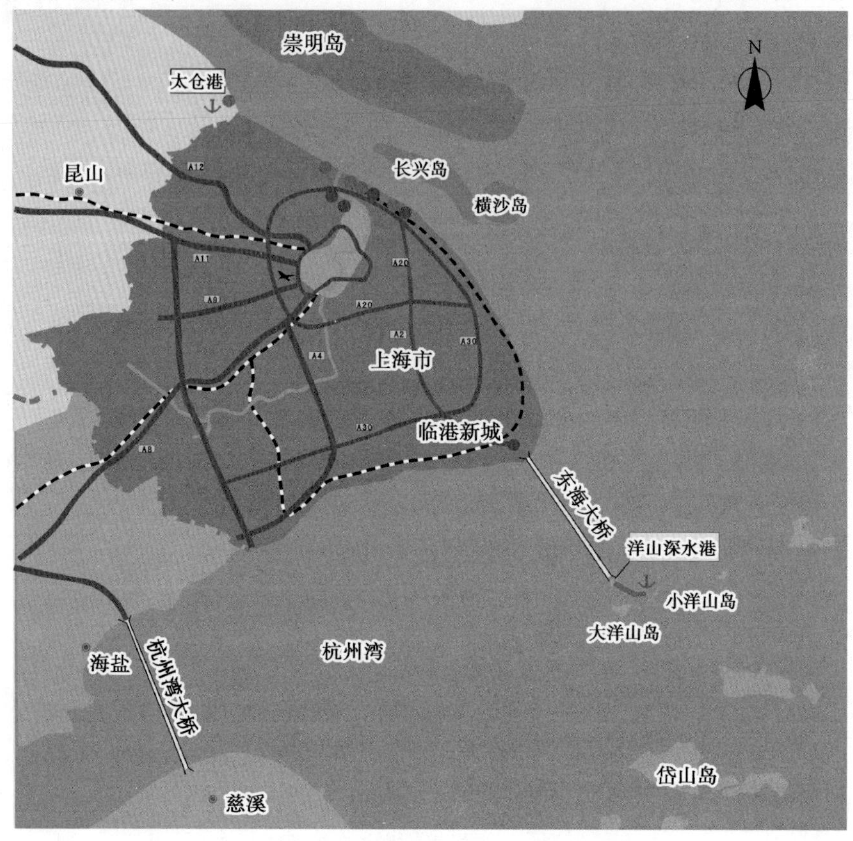

图 1.2-1　洋山深水港所在区域位置

洋山深水港港区分布，如图 1.2-3 所示。一期码头位于小洋山和镬盖塘连线的南侧，岸线全长 1600m，建设 5 个集装箱深水泊位，设计年吞吐能力 220 万 TEU。码头前沿水深-16m，可接纳 8000TEU 以上的大型集装箱船舶靠泊作业。二期码头位于小洋山岛南侧的水域，码头岸线 1400m，建设 4 个集装箱专用泊位，码头前沿水深-16m，设计集装箱年吞吐量 210 万 TEU。三期码头位于镬盖塘小岩礁连线的南侧，岸线长 2600m，布置 7 个 7 万~15 万 t 集装箱深水泊位。洋山一期、二期、三期码头于 2008 年已全部建成，形成码头岸线全长 5600m，设计年吞吐量达到 1120 万 TEU。

航道：洋山港深水航道，能满足第五代、第六代集装箱船舶进出。主要为天然双向航槽，有效宽度 550m，自然水深大于 16m。

图 1.2-2 洋山港海域峡道分布示意图(1998 年,工程前)

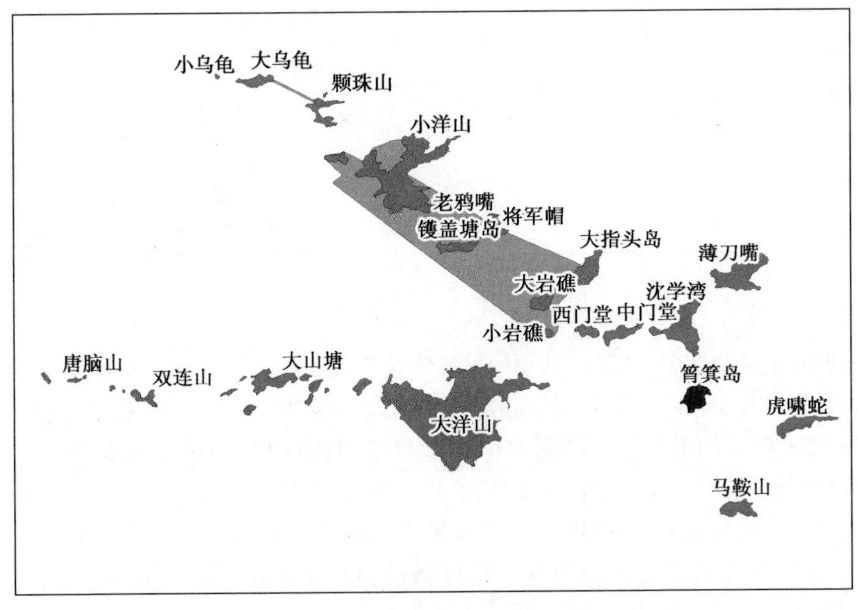

图 1.2-3 洋山港港区分布示意图(2007 年,工程后)

锚地：洋山港的锚地共分两处：一是洋山 15 万吨级以内集装箱引航、待泊锚地，面积 16.5km^2，水深 22～24m，底质为泥，可供 25 条船待泊；二是洋山港内 2 万吨级锚地，面积 3km^2，水深 10～13m，底质为泥，可停船 10 艘。

（2）宁波港（北仑港区）

宁波港地处我国大陆海岸线中部，南北和长江“T”形结构的交汇点上，地理位置适中，交通便捷。

宁波港由北仑港区、镇海港区、宁波港区、大榭港区、穿山港区组成，是一个集内河港、河口港和海港于一体的多功能、综合性的现代化深水大港（图 1.2-4）。宁波港水深、流顺、风浪小、不冻、不淤、陆域宽广，是目前中国能接卸 30 万吨级散货船的港口之一。其中北仑港区位于甬江口门东侧金塘水道南岸，西起甬江口岸长跳嘴灯桩，东至柴桥街道穿山大榭大桥，因邻近有小岛北仑山得名（图 1.2-5）。

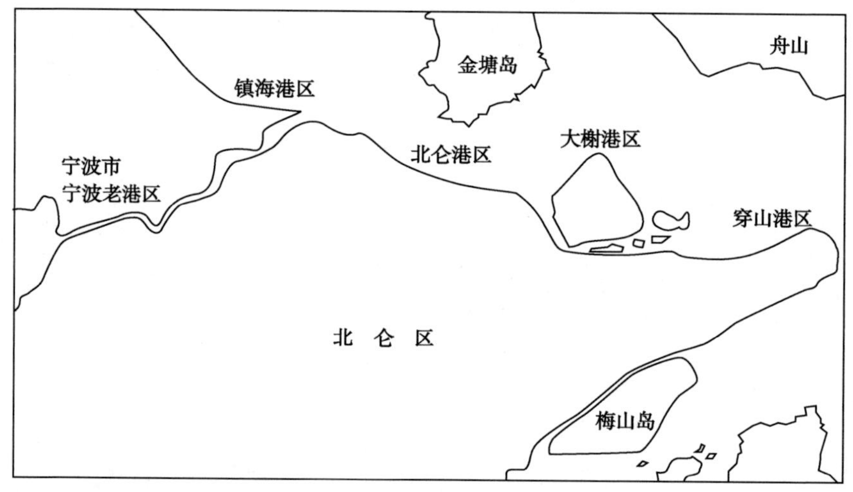

图 1.2-4　宁波港港区分布示意图

宁波港主要经营进口铁矿沙、内外贸集装箱、原油成品油、液体化工产品、煤炭以及其他散杂货装卸、储存、中转业务。2006 年，港口货物吞吐量达 3.1 亿 t，同比增长 15.2%，稳居大陆沿海港口第二位和世界港口第四位；完成集装箱吞吐量 706.8 万标 TEU，同比增长 35.7%，增幅连续 8 年居中国大陆主要集装箱港口前茅，继续保持大陆沿海主要港口第四和世界集装箱港口前 20 的地位。

泊位：金塘水道具有优越的港口建设条件，自 1978 年开始兴建北仑港区以来，港口发展迅速，至 2006 年，北仑港区已建 2.5 万～20 万吨级深水泊位共 16 个，其中：10 万吨级、20 万吨级和 2.5 万吨级矿石泊位各 1 个；2.5 万吨级通用泊位 3 个；

国际集装箱泊位4个;3万~5万吨级集装箱、多用途、杂货等泊位6个。除此之外，随着临港产业布置,还相应建成一批企业专用码头。2005年货物吞吐量已达2.68亿t。

航道:宁波港北仑港区,船舶航行条件优越,主要经金塘水道—螺头水道—虾寺门水道出入。水道全程宽度均能满足船舶双向航行;除虾寺门口外有一长15km、最小水深18.2m的相对浅段,20万吨级船舶需乘潮通过外,其余水深均在30m以上。

锚地:北仑港区锚地主要分布在金塘岛附近,面积为9.4km²,水深为9.6~39m,底质为泥,可供21艘不同等级船舶待泊、引航、避风。

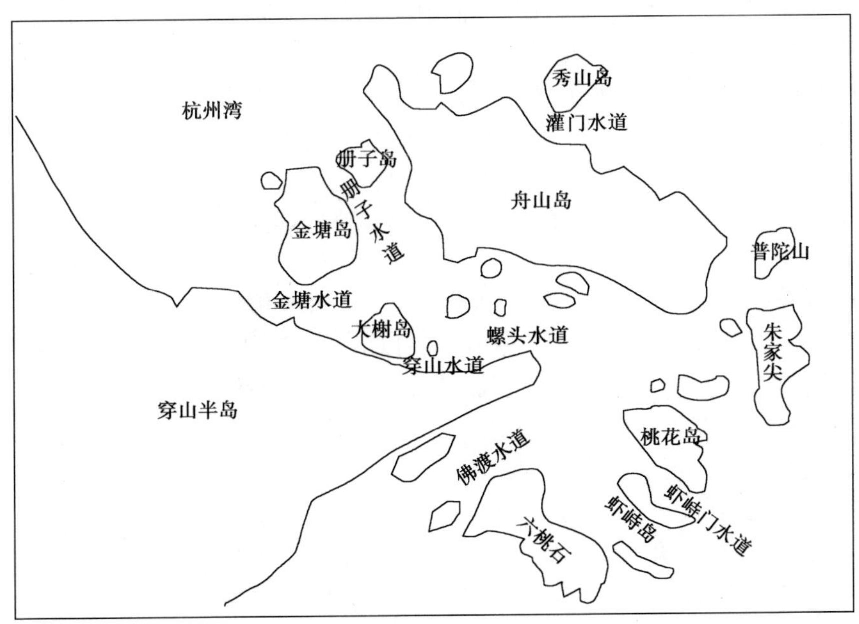

图1.2-5 北仑港附近主要岛屿、水道分布图

(3)舟山港

舟山港位于浙江省舟山群岛舟山市,地理坐标东经122°06′00″,北纬30°00′30″,地处我国南北航线与长江航线的“T”形交界点,水运交通十分便利;背靠经济发达的长江三角洲,是江浙和长江流域诸省的海上门户。港口具有丰富的深水岸线资源和优越的建港自然条件,可建码头岸线有1538km。其中水深大于10m的深水岸线183.2km;水深大于20m以上的深水岸线为82.8km。1987年4月,国务院批准舟山港对外开放,已与日本、美国、俄罗斯、朝鲜、马来西亚、新加坡等国有外贸运输

往来,并开通了国际集装箱班船。港口货物主要有石油、煤炭、矿砂、木料、粮食等。随着宁波—舟山港不断的开发建设,舟山港域已逐步形成为以水水中转为主要功能的综合性港口。全港有定海、沈家门、老塘山、高亭、衢山、泗礁、绿华山、洋山 8 个港区,共有生产性泊位 352 个,其中万吨级以上 11 个,2006 年,全港完成货物吞吐量超过 1.14 亿 t。

舟山港是上海国际航运中心的重要组成部分,是长江三角洲及长江沿岸工业发展所需能源、原材料及外贸物资运输的主要中转港,是舟山市经济社会发展和对外开放的重要依托,其发展方向是以水水中转和工业港为特色的综合性港口。

泊位:舟山群岛丰富的深水岸线资源和靠近"长三角"独特的地理位置等优势,不仅成就了港口发展的良好现状,同时,也展示了港口将成为我国矿石、原油、煤炭等大宗散货中转性深水港和储存基地的广阔前景。自 1977 年 9 月设置舟山港务管理局,特别是 1987 年正式对外开放以来,港口发展迅速。至 2005 年,舟山港已先后建成老塘山二期 2.5 万吨级煤码头、岙山 25 万吨级原油泊位、马迹山 25 万吨级矿石泊位、老塘山三期 5 万吨级多用途码头等共 14 个万吨级以上深水泊位。同时,还兴建了一批千吨级以上的中、小型泊位和岛陆交通码头。2005 年,港口吞吐量达 9052 万 t。

航道:舟山港的码头布局分散、吨位参差、航路复杂。按分布情况可划分为 3 个区域(图 1.2-6)。①北部海域(舟山本岛以北)。此区海域开阔,航道自然水深基本可满足现有港口通航需求。该区航道以车客轮渡较多。深水航道主要为马迹山航道,其设计宽度为 1000m,最小水深 22.1m,可满足 25 万吨级船舶行驶。②中部海域(包括穿山—舟山本岛—六横—象山)。舟山港(含大榭、穿山等港区,参见图 1.2-4)的主要航道集中于此区。大型船舶主要经册子水道、螺头水道和虾峙门水道进出。其最小宽度约 750m,水深一般大于 30m,仅虾峙门口外尚有部分浅区(详见宁波港北仑港区"航道")。③南部海域。港口发展缓慢,航道建设相对落后,目前航道水深一般较小,石浦港区的船舶多在 5000 吨级以下,通过宽度仅为 250~500m,且口门多礁石的下湾门水道出入。

锚地:舟山港的锚地众多,其中北部海域(不含洋山港)共有锚地 14 个:20 万吨级以上锚地 2 个,10 万~20 万吨级锚地 2 个,0.1 万~10 万吨级锚地 10 个;水深一般为 10~56m,底质均为泥,可供数十艘不同等级船舶待泊、引航。中部海域(不含金塘锚地):共有锚地 14 个,其中 20 万吨级以上锚地 3 个,10 万~20 万吨级锚地 3 个,0.1 万~10 万吨级锚地 8 个,分布于虾峙门口外、舟山岛南及西南水域,底质为泥,可供近百艘船舶引航、待泊、避风、过驳等使用。南部海域:虽有各类锚地 23 个,其中万吨级以上锚地 8 个,但因面积不足,尚难满足石浦等港大型船舶锚泊所

需。其他多属中、小型锚地。

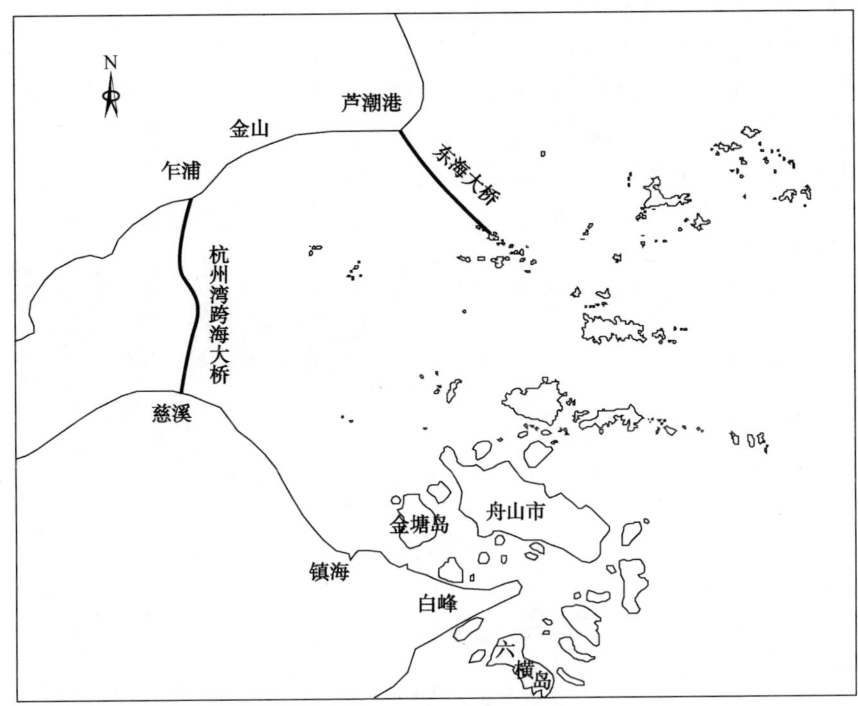

图 1.2-6 舟山港港区布置图

(4)温州港(瓯江口)

温州港位于浙江省东南部温州市辖境,东海温州湾瓯江河口内,是我国沿海25个主要港口之一,河口外有洞头本岛、大小门岛、鹿西、霓屿等100多个大小岛屿,成为天然屏障,是一个优良港湾(图1.2-7)。温州港交通便捷,它北邻宁波—舟山港,南毗福州港,东南与台湾的高雄港、基隆港隔海相望,拥有350km海岸线;沿104国道抵金华市,可通过浙赣铁路连接全国各地。公路104国道经过温州与全省公路网相连。温州机场离市区24km,目前已经开辟至北京、上海、扬州、宁波、厦门、广州、武汉、成都等航线。水路货运航线通大连、厦门等沿海港口以及长江沿线的汉口、九江、南京等地;国际货运航线通往日本、朝鲜、中国香港等22个国家和地区。水上客运航线有到上海、宁波、定海、广州及香港的班船。

泊位:经过的长期建设,温州港已发展成为一个集河口港、深水海港于一体,大中小泊位配套的综合性港口。温州港目前有龙湾港区、七里港区、瑞安港区、鳌江港区。状元岙、大小门、乐清湾港区也相继启动开发，初步实现了温州港从河口港向外海深水港的跨越，温州港发展潜力巨大。到2004年，温州市沿海港口生产泊位岸线达到13712m，泊位200个左右，2004年的吞吐量为2604万t、集装箱20万TEU；各中、小型泊位分布于河口以上的感潮河段。2004年10月，开始在河口区外侧状元岙水道南岸建设两个5万吨级集装箱码头，2007年，码头投入使用，年吞吐能力为70万TEU，正式告别了无大型集装箱码头的历史；按规划，将在具有丰富深水岸线和较好陆域纵深的状元岙港区建设深水码头25个，设计年吞吐量达7000万t。

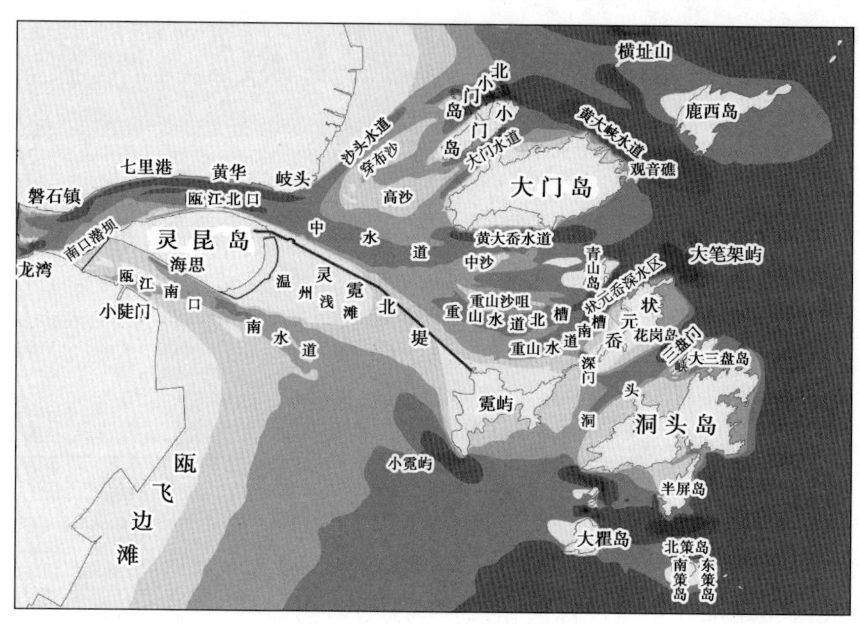

图1.2-7 瓯江口外主要岛屿

航道：温州老港（龙湾港区和七里港区）出海航道是一条水深仅为-6m左右、宽140m，只能满足2万吨级船舶乘潮进出的低标准航道。但新港区所处的状元岙水道近岸水深良好，进港航道天然水深为15m左右，多年来，水深一直处于稳定状态，且港区距国际航线较近，仅为30海里，是一条航行条件较优越的天然航道。

锚地：瓯江河口，岛屿众多、岛间深槽较发育，河口外侧海域也不乏掩护条件和天然水深均较好的锚地，不仅可全面满足港口目前各类船型待泊、避风、过驳所需，同时，还具有较广阔的锚地开发空间。

（5）泉州港（后渚港区）

泉州港位于福建省泉州市，距福州港157海里，距上海港589海里，东距台湾省基隆港152海里，西南距厦门港84海里，距香港357海里。泉州港现辖有4个港区 16 个作业区，经过几年来的不断建设，现已建成投产码头 32 座、泊位 54 个。其中万吨级以上泊位 10 个，年设计吞吐能力 1921 万 t，包括集装箱 16 万 TEU。初步形成了以泉州港为中心港区、大中小码头泊位优势互补、配套设施比较完善、功能比较齐全的港口体系。

泊位：泉州港现辖有 4 个港区（泉州湾、湄洲湾、深沪湾和围头湾港区）16 个作业区（图 1.2-8）。从港口发展历史和现状规模看，目前，深水泊位仍主要集中于泉州湾港区，计有万吨级多用途及石油中转泊位各 1 个，3 万 ~5 万吨级集装箱泊位各 1 个，5000 吨级以下各类泊位 22 个。泉州港 2006 年全港的货物吞吐量为 5135 万 t。与本次调研港口相比，港口规模不大，特别是深水泊位数量尚较少。

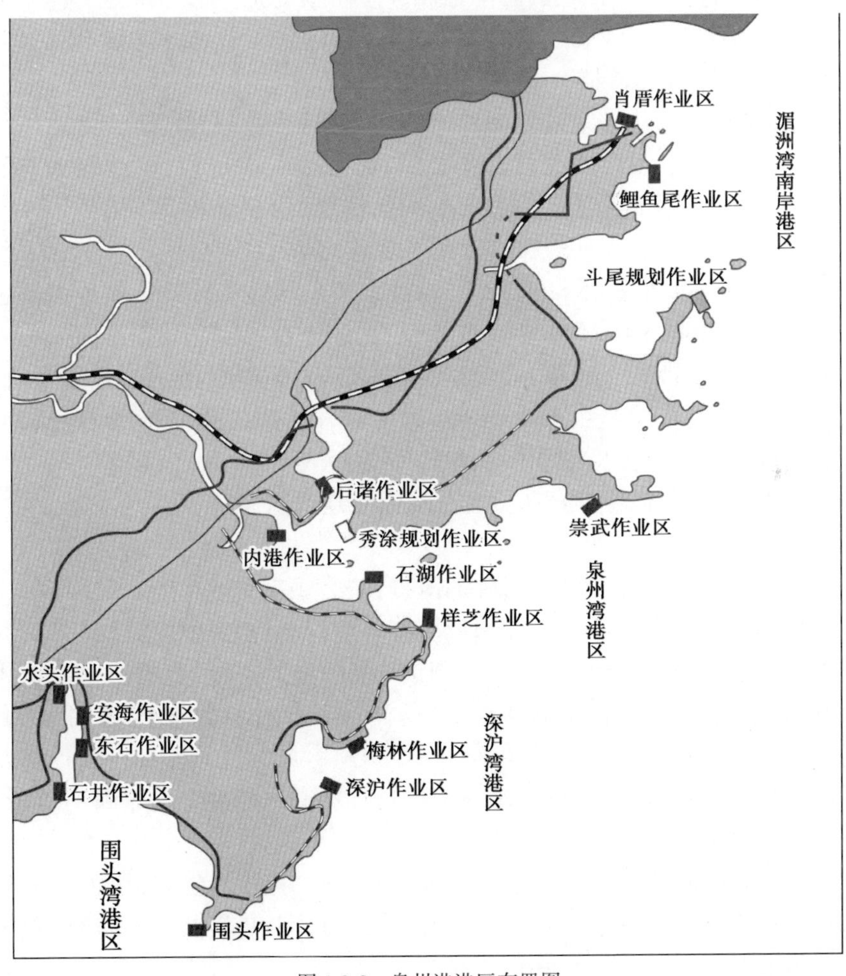

图 1.2-8　泉州港港区布置图

航道:泉州湾内后渚港区的出海航道,从全程看自然水深有限,目前主要依靠疏浚来保证船舶进出。

锚地:泉州湾内各港区的锚地面积及水深等条件有限,目前仅在该湾祥芝角东北侧水域设有一处面积近 $2km^2$、水深为 9.8~13.6m 的万吨级引航、检疫锚地。

1.3 岛群水域水动力、泥沙及地形基本特征

1.3.1 岛群港口分类及其在水文、地形等方面的差异

从各调研港口所处水、沙、造床动力等与河流的相关程度和陆域岸线宏观特征出发,大体可将岛群分为河口型、海湾型和准海洋型 3 类。

现将 3 种类型岛群在水流、泥沙、地形等方面的主要差别分述如下。

(1)河口型(瓯江口岛群)

河口型岛群在水、沙等因素方面的特殊性,可归纳为 3 个方面。

①影响因素众多,组合情况复杂:瓯江口与其他河口近似,泥沙起动、运移、沉降及地形演变等,受径流、潮流、波浪、咸淡水混合、沿岸输沙等复杂因素所左右。由于问题的复杂性,其机理和规律迄今仍在探索之中,不再赘述。

②河流影响不可忽视:瓯江的径流、输沙季节差异巨大,(我国其他河流也基本如此),其洪季径流量占年径流量的 70% 以上,洪季输沙量占的比例更高,达 80% 以上。显然,河流汛期的大流量、强输沙对河口岛群水域槽、滩水流强度,水体含沙量变化,特别是对地形演变的影响巨大,常在河口区形成滩槽相间的复杂平面形态,主、次水道之间有可能出现周期性的轮回交替。

③ 河口拦门沙具有逐年淤高、外扩,较为稳定的演变趋势。

(2)海湾型(泉州湾岛群)

泉州湾三面环陆,加之湾口岛、礁的掩护,较之顺直岸线而言,天然掩护条件要优越得多。海湾岛群的水沙条件和地形演变与河口岛群相比要简单得多。

①由于海湾通常无大河流注入(泉州湾即如此),岛间水道流速主要取决于海湾纳潮量,而与径流的关系较小,所以水道流速及水体含沙量没有明显的汛、枯之别。

②从宏观看,海湾分布的海岸形态多为岬湾相间,沿岸输沙微弱、沙源单一。泉州湾口岛群水域的泥沙主要受晋江有限下泄沙量的影响。

③由于湾口的潮流速度变幅不大,沙源少且单一,以及相对稳定的水流和泥沙环境,使湾口地形除在台风过境时出现冲刷及台风过后复淤的短暂变化外,天然海湾长时段的地形通常处于略有淤积的稳定状态。

(3)准海洋型(洋山、舟山、北仑岛群)

所谓准海洋型,即以海洋动力影响为主,同时兼受河流的部分影响。准海洋型岛群区的水流相对强劲,受季节性海流影响较小(如洋山港区),大流速是导致含沙量高的直接诱因;岛群外围海域波浪的冬夏之别对岛群水体含沙量季节变化的影响较河口为小;对洋山、舟山和北仑多年水深图对比表明,岛群之间的滩槽地形总体稳定、略有淤积,强浪对地形变化的影响仅限于短时段内,与地形微弱台升的关系不大,更无与河流洪、枯季巨大反差对应关系。

尽管3种类型岛群在浪、流、沙等方面存在许多共性(详见其后),但从上述看,差异却是明显的。在港口选址及港口工程布置时,应充分注意这些差异所带来的利弊影响。

1.3.2 岛群水、沙及地形的共性特征

尽管各调研岛群的地理位置、岛屿分布状况和潮汐性质等存在差异,但资料显示,岛群区在水流、泥沙及地形等方面却有着许多共同点,从而为港口选址及工程布局基本原则制订的代表性和实用性,奠定了良好的基础。其共性特征如下。

(1)潮流动力强

洋山港位于南、北两条岛链所夹,东窄西宽的喇叭形海域。外航道的涨、落潮垂线最大流速分别达2.21m/s、2.30m/s,喇叭形通道中部分别为2.40m/s、2.39m/s,通道西口门分别为2.45m/s、2.67m/s;舟山岛群密集区的涨、落潮表层最大流速分别为0.9~2.34m/s和0.93~2.31m/s;即使在海湾面积不大、纳潮量有限的泉州湾口,其大、小坠门岛间水道的涨落潮垂线最大流速也分别可达0.81m/s和1.08m/s,个别区域可达0.98m/s和1.35m/s;瓯江口及北仑峡道也同属强流区。从而不难看出,无论是强潮汐(瓯江口、泉州湾口),还是其他处于弱、中潮汐海域,岛群水道潮流动力强劲的共性特征都比较明显。

(2)水流运动复杂,主流向的分异现象较明显

复杂的水流运动,主要由岛屿的分布形式所决定。在岛群区,一主多汊的水道分布格局,常造成涨潮时汊道水流向主水道汇集,形成水流的辐聚现象;落潮则相反,形成主水道水流的辐散。这一特征在岛屿众多的舟山群岛和大、小洋山岛群区表现得尤为突出。

涨、落潮流向的分异现象:例如洋山港,港口兴建前(天然状态),在纵向上,南、北两岛链近侧水域相比,涨潮流偏于南岛链一侧,落潮流则偏于北岛链;由于港口建设所需,在北岛链实施一系列的汊道封堵后,却又出现了与上述相反的情况,

涨潮时北岛链近侧的水流强度相对较大，而落潮时南岛链的水流则又有所强化；洋山港区的颗珠山—蒋公柱水道的分异现象则更为明显，涨潮时其主流出现在水道的西侧，落潮时则相反，位于水道东侧。又如金塘水道，涨潮主流偏于水道北岸，而落潮则偏于南岸。册子水道、瓯江口及泉州湾港区等水域，都在一定程度上存在涨落潮流向不一致的现象。

(3)潮流是泥沙掀扬和输移的主要动力

如前所述，岛群水域具有潮流速度大的共性特征，其流速值多已超过海床表层淤泥的起动和扬动流速，与出现概率相对较小、掩护条件较好岛群区的波浪掀沙相比，前者有着绝对优势。强劲的潮流使岛群海区高含沙、强输沙的特征明显。而其他类型的水体流动，如风吹流，不仅其流速较小(通常不会超过0.2m/s)，而且仅限于表层；长江冲淡水扩散以及其他季节性沿岸流等，与岛区的强潮流相比都要弱得多，因此，在岛群水域泥沙起动和输送中仅居次要地位。

(4)波浪动力较弱

从宏观看，岛群外围通常为水深较大的开敞海域，各向大风都可能在其外侧形成大浪，然而在多岛掩护下，岛群区的波况却要好得多。其优势在于受强浪影响的方位少，仅限于某些波向，同时波高也较小。

例如，舟山群岛北部外沿观测到的最大波高达17.0m(E向波)，ESE向浪的最大波高也达11.5m，但舟山群岛中的石浦港，因其四面环山，且仅有五条狭长通道与外海相连，所以主要为小风区波浪，该港9个作业区50年一遇的$H_{13\%}$均为1.25m以内；册子水道的外钓山水域，年平均波高仅为0.1~0.2m，浪高大于1m的波浪出现概率极少；金塘水道的波高通常为0.4m以内，除台风过境外，最大不超过1.7m。

又如，洋山深水港区，其主通道内受大、小洋山等岛屿遮挡的影响，波浪相对较小。据1998~2005年较为完整的观音山波浪观测报表资料统计，7年中观音山$1.0m \leq H_{1/10} < 2.0m$波高出现次数为525次，占观测次数的5%，$2.0m \leq H_{1/10} < 3.1m$波高出现次数共为31次，主要发生在2005年(出现次数15次，发生在8月、9月和12月)。年平均$H_{1/10}$波高为0.44m，最大波高为3.10m。就目前的边界而言，仅偏西向强浪对港口作业存在不同程度的影响，港口泊稳条件总体较好。

其他岛群水域的波况，在性属上也基本如此。岛群区内的波浪动力较弱特性均较明显。

(5)陆源沙对港口的影响较小，沙源相对单一

众多勘测及研究表明，径流挟带泥沙在河口及其附近水域的扩散规律为，由岸

至海，悬沙浓度由高至低，即使是含沙量较高的沿岸流，在循某一方向运移的同时，也将不断自近岸向深水区扩散。在水动力、底质等条件相近的情况下，近岸水域的含沙量都远高于深水区。所以，近岸海港或河流输沙量较大的河口港，受陆源沙的影响通常较大；不仅如此，从沙源看，上述两者的沙源类型也相对丰富。河流入海泥沙、港口两侧海岸天然侵蚀泥沙以及某些海岸工程（如局部围垦）造成的港口近侧岸、滩冲蚀等都可能成为港口淤积的泥沙来源。与之相比，岛群港口与陆岸的距离相对较远，往往处于河流来沙和沿岸输沙扩散的低浓度区，在特定情况下，其水体不但对港口淤积并无大碍，甚至还趋于有利。例如，舟山岛群密集区的流速与洋山港区相当，对床面泥沙都具有较强的冲刷和扬动能力，但水体含沙量却远低于洋山港，仅为 0.05~0.5kg/m^3，究其原因，与冲淡水及沿岸低含沙流过境稀释有关。至于海岸局部围垦等冲蚀泥沙的影响，在通常情况下，由于其量不大，也基本不会波及岛群水域。

（6）水体含沙量分布存在时空变化

岛群水域的含沙量具有随时间和平面位置的不同而变化的共性特征，在时间变化上，因属于东亚季风区，都有冬季含沙量高而夏季低的特点；从多年变化角度看，都受到河流输沙减小的影响，年变化趋势趋于减小；在空间分布上，由于潮流较强，含沙量的垂线分布通常比较均匀，底层含沙量一般为垂线平均含沙量的 2 倍。例如，洋山港水体含沙量在时间上的变化，表现为因季节和潮型的不同而不同。小洋山港区的表层含沙量以冬、春季较高，月平均为 1.20kg/m^3，夏秋季较低仅 0.59kg/m^3，大潮的涨落潮平均含沙量达 1.68kg/m^3，而小潮却仅为 0.72kg/m^3。在空间上，港区外围以东部和北部水域的含沙量较小，均为 1.01kg/m^{3}左右，南部和西部水域较大，分别为 1.38kg/m^{3}和 1.63kg/m^3。舟山群岛：中部水域的平均含沙量为 0.05~0.5kg/m^3，而南部及北部却仅为 0.05~0.2kg/m^3；冬季（含沙量在 0.51kg/m^{3}以内）也普遍高于夏季（0.05~0.1kg/m^3）。瓯江口等岛群水域的含沙量也在不同程度上存在类似的时空变化规律。

（7）极少出现浮泥现象

各岛群及其周边水域的底质资料显示，沉积物的中值粒径通常为 0.01~0.027mm，从总体上看，多属淤泥质海岸类；悬移质泥沙的颗粒则更细，为 0.004~0.009mm。

淤泥质海岸的特征，包括泥沙起动和运移动力、地貌类型、岸滩比降等诸多方面。此外，大风浪出现后或河流汛期，滩面或港区常伴有浮泥现象出现也是淤泥质海岸的重要特征之一。浮泥在港区的普遍存在及其向深水区（如泊地）的汇集，往往给港口的及时清淤带来很大困难，所以浮泥问题常为人们所关注。然而，从本次对各岛群港口的淤积调查看,不仅浮泥出现的概率很小,而且存在的时间较短。例如洋山港,至 2008 年 5 月,仅在一期港池开挖期间,因出现延时 3 天的 7 级左右偏 N 向大风,使港口一度出现浮泥,大风后港区及外航道浮泥的平均厚度分别为0.11~0.36m 和 0.56m,但数日后却自行消失,两区的水深与浮泥出现前基本一致。其他港口也少有浮泥出现的记载。究其原因,与各区的强水流性质直接有关。试验研究表明,浮泥的存在需同时具备 4 个条件:悬沙颗粒细(如 d_{50}为 0.008mm 以内)、细颗粒物质丰富(含沙量较大)、盐度适中(絮凝的最佳盐度为 20‰~25‰),以及有利于泥沙絮凝和沉积的水动力环境。从前三者看,各岛群所具有的条件都比较充分,但因各岛群(特别是洋山、舟山、北仑)的流速过大,细颗粒物质难于形成絮凝团,即使在某一时段,由于水体含沙量巨增,水流挟沙处于超饱和状况,细颗粒沉降量增加而形成一定厚度和密度较低的浮泥层,也极有可能被此后的强流重新掀扬。分析认为,这就是洋山港浮泥出现后,随着水体含沙浓度恢复至正常状态,浮泥便"自行消失"的主要原因之一。

(8)水下地貌类型单一,地形相对稳定

尽管岛群中的水道纵槽交错、水流运动复杂,但水下地貌通常只有槽、滩之别,而无诸如沙嘴、沙坝等地貌类型。有关资料显示,即使在沙源较丰富的沙质海岸岛群水域,也难于在水流强劲的峡道区形成种类丰富的地貌单元。岛群水域的这一地貌特征,在一定程度上降低了港口工程引发水下地貌群体转换或变迁给港口水深正常维护带来的风险。

地形的稳定度,主要取决于水流、波能及沙源变幅的大小。在河口区或受河流输沙影响较大的海岸带,由于河流汛、枯二季的径流量及输沙量分配极度不均,对于一般河口而言,都存在着"洪淤枯冲"的特点,使得河口三角洲也表现出明显的淤、冲交替。近河口岸段的浅滩演变模式与河流水、沙输送的关系在性质上与河口区类同,除此之外,海向大风,特别是台风过境时还常导致浅滩强冲并形成规模不等的冲刷坑、坎等特殊地貌群,风后这些地区的滩面高程复又迅速抬升。地形冲淤转换剧烈、冲淤的随机性,以及强输沙河口三角洲不断增高、外扩,成为河口和近岸水域地形演变的重要特征。与上述区域相比,岛群水域受径流、输沙和台风浪影响的程度则弱得多,其动力及沙源变化不大、地形相对稳定应在情理之中。

1.3.3 小结

3 种类型岛群在浪、流、沙、地形等方面,具有潮汐动力相对较强、掩护条件好、陆源沙少、地貌类型单一、天然槽滩稳定、浮泥出现概率小、港口淤积较轻等共性特

征,与3种类型岛群水域之间的差异相比,不仅共性项远多于差异项,而且从港口选址、岸线开发、水深维护等重大问题中的地位看,共性点的重要性也明显占优势,从而为港口选址、建筑物布置基本原则的制订应具有的普遍意义奠定了良好的基础。

1.4 我国岛群岸线、水深资源开发的研究现状

在我国岛群岸线、水深资源开发中,带有普遍性的主要技术问题包括4个方面:

(1)港区陆域形成问题(包括软地基处理及吹填造陆);

(2)陆岛交通即港区集疏运问题(海堤、大桥);

(3)港区、航道浚深后的泥沙回淤问题;

(4)环境、生态影响及修复补偿问题。

这4个方面的问题,既有独立的研究工作、开发要求,又有相互间的紧密联系,例如港区和峡道(潮汐通道、汊道)的泥沙问题,与陆域及陆、岛间的桥、堤布置所引起的流场、泥沙场改变有关等。因此,下面从上述4个方面所涉及的泥沙问题出发,如动力地貌研究、数学模型研究、物理模型研究以及现场观测技术等,去分析讨论。

1.4.1 动力地貌研究

海岸带上的动力地貌研究主要是研究在波浪、潮汐、海流、风等动力因素作用下的演变过程。这些动力因素是作用于海岸的作用变量,能引起海岸地貌和海岸沉积物的变化;海岸动力地貌既要研究这些变量的本身,同时也要分析这些变量对动力因素的反馈作用。

在研究过程中,可以进行其中的单项研究,如海区的潮波系统及潮流场特征、波浪场特征、海区泥沙来源和沉积物分布,也可以系统综合研究,如海区岸滩及海床演变及冲淤稳定性(遥感和现场调查相结合)以及岛屿之间峡道的峡道效应对海区的影响,大规模围滩吹填造陆、筑堤、建桥等大型工程的动力、地貌影响等。

最早开展岛群相关研究的是,在20世纪70年代,我国杭州大学地理系港口与航道专业,围绕着深水港口资源开发的目的,对杭州湾南岸金塘岛之间的金塘水道的水流、波浪和地质地貌特征进行了研究,揭示了这些水道的水流、泥沙特征以及不同水道之间的相互影响及岸滩演变的相互作用。

自20世纪70年代后,岛群环境下泥沙问题研究文献日渐增多,其中海域的水

动力条件、泥沙运动和岸滩演变就是一个重点。在研究方法来讲，一般都是基于实测现场资料进行海域的水文泥沙及岸滩演变分析，更进一步有的结合遥感卫星影像资料弥补大范围的缺陷。

在渤海湾海域研究主要集中在渤海海峡的庙岛群岛海域和曹妃甸海域。在庙岛群岛海域，以波浪和潮流为主要动力，落潮潮流流速大于涨潮，表层流速一般流速为0.50m/s，最大可达1.56m/s，庙岛群岛岛屿之间具有显著的峡道效应，且峡道东西两段差异明显，对峡道以东的山东半岛北部沿岸海底泥沙运动和沉积具有重要影响（王庆等，2006年）。在对渤海东部沉积物所作的研究发现，老铁山水道北部水动力强，沉积物主要为砾和沙砾，而向水道南部海流流速减小，反映出了老铁山水道沉积物粒度逐渐变细的规律（尹延鸿等，1994年）。通过搜集大量相关资料，对老铁山水道的动力条件、海底地貌、沉积物组成、峡道效应及地貌形成机制进行了综合分析后，研究表明老铁山水道潮流作用显著，波浪、潮流动力系统较强，表层流速大于底层流速；北黄海水团和渤海水团在水道处交汇，形成了季节性的流速和温度垂直结构，而且流速的垂直结构是同一潮流周期内进、出渤海的潮量相等的主要原因，水道北部存在潮汐峰活动；老铁山水道地貌自北而南由北部冲刷槽、中部隆起带和南部冲刷槽3个侵蚀地貌单元组成；自更新世冰期结束以来开始，随着海侵过程而逐渐发育，经6000~7000年已基本形成现在的海底地貌和动力系统格局（刘建华等，2008年）。

对于曹妃甸岛群，则主要针对海域特征以及如何开发利用等研究上。曹妃甸海域主要受渤海潮波系统控制，属于不规则半日潮，该海域涨潮流速大于落潮的变化，大潮潮段平均流速为0.50m/s左右，水体含沙量相对较低，在0.3kg/m^{3}以下，在波、流共同作用下泥沙难以淤积，曹妃甸海域甸头北侧虽有大范围浅滩存在，但泥沙仅在滩面上往复运移，使曹妃甸长期处于基本稳定状态（杨华等，2005年）。一些学者根据滦河口至曹妃甸沿岸地带常风向、强风向及沙嘴的指向，认为这一带存在沿岸泥沙运动，滨外坝是沿岸泥沙堆积而成，但沙坝的形成是分段进行的；曹妃甸岛群是滦河在大清河口入海时，滦河沙在风浪作用下，向西南运动形成的（王颖等，1959年；李从先，1985年）。

在苏北海岸线上的岛群研究，主要在连云港海域和苏北辐射沙洲上。连云港港地理位置优势，以连云港为起点的陇海兰新铁路横贯我国的中、西部，腹地辽阔，交通便捷，具有发展成为大港的疏运条件。连云港周围水深很浅，港区为自然水深不足3m的浅滩，并以1/1000~1/2000的坡度向海延伸；海底为数米乃至数十米的淤泥沉积。不少学者20世纪70年代以来对连云港海域特征、演变及趋势和如何利用现有建设深水大港进行了研究。

研究成果可以大致归纳为几点[6]：

(1)历史上黄河下游改道对江苏北部及连云港地区海岸变迁和沿岸泥沙供应强度变化起到了重要影响；

(2)连云港海域总体上进入自然冲淤平衡状态；

(3)波浪与潮流都对潮滩的演变产生明显的作用；

(4)波浪是造成本区淤泥质岸滩掀沙的主要动力，而潮流是造成泥沙运移扩散的主要动力。

苏北沿海辐射沙洲是江苏滨外一种特殊的沉积体系，它以东台市弶港地区为顶点向海辐散，南北长 200km，东西宽 100km，面积约为 2000km^2，辐射沙洲体系内脊槽相间，沙脊上水深小，有的低潮出露，0m 线以上的沙脊面积达 2200km^2，沙槽水深一般为 15~20m，最大可达 40m(朱大奎等，1993 年)。在其研究上，主要包括辐射沙洲海域的水动力泥沙条件或动力机制、辐射沙洲物源(泥沙来源)以及成因分析等。

关于辐射沙洲的泥沙来源分析上，存在两种不同的意见。

(1)依据辐射沙洲的形态，苏北沿岸潮差和滩地高程的变化，部分地区的测流资料以及孢粉的组合和扩散，提出辐射沙洲是由长江北上的近岸流及其携带的泥沙与废黄河口南下的近岸流和泥沙相遇于弶港，向海辐散而形成，它的物源是长江和黄河的泥沙，并把它作为长江三角洲的伴生沉积体系(李从先，1979 年)，这种意见认为沿海潮流系统和泥沙运动产生了辐射沙洲体系，即动力造成了地貌形态。

(2)长江河口沙坝是辐射沙洲形成的初始形态(何浩明，1979 年)，长江泥沙是辐射沙洲的物源(张忍顺，1992 年；朱永其，1984 年)。

位于杭州湾口外的舟山群岛海域是我国著名的岛群海域，岛屿众多，岛屿之间峡道纵横分布，是岛群环境下泥沙问题的研究重点之一。研究者认为，晚更新世以来，舟山群岛地区发生了 3 次海进海退。其中，晚更新世末期低海面时，舟山群岛峡道高程约位于吴淞基面以下 38m 左右，全新世海侵以来，受峡道水动力的作用，除部分峡道内海湾发生淤积外，舟山群岛峡道底部发生了明显的冲刷，其最大冲刷厚度可达 80m 左右，为杭州湾乃至整个浙闽沿海提供了大量的泥沙(蒋国俊等，1997 年，1998 年)。在舟山群岛马岙峡道的水域，受峡道地形限制，马岙岸段水流呈现显著的往复流特性，潮流流速较强，水体含沙量较低，泥沙淤积较弱，岸滩处于冲淤平衡状态；受峡道内涨落湘流分流和汇流的共同作用，马岙小泥糊礁附近发育水下沙嘴，该沙嘴是以落潮流作用为主形成的浅滩，受涨潮流改造而形成的，并将在涨落潮流作用下逐渐增长，形成连岛沙嘴，使小泥糊礁附近岸线发展成弧形岸统，并达成新的平衡（蒋国俊等，2001 年）。

崎岖列岛海域是由大、小洋山两条岛链围成的喇叭口形的海域。近年来，随着洋山深水港的建设，相关的研究成果愈加丰富。崎岖列岛洋山海域属淤泥质海岸带的中等潮差的非正规半日潮近岸水域，大流速、多通道、高含沙量以及浅滩（岛屿）与深槽间布的水下地形（徐元，2001 年），最大垂线平均流速为 1.5m/s 左右，海区悬移质泥沙时空变化，除受潮流和风浪作用以及长江口外泄水沙等的影响外，使得悬沙表现出独特的分布规律——高含沙区、冬季高夏季低、北高南低、西高东低等（陈沈良，2000 年），泥沙主要来源于杭州湾和长江口的入海泥沙（闫新兴，2000 年）。而且，在研究中，发现洋山港海域与长江口存在诸多相似性现象——高悬沙浓度区分布特征、表层沉积特征和浅滩区分布特征的相似性，两者均存在滞流区现象是产生其他相似现象的根本原因（李玉中，陈沈良，2003 年）。在洋山港内和航道水域沉积柱状取样分析，港内水域沉积物粒度总体较粗，沙和粉沙的含量平均为近 80%，粘土含量平均为 20%，平均粒径为 $5.62 \sim 6.22\varphi$；航道和附近水域沉积物粒度比港内水域略细，沙和粉沙含量平均为 75%，粘土含量平均为 25%；^{210}Pb 和 ^{137}Cs 年代测年表明，港内水域的沉积速率为每年 0.93 ~ 1.56cm，航道水域的平均沉积速率为每年 0.66cm，总体来说，该海区沉积环境较为稳定，水动力作用较强，沉积速度缓慢，处于基本冲淤平衡的状态（赵庆英等，2005 年）。由此，一些研究者提出了崎岖列岛洋山港海域发展深水大港的有利条件、洋山港规划方案和整体布局（Cheng，2005 年）。

近十几年来，遥感技术在海洋与海岸带中的应用已经十分广泛，如表层悬浮泥沙遥感、海浪遥感、海岸带遥感、浅海水下地形遥感等。在舟山群岛海域，有研究者利用 TM/ETM+、SPOT、ERS-2 SAR 和 NOAAAVHRR 等多种遥感资料（张华国等，2003 年），结合常规资料，开展舟山群岛—宁波深水港群港口资源的综合调查，对舟山群岛海域港口现状、海岸类型、深水岸线资源、航道锚地资源和仓储场地资源等方面作了较为详细的调查，对港口资源及其环境进行综合调查研究和评价有着重要的意义。通过卫星遥感图像资料建立海域表层悬沙分布的遥感定量模式是许多研究者在悬沙分析上最常用的方法（杨华等，2003 年；温令平，2004 年；左书华等，2007 年），通过海域表层悬沙分布的遥感定量模式，揭示了海域悬沙分布规律和运动趋势以及周围海域泥沙运动对研究海域的影响。如通过对温州瓯江口海域的悬沙遥感分析，研究表明海域含沙量受落潮流和 N ~ NE 向风浪作用及江浙沿岸流的影响，泥沙有自北向南沿岸输移的趋势，并在距浙江沿岸 30 ~ 40km 范围内有一条明显的泥沙浑浊带，其范围由北向南逐渐减少，表层水体含沙量也由北向南逐渐降低，对浙江沿岸的泥沙运动产生重要影响（左书华等，2007 年）；而且通过遥感

分析,还能明显看出海域泥沙来源,通过地形对比分析揭示了悬沙分布与水下地形的关系(温令平,2004 年)。

1.4.2 数值、物理模拟研究

大范围多岛屿数值计算往往具有计算面积大,岛屿众多,岸线曲折,水道纵横交错,水流条件复杂的特点。要求有较详细的流场情况和所用的数值模型能较好地适应复杂的边界地形,一直以来是数值计算的难点。随着计算机技术的不断发展,数值模拟及其相关理论也得到了的不断改进,对岛群海域的汊道之间水动力、泥沙输移的研究提供了很好的技术支持,也使得岛群海域的海岸工程研究进一步发展。

数学模型从不同方面可以有不同类型。从动力场来说,有单纯潮流模型也有潮流加波浪的,单纯潮流的数学模型比较普遍,应用也比较广,但方法也有所差别,例如矫吉珍等(2002 年)采用正交曲线网格和动边界结合技术,建立了宁波大榭岛 LPG 码头附近复杂海域(舟山群岛海域)大范围潮流场数学模型,并从动力机制上讨论了局部特殊地形对潮流场的影响;李孟国等(2002 年)运用时间二次插值的三角形网格显式差分方法建立了多岛屿、地形及流态复杂的瓯江口海区的潮流场数学模型,具有较高的应用价值。从研究问题角度而言,有常态下的潮流泥沙问题模型研究,也有非正常天气下(风暴潮)的泥沙问题研究。如丁平兴(2003 年)等采用非对称型台风场模型和 SWAN 模型模拟风暴潮、天文潮、径流、波生流等的复合流场以及波-流共同作用下的平面二维悬沙与底沙运动,模拟了由台风“杰拉华”引起的长江口北槽航道的冲淤变化;赵群(2007 年)采用 SWAN 风浪模型与 ECOMSED 联合对黄骅港海域在强风作用下的海岸动力过程及泥沙运动进行了模拟。从泥沙问题研究上,又有挟沙能力方法和切应力方法。如窦希萍(1999 年)根据窦国仁悬沙不平衡输沙方程式、底沙不平衡输沙方程式和河床变形方程式,建立了长江口潮流和波浪共同作用下的全沙数学模型,挟沙能力采用窦国仁潮流波浪共同作用下的挟沙能力公式,模型验证了实测含沙量、地形变化;胡克林(2003 年)在长江口二维悬沙输运模型中,采用切应力方法来确定对流扩散方程中的泥沙源函数,底部剪切应力由波流边界层模型给出波-流共同作用下的形式。从控制方程而言,有二维的和三维的,李蓓(2003 年)通过疏浚土吹填泥沙输移扩散二维潮流数学模型,对洋山港区一期工程疏浚土吹填泥沙的起步工程方案进行了模拟计算,得出了吹填区开敞水域处的水质点运移轨迹;谢军(2005 年)运用三维潮流数学模型对洋山深水港区一期工程小洋山—镬盖塘陆域形成工程进行了模拟,在工程实践中得到了较好验证,取得了良好效果,对工程施工具有指导意义。

物理模型具有直观性,在海岸工程中的应用范围也越来越广。从不同的角度出发,物理模型有不同种类,例如动床模型与定床模型、正态模型和变态模型、单一潮流泥沙模型、单一波浪泥沙模型和潮流波浪共同作用下的泥沙模型等。在模型设计上,一般考虑模型的类型、模型的相似律(如潮流运动相似、波浪运动相似、泥沙运动相似)、模型变率、模型的边界以及模型的验证等问题。在相似理论上(窦国仁,2001 年),模型潮流与原型潮流、模型波浪与原型波浪基本相似的条件是必须同时满足重力相似和阻力相似,对于变态模型,必须取波高比尺与波长比尺相同且均等于水深比尺时,在坡度较缓的海岸和河口,可以达到波浪质点速度、传质速度、波速、波群速、波浪折射、波浪破碎的位置、类型和沿岸流等的相似,但在波浪绕射方面有一定的偏离;按泥沙沉降相似和起动相似选择模型沙,并确定其粒径和级配,按挟沙能力相似控制含沙量,按底沙输沙能力比尺控制底沙加沙量,可以实现在一个模型中同时进行潮流和波浪共同作用下的悬沙和底沙试验。在变率上(杨华等,1998 年,2001 年),潮流泥沙模型由于海域自然条件和试验条件的限制,一般均为变态,否则,无法保证泥沙沉降相似,《海岸与河口潮流泥沙模拟技术规程》(JTS/T 231-2—2010)中规定其变率为 3~10;对波浪泥沙模型,由于波浪相似条件的要求,模型一般宜采用小变率;对于波浪、潮流共同作用下的泥沙模型,根据模型综合考虑和以往的实践经验。

模型的变率选择主要考虑以下几点:

(1)模型的水流应满足流态相似,研究区域内的水深不宜小于 3cm;

(2)模型中波高不宜太小,一般应大于 1.5cm,最好大于 2cm;

(3)模型的波周期不宜太小,应满足升波机的要求;

(4)模型应满足阻力相似,并同时考虑波浪传播时,摩阻损失不能太大;

(5)应能满足泥沙基本相似的要求,并有适合的模型沙;

(6)模型的试验条件及其他问题。

我国已经在典型岛群海域,如长江口、珠江口、瓯江口和洋山深水港区等建立了比较完善的河口(海域)整体物理模型(陈志昌等,1999 年,2006 年;吴小明等,2002 年;庄小将等,2008 年;吴明阳等,2001 年,2003 年)。长江口物理模型有两个:一个是南京水利科学研究院的长江口物理模型;另一个是上海河口海岸科学研究中心的长江口物理模型,主要研究长江口深水航道治理工程航道回淤等问题。南科院长江口模型比尺平面比尺为 1:2000,垂直比尺为 1:150,变率为 13.3(陈志昌等,2006 年);外海控制边界置于北槽口外约-30m 水深处,上游地形至南通天生港,再由扭曲水道至大通。模型南边界至南汇嘴附近,北边界位于北支口的启东嘴。南港北槽动床段的上边界始自南港河段中部,下边界延伸至北槽口外-20m 水深处,南槽上段至中浚水位站附近、横沙通道及横沙东滩窜沟以西的滩面也制作成动床,全部动床模型的面积约 300m^2(相当于原型 12km×10km 的水域)。上海长江口模型平面比尺为 1∶1000,垂直比尺为 1∶125,变率为 8(陈志昌等,1999 年);长江口平均潮流界在江苏省江阴市附近,模型地形做到距江阴水位站上游 10km 的利港;北边界在苏北嘴,南边界在南汇嘴,外海边界在-20~-40m 等深线;上游边界位于潮区界大通,利港至大通用扭曲水道相连;外海边界用气压式潮水箱产生潮汐,模型北边界设置变速可逆泵,用廊道与南边界相通,产生潮汐水流的南北向分量,与潮水箱产生的东西水流向分量合成,模拟了口外的旋转流流场,大通站的上游径流用变速泵模拟。

珠江口整体物理模型主要研究珠江河口综合治理等问题。模型平面比尺 1∶700,垂直比尺 1∶70,变率 10(吴小明等,2002 年)。范围包括思贤以下西北江三角洲、石龙以下东江三角洲、老鸦岗以下珠江干流河道、石嘴以下潭江水道、珠江八大口门和口外-25m 等深浅海区及香港、澳门地区;整体模型在设计时,考虑到分区应用问题,在伶仃洋、磨刀门、黄茅海海域下边界采用独立的控制系统,上游则根据局部模型的要求,对网河进行局部调整、封堵。

瓯江口物理模型主要是研究瓯江口海域岛屿围垦填陆工程对当地海洋动力环境、水动力条件及瓯江出海航道的影响(庄小将等,2008 年),整体物理模型水平比尺为 1∶1000,垂直比尺为 1∶100,变率为 10;模型边界上游至梅岙为止,梅岙至潮区界用扭曲水道代替,北侧包括乐清湾,东侧边界在鹿西、状元岙外 5km 线,南侧边界在瓯飞边滩 10km 左右;模型采用的潮汐控制系统由计算机、数据采集装置、可逆调速器和可翻转尾门组成,分别控制 3 个边界口门的潮位。

洋山港海域物理模型主要是研究洋山港港区规划方案和水流变化和泥沙淤积问题(吴明阳等,2001 年,2003 年)。模型水平比尺为 1∶600,垂直比尺为 1∶100,变率为 6。模型所容纳的水域东西向长约 42km,南北向约 25km,东边界在虎啸蛇岛以东约 12km,西边界在小乌龟以西约 15km,北边界在小洋山北侧以北约 10km,南边界在大洋山南侧以南约 10km。模型四边界为开敞边界,东西两侧采用翻板尾门进行生潮控制,南北边界两侧采用数学模型提供潮量过程,通过可逆泵调节进出水量。

1.4.3 现场观测技术

岛群水域水流、泥沙运动状态比较复杂,以及离岸较远,底质组成也比较复杂。20 世纪 90 年代以前,在现场水文测验中,大多数都是采用传统的水文测验方法,需要大量船只,组织大量人力、物力,在正常天气情况下进行观测;随着科学技术的发展和新技术的引进，从 20 世纪 90 年代后期开始，逐步采用新型声学和光学仪器（ADCP、OBS、ADV 等）测量方法，在水文泥沙（水流、含沙量）观测、近底边界层观测、浮泥及适航水深研究以及地形测量和波浪观测等方面取得了一定成果。

自 20 世纪 80 年代以来，ADCP（声学多普勒流速剖面仪）已成为物理海洋学研究的常规仪器。ADCP 发射固定频率的声波，接收水中散射体的后散射信号，根据多普勒效应，计算水体的流速，也在研究中得到了广泛应用；在用声波的多普勒效应测流速流向的同时，能输出水声后散射强度信号，这为用其测量悬沙浓度（含沙量）成为可能，也使许多学者开始对其进行探讨和应用（田淳，刘少华，2003 年），ADCP 测量悬沙浓度时，有一个前提条件，就是粒径大小没有变化，为排除粒径变化对声学测量误差的影响，对粒径变化不大的时段进行了分析，研究表明，在观测期间悬沙粒径变化较小的条件下，后散射强度与水样悬沙浓度之间具有较好的相关性；如果观测期内粒径变化范围较大，应该对粒径进行修正（汪亚平等，1999 年；程鹏等，2001 年）。

光学仪器已广泛应用于悬沙浓度的观测研究中，它通过应用光的后散射及光波衰减原理进行测量，它通过接收红外辐射的散射量监测悬浮物质，然后通过相关分析，建立水体浊度与泥沙浓度的相关关系，进行浊度与泥沙浓度的转化，得到悬沙浓度。目前研究悬沙浓度的浊度计（或浊度仪）很多，如意大利的 HI93703、LPZ000 系列，中国上海的 WGZ 系列，中国苏州的 QZ201 系列，美国金泉仪器公司生产的 YSI 和美国 D&A 公司生产的 OBS 系列等。其中应用较为广泛的是 OBS 系列浊度仪（薛元忠等，2001 年，2004 年）。应用光学仪器（如 OBS-3A）进行悬沙浓度观测时，对仪器的标定十分关键，对不同地区使用同一仪器要进行标定，即使是同一地区不同的观测仪器，也要分别进行标定，野外与室内标定会有较大的不同；另外，光学仪器观测的是点或线，限制了观测悬沙的时空分辨率；光学仪器是接触式的，对观测点的水流环境可能会有一定的干扰。

由于传统的水文观测方法的局限性，我国在近底边界层观测上一直处于滞后状态，近十年来，随着水沙运动研究工作的深入和观测技术的提高，人们对近底水流泥沙运动过程也倍受关注，相关研究主要集中在含沙浓度高的几个大河口（如长江口、椒江河口等），研究内容集中于悬沙沙输移特征、浑浊带泥沙过程、悬沙垂向分布、浮泥形成机理及变化过程等（李九发等，2001 年；时钟，2000 年）。河口与大陆架底边界层的观测研究往往依赖于在河床上布放装配仪器的观测系统，利用现代先进的光学和声学测量仪器（如 OBS、ADP、PC-ADP、ADV-Ocean 等），组建了近底四角架观测系统，进行了野外实地观测，获取定点垂向流速场和常规水文观测难

以获取的近底温盐沙的连续过程，以及近底高分辨率的流速场，近底高精度的流速过程和紊动过程（徐俊杰等，2009 年；杨俊辉等，2009 年）。

淤泥质海岸浮泥的观测，近几年也取得了很大发展。20 世纪 50 年代，天津港运用与有关单位研制的三爪砣，测量相应浮泥重度界面 1.2～1.25t/m^3（牛桂芝，裴文斌，2006 年）；20 世纪 80 年代，广州航道局研制了 NDM 型适航水深测量系统，该系统内装高速密度仪的鱼形拖曳体、智能绞车、定位系统和计算机，直接把拖曳体置于泥层中，测量器密度值和对应深度。进入 20 世纪 90 年代以后，许多先进的浮泥观测仪器（系统）得到广泛应用，如美国 Odom 公司生产的 Echotrac MKⅢ声学双频测深仪，荷兰 STEMA 公司开发的 SILAS 走航式适航水深测量系统，RheoTune 音叉密度计等，为浮泥研究和适航水深的确定提供了可靠的测量数据和成果（邳志，2003 年；沈小明等，2003 年；牛桂芝等，2003 年；裴文斌等，2004 年；谢春秋等，2009 年）。

1.4.4 淤积计算研究

河口海岸地区泥沙运动的研究最终要归结到工程应用上，其中主要包括河口海岸、航道、港池泥沙冲淤量的计算和预报。一般来说，淤积计算包括两种：一种是基于经验或半经验公式的计算；另一种是泥沙数学模型的计算。

金镠等（1985 年）在对粘性细颗粒泥沙在咸水中沉降特性的研究基础上，结合水动力条件、地形特征、泥沙供给、泥沙特性等因素，初步建立了淤泥质海岸航道的回淤计算方法；刘家驹等（1993 年）在淤泥质海岸泥沙运动特性试验的基础上，结合挟沙力概念，提出了淤泥质海岸港池、航道回淤计算公式，并在后来纳入《海港水文规范》，该计算方法或经验公式在后来的研究中被广泛应用，计算结果与实测结果较为一致，能够满足工程的需要。

由于泥沙数值模拟在理论上尚不完善，机理分析尚未清晰，因此，在泥沙淤积量估算中，采用比较成熟的经验公式是广泛采取的手段，李孟国（2004 年，2005 年）等都是采用数学模型进行动力因素的计算，然后，在工程前后平面二维潮流场的数值模拟的基础上，利用半经验公式，对工程海域底床冲淤进行了计算，计算结果与定床浑水物理模型试验结果比较一致，能够满足工程要求。

实际上，工程泥沙的发生量应该是一个长期分布，也即概率分布。展望未来，工程泥沙应能预报出不同概率的发生量，给出工程泥沙发生量（如某港航道的年淤积量）的概率分布。只有这样，才能“说清楚”预报结果的准确性，才能把工程泥沙与（投资）风险分析联系起来，为涉及工程泥沙问题的投资决策提供更科学的依据。

本章参考文献

[1] 尹延鸿,周青伟.渤海东部地区沉积物类型特征及其分布规律[J]. 海洋地质与第四纪地质,1994,14(2):48-51.

[2] 王庆,仲少云,刘建华,等. 山东庙岛海峡的峡道动力地貌[J].海洋地质与第四纪地质,2006,26(2):17-24.

[3] 刘建华,王庆,仲少云,等. 渤海海峡老铁山水道动力地貌及演变研究[J]. 海洋通报,2008,27(1):68-74.

[4] 蒋东辉,高抒. 渤海海峡潮流底应力与沉积物分布的关系[J]. 沉积学报,2002(4):663-667.

[5] 杨华,赵洪波,吴以喜. 曹妃甸海域水文泥沙环境及冲淤演变分析[J]. 水道港口,2005,26(3).

[6] 交通部工程管理司. 连云港回淤研究论文集[M]. 南京:河海大学出版社,1990.

[7] 徐元. 高含沙量岛屿海域冲刷槽的成因及其建港意义[J]. 海洋工程,2001,19(1) :88-93.

[8] 蒋国俊,陈吉余,姚炎明.舟山群岛峡道潮滩动力沉积特性[J]. 海洋学报,1998,20(2):139-146.

[9] 蒋国俊,金如义,顾建民,等. 舟山马岱峡道的水文泥沙特性及其峡道效应[J]. 海洋通报,2001,20(1):15-22.

[10] 陈沈良.崎岖列岛海区的水文泥沙及其峡道效应[J]. 海洋学报,2000,3:123-131.

[11] 闫新兴. 上海洋山港区的自然条件及泥沙来源分析[J].水道港口,2000(3) :17-22.

[12] 李玉中,陈沈良. 洋山港海域余流分离和会聚现象研究[J]. 水利学报,2003,5:24-34.

[13] 赵庆英,陈荣华,王小波,等. 洋山港内及航道水域沉积环境分析[J]. 海洋工程,2005,23(2):77-81.

[14] CHENG ZE-KUN. Planning and construction of Yanshan Deepwater Port project [R]. Proceedings of the Third International Conference on Asian and Pacific Coastal Engineering,Jeju,Korea,September,2005.

[15] 张华国,周长宝,楼林,等. 舟山群岛—宁波深水港群遥感综合调查[J]. 国土资源遥感,2003(4):63-66.

[16] 杨华,侯志强,许家帅. 洋山港区悬浮泥沙运动遥感分析[J]. 水道港口,2003,24(3):126-129.

[17] 温令平. 温州浅滩围涂工程悬沙分布和输移沉积的遥感分析[J]. 水道港口,2004,3(增刊):70-74.

[18] 左书华,杨华,赵群,等. 温州海区近岸表层水体悬沙分布及运动规律的遥感分析[J]. 地理与地理信息科学,2007,23(2):47-50.

[19] 矫吉珍,肖成猷. 多岛屿、汊道复杂地形海区流场影响的数值模拟研究[J]. 海洋通报,2002,21(2):1-10.

[20] 李孟国,王正林. 瓯江口潮流数值模拟[J].长江科学院报,2002,19(2):19-22.

[21] 丁平兴,胡克林,孔亚珍,胡德宝. 风暴对长江河口北槽冲淤影响的数值模拟——以"杰拉华"台风为例[J]. 泥沙研究,2003(1).

[22] 赵群. 基于 SWAN 和 ECOMSED 模式的大风作用下黄骅港波浪、潮流、泥沙的三维数值模拟[J]. 泥沙研究,2007(4):17–26.

[23] 窦希萍,李褆来,窦国仁.长江口全沙数学模型研究[J]. 水利水运科学研究,1999(2):136–145.

[24] 胡克林.波-流共同作用下长江口二维悬沙数值模拟[D].上海:华东师范大学,2003.

[25] 谢军. 上海国际航运中心洋山深水港区一期工程小洋山—镬盖塘陆域形成工程三维潮流数学模型计算[C]//第十二届中国海岸工程学术讨论会论文集,2005,10.

[26] 李蓓. 疏浚土吹填泥沙输移扩散数值模拟研究及应用[J]. 中国港湾建设,2003(2):17-20.

[27] 窦国仁.河口海岸全沙模型相似理论[J]. 水利水运工程学报,2001(1):1-12.

[28] 杨华,吴以喜,陈炳安,等. 波浪潮流动床泥沙模型在工程泥沙研究中的应用[J]. 水道港口,2001,22(1):24-30.

[29] 杨华,吴明阳,刘国亭. 波流泥沙淤积模型相似律及选沙研究[J]. 水道港口,1998 (4):31-39.

[30] 陈志昌,黄仁元,胡志峰. 长江口潮汐模型设计和验证[J]. 水运工程,1999(10):60-66.

[31] 陈志昌,罗小峰. 长江口深水航道治理工程物理模型试验研究成果综述[J]. 水运工程,2006,(B12):134-140.

[32] 吴小明,邓家泉,吴天胜,等. 珠江河口大型潮汐整体物理模型设计与应用[J].人民珠江,2002(6):14-16.

[33] 庄小将,黄哲浩,孙决策,等. 温州石化基地围垦工程潮流物理模型试验研究[J]. 水道港口,2008,29(4):253-258.

[34] 吴明阳,冯玉林,阎新兴,等. 上海洋山港北港区潮流模型试验研究[J]. 水道港口,2001,22(1):24-30.

[35] 吴明阳,冯玉林,阎新兴,等. 上海洋山港区定床泥沙模型试验研究[J]. 海洋学报,2003,25(2):67-74.

[36] 田淳,刘少华. 声学多普勒测流原理及其应用[M]. 郑州:黄河水利出版社,2003.

[37] 汪亚平,高抒,李坤业. 用 ADCP 进行走航式悬沙浓度测量的初步研究[J]. 海洋与湖沼,1999,30(6):758-763.

[38] 程鹏,高抒. 用 ADCP 测量悬沙浓度的可行性分析与现场标定[J]. 海洋与湖沼,2001,32(2):168-176.

[39] 薛元忠,许卫东. 光学后向散射浊度仪简介及应用研究[J]. 海洋工程,2001,19(2),79-84.

[40] 薛元忠,何青,王元叶. OBS 浊度计测量泥沙浓度的方法与实践研究[J]. 泥沙研究,2004(4):56-60.

[41] 李九发,何青,徐海根. 长江口浮泥形成机理及变化过程[J]. 海洋与湖沼,2001,32(3):302-310.

[42] 时钟. 长江口底部边界层细颗粒泥沙过程[J]. 海洋科学,2000,24(4):56.

[43] 时钟. 河口海岸底部边界层和细颗粒泥沙过程[J]. 海洋科学,2000,24(11):27-34.

[44] 徐俊杰,何青,王元叶. 底边界层水沙观测系统和应用[J]. 海洋工程,2009,27(1),55-61.

[45] 杨俊辉. ADCP、OBS 在底部泥沙运动观测中的应用探讨[J]. 港工技术,2009,46 (8),90-93.

[46] 牛桂芝,裴文斌. 三爪砣测量适航水深技术分析与对策[J]. 水道港口,2006,27(4):266-268.

[47] 邳志. 适航水深在天津港强淤现象中的应用[J]. 港工技术,2003(3):4-5.

[48] 沈小明,裴文斌. 适航水深测量技术介绍与探讨[J]. 水道港口,2003,24(2):94-96.

[49] 牛桂芝,沈小明. SILAS 适航水深测量测试研究[J]. 海洋测绘,2003,23(5):24-27.

[50] 裴文斌,牛桂芝. 走航式适航水深测量误差来源及准确度检测[J]. 水道港口,

2004,25(2):112-115.

[51] 谢春秋,叶建林. 适航水深在连云港港口的初步[J]. 港工技术,2009,46(3),11-13.

[52] 金镠,虞志英,陈德昌. 淤泥质海岸浅滩人工挖槽回淤率计算方法的探讨[J]. 泥沙研究,1985,2:12-19.

[53] 刘家驹,张镜湖. 淤泥质海岸航道、港池淤积计算方法及其推广应用[J]. 水利水运工程学报,1993(4):301-320.

[54] 李孟国,时钟,吴以喜. 温州中心渔港防波堤工程海域潮流数值模拟及底床冲淤[J]. 中国港湾建设,2004(3):20-23.

[55] 李孟国. 温州浅滩促淤泥沙数值模拟研究[J]. 泥沙研究,2005(5):5-12.

[56] 交通运输部天津水运工程科学研究所. 上海国际航运中心洋山深水港区一期港池水域浮泥观测及泥沙淤积分析[R].2006.

[57] 宁波—舟山港管理委员会,交通部规划研究院. 宁波—舟山港总体规划(送审稿)[R].2007.

[58] 泉州市港口管理局,福建省交通规划办公室. 泉州市港口总体规划(2005—2030年)(报批稿)[R].2007.

[59] 舟山港港航管理局. 舟山港航道与锚地规划[R].2006.

[60] 交通运输部天津水运工程科学研究所. 瓯江口及其附近海域泥沙淤积环境与冲淤演变分析[R].2007.

[61] 交通运输部天津水运工程科学研究所. 后渚港的淤积及其治理[R].1984.

2 岛群间波浪特性研究

2.1 岛群间波浪条件与传播特征分析

由于近岸深水岸线的缺乏，岛群间天然的深水通道以及岛屿自身对波浪的掩护作用使得岛群间建港成为热门。如上海洋山港东侧有嵊泗列岛掩护，港口自身又受小洋岛及连岛工程掩护，虽然外海处于台风影响的强浪区，但港口波浪条件良好。宁波舟山港更是受到多重密布岛屿的掩护，波浪对港口影响甚小。近年来，台州、温州地区也利用岛屿的掩护，通过架桥连岛大力发展港口经济。瓯江口外东北侧有玉环、温岭等大陆连岛掩护，东侧到南侧也有系列岛屿。珠江口地区港口经济十分发达，其海侧受万山群岛掩护，外海 50 年一遇波浪在 10m 以上，而整个珠江口乃至桂山岛，波浪多在 5m 以下。

岛群间的波浪传播，主要表现为岛屿掩护形成的绕射，水深变化形成的折射，以及掩护区域的风成浪等。与直接受外海波浪影响的开敞水域相比，岛群间水域的波浪显著减小。由于岛屿及水域的尺度往往超出了一般港口工程的尺度，提供了可观的波浪掩护岸线，但是由于尺度大，波浪传播变化明显，波浪的掩护和绕射作用很难用物理模拟手段来完成。同时，岛屿处于外海深水，与近岸工程在波浪频率及方向分布上都有较大差异，其绕射波特征与开阔水域内也会有所不同。岛屿间深槽、浅滩及陆域交错，波浪的折射作用异常明显，折射波浪向岸传播后，发生破碎，对波能的衰减作用不容忽视。

2.2 波浪数学模型在岛群波浪研究中的应用与对比

由于岛屿尺度相对波长而言往往较大，研究岛群间的波浪数学模型需要考虑波浪的折射、绕射、传播衰减、风能输入等因素，目前，在工程中应用的方法比较多，下面就工程中采用的主要软件及相应方法进行对比分析。

2.2.1 SWAN 波浪数学模型

荷兰 Delft 科技大学研发 DELFT-3D 软件中的 Wave 模块，该模块采用 SWAN (Simulating Waves Nearshore) 模型。在国内，该模型已成功应用于海岸、河口及近海水域的波浪预报，近年来，相继出现应用 SWAN 进行台风浪复演的论文。作为源

程序相对开放的 SWAN 模式,目前,还有将该模式运用于海港工程的尝试。

SWAN 模型是基于波能传递变化的第三代近岸波浪数值预报模型,主要用于模拟近岸波浪传播过程。包括:多向不规则波的传播,地形和海流的空间变化导致的波浪折射和浅水变形,逆向流造成的障碍和反射,障碍物的阻挡和部分传播。

模型较全面地考虑了波浪的成长和衰减过程,包括风成浪,白浪耗散,底摩擦,水深引起的波浪破碎,随机波与成分波之间的三相波及四相波相互作用。尤其是在非线性项中加入了三阶非线性波与波相互作用项后,能合理地模拟近岸波浪传播的周期变化。

1)控制方程

SWAN 模型基于能量平衡方程模型,采用二维波作用密度谱来描述波浪,即使在非线性很强的碎波带内也是如此。在强非线性条件下,仍然采用谱的原因是,虽然线性谱或许不能充分描述波浪统计特征,但依然可以得到合理精度的波浪二阶动量谱。在有水流作用的影响时,波作用密度守恒而波能密度不守恒,因此模型采用波作用密度谱 $N(\sigma,\theta)$(谱的作用量)而非波能密度谱 $E(\sigma,\theta)$ 来描述波浪变形。模型的自变量为相对波频 σ(在以流速运动的参考坐标系中观测到的频率),波向 θ(各谱分量中垂直于波峰线的方向)。波作用密度与波能密度的关系如下:

$$N(\sigma,\theta)=\frac{E(\sigma,\theta)}{\sigma} \tag{2.2-1}$$

在笛卡尔坐标系中,波谱的演化由谱作用守恒方程来描述,即动谱平衡方程:

$$\frac{\partial}{\partial t}N+\frac{\partial}{\partial x}C_xN+\frac{\partial}{\partial y}C_yN+\frac{\partial}{\partial \sigma}C_\sigma N+\frac{\partial}{\partial \theta}C_\theta N=\frac{S}{\sigma} \tag{2.2-2}$$

式中,C_x 为 x 方向的波浪传播速度;C_y 为 y 方向的波浪传播速度;C_σ 为 σ 空间的波浪传播速度;C_θ 为 θ 空间的波浪传播速度;$\frac{\partial}{\partial t}N$ 为表示波作用密度随时间 t 的变化;$\frac{\partial}{\partial x}C_xN$ 和 $\frac{\partial}{\partial y}C_yN$ 分别为波作用在空间(x,y)中传播的变化;$\frac{\partial}{\partial \sigma}C_\sigma N$ 为由于水深和水流变化造成的相对频率变化;$\frac{\partial}{\partial \theta}C_\theta N$ 为由水深和水流引起的折射;$S(\sigma,\theta)$ 为以谱密度形式表示的源汇项,包括风能输入、波—波间的非线性相互作用和由于存在底摩擦、白浪和波浪破碎等现象引起的能量耗散。

假设各项为线性叠加,式中的传播速度均采用线性波理论进行计算:

$$C_x=\frac{\mathrm{d}x}{\mathrm{d}t}=\frac{1}{2}\left[1+\frac{2kd}{\sinh(2kd)}\right]\frac{\sigma k_x}{k^2}+U_x \tag{2.2-3}$$

$$C_y = \frac{\mathrm{d}y}{\mathrm{d}t} = \frac{1}{2}\left[1 + \frac{2kd}{\sinh(2kd)}\right]\frac{\sigma k_y}{k^2} + U_y \qquad (2.2\text{-}4)$$

$$C_\sigma = \frac{\mathrm{d}\sigma}{\mathrm{d}t} = \frac{\partial\sigma}{\partial d}\left[\frac{\partial d}{\partial t} + U \cdot \nabla d\right] - C_g k \cdot \frac{\partial U}{\partial s} \qquad (2.2\text{-}5)$$

$$C_\theta = \frac{\mathrm{d}\theta}{\mathrm{d}t} = \frac{1}{k}\left[\frac{\partial\sigma}{\partial d}\frac{\partial d}{\partial m} + k \cdot \frac{\partial U}{\partial m}\right] \qquad (2.2\text{-}6)$$

式中,d 为水深;$\vec{U}$ 为流速,$\vec{U}=(U_x,U_y)$;k 为波数,$\vec{k}=(k_x,k_y)$;s 为沿 θ 方向空间坐标;m 为垂直于 s 的坐标;$\frac{\partial}{\partial t}$为算子,定义为:$\frac{\mathrm{d}}{\mathrm{d}t}=\frac{\partial}{\partial t}+\vec{C}\cdot\nabla_{x,y}$。

2)源项的处理

源汇项 $S(\sigma,\theta)$[11]的处理包括风摄入波动能量、白浪耗散、水深变化导致的波浪破碎、底摩擦耗散、波-波间的非线性相互作用等物理过程。其中,波-波间的非线性相互作用有三波相互作用和四波相互作用两种方式,考虑四波相互作用时,S 可以表示为:

$$S = S_{\mathrm{in}} + S_{\mathrm{ds,w}} + S_{\mathrm{ds,b}} + S_{\mathrm{ds,br}} + S_{\mathrm{nl4}} \qquad (2.2\text{-}7)$$

考虑三波相互作用时:

$$S = S_{\mathrm{in}} + S_{\mathrm{ds,w}} + S_{\mathrm{ds,b}} + S_{\mathrm{ds,br}} + S_{\mathrm{nl3}} \qquad (2.2\text{-}8)$$

(1)风摄入波动能量项 S_{in}

SWAN 内部风能向波能的转换的计算方案,采用 Phillips(1957 年)提出的共振机制和 Miles(1957 年)提出的平行流不稳定性风浪生成理论进行描述。前者适用于风浪产生的初始阶段,后者适用于风浪成长的主要阶段,两者之间有良好的互补性。风能输入根据 Caraleri&Malanotterizzoli(1981 年)、Koman et al.(1984 年)等的研究成果,通常被描述为线性增长和指数增长的和:

$$S_{\mathrm{in}}(\sigma,\theta) = A + B \times E(\sigma,\theta) \qquad (2.2\text{-}9)$$

式中,A 为能量的线性增长;$B\times E$ 为能量的指数增长;A、B 与波频率、波向、风速以及风向等因素有关。其中,项 A 的表达式引自于 Cavaleri and Malanotte-Rizzoli(1981 年)[12],为避免在 Pierson-Moskowitz 谱波峰频率部分的波浪成长过快,利用一个滤波器实验得到。

首先定义:

$$U_*^2 = C_D u_{10}^2 \qquad (2.2\text{-}10)$$

式中,U_* 为摩擦速度;C_D 为拖曳系数;u_{10}为高出水面 10m 处的风速。

当 $u_{10}<7.5\mathrm{m\cdot s^{-1}}$,$C_D=1.2875\times10^{-3}$;当 $u_{10}\geqslant7.5\mathrm{m\cdot s^{-1}}$,$C_D=(0.8+0.065\ \mathrm{m\cdot s^{-1}}\times$

$u_{10})\times10^{-3}$。

然后有：

$$A=\frac{1.5\times10^{-3}}{g^2 2\pi}\{U_*\max[0,\cos(\theta-\theta_w)]\}^4 H \tag{2.2-11}$$

$$H=\exp\left[-\left(\frac{\sigma}{\sigma_{PM}^*}\right)^{-4}\right] \tag{2.2-12}$$

$$\sigma_{PM}^*=\frac{0.13g}{28U_*}2\pi \tag{2.2-13}$$

式中，θ_w 为风向；H 为滤波因子；σ_{PM}^* 为波浪充分成长状态下的峰值频率；U_* 为摩擦速度。

对于 B 项，SWAN 模式有两个可供选择的项：第一个来自于早期的 WAM 模式版本（WAM Cycle 3，the WAMDI group，1988 年）；另一个取自最新的 WAM 模式（WAM Cycle 4，Komenetal，1994 年）。指数增长 B 项的表达式有两个：

Komen 表达式（1984 年）：

$$B=\max\left\{0,0.25\frac{\rho_a}{\rho_w}\left[28\frac{U_*}{c_{ph}}\cos(\theta-\theta_w)-1\right]\right\}\sigma \tag{2.2-14}$$

式中，c_{ph} 为相速度；ρ_a 为空气密度；ρ_w 为水的密度。

Jassen 表达式（1989 年，1991 年）：

$$B=\beta\frac{\rho_a}{\rho_w}\left(\frac{U_*}{c_{ph}}\right)^2\max[0,\cos(\theta-\theta_w)^2]\sigma \tag{2.2-15}$$

式中，β 为 Miles 常数，由无因次临界高度 λ 得出。

$$\lambda=\frac{gz_e}{c_{ph}^2}e^r \tag{2.2-16}$$

$$r=\frac{kc}{|U_*\cos(\theta-\theta_w)|} \tag{2.2-17}$$

当 $\lambda\leqslant1$ 时，$\beta=\frac{1.2}{k^2}\lambda\ln^4\lambda,\lambda\leqslant12$；当 $\lambda>1$ 时，$\beta=0$。

其中 k 为 VonKarman 常数，设为 0.41；z_e 为有效表面粗糙度，依赖于粗糙长度以及由于海面波浪的存在而引起的波诱导应力和海面风引起的湍流风应力。因此，我们可以看到，该计算方案综合考虑了包含海、气边界层以及海面粗糙度在内的风、浪之间的相互作用。

（2）波能的耗散作用 S_{ds}

$$S_{ds}(\sigma,\theta)=S_{ds,w}(\sigma,\theta)+S_{ds,b}(\sigma,\theta)+S_{ds,br}(\sigma,\theta) \tag{2.2-18}$$

式中，$S_{ds,w}(\sigma,\theta)$ 为白帽破碎引起的波能耗散；$S_{ds,b}(\sigma,\theta)$ 为底摩擦引起的波能耗散；$S_{ds,br}(\sigma,\theta)$ 为深度引起的波浪破碎而导致的波能耗散。

(3)白帽破碎引起的波能耗散表达式

白帽破碎引起的波能耗散有两种表达式可供选择：

①受波陡控制的白帽破碎

$$S_{ds,w}(\sigma,\theta) = -\Gamma\tilde{\sigma}\frac{k}{\tilde{k}}E(\sigma,\theta) \tag{2.2-19}$$

$$\tilde{\sigma} = \left[E_{tot}^{-1}\int_0^{2\pi}\int_0^{\pi}\frac{1}{\sigma}E(\sigma,\theta)\,\mathrm{d}\sigma\mathrm{d}\theta\right]^{-1} \tag{2.2-20}$$

$$\tilde{k} = E_{tot}^{-1}\int_0^{2\pi}\int_0^{\pi}\frac{1}{\sqrt{k}}E(\sigma,\theta)\,\mathrm{d}\sigma\mathrm{d}\theta \tag{2.2-21}$$

$$E_{tot}^{-1} = U_{rms}^2 = \int_0^{2\pi}\int_0^{\pi}E(\sigma,\theta)\,\mathrm{d}\sigma\mathrm{d}\theta \tag{2.2-22}$$

式中，$\tilde{\sigma}$ 为平均波频；$\tilde{k}$ 为平均波数；E_{tot}为波能；Γ 为和波陡有关的系数。

由 WAM DI group(1988 年)给出：

$$\Gamma = \Gamma_{KJ} = C_{ds}\left((1-\delta)+\delta\frac{k}{\tilde{k}}\right)\left(\frac{\bar{s}}{\overline{s_{PM}}}\right)^p \tag{2.2-23}$$

式中，$\bar{s}$ 为总波陡；$\overline{s_{PM}}$为 Pierson-Moskowitz 谱的 $\bar{s}$ 值，$\bar{s}=\bar{k}\sqrt{E_{tot}}$。 (2.2-24)

C_{ds}，δ 和 p 为可调参数，这三个参数在深水区的值已经由 Komen et al.(1984 年)和 Janssen(1992 年)得到。因为在 SWAN 模型里有两种不同的风输入公式，因此就有两套参数。对于 Komen et al(1984 年；WAM Cycle 3，WAMDI group，1998 年)：

$$C_{ds} = 2.36\times10^{-5},\delta = 0,p = 4$$

Janssen(1992 年)和 Gunther(1992 年)得到的参数结果是：

$$C_{ds} = 4.10\times10^{-5},\delta = 0.5,p = 4$$

②基于累积坡陡方法的白帽破碎(Alkyon et al，2002 年)

$$S_{st}(\sigma,\theta) = \int_0^{\sigma}\int_0^{2\pi}k^2\,|\cos(\theta-\theta')|^m E(\sigma,\theta)\,\mathrm{d}\theta\mathrm{d}\sigma \tag{2.2-25}$$

在这个表达式中，参数 m 控制着方向的依赖性，SWAN 模式中 m 的默认值为 $m=2$。

$$S_{wc}^{st}(\sigma,\theta) = -C_{wc}^{st}S_{st}(\sigma,\theta)E(\sigma,\theta) \tag{2.2-26}$$

式中，C_{wc}^{st} 为一个可调参数。

(4)底摩擦引起的波能耗散

深度引起的耗散可能来自于底摩擦、底部运动、渗流和海底不规则物引起的向后散射。对具有沙质海底的陆架区来说，底部摩擦起主要的作用。SWAN 中的底

摩擦模式采用 JONSWAP 公式(Hasselmann et al,1973 年)

$$S_{\mathrm{ds,b}}(\sigma,\theta) = -C_{\mathrm{bottom}}\frac{\sigma^2}{g^2\sinh^2(kd)}E(\sigma,\theta)\mathrm{d}\sigma\mathrm{d}\theta \tag{2.2-27}$$

式中,底摩擦系数 C_{bottom} 是总体上依赖于底部轨道运动的 U_{rms}:

$$U_{\mathrm{rms}}^2 = \int_0^{2\pi}\int_0^{\infty}\frac{\sigma^2}{\sinh^2(kd)}E(\sigma,\theta)\frac{\tilde{k}}{k}\mathrm{d}\sigma\mathrm{d}\theta \tag{2.2-28}$$

Hasselmann et al.(1973 年)得涌浪条件下的 $C_{\mathrm{bottom}} = C_{\mathrm{JON}} = 0.038\mathrm{m}^2\mathrm{s}^{-3}$。Bouws 和 Komen(1983 年)选择 $C_{\mathrm{JON}} = 0.067\mathrm{m}^2\mathrm{s}^{-3}$ 为浅水区波条件充分成长的底摩擦系数。这两个值在 SWAN 中都可以使用。

Madsen et al.(1988 年)在模式中考虑底摩擦是关于底部粗糙长度和真实波条件的函数。底摩擦系数定义如下:

$$C_{\mathrm{bottom}} = f_w\frac{g}{\sqrt{2}}U_{\mathrm{rms}} \tag{2.2-29}$$

式中,f_w 为无方向摩擦系数,通过 Jonsson(1966 年;cf. Madsen et al,1988 年)方程得到:

$$\frac{1}{4\sqrt{f_w}} + \log\left(\frac{1}{4\sqrt{f_w}}\right) = m_f + \log\left(\frac{a_b}{K_N}\right) \tag{2.2-30}$$

式中,$m = -0.08$(Josson 和 Carlsen,1976 年);a_b^2 为典型的近底偏移振幅;K_N 为海底粗糙度长度。

$$a_b^2 = 2\int_0^{2\pi}\int_0^{\infty}\frac{\sigma^2}{\sinh^2(kd)}E(\sigma,\theta)\mathrm{d}\sigma\mathrm{d}\theta \tag{2.2-31}$$

(5)水深变化引起波浪破碎导致的波能耗散

对深度引起的波浪破碎过程的谱模拟,我们所知甚少。但是,由于这种类型的波浪的破碎引起的总耗散(在波谱上的积分)却可以利用涌潮的耗散来模拟,因此,在 SWAN 模式中,选择用 Battjes 和 Janssen(1978 年)基于涌浪的耗散模式来模拟由水深引起随机波浪破碎导致能量耗散的情况。由波浪破碎引起的每水平单位能量耗散的平均速率 D_{tot} 可以表示为:

$$\left.\begin{aligned} D_{\mathrm{tot}} &= \frac{1}{4}\alpha_{\mathrm{BJ}}Q_b\left(\frac{\bar{\sigma}}{2\pi}\right)H_m^2 \\ \alpha_{\mathrm{BJ}} &= 1 \\ H_m &= \gamma d \\ \frac{1-Q_b}{\ln Q_b} &= -8\frac{E_{\mathrm{tot}}}{H_m^2} \end{aligned}\right\} \tag{2.2-32}$$

$$\tilde{\sigma} = \left[E_{tot}^{-1} \int_0^{2\pi} \int_0^{\pi} \frac{1}{\sigma} E(\sigma, \theta) \mathrm{d}\sigma \mathrm{d}\theta \right]^{-1}$$

式中，Q_b 为破波的摩擦力；H_m 为给定水深处的波高最大值；γ 为破波指数；d 为总水深；$\tilde{\sigma}$ 为平均波频率。

将 Eldeberky 和 Battjes（1995 年）的表达式推广到谱方向，在 SWAN 模式中给出，单位时间内谱分量的消散：

$$S_{ds,br}(s,q) = D_{tot} \frac{E(s,q)}{E_{tot}} \tag{2.2-33}$$

式中，E_{tot}为总波能。

在波浪线性理论中，破波指数 γ 一般为常数，或者是关于海底坡度或入射波陡的函数。在 Battjes 和 Janssen（1978 年）发表的论文所描述的耗散模型中，应用的是基于 Miche 规范的常量破波指数：$\gamma = 0.8$。Battjes 和 Stive（1985 年）重新分析了许多实验数据，发现破波指数的数值根据不同的地形，在 0.6～0.83 之间变化，平均值为 0.73。通过比较大量的实验，Kaminsky 和 Kraus（1993 年）得到破波指数的变化范围为 0.6～1.59，平均值是 0.79。D_{tot}取决于破碎参数 $g = \frac{H_{max}}{d}$。在 SWAN 模式中，破波指数既可以是常数，也可以是变量，如果是常数，则取 $\gamma = 0.73$。

（6）非线性波-波相互作用（S_{nl}）

在深水，四波相互作用控制着波谱的演化。它把能量从谱峰传到低频（将频率峰值降低到较小的值）然后再到高频（能量由于白浪而耗散）。在非常浅的水深的情况下，三波相互作用把能量从低频转移到高频，通常会导致高次谐波（Beji & Battjes，1993）。在近岸浅水区，由于海底地形复杂多变，因此一般需要考虑三波和四波之间的相互作用采用 DIA 方法进行计算。

①四波相互作用

对四波相互作用进行完整的计算在任何波浪模式下都是相当费时和不方便的。SWAN 中，四波相互作用采用由 Hasselmann et al.（1985 年）提出的 DIA（Discrete Interaction Approximation）方法计算，考虑两个四相波数，这些源代码已经被应用于 SWAN 模式中。DIA 方法被认为能够成功的描述波谱发展的主要特征（Komen et al，1994 年）。四个波的频率取为：

$$\left.\begin{aligned} \sigma_1 &= \sigma_2 = \sigma \\ \sigma_3 &= \sigma(1+\lambda) = \sigma^+ \\ \sigma_4 &= \sigma(1-\lambda) = \sigma^- \end{aligned}\right\} \tag{2.2-34}$$

其中,取 λ 为常数,$\lambda=0.25$。

在 DIA 方法中,四波相互作用项可以描述为:

$$S_{nl4}(\sigma,\theta)=S_{nl4}^{*}(\sigma,\theta)+S_{nl4}^{**}(\sigma,\theta) \tag{2.2-35}$$

式中,$S_{nl4}^{*}(\sigma,\theta)$为参照第一组四波;$S_{nl4}^{**}(\sigma,\theta)$为参照第二组四波。

$$S_{nl4}^{*}(\sigma,\theta)=2\delta S_{nl4}(a_1\sigma,\theta)-\delta S_{nl4}(a_2\sigma,\theta)-\delta S_{nl4}(a_3\sigma,\theta) \tag{2.2-36}$$

式中,$a_1=1$;$a_2=1+\lambda$;$a_3=1-\lambda$。

$$\delta S_{nl4}(a_i\sigma,\theta)=C_{nl4}(2\pi)^2g^{-4}\left(\frac{\sigma}{2\pi}\right)^{11}\left\{E^2(a_i\sigma,\theta)\left[\frac{E(a_i\sigma^{+},\theta)}{(1+\lambda)^4}\right]\right\}+$$

$$\frac{E(a_i\sigma^{-},\theta)}{(1-\lambda)^4}-2\frac{E(a_i\sigma,\theta)(a_i\sigma^{+},\theta)(a_i\sigma^{-},\theta)}{(1-\lambda^2)^4} \tag{2.2-37}$$

式中,C_{nl4}为常数,取作 $C_{nl4}=3\times10^7$。

在有限水深的情况下,四波相互作用与深水情况下的四波转换只差一个比例因子 R:

$$S_{nl4,\text{finitedepth}}=R(k_pd)S_{nl4,\text{infinitedepth}} \tag{2.2-38}$$

$$R(k_pd)=1+\frac{c_{sh1}}{k_pd}(1-c_{sh2}\cdot k_pd)\exp(c_{sh3}\cdot k_pd)$$

式中:k_p 为 JPNSWAP 谱的谱峰组成波的最大波数;$c_{sh1}=5.5$;$c_{sh2}=6/7$;$c_{sh3}=-1.25$。

在浅水区,$k_pd\to0$ 时非线性传播趋于无穷大,从而需要一个 $k_pd=0.5$ 的下限,这样就导致一个 $R(k_pd)=4.43$ 的最大值。为了提高模式对任意谱形情况下的收敛性,谱值的最大波数 k_p 由 $k_p=0.75\tilde{k}$ 代替(cf. Komen et al,1994 年)。

②三波相互作用

Eldeberky(1996 年)的集中三相近似法(Lumped Triad Approximation)(LTA)改变了 Eldeberky 和 Battjes(1995 年)的离散三相近似法(Discrete Triad Approximation)(DTA),并在 SWAN 模式中得到应用。三波相互作用项描述如下:

$$S_{nl3}(\sigma,\theta)=S_{nl3}^{+}(\sigma,\theta)+S_{nl3}^{-}(\sigma,\theta) \tag{2.2-39}$$

$$S_{nl3}^{+}(\sigma,\theta)=\max\left\{0,\alpha_{EB}2\pi CC_gJ^2|\sin\beta|\left[E^2\left(\frac{\sigma}{2},\theta\right)-2E\left(\frac{\sigma}{2},\theta\right)E(\sigma,\theta)\right]\right\} \tag{2.2-40}$$

$$S_{nl3}^{-}(\sigma,\theta)=-2S_{nl3}^{+}(\sigma,\theta) \tag{2.2-41}$$

$$\beta=-\frac{2}{\pi}+\frac{2}{\pi}\tanh\left(\frac{0.2}{U_r}\right) \tag{2.2-42}$$

其中,Ursell 数 U_r 的表达式采用:$U_r=\frac{g}{8\sqrt{2}\pi^2}\frac{H_s\bar{T}^2}{d^2}$;$\bar{T}=\frac{2\pi}{\bar{\sigma}}$,当 $10>U_r>0.1$ 时才计算;α_{EB}为可调参数;$J=\frac{k_{\frac{\sigma}{2}}^2(gd+2C_{\frac{\sigma}{2}}^2)}{k_\sigma d\left(gd+\frac{2}{15}gd^3k_\sigma^2-\frac{2}{5}\sigma^2d^2\right)}$。

2.2.2 NSW 波浪数学模型

MIKE21 的 NSW 模型与 SWAN 一样,考虑了波浪的折射、底部损耗、波浪破碎、波流联合作用及风等因素对波浪传播的影响,可以用来进行大范围的波浪场的推算。

该模型的基本方程为:

$$\frac{\partial(c_{gx}m_0)}{\partial x}+\frac{\partial(c_{gy}m_0)}{\partial y}+\frac{\partial(c_\theta m_0)}{\partial\theta}=T_0 \tag{2.2-43}$$

$$\frac{\partial(c_{gx}m_1)}{\partial x}+\frac{\partial(c_{gy}m_1)}{\partial y}+\frac{\partial(c_\theta m_1)}{\partial\theta}=T_1 \tag{2.2-44}$$

式中,$m_0(x,y,\theta)$为作用波谱的零阶矩;$m_1(x,y,\theta)$为作用波谱的一阶矩;c_{gx}、c_{gy}分别为在 x,y 方向上的群速度的分量;c_θ为在 θ 方向上波浪的传播速度;x,y 为笛卡儿坐标;θ 为波浪传播方向;T_0、T_1分别为源条件;c_{gx}、c_{gy}、c_θ由线性波理论获得。

2.2.3 缓坡方程波浪数学模型

波浪自外海向岸边的传播运动,可视为沿某一方向的前进波,抛物线形缓坡方程波浪数学模型可有效地考虑这种沿某一方向的波浪传播运动。Radder(1979 年)首先将波浪分解为前进波和反射波,即:

$$\Phi=\Phi^++\Phi^- \tag{2.2-45}$$

式中,Φ 为波浪函数;Φ^+、Φ^-分别为前进波势和反射波势。

将方程应用抛物线近似方法对 Berkhoff(1972 年)导出的椭圆形缓坡方程进行简化,忽略反射波部分,经推导可得前进波的表达式如下:

$$\frac{\partial\Phi}{\partial x}=\left[ik-\frac{1}{2kCC_g}\cdot\frac{\partial(kCC_g)}{\partial_x}+\frac{i}{2kCC_g}\cdot\frac{\partial}{\partial y}\left(C_g\frac{\partial}{\partial y}\right)\right]\Phi^+ \tag{2.2-46}$$

式中,C 为波速;C_g为波群速;k 为波数。

式(2.2-46)即传播主方向为 x 的抛物线形缓坡方程。方程要求波浪传播方向

与主方向 x 相差很小,实际上,这种限制是很苛刻的,Kirby(1983 年,1986 年)对此方法进行了完善和发展,利用 Pade 展开和最小误差方法,使抛物线型缓坡方程模型可用于较大传播角度的波浪计算,传播主方向为 x 的方程为:

$$C_gA_x + i(\bar{k} - a_0k)C_gA + \frac{1}{2}(C_g)_xA + \frac{i}{\omega}\left(a_1 - b_1\frac{\bar{k}}{\tilde{k}}\right)(CC_gA_y)_y - \frac{b_1}{\omega k}(CC_gA_y)_{yx} + \frac{b_1}{\omega}\left[\frac{k_x}{k^2} + \frac{(C_g)_x}{2kC_g}\right](CC_gA_y)_y + \frac{i\omega k^2}{2}D\mid A\mid^2A + \frac{f_r}{2}A = 0 \tag{2.2-47}$$

式中,$A(x,y)$为波振幅(复数);a_0、a_1、b_1分别为常系数,与入射角度有关;$\bar{k}$一般可取为 $k(x,y)$沿 y 方向的平均值;方程左边的最后两项分别为非线性影响和底摩擦损耗。

TK-2D 是由交通运输部天津水运工程科学研究所自主研发的海洋及海岸工程数值模拟系统,能够模拟波浪、潮流、盐度、泥沙与地形演变等多因素变化。2006 年形成后,历获中国航海协会、天津市科技进步二等奖,在我国的大型水运工程建设,如天津港、黄骅港、上海大小洋山港区等项目上获得广泛应用。TK-2D 的波浪模块在国内外 120 多个工程中得到应用,并取得良好效果。TK-2D 的缓坡方程(PEM)波浪数学模型在传统的抛物型缓坡方程波浪数学模型的基础上,通过不对称差分,增强了绕射性能;运用方向和频率的分割合成及相互作用,实现多方向不规则波的模拟;增加了风能输入源项。

$$C_gA_x + i(\bar{k} - a_0k)C_gA + \frac{1}{2}(C_g)_xA + \frac{i}{\omega}\left(a_1 - b_1\frac{\bar{k}}{\tilde{k}}\right)(CC_gA_y)_y - \frac{b_1}{\omega k}(CC_gA_y)_{yx} + \frac{b_1}{\omega}\left[\frac{k_x}{k^2} + \frac{(C_g)_x}{2kC_g}\right](CC_gA_y)_y + \frac{i\omega k^2}{2}D\mid A\mid^2A + \frac{f_r}{2}A = \frac{(E_x + E_y)^{0.5}}{8} \tag{2.2-48}$$

2.2.4 STWAVE 波浪数学模型

STWAVE 模型是美国陆军工程研究中心(ERDC)开发的 SMS(Surface-water Modeling System)软件中的模块之一,是一个基于波作用量守恒方程的稳态有限差分计算模型。其控制方程如下:

$$(C_{ga})_i\frac{\partial}{\partial x_i}\frac{C_aC_{ga}\cos(\omega - \alpha)}{\omega} = \sum\frac{S}{\omega} \tag{2.2-49}$$

式中，C_a 为波速；C_{ga} 为波群速；α 为波向角；ω 为角频率；S 为能力的源汇项。

在沿海口门区域，由于波浪相互作用，导致较大波陡的情况发生，随着波陡作用的增强，发生了波浪破碎。Smith、Resio 和 Vincent（1997 年）通过潮流不规则波破碎的室内试验发现 Miche 标准（1951 年）提出的碎波公式更加简单、准确，并将此公式应用于 STWAVE 模型中，公式如下：

$$H_{mo_{max}} = 0.1L\tanh kd \tag{2.2-50}$$

式中，$H_{mo_{max}}$ 为最大破碎波高；L 为波长；d 为水深。

同时，该模型很好地考虑了风能输入、非线性波－波相互作用及白浪。STWAVE 中波能 F_{in} 采用如下公式：

$$F_{in} = \lambda \frac{\rho_a}{\rho_w} 0.85C_m \frac{u_*^2}{g} \tag{2.2-51}$$

式中，λ 为风能转换为波能的转换系数，一般取 0.75；ρ_a 为空气密度；C_m 为平均波速；u_* 为滑动摩擦力。

随着风能转换为波能，该能量通过非线性波–波作用得到重新分布。STWAVE 中谱峰频率通过获取能量运行得到增加，转换速率 f_p 如下式。

$$(f_p)_{i+1} = \left[(f_p)_i^{\frac{7}{3}} - \frac{9}{5}\zeta \left(\frac{u_*}{g}\right)^{\frac{4}{3}} \Delta t \right]^{-\frac{3}{7}} \tag{2.2-52}$$

式中，ζ 为系数（无量纲）；g 为重力加速度。

深水波中，波–波相互作用在波浪谱的发展过程中占据主导地位，使波能从峰频向低频部分转移，峰频向较小的值转移，或者在发生白浪耗散的时候促使部分波能传递到高频部分。浅水中，波–波相互作用促使能力从低频传向高频部分。在输入波能（风能转换）与波能耗散之间存在一个动力平衡，转换为峰频的能量流在 STWAVE 中用 Resio 在 1987 年提出的公式表示。

$$\Gamma_E = \frac{\in g^{\frac{1}{2}} E_{tot}^3 k_p^{\frac{9}{2}}}{\tanh^{\frac{3}{4}}(k_p d)} \tag{2.2-53}$$

式中，Γ_E 为能量流；$\in$ 为系数，取 30；E_{tot} 为频谱总能量；k_p 为峰谱关联的波数。

2.2.5 不同计算方法的对比

SWAN 和 NSW 均从能量传递的角度入手，SWAN 表达了密度谱与时间、直线传播、水深及折射等的关系，用系列经验公式来描述密度谱的传播变化。NSW 的基本理论与 SWAN 是相同的。PEM 是缓坡方程的一种，从势波运动入手，以矢量形式表达波浪的传递变化，通过分频、分向来实现波谱和方向分布的表达。以上几

种方法均着重从波浪传播的折射入手，通过系列研究成果，应用源项表述波浪的沿程损耗、波浪破碎等物理现象。在波浪反射、绕射方面有一定的局限性。在以波能传递和变化的第二代模型中，有通过绕射后的波向变化和波能分布表述波浪的绕射的方法，但是显然其不具有普遍适用性，在第三代模型SWAN中没有再体现绕射影响，还是有的研究在开放源程序基础上增加了第二代模型中的绕射功能。在TK-2D的PEM中，通过加强波能的横向传递(模拟边界的影响也加大)使得波浪绕射功能得以加强。在缺乏实测资料或经验例子验证的前提下，几种方法难以说明哪一种更为适合岛群波浪的计算。而波浪反射造成的影响往往被认为在10倍波长以内，所以，在大范围计算时，只要明确工程关心的位置不在其范围即可，进一步的研究可以采用其他模式。

本例采用TK-2D的PEM，通过对功率谱和方向分布的离散模拟与合成，经过工程验证与应用，取得了良好结果。

利用实测数据是对比计算方法差异的最佳途径，岛群间波浪与外海波浪联测的波浪数据非常少，这里首先要选取挪威北部港城哈默菲斯特(Hammerfest)附近的外海(图2.2-1)的实测资料(图2.2-2)，进行几种方法的对比。

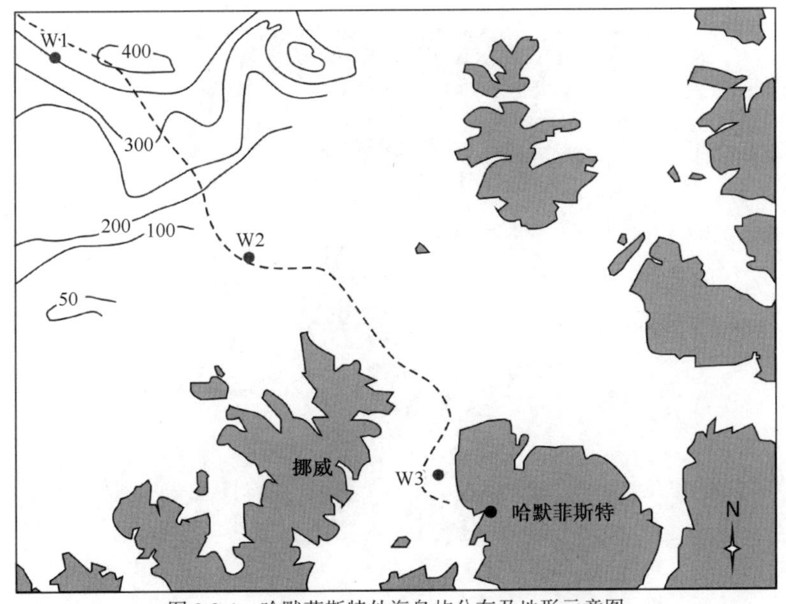

图2.2-1　哈默菲斯特外海岛屿分布及地形示意图

该地形特点是坡度大，起伏明显，海沟与浅滩交错，最深处约-300m，岛前水深为-40～-25m。计算范围见图2.2-3，约70km×70km。选取W2作为计算边界。

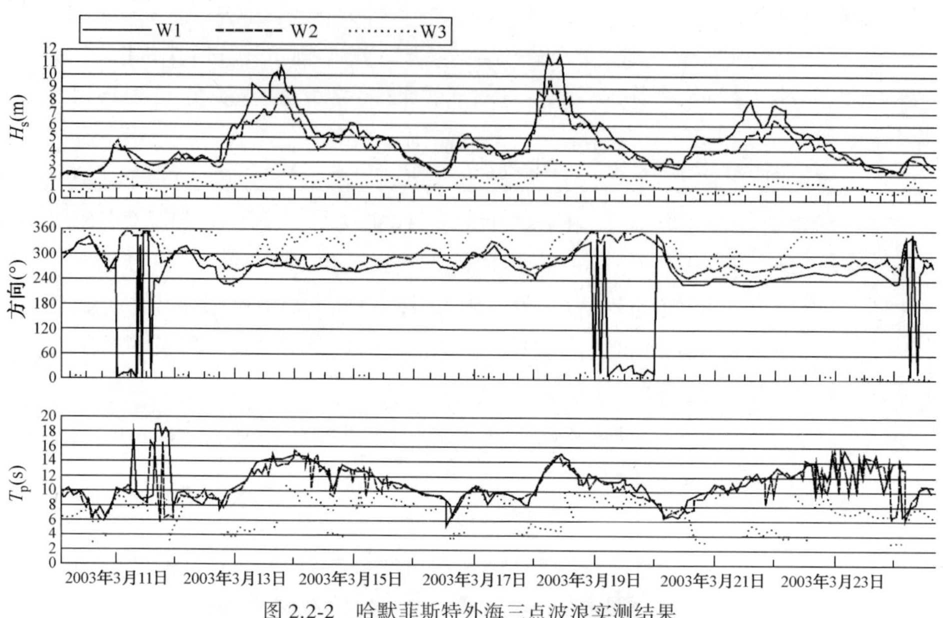

图 2.2-2 哈默菲斯特外海三点波浪实测结果

图 2.2-3 计算区域地形图

入射波浪要素为：$H_s = 12\text{m}$，$T_p = 13.1\text{s}$，运用 TK-2D 的 PEM（图 2.2-4、图 2.2-5）、NSW（图 2.2-6、图 2.2-7）、SWAN（图 2.2-8、图 2.2-9）3 种方法进行了计算，并对比了文献中的 STWAVE（图 2.2-10），对比结果见表 2.2-1。

计算结果对比 表 2.2-1

方法	波态	方向分布	结果(m)	相对误差(%)	W 向结果(m)	相对误差(%)
实测	SWELL		3.01		1.68	
STWAVE	SWELL	$n=10$	2.85	−5.32	1.93	14.88
TK-2D-PEM	SWELL	$n=10$	3.19	5.98	1.58	−5.95
MIKE21-NSW	SWELL	$n=10$	2.25	−25.25	0.78	−53.57
SWAN	SWELL	$n=10$	4.28	42.19	1.54	−8.33

由计算结果及计算过程的参数选取分析：PEM 方法中考虑的波能损耗项受深水影响，衰减不明显，波高略大于实测值，这对工程来说是偏于安全的；NSW 方法在岛屿附近有一定的绕射效果，对于波影区绕射作用不明显，推算结果比实测值小了 25.25%，因此认为它不适合推算岛群波浪影响；SWAN 方法考虑了多种因素，经过不同的参数选取和边界处理，结果差别很大，在本算例中结果比实测值大 42.18%，因此也不够理想。通过比较认为，TK-2D-PEM 方法比较适合。

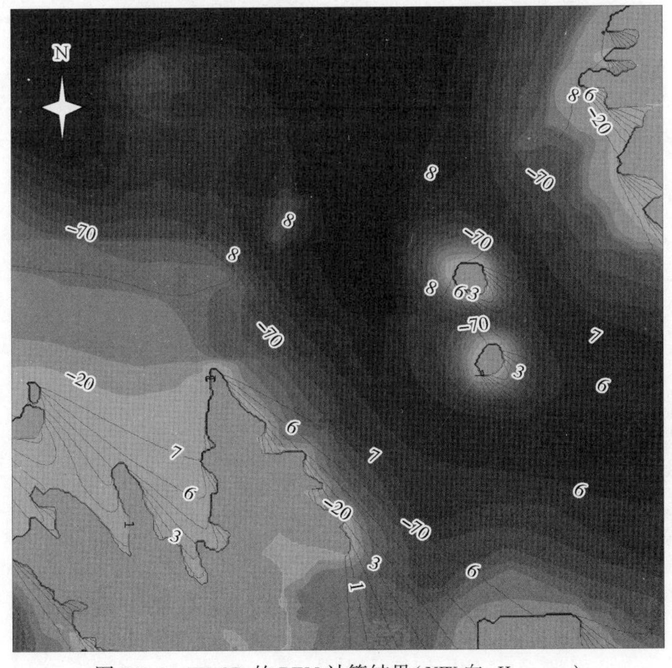

图 2.2-4 TK-2D 的 PEM 计算结果（NW 向，$H_{13\%}$：m）

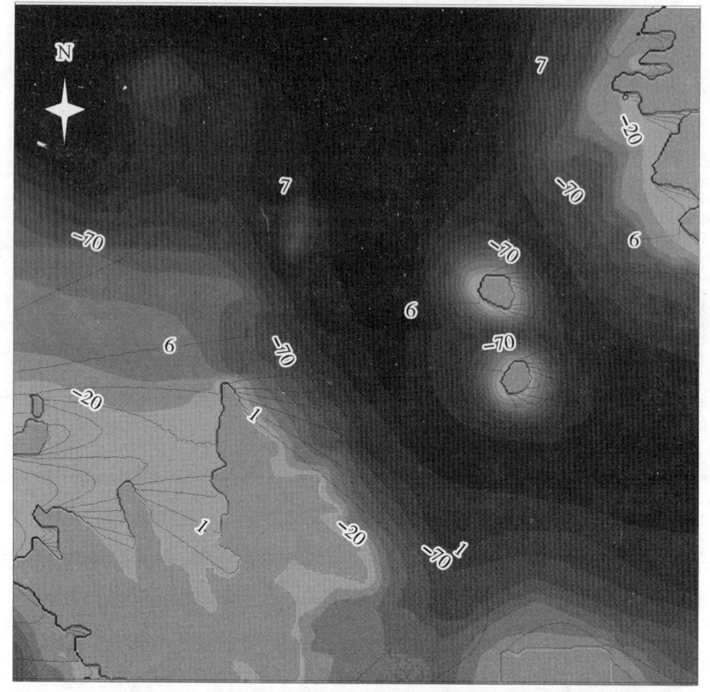

图 2.2-5　PEM 计算结果(W 向,$H_{13\%}$:m)

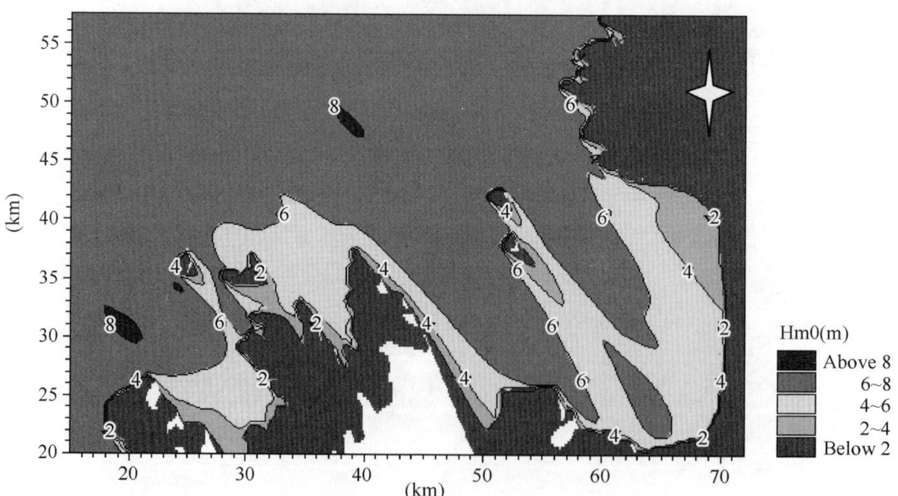

图 2.2-6　MIKE21-NSW 计算结果(NW 向,$H_{13\%}$:m)

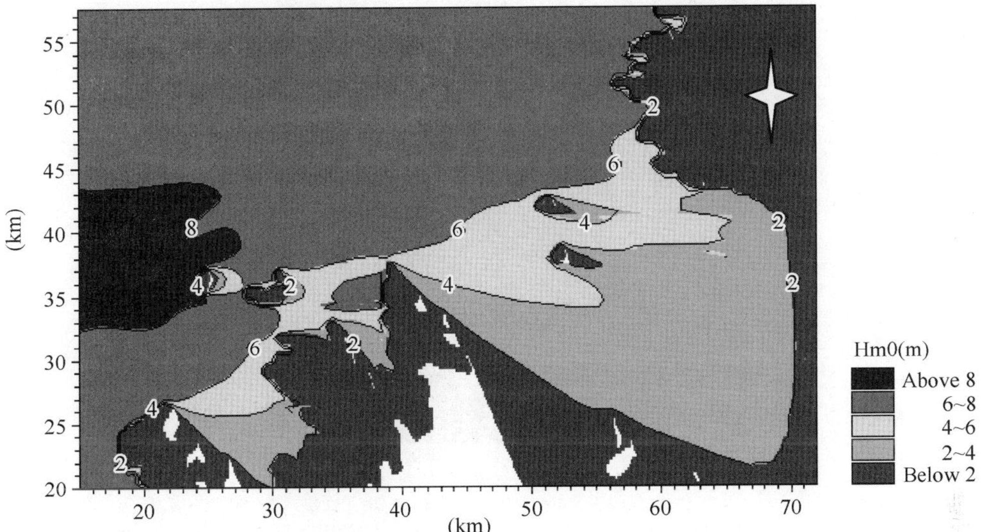

图 2.2-7　MIKE21-NSW 计算结果(W 向,$H_{13\%}$：m)

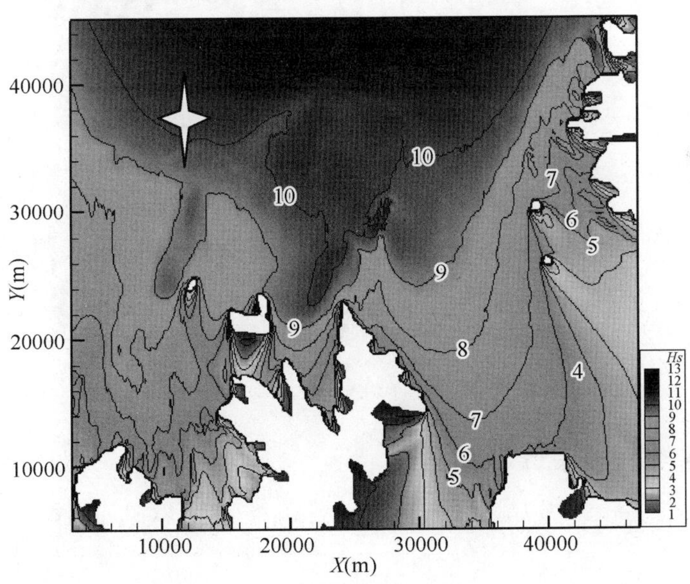

图 2.2-8　SWAN 计算结果(N 向,$H_{13\%}$：m)

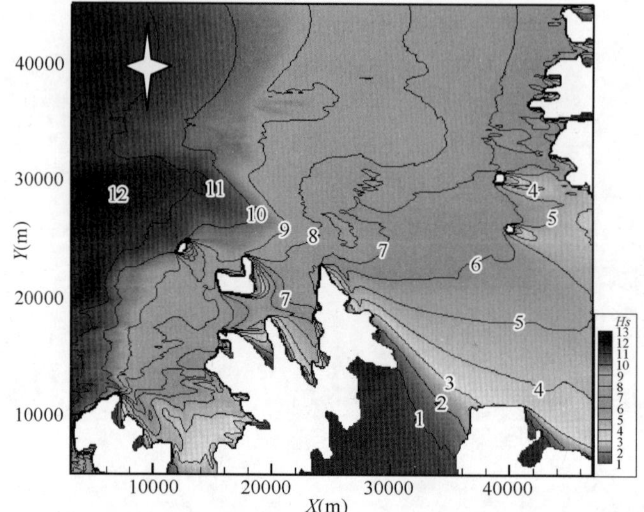

图 2.2-9 SWAN 计算结果(W 向,$H_{13\%}$: m)

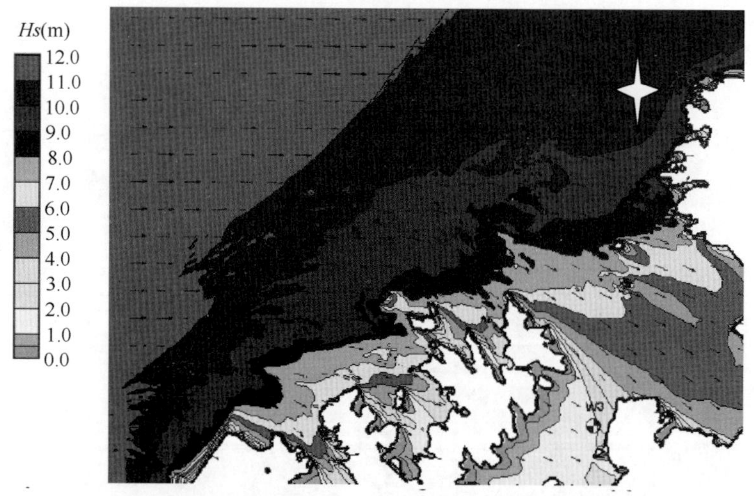

图 2.2-10 文献中的 STWAVE 计算结果(W 向,$H_{13\%}$:m)

2.3 岛群间波浪计算与分析

东海是我国岛屿最多的海区,目前地方建港项目众多,这里对其外海波浪条件进行分析,以作为岛群间波浪特性研究的基础。东海大陆海岸大致呈南北走向,它北起长江口,与黄海为邻;南到汕头南澳岛,与南海为邻。东海海域冬季多为偏北风(有些区域盛行偏东风),春季主要为东至东北风,夏季多为南至西南风,秋季盛行偏北风。大风是指最大风速大于8级(17m/s),大风是海岸主要的灾害天气,与由大风引起的大浪一起影响港口的运营,并可以直接对港口建筑物的安全造成威胁。台风是一种极为强大的热带气旋(这里包括热带风暴、强热带风暴和强台风),由于其对中国南海、东海海岸影响巨大,这里与大风一并进行分析。据历史资料分析,1949~1980年登陆各省份岸段的台风(含热带低压)次数分别为广西15次,广东214次,福建59次,台湾68次,浙江17次,上海4次,江苏3次,山东10次,天津1次,辽宁2次。可见南海海岸频次最多,占57.5%;东海海岸次之,占37.2%。分岸段进行大风统计分析得到:渤海海岸年大风天数为30~50天,黄海海岸段为20~70天,东海海岸段为100~180天,南海海岸为40~90天(大陆沿岸为10天左右)。东海海区风向与波向往往包括了面对外海海域的所有方位,岛屿或天然内湾是该区域能用以防浪的最佳条件。

2.3.1 实测波浪及分析

对于东海海岸,NNE~N~NW~W~SW~SSW波浪表现为离岸向。E侧外海面向东海,受台风影响显著,属于强浪区。研究这些区域岛屿间的波浪,首先要了解外海的波浪特征,本书选取了有代表性的海洋站,利用其实测资料分析多年来的外海海浪分布与要素。

大陈岛海洋站有多年的波浪实测资料,依据大陈岛海洋站各向多年年极值,通过PⅢ曲线适线(图2.3-1),得到大陈岛海洋站不同重现期的波浪要素。

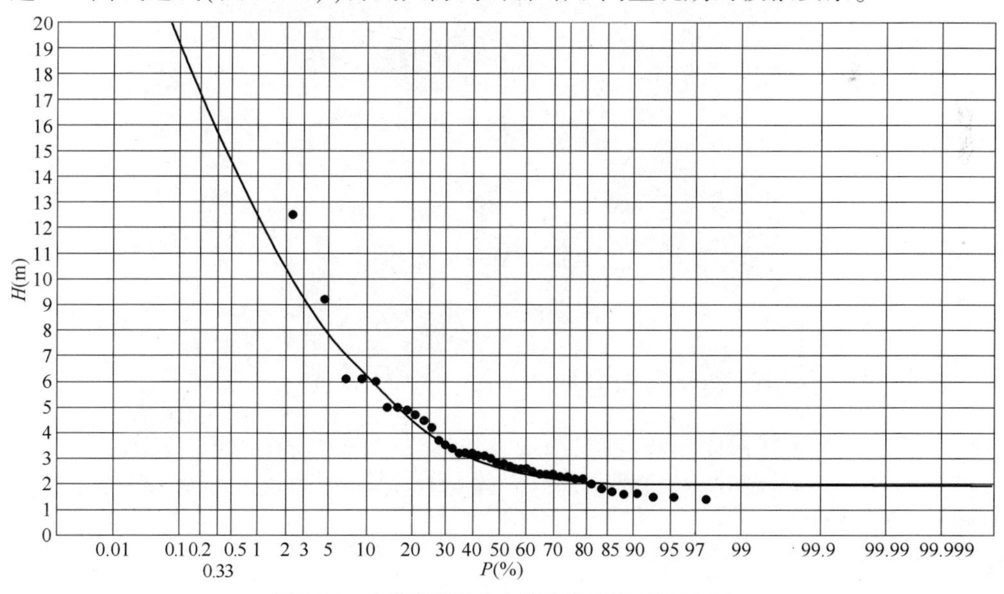

图2.3-1 大陈岛海洋站E向波浪PⅢ适线示意图

从外海波浪条件来看，中国东海海区风向与波向往往包括面对外海海域的所有方位，岛屿或天然内湾是该区域能用以防浪的最佳条件。从大陈岛海洋站的资料来看，本海区强浪向为东北向，次强浪向为东向，最大波高均在10m以上。

2.3.2 岛群间波浪传播计算

选取浙江东部海区如图2.3-2的范围进行岛屿间的波浪计算。岛群的波浪往往是通过外海传入，不同频率的波浪的绕射与折射特征不同，因此，研究岛群波浪特征不规则波比规则波更符合实际情况。同时，岛群后的波浪与岛侧通道有直接关系，从这些通道直射的波浪是岛后波浪的重要部分，因此，在模拟时，应考虑多方向波浪，使得在主方向受掩护时，有的方向的波浪还能直接作用于岛后。

在平均水位情况下，通过调整外海计算起始边界的波高，使得大陈岛海洋站位置的波高与对应浪向，及对应重现期的波高一致，以此作为外海边界波高，在不同水位情况计算工程区域的波浪分布。计算分不同方向、不同水位和不同重现期进行，选取极端高水位50年一遇E向的计算结果(图2.3-3)。波浪模拟考虑了多方向波，图中为 $H_{13\%}$ 的等值线。

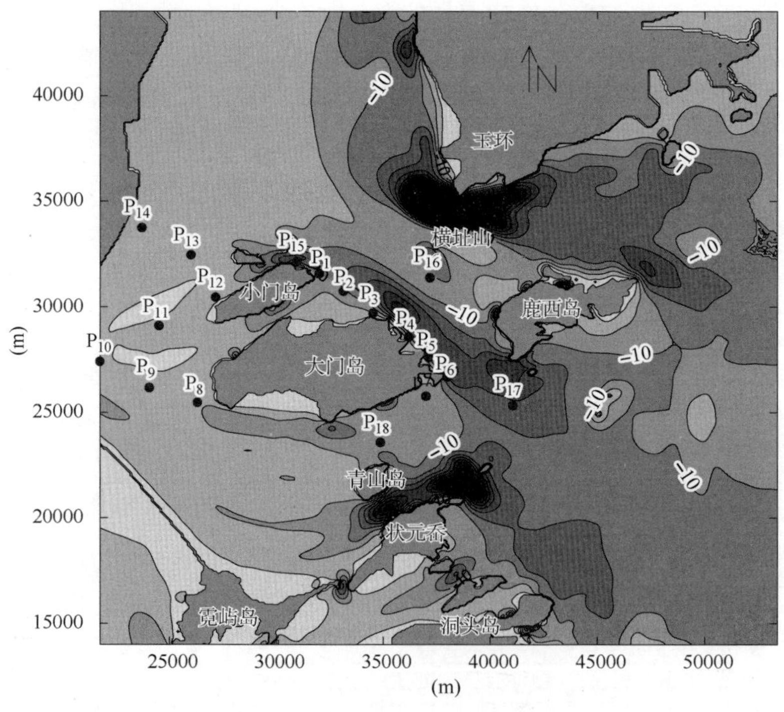

图2.3-2 计算工程区域地形示意图

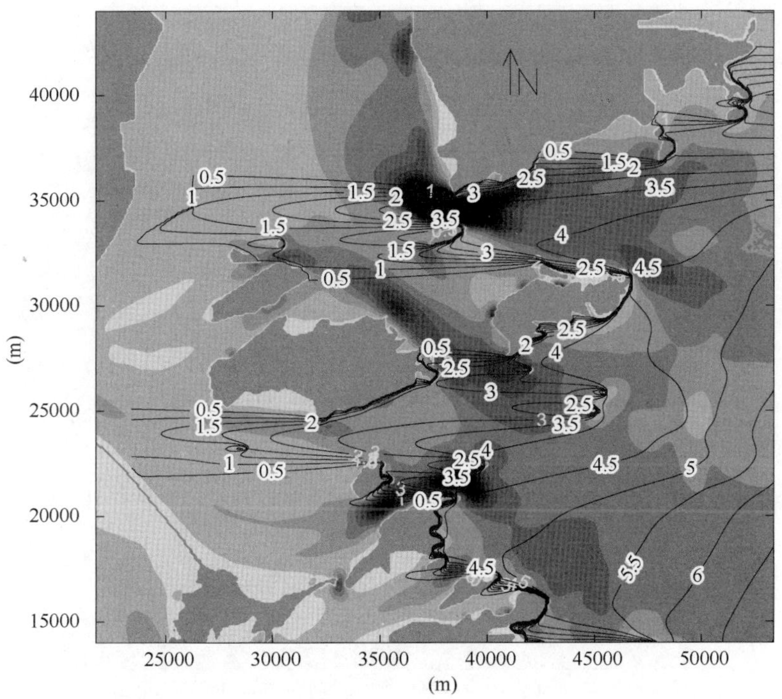

图 2.3-3 E 向 50 年一遇外海波浪传播计算结果($H_{13\%}$;m)

2.3.3 考虑风能的岛群间的波浪传播

《海港水文规范》(JTS 145-2—2013)第 7.1.2.3 款规定:"当港域风区长度超过 1km 时,同时考虑绕射波与局部风浪的合成。"岛群掩护区域在 5km 以上,所以考虑风能的输入。这里应用 TK-2D 的 PEM 分别考虑不同波向,不同重现期外海波浪及其对应重现期的风能。

运用大陈岛的风速资料,通过风速订正,考虑风浪同向,计算风能输入的多方向波浪传播变形。选取设计高水位 50 年一遇 E 向的结果(图 2.3-4),图中为 $H_{13\%}$ 的等值线。

对极端高水位 E 向 50 年一遇波浪作用下 6 个计算点的波高进行分析,见表 2.3-1。$P_1 \sim P_6$ 点位于鹿西岛西侧,从北到南,反映了岛群中的不同掩护条件。从波高数值上可以看出,P_3、P_4 点在鹿西岛西侧,从 E 向南北各 15°均在波影区(岛屿边界投射阴影)内,掩护条件最好;P_1、P_2 受鹿西岛北部水道直射影响,P_5 从 E 向南 5°在波影区内,波高较 P_3、P_4 增大 30%,P_6 半开敞,波高较 P_3、P_4 增大接近一倍。可见,为获得良好掩护,应将工程位置设在波浪主方向左右各 10°以上的波影区内。

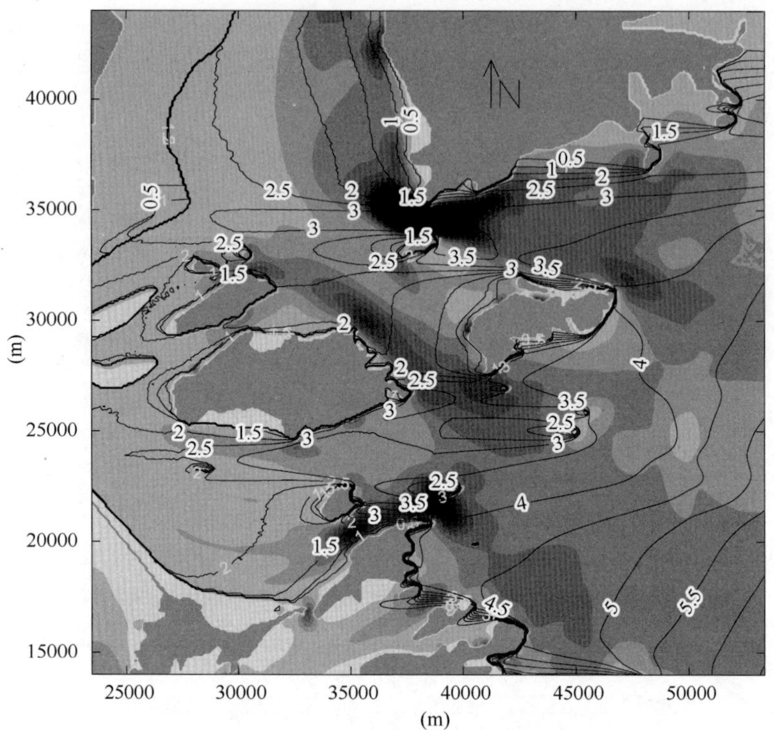

图 2.3-4　设计高水位 E 向 50 年一遇波浪计算结果($H_{13\%}$:m)

计算波高对比表($H_{13\%}$:m)　　表 2.3-1

计算点	外海传播波浪	风、浪混合	风能成浪比例(%)
P_1	2.52	2.69	12.07
P_2	2.24	2.42	14.48
P_3	1.73	1.95	21.18
P_4	1.86	2.07	19.05
P_5	2.24	2.42	14.48
P_6	3.38	3.52	7.69

2.3.4　波浪传播至岛群的方向分布变化

外海波浪方向分布见图 2.3-5,图中 0°为 E 向,-90°为 N 向,90°为 S 向。选取 P_1~P_6 点分析方向分布的变化,分别见图 2.3-6~图 2.3-11。从图 2.3-7~图 2.3-9 可以看出,P_2、P_3 点的主波向发生了变化,P_4 的波浪表现为两侧绕射波浪的叠加。

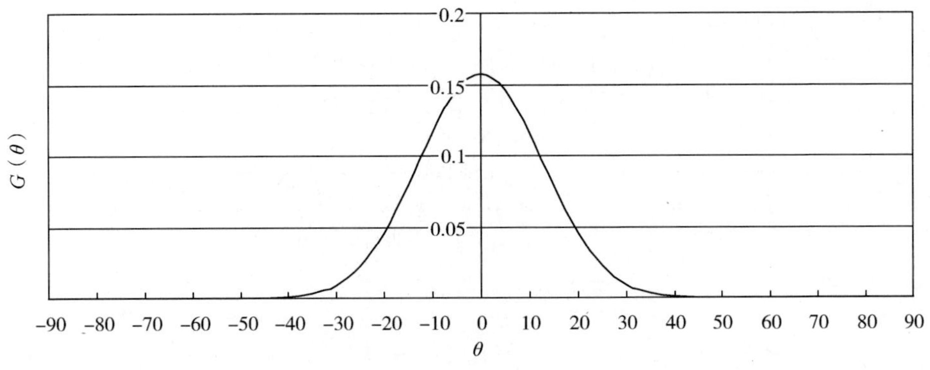

图 2.3-5 外海波浪方向分布

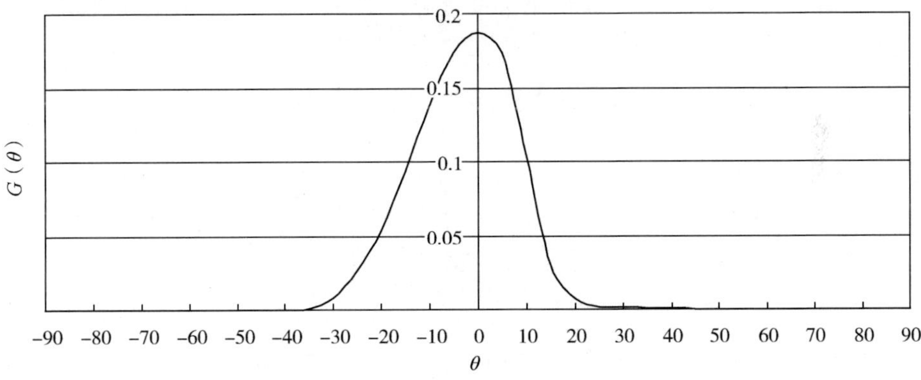

图 2.3-6 P_1 波浪方向分布

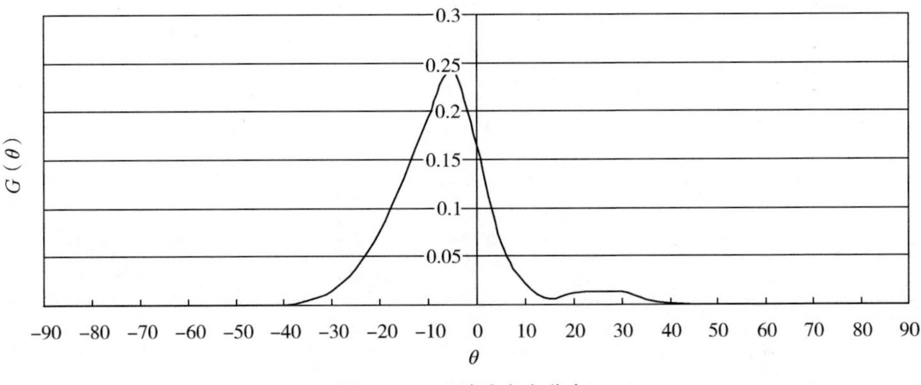

图 2.3-7 P_2 波浪方向分布

2.3.5 波浪传播至岛群的频率分布变化

外海波浪频谱见图 2.3-12,选取 $P_1 \sim P_6$ 点分析频率分布的变化,分别见图 2.3-13~

图 2.3-18。从图可以看出,由于波浪大幅度衰减,谱能也大幅度衰减。从数值上,谱峰频率减小了约 5%,即周期加大了 0.5s 左右。模拟中没有考虑波浪破碎对周期的影响,故周期及频率分布仅体现绕射与折射以及浅水变形的影响。

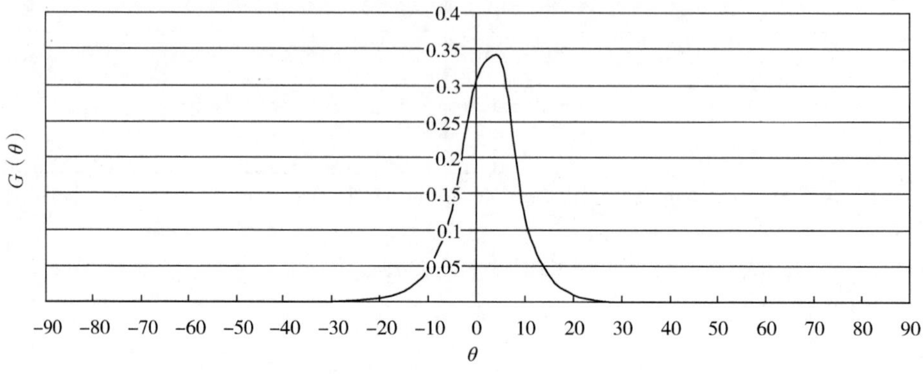

图 2.3-8 P_3 波浪方向分布

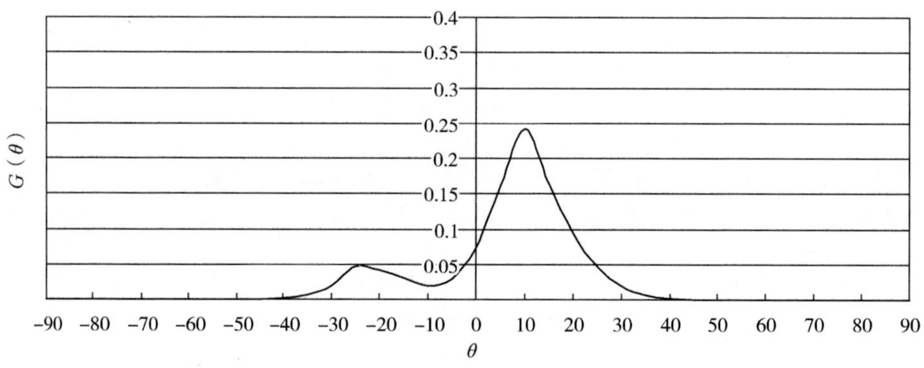

图 2.3-9 P_4 波浪方向分布

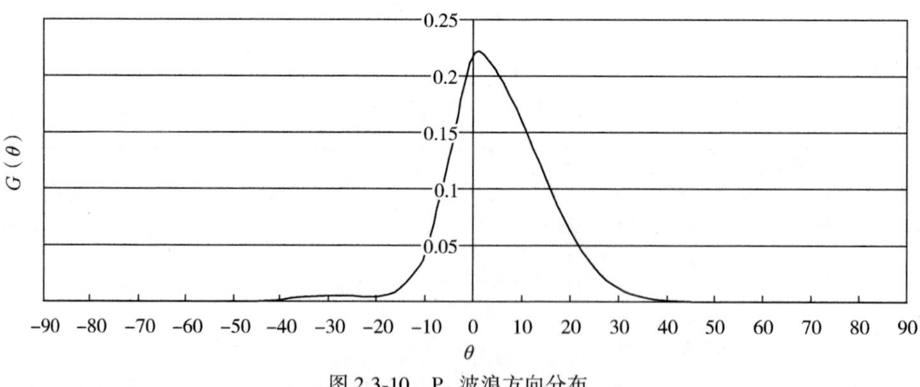

图 2.3-10 P_5 波浪方向分布

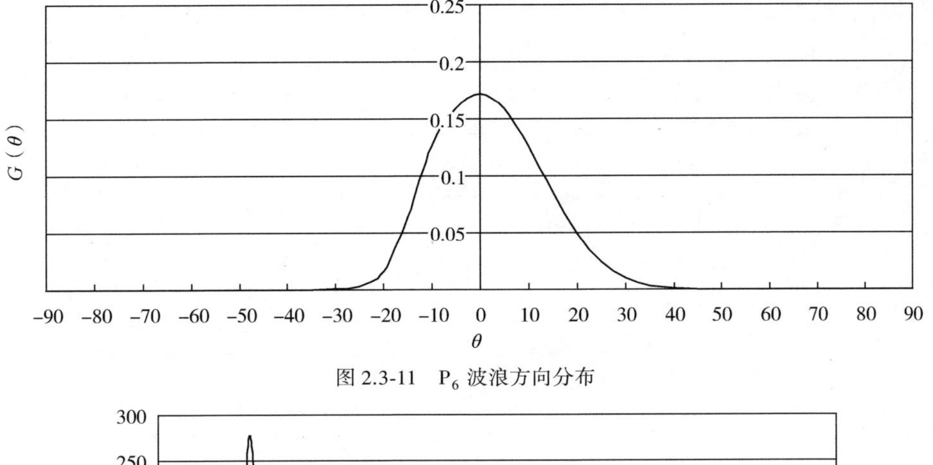

图 2.3-11 P_6 波浪方向分布

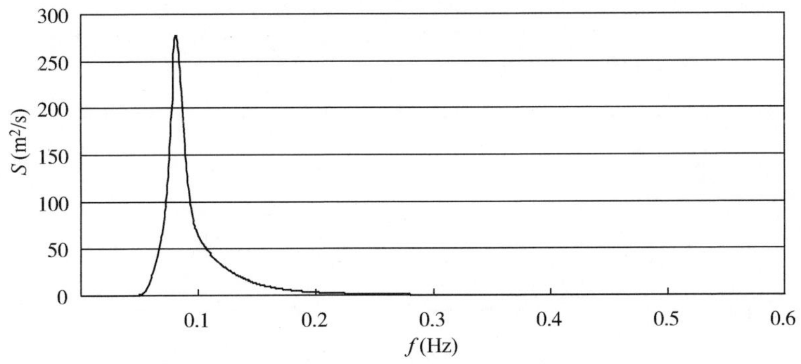

图 2.3-12 外海波浪频率分布

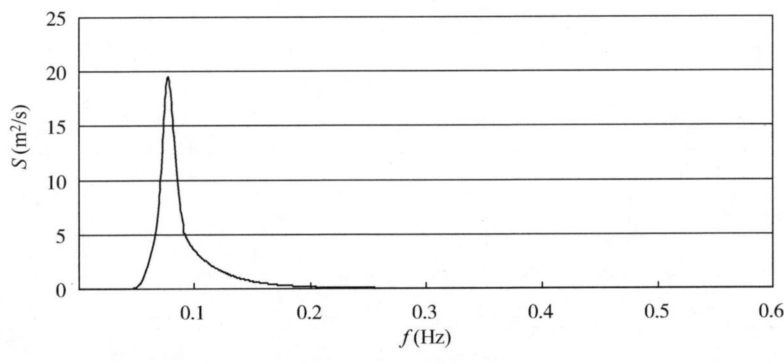

图 2.3-13 P_1 波浪频率分布

2.3.6 考虑风能的岛群间波浪传播频率(周期)变化

同样选取 P_1 ~ P_6 点分析频率分布的变化,分别见图 2.3-19 ~ 图 2.3-24。从图中可以看出,在掩护区域,风所形成的波浪对应的周期较小。P_4 掩护最好,风能影响的比例也较大。

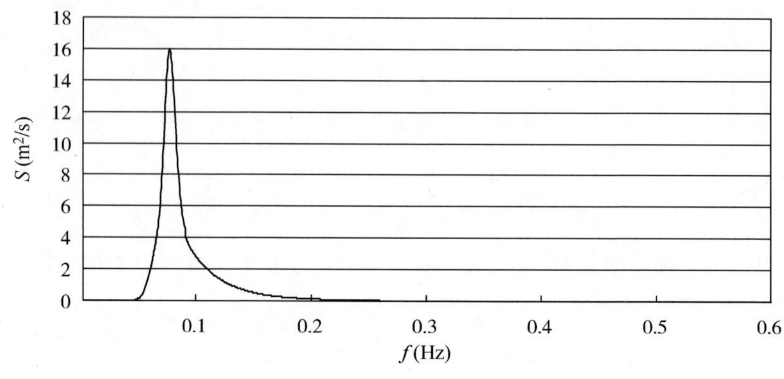

图 2.3-14　P_2 波浪频率分布

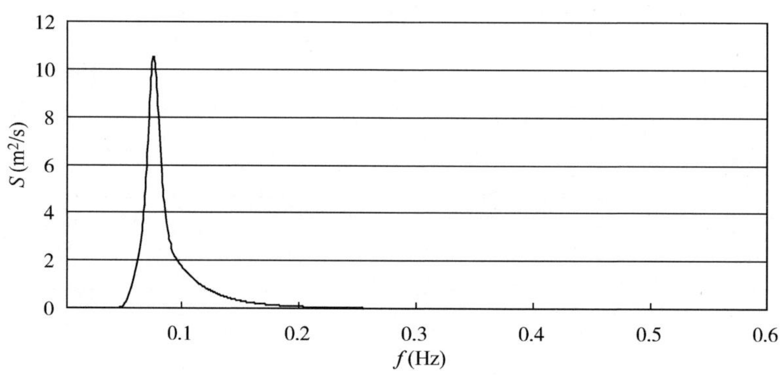

图 2.3-15　P_3 波浪频率分布

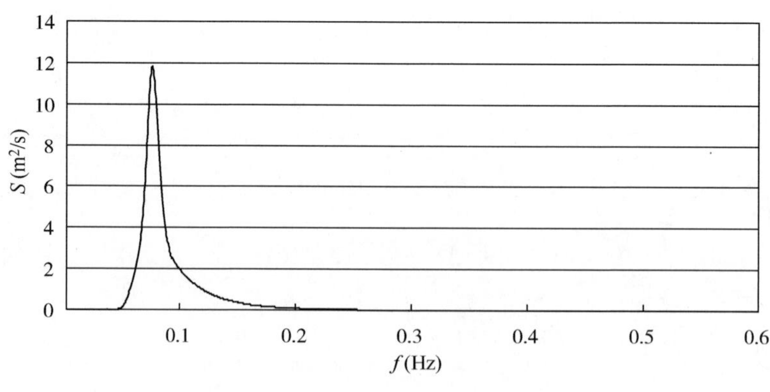

图 2.3-16　P_4 波浪频率分布

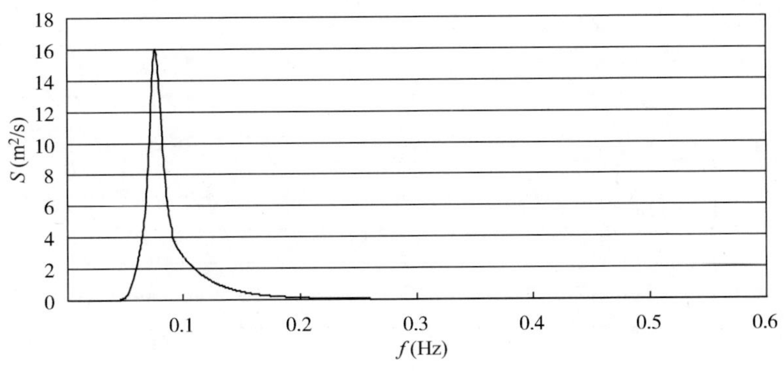

图 2.3-17 P_5 波浪频率分布

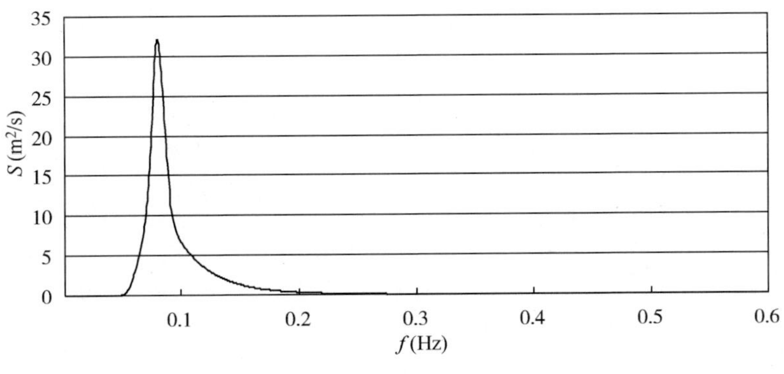

图 2.3-18 P_6 波浪频率分布

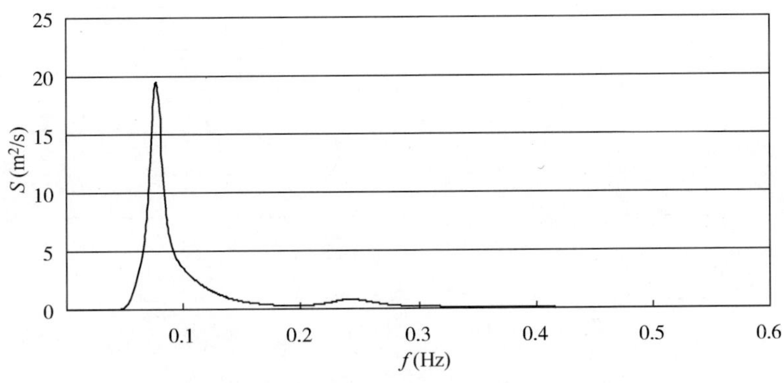

图 2.3-19 考虑风能的 P_1 波浪频率分布

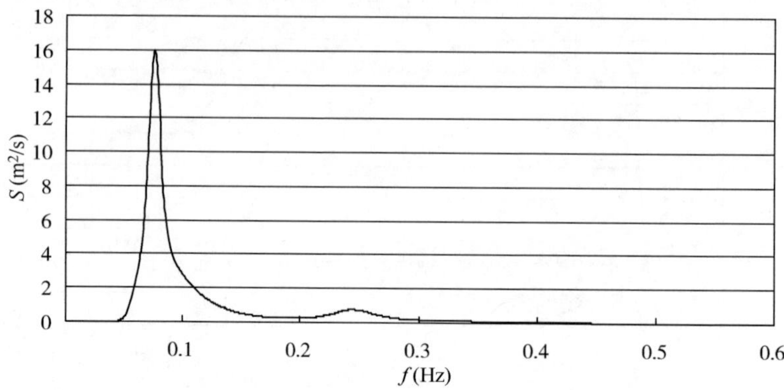

图 2.3-20　考虑风能的 P_2 波浪频率分布

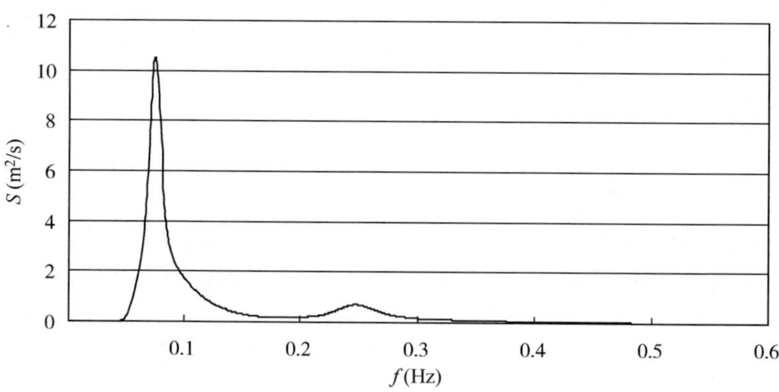

图 2.3-21　考虑风能的 P_3 波浪频率分布

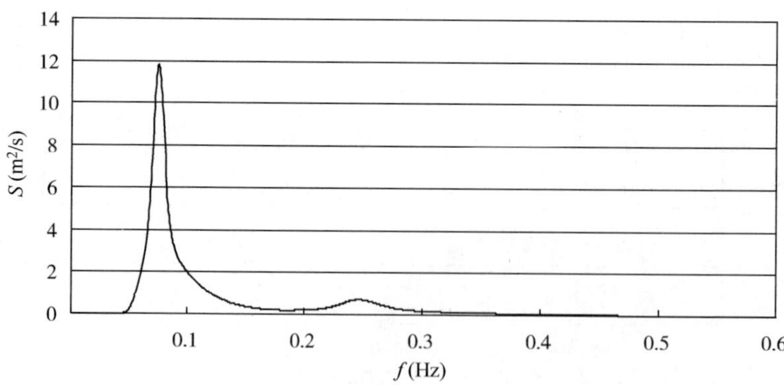

图 2.3-22　考虑风能的 P_4 波浪频率分布

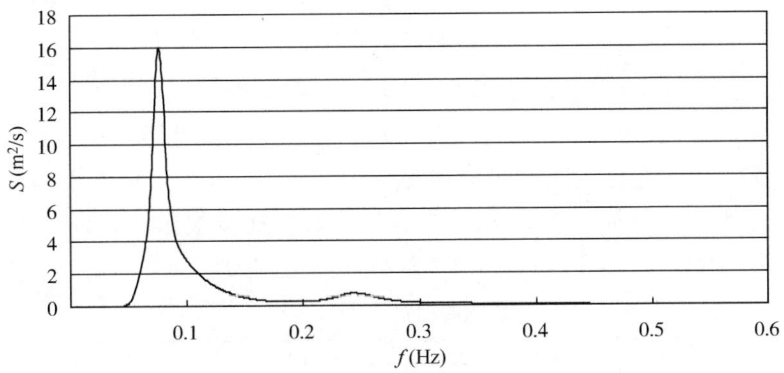

图 2.3-23 考虑风能的 P_5 波浪频率分布

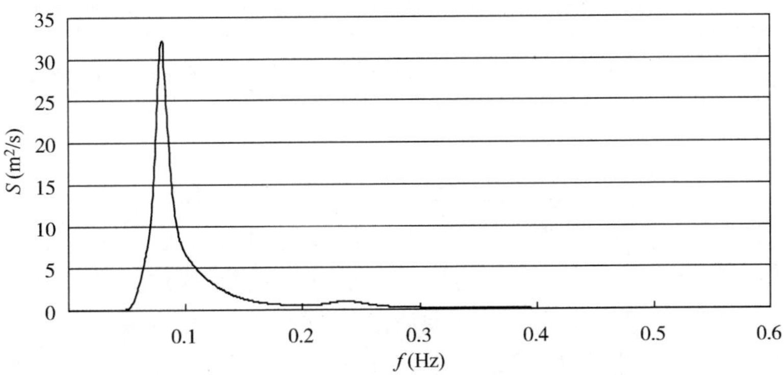

图 2.3-24 考虑风能的 P_6 波浪频率分布

风浪合成周期可按下式计算：

$$T_{1/3}=k\cdot\sqrt{\frac{(H_{1/3})_{\mathrm{I}}^{2}+(H_{1/3})_{\mathrm{II}}^{2}}{\dfrac{(H_{1/3})_{\mathrm{I}}^{2}}{(T_{1/3})_{\mathrm{I}}^{2}}+\dfrac{(H_{1/3})_{\mathrm{II}}^{2}}{(T_{1/3})_{\mathrm{II}}^{2}}}} \tag{2.3-1}$$

$$k=1.0+a\left(\frac{R_H}{\mu}\right)^{-0.121A\ln(R_H/\mu)} \tag{2.3-2}$$

$$\alpha=0.08\ (\ln R_T)^2-0.15\ln R_T \tag{2.3-3}$$

$$\mu=\begin{cases}0.632+0.144\ln R_T & 0.1\leqslant R_T\leqslant 0.8\\ 0.6 & 0.8\leqslant R_T<1\end{cases} \tag{2.3-4}$$

$$A=\begin{cases}13.97+4.33\ln R_T & 0.1\leqslant R_T\leqslant 0.4\\ 10.0 & 0.4\leqslant R_T<1\end{cases} \tag{2.3-5}$$

$$R_H = \frac{(H_{1/3})_{\mathrm{I}}}{(H_{1/3})_{\mathrm{II}}} \tag{2.3-6}$$

$$R_T = \frac{(T_{1/3})_{\mathrm{I}}}{(T_{1/3})_{\mathrm{II}}} \tag{2.3-7}$$

式中，$T_{1/3}$、$H_{1/3}$为有效波周期与有效波高，下标Ⅰ、Ⅱ为组成波Ⅰ与组成波Ⅱ。

将极端高水位E向50年一遇6个点的外海传播波浪谱峰周期（T_p = 12.78s）、风成浪周期以及依照式（2.3-1）~式（2.3-7）计算得到的周期列于表2.3-2中。

计算周期对比表（T_p：s） 表2.3-2

计算点	外海传播波浪周期	风能成浪周期	计算合成周期
P_1	13.02	4.13	9.03
P_2	13.17	4.10	8.59
P_3	13.42	4.05	7.60
P_4	13.36	4.06	7.88
P_5	13.17	4.10	8.59
P_6	12.55	4.22	9.91

显然，计算合成周期与外海实际各组成波浪周期差距很大。可见，对类似于岛群的波浪，应从波谱入手进行分析，计算合成周期不能反映波浪的内在特征。在某些情况下，如系泊船舶的运动对长周期波浪很敏感，其合成周期在8s以下，波高在2m以下，能够满足作业条件，但是周期为13s时，可能波高不到1.5m，船舶运动已经超出工作允许范围。可见，在计算岛群波浪时，如果考虑岛后小风区风成浪的叠加，对代表周期的选择必须慎重。代表周期容易忽视各组成波的特性，从而掩盖了工程的实际问题。

本章参考文献

[1] SUI S F.The regular wave spectrum and an analytical method of superposition of wave spectrum[J].Tropic Oceanology，1984(8)：2-9.

[2] LI Y C.The influent of directional energy spread on the retraction of wave spectrum under the action of current and sea bed[J].Coastal Engineering，1989(12)：17-29.

[3] WEI J Q，GU M，HUI C，et al.Research of 3D wave's directional spectrum estimation[J].Journal of Ship Mechanics，2003(10)：11-20.

[4] WANG Y Z，HONG N N，TANG Z P.A method for dynamic analysis of caisson breakwater based on wave spectrum theory[J].The Coastal Engineering，2007(8)：

1-6.

[5] TENG B,Li Y C.Wave force spectrum on horizontal bar[J].Marine Science Bulletin,1988(2):27-35.

[6] JANG D C,TAI W T,LOU S L.Research on diffraction and refraction of wave power spectrum[J].Acta Oceanologica Sinica,1993(9):120-129.

[7] WAMDI GROUP.The WAM model-a third generation ocean wave prediction model [J].J.Phys.Ocean,1998,18(12):1775-1810.

[8] BERKHOFF J. C. W. Computation of combined refraction - diffraction [R]. 13th Coastal Eng.Conf.,Vancouver.ASCE,1972:471-490.

[9] EBERSOLE B.A.Refraction-diffraction model for linear water waves [J].Wtrwy. Port.Coast.and Oc.Engrg.,ASCE,1985,11(6):939-953.

[10] BOOJI N.Gravity waves on water with non-uniform depth and current[R].Delft University of Tech.,Dept.Civil Eng.,1981.

[11] RADDER A.C.On the parabolic equation method for water wave propagation [J]. Fluid Mech.1979,95:159-176.

[12] BOUSSINESQ J.Theory of wave and Swells propagation in long horizontal rectangular canal and imparting to the liquid contained in this canal[J].Journal de Mathematics Pures App liquees,1872,17.

[13] PEREGRINE, D. H. Long wave on a beaeh [J]. Fluid Mech., 1976, 27 (4): 815-827.

[14] MCCOW AN A D.The range of application of Boussinesq-type numerical short wave models[J].Proc 22nd IAHR Congr,Switzerland,1987.

[15] WITTING J M.A unified model for the evolution of nonlinear water waves [J].J Computational Phys,1984,56:203-236.

[16] 张永刚.波浪的折射、绕射及反射的数值模拟[D].大连:大连理工大学.1995.

[17] 邹志利.水波理论及其应用,北京:科学出版社,2005.

[18] MADSEN P A,WARREN I R.Performance of a numerical short-wave model [J]. Coast Engrg,1984,8:73-93.

[19] KARAMBAS T V.2DH Non-Iinear dispersive wave modeling and sediment transport in the nearshore zone[C].Proc.26th Intl Conf Coastal Eng.New York:ASCE, 1998:2940-2954.

[20] 张岩,陶建华.二维短波方程的差分格式研究[J].水动力学研究与进展.1989, 4(3):21-28.

[21] 丹麦水力学研究所. MIKE21 UserGuider[R]. 哥本哈根:丹麦水力学研究所,2003.

[22] 杨春平. 近岸波浪传播变形数值计算方法比较[D]. 南京:河海大学,2003.

[23] 俞聿修. 随机波浪及其工程应用[M]. 大连:大连理工大学出版社,2000.

[24] 左其华,姚国权,丁炳灿. 摩阻地形上的波浪折射和绕射[J]. 港口工程,1993(1):35-40.

[25] 范顺庭,王涛,陆蔼庆. 大洋波浪特征[J]. 海洋湖沼通报,1992(1):1-11.

[26] 尹志军,潘玉萍,沙文钰,孟营. 风浪波高和周期的联合概率密度分布[J]. 海洋预报,2007,24(2):39-46.

[27] 竺艳蓉,谢峻,龚佩华. 各种波浪谱在海洋工程中适用性的研究[J]. 海洋学报,1995,17(6).

[28] 黄君宝,吴辉,赵鑫. STWAVE 模型在多岛屿区域波浪要素计算中的应用[J]. 海洋技术,2007,26(3):52-54.

[29] 陈汉宝,孙精石,谷汉斌. 波浪模型试验中底部摩擦的研究[J]. 水道港口,1999(2):40-43.

[30] 陈汉宝,刘海源,曹玉芬. 单方向不规则波模拟与统计中的几个问题[J]. 水道港口,2003,24(4):167-173.

3 典型岛群海域(洋山港)泥沙冲淤机理及平衡含沙量理论

3.1 海区动力泥沙环境背景分析

3.1.1 工程海域地形地貌特征

洋山深水港区位于上海南汇嘴东南海域的崎岖列岛,是由大、小洋山南、北两支岛链组成,西口小乌龟至双连山,宽7.2km,平均水深12m,东口门小岩礁至大洋山,宽1.1km,平均水深45m,形成东窄西宽面向杭州湾开口的喇叭状水域。在小乌龟至大洋山长10km喇叭状通道内,北岛链分布有小乌龟—大乌龟、大乌龟—颗珠山、颗珠山—小洋山、小洋山—镬盖塘、镬盖塘—小岩礁汊道,南岛链分布有双连山—大山塘和大山塘—大洋山汊道。目前,北岛链中仅存颗珠山—小洋山汊道(图3.1-1)。

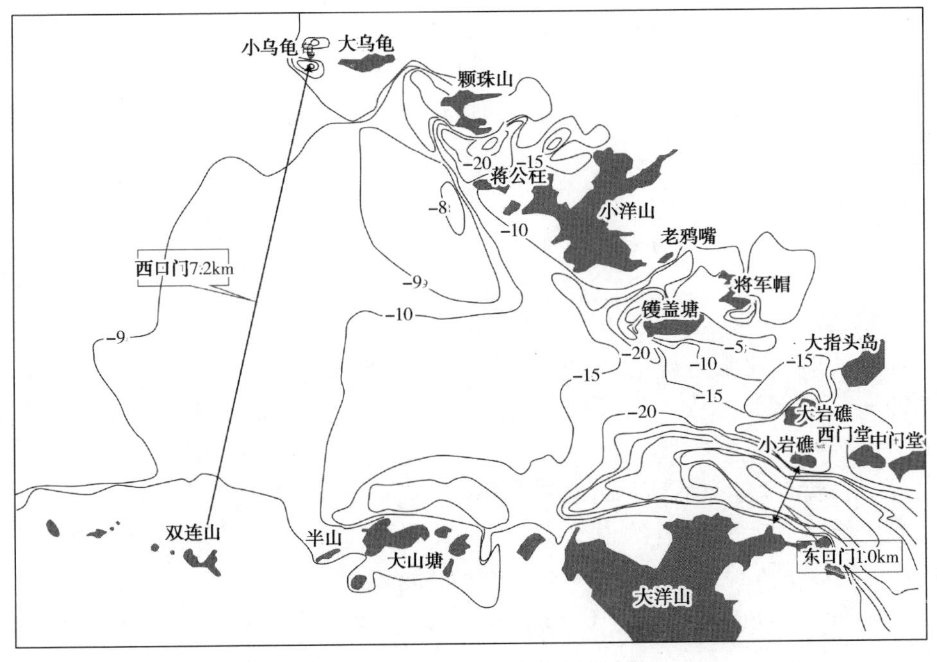

图3.1-1 1998年11月通道内水域地形图

3.1.2 潮汐

根据小洋山1997~2007年观测资料统计,其特征值(平均)为:高潮位3.88m,低潮位1.14m,海平面2.54m,潮差2.73m,涨潮历时5小时47分,落潮历时6小时37分。

3.1.3 潮流基本特征

根据2000~2008年港区通道内定点水文全潮资料,可以总结出如下潮流的基本特征。

(1)潮流属正规半日潮性质

潮流形态系数F介于0.13~0.33,小于0.5,潮流类型应属正规半日潮流。浅水分潮流影响系数G介于0.06~0.38,除汊道内浅水区域外,浅水分潮流影响并不显著。

(2)潮波近于驻波型

憩流即流向转换,涨、落潮一般出现在高、低潮后约1小时,涨、落潮最大流速一般出现在高、低潮前约2小时。憩流和最大流速略迟后高、低潮和半潮,表明潮波从外海前进波进入本区已具有以驻波为主的合成潮波。

(3)潮流运动具有较强的往复性

①半日分潮流的椭圆率K很小,仅为0.02~0.11,一般小于0.06。

②实测涨、落潮平均流向分别为298°和119°,呈WNW~ESE向,与港区通道走向基本一致。

(4)潮流历时涨潮短于落潮

平均涨、落潮流历时分别为5小时39分和6小时47分,涨潮流历时较落潮流平均约短1小时。

(5)属强潮流港区、落潮流强于涨潮流

潮段平均流速涨、落潮分别为0.71m/s和0.83m/s,其中大潮分别为0.87m/s和1.02m/s,落潮流速大于涨潮,其比值为1.17;垂线最大流速为2.42m/s,表层最大流速为2.94m/s。

(6)底部潮流速具有床沙起动的强度

底层流速(海床面上约0.5m):潮段平均流速涨、落潮分别为0.50m/s和0.55m/s,垂线最大流速分别为1.63m/s和1.55m/s。

底流速(固定在海床面上0.2m):潮段平均流速涨、落潮分别为0.37cm/s和0.36m/s,垂线最大流速分别为0.89cm/s和0.84m/s。天然泥沙起动流速约为0.50m/s,表明底部潮流强度具有掀动床面泥沙的能力。

3.1.4 通道内流场

图 3.1-2 给出了 2007 年 4~5 月由实测潮流资料绘制的典型时刻(涨急、落急、转流前后时刻)潮流矢量图。从图中可以看出,在高平潮和低平潮后一个小时内,通道南北水域存在涨落潮相位差,在一段时间内,整个通道中可能存在以通道中轴线为界的环流区,而且此时为涨落弱流时段,对通道内泥沙的沉降落淤提供了条

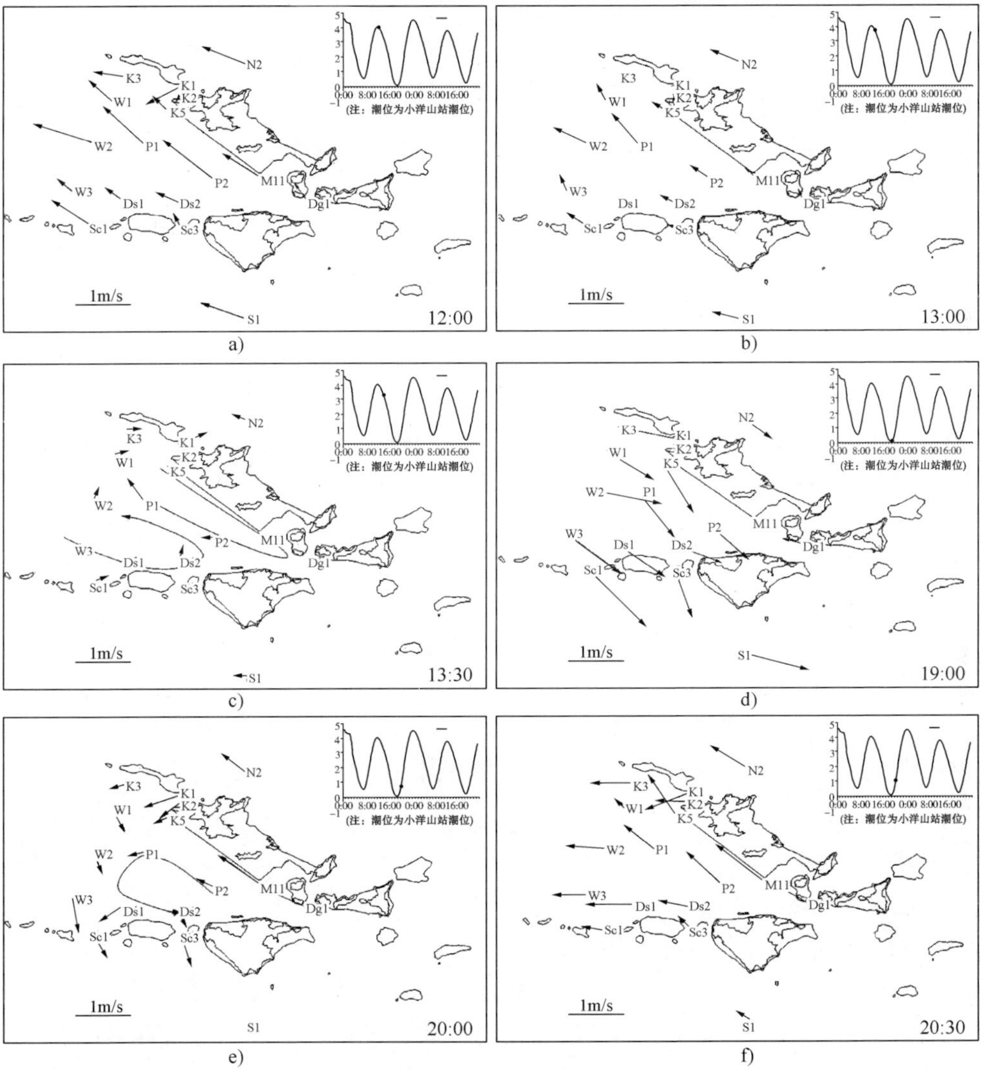

a) b)

c) d)

e) f)

图 3.1-2 不同时刻潮流矢量图(2007 年 4~5 月)

件。特别是通道南侧，环流时刻潮流动力减弱比较明显，它的范围与 2005 年以后通道南部淤积形状还是比较吻合的，这可能是这部分区域泥沙淤积的主要原因。

3.1.5 潮量

根据 2007~2008 年实测资料结果，西口门平均涨、落潮潮量为 39.97 亿 m^3 和 43.18 亿 m^3；东口门（小岩礁—大洋山）断面涨、落潮潮量约占西口总潮量的 63% 和 59%。北岛链中唯一的颗珠山—蒋公柱汊道涨落潮潮量大约占西口总潮量的 12% 和 14%；大洋山一侧大洋山—大山塘汊道涨落潮潮量大约占西口总潮量的 8% 和 10%；双连山汊道涨落潮潮量大约占西口总潮量的 18% 和 20%。

3.1.6 波浪和台风浪

（1）波浪

受崎岖列岛海域大范围的季风影响，洋山港海域的波浪以风浪为主。港区外部海域，常浪向为 N、NE 和 NNE 向，频率分别为 8.98%、8.16% 和 8.01%，年平均 $H_{1/10}$ 波高为 0.47m；强浪向为 N、NE 和 NNE 向，最大波高为 4.1m。

通道内受大、小洋山等岛屿遮挡的影响，波浪相对较小。港内海域常浪向为 NNW 向，频率 9.90%；次常浪向为 WSW、SSW 向，频率分别为 8.82%、8.04%。据 1998~2005 年较为完整的观音山波浪观测报表资料统计，观音山 $1.0\text{m} \leq H_{1/10} < 2.0\text{m}$ 波高出现的频率为 5%，$2.0\text{m} \leq H_{1/10} < 3.1\text{m}$ 波高出现的频率约为 0.1%。年平均 $H_{1/10}$ 波高为 0.44m，最大波高为 3.10m。

（2）台风浪

洋山港区台风浪主要发生在夏秋季，寒潮大风主要发生在冬春季。影响洋山港区的台风浪平均每年为 3.6 次，主要发生在 7~9 月，一般以偏北大风占主导地位，其次为 ESE 向和 SE 向，估计最大风速可达 35 m/s，7 级以上大风持续时间小于 12 小时的占 50%，大于 36 小时的占 38%。影响洋山港区的寒潮平均每年发生 3 次左右，主要发生在 12 月和 1 月，寒潮大风平均为 7 级，最大阵风 8~9 级，占 83%，风向偏北。

3.1.7 泥沙环境

1）宏观泥沙环境

（1）江浙沿海含沙量分布及运动趋势

江浙海域含沙量具有冬季高于夏季的特点（图 3.1-3）。从运动趋势看，夏季该海域盛行 S 向风，台湾暖流强盛北上扩散，推动长江河口浑水向东北运移；冬季盛行 N 向风，台湾暖流衰减，而江浙沿岸流逼岸强劲南下，沿海岸向东南运动，推动长江口入海泥沙向东南向搬运并随潮流进入杭州湾[1]。由此可知，江浙沿岸流对大

范围海域的泥沙运动扩散具有较大影响,而洋山港区也处于这种大的泥沙环境之中。

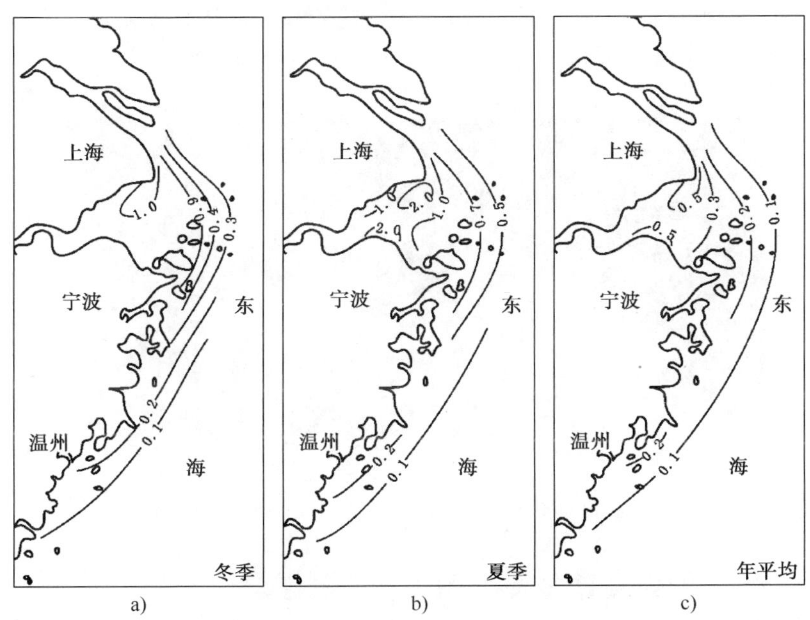

图 3.1-3 江浙沿海表层含沙量分布图[1](单位:kg/m^3)

根据相关研究成果[2],长江 1953~1993 年多年平均输沙量为 4.51×10^8t(据大通站实测泥沙资料统计)。长江口来沙主要淤积在口外,来沙的 19%淤积在南支口外的水下三角洲,12%淤积在北支口外的水下三角洲,40%淤积在杭州湾及其近海。可见,长江口出海泥沙在杭州湾及其近海的淤积,为该海域水体悬沙提供了“泥库”。

(2)长江口下泄泥沙扩散对杭州湾及洋山港区的影响

大量的遥感图片反映出,长江口下泄泥沙经常与杭州湾悬浮泥沙连成一体,表明长江口泥沙进入杭州湾的现象是存在的。长江口下泄泥沙进入杭州湾有两种形式:一种是夏季洪水季节,长江口高含沙水体沿杭州湾北侧进入杭州湾,悬沙浓度较高,但对大、小洋山一般并不产生直接影响,而是通过杭州湾涨落潮水流运动影响大、小洋山海区;长江口泥沙进入杭州湾的另外一种形式是在冬季,长江口外泄的泥沙随潮流的扩散有时直接影响到大小洋山海域,但含沙量要比夏季洪水时低,不会成为洋山港区局部高含沙形成的直接原因。

从收集到的卫星图片上看,杭州湾在大多数时间内都具有悬沙浓度较高的特性。杭州湾北侧的高含沙现象除与长江口泥沙运动有一定关系外,另一个主要的原因是由于杭州湾涨、落潮流速较大,憩流期沉积到底部的泥沙又被水流再悬浮或细颗粒泥沙来不及完全沉降就又被水流输送所造成的。所以,就长江口对杭州湾与洋山港区的影响而言,其长期影响可能主要为夏季洪水季节长江口高含沙运动或冬季余流输送泥沙为杭州湾提供丰富的悬浮泥沙沙源(图 3.1-4)。

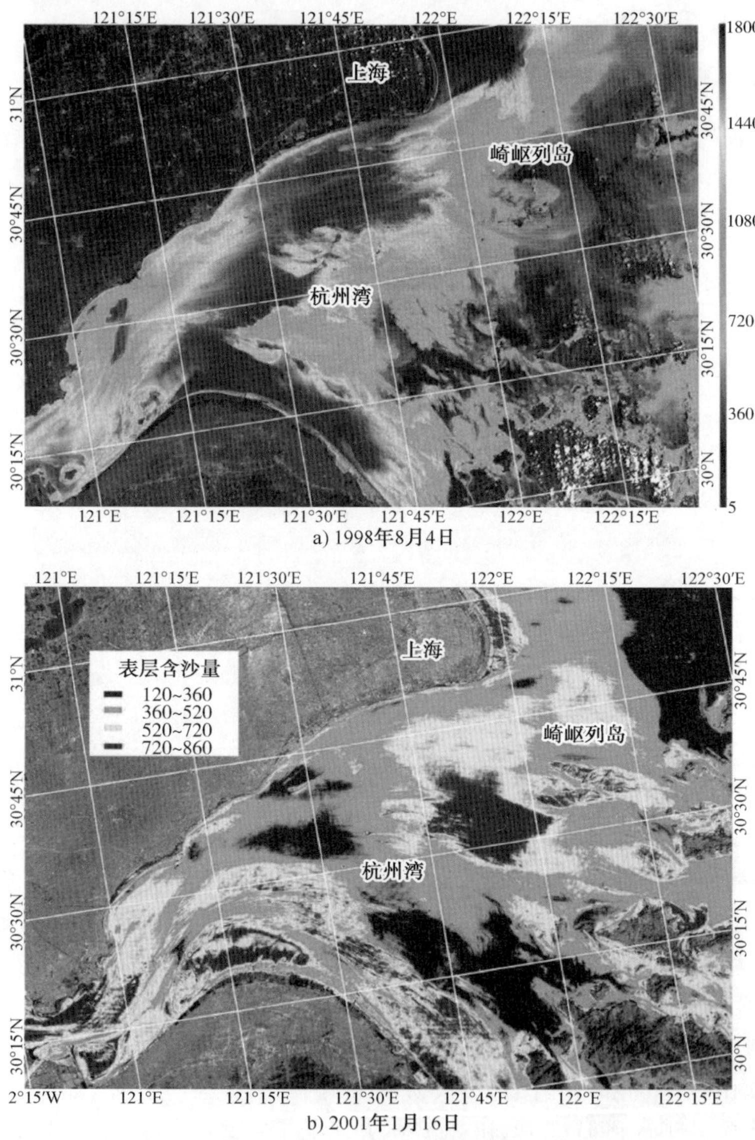

图 3.1-4 杭州湾表层悬沙分布图

(3)杭州湾泥沙运动与洋山港的关系

从收集到的多幅遥感图像分析,杭州湾总体上来说具有高含沙悬沙广泛分布的特性。杭州湾内的高含沙水域出现在湾内中部,洋山港区西侧,洋山港区有时也包络在内。因而,洋山港工程海域含沙场的变化,受控于杭州湾高含沙场的变化。

杭州湾内含沙场的另一个特征是,湾口大量岛屿附近一般都表现出由岛屿效应引起的局部高含沙特性,即岛屿周围含沙量明显高于附近海域含沙量,除崎岖列岛外,其他岛屿如岱山岛、衢山岛等都有此特性。可以说,岛屿效应引起的局部高含沙是杭州湾岛屿群的共性。

(4)洋山港区海域含沙场分布

从洋山港区海域的悬沙分布看,在相当多的情况下,洋山港区海域都显示局部高含沙现象,而且高含沙区往往分别沿大小洋山岛链方向。这种高含沙现象主要由潮流经过岛屿时掀起的岛屿当地周围浅滩泥沙所致。另外,杭州湾涨落潮水流携带高浓度泥沙经过崎岖列岛时,水流围绕岛屿形成复杂回流区也可能造成局部高含沙区。卫星图片显示,大小洋山海域经常出现周围海域含沙量较低,而洋山港局部含沙量较高的现象。因此,洋山港局部含沙量较高的原因,一方面受控于杭州湾大的泥沙环境,同时局部岛屿效应引起的水流流态的改变,岛屿间的潮汐通道内流速的增大,岛屿周围冲刷与背流面的回流效应等是引起岛屿周围高浓度泥沙的主要原因。

2)工程海区含沙量分布特征

(1)平面分布

从整个海区含沙量平面分布来看,北部水域含沙浓度最小,约为0.76kg/m^3,东部水域次之,西部和南部相对较大,可达1.5kg/m^3,P_1点实测含沙量最大可达2.0kg/m^3;由海区含沙量平面分布上反映出海域含沙量由北向南、由东向西逐渐增加的趋势。

(2)时间上变化

根据小洋山站1998~2007年每日高、低潮时表层含沙量资料统计分析:含沙量年际变幅很小,但季节变化明显,每年从11月~转年4月冬、春季节含沙量较高,为0.95~1.25kg/m^3;5月~10月夏、秋季节含沙量较低,为0.34~0.81kg/m^3。

(3)潮型上的变化

从潮型和潮段上分析含沙量,大潮大于中潮,中潮大于小潮,涨潮大于落潮。2008年10月实测资料显示,大潮含沙量是中潮含沙量1.9倍,是小潮含沙量的2.3倍。从涨、落潮含沙量平均比值分析,西部水域为1.40,一、二期工程水域为1.23,

东口门处为 1.20，虎啸岛以东水域为 0.98。这种涨落潮含沙量的变化，与各通道泥沙的汇入、底质、水深条件、流速以及岛屿的水流紊动效应有着密切关系。

(4) 垂线分布

含沙量垂线分布由表至底逐层加大，最大含沙量一般出现在底层或 0.8H 层；一般来说，每增深 0.2H，含沙量平均约增加 30%，靠近底层 0.8H 和底层部位，大、中、小潮平均为表层含沙量的 2 倍左右；在涨潮或落潮中，大、中潮含沙量垂线分布上比较均匀，小潮时含沙量垂线分布上梯度较大，最底层含沙量均大于大、中潮底层量值。2007 年 4~5 月在港区通道水域，底层含沙量涨潮为 1.79~3.51kg/m^3，平均为 2.20kg/m^3，落潮为 1.40~3.66kg/m^3，平均为 2.03kg/m^3。底层含沙量约为表层含沙量的 2 倍，为垂线平均含沙量 1.4 倍。

3) 工程海区悬沙粒径和底质条件

(1) 悬沙粒径

洋山港区悬沙平均粒径一般为 0.0064~0.0122mm 变化，平均中值粒径 d_{50} 为 0.008mm，当流速较大时，其平均粒径稍大，而流速小时相对较小。这种悬沙皆属细粉沙和极细粉沙两种类型，悬沙颗粒较细，在水流的作用下，具有极易活动的特性。

通过对 2007 年 10 月、2008 年 1 月和 2008 年 5 月 3 次取样分析，P_1 测站平均中值粒径分别为 0.0080mm、0.0078mm 和 0.0083mm，平均为 0.0080mm；2008 年 10 月取样分析结果表明，平均中值粒径为 0.0076mm；总体来看，4 次取样平均值近乎一致，说明常年悬沙粒径变化不大。

(2) 底质

洋山港周围水域，以粘土质粉沙为主，中值粒径介于 0.006~0.0293mm，平均中值粒径 D_{50} = 0.00703mm；洋山港内岛群间底质以沙质粉沙为主，中值粒径为 0.0046~0.1194mm，平均中值粒径 D_{50} = 0.0370mm；进港航道开挖段为粘土质粉沙，中值粒径为 0.0166~0.0109mm，平均中值粒径 D_{50} = 0.012mm。2007 年 4~5 月取样分析，港区水域底质平均中值粒径为 0.0210mm；一、二、三期码头前沿的底质平均中值粒径为 0.0239mm。2008 年 5 月通道水域表层底质中值粒径为 0.0130mm，主要由沙、沙质粉沙、粉沙和粘土等物质组成。

3.2 洋山港海域通道内地形变化

根据对 1998~2008 年工程海域不同时期水深地形对比分析，洋山港通道内地形演变具有如下特点：

(1) 随着边界的变化，地形冲淤调整迅速

洋山港所属海域以流强、含沙量大为特征，从而为地形的快速调整提供了必要

的动力和充足的沙源。例如:小洋山—镬盖塘汊道,当北围堤在2003年2月全线合拢后,在围填造陆泥沙流失量不大的条件下,由于水流归顺,汊道S~SE侧的-15m深槽立即出现总体上的扩展,码头前沿除中部略有淤积外,东、西两侧冲刷明显。双连山—大山塘西北侧淤积体的出现也是如此,当小洋山汊道封堵,特别是2004年8月~2005年4月将军帽—大指头汊道封堵结束后,由于受通道主流向北侧转移等动力调整的影响,使双连山—大山塘西北侧水域的流速出现较明显的下降,与封堵前相比下降率达12%。已有的研究表明,在基本不受抛泥影响的情况下,该淤积体的一般淤厚为0.5~2.0m,最大淤厚超过4m。较大淤积体的迅速出现,主要是流速减弱所致。

一期工程水域随着堵汊及水流归顺(即涨落潮流路趋于一致,流速增加)而出现的深槽扩展,以及双连山—大山塘西北侧流速下降而出现的浅滩淤积,都是在堵汊工程竣工后的数月内即基本成型,充分展示了地形冲淤转化快的特点。地形冲淤与堵汊工程之间的这种紧随性,除分别与动力的增、减有关外,潮流所挟泥沙充足的即时补给,则是地形速淤的必要条件。

(2)西部港区南淤北冲规律明显

东侧北围堤封堵后一年,西部港区"南淤北冲"格局已初步显现;到封堵后两年格局已基本形成;港区边界稳定后,这种格局已基本稳定。从长时期看,用1998年水深与2007年和2008年相比,在通道南侧出现了大范围的淤积,而北侧仅零星淤积区分布,基本呈现全面冲刷的局面。目前,西部港区的冲刷趋势日益明显,尚未封堵的颗珠山—小洋山汊道不断发展,该汊口处的水深也呈逐渐加大趋势,最大水深可达12m以上,为该区建设深水泊位提供了有利条件。

(3)近期地形演变趋于缓慢

从2004年4月~2005年4月,通道滩面净冲刷1413万m^3,此后一年又明显地表现为转冲为淤,淤积量为1434万m^3,而时间再延续一年(2006年4月~2007年4月),尽管表现为继续淤积,但其量仅为64万m^3,只占此前一年淤积量(1434万m^3)的4%。通过这一事实,以及从通道地形调整快的基本规律出发,可以初步认为,在历经了2005年9月各汊道封堵结束至今的近几年的地形调整后,通道海床地形演变趋于缓慢(图3.2-1)。

当然,在这里需指出的是,尽管2006年4月~2007年4月通道滩面净淤积甚微(仅64万m^3),但并非意味着滩面淤冲的年变幅会在100万m^3以内。从年净冲淤转换量近1500万m^3看,对水域宽阔的通道而言,地形今后的年度变幅在1000万m^3以上完全可能,也当属正常。2007年4月与2008年4月期间,整个通道内淤积面积为2333万m^2,冲刷面积为1675万m^2,其中淤积面积主要分布在通道南侧;淤积体积为 1209 万 m^3，冲刷体积为 1256 万 m^3，总体上呈现出冲淤基本平衡的形势。与 2006 年 4 月～2007 年 4 月一年期间，整体冲淤形势基本一样，“南淤北冲”的格局依然保持(表 3.2-1)。

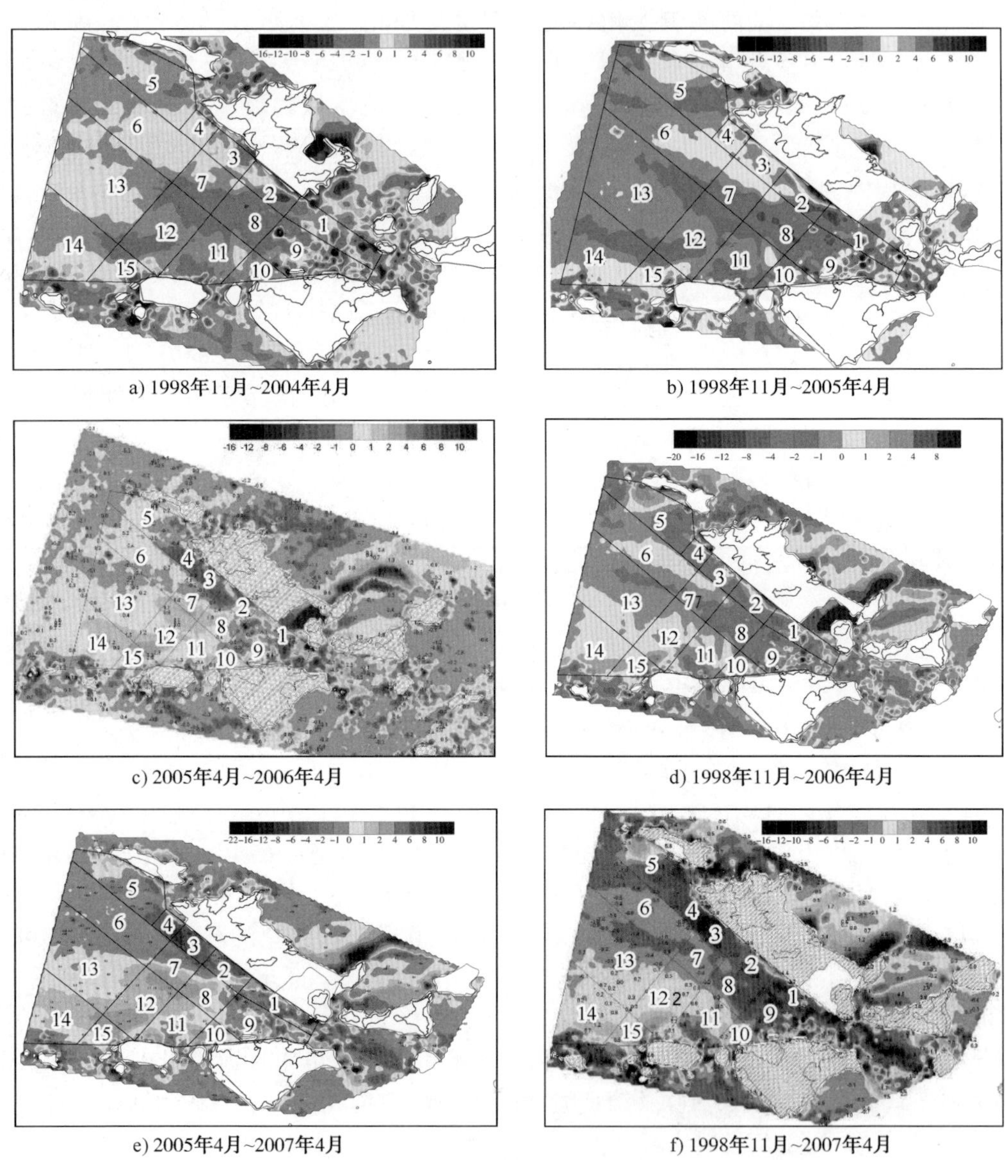

a) 1998年11月~2004年4月

b) 1998年11月~2005年4月

c) 2005年4月~2006年4月

d) 1998年11月~2006年4月

e) 2005年4月~2007年4月

f) 1998年11月~2007年4月

图　3.2-1

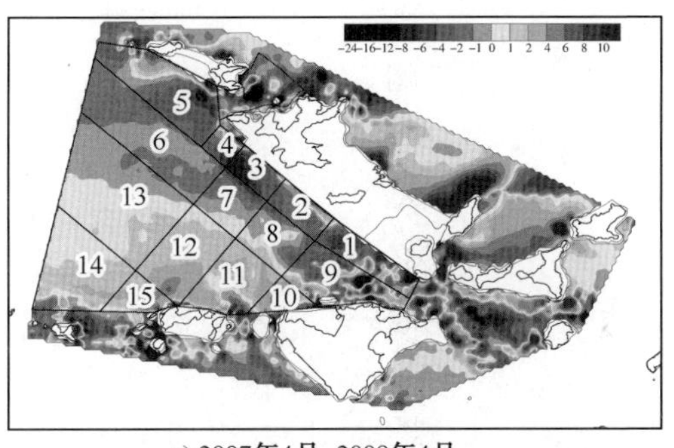

g) 2007年4月~2008年4月

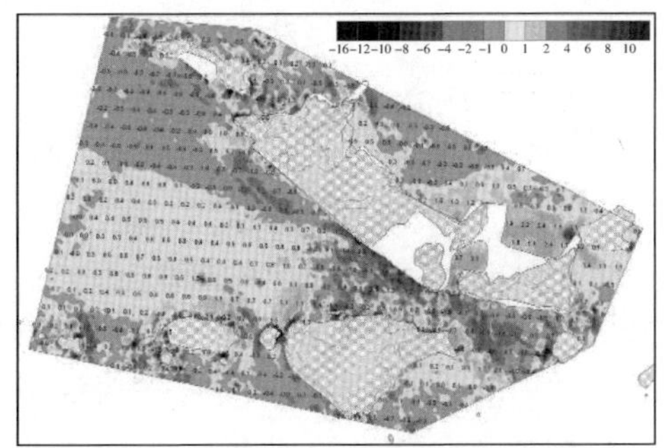

h) 1998年11月~2008年10月

图 3.2-1 洋山港不同时期地形冲淤变化

洋山通道滩面冲淤变化 表 3.2-1

时　间　段	冲刷量(万 m^3)	淤积量(万 m^3)	净冲淤量(万 m^3)	净冲淤厚度(m)
2004 年 4 月~2005 年 4 月	1753	340	-1413	-0.42
2005 年 4 月~2006 年 4 月	548	1982	1434	0.43
2006 年 4 月~2007 年 4 月	992	1056	64	0.02
2007 年 4 月~2008 年 4 月	1256	1209	-47	-0.01

注:地形冲淤不含港池范围;“-”代表净冲刷;“+”代表净淤积。

3.3 海区泥沙运动基本特性研究

3.3.1 试验基本条件

本次试验主要研究洋山港区域泥沙的沉降速度、起动流速和垂线含沙量分布、平衡含沙量等特征值,了解该水域的泥沙特性。试验内容包括以下 5 个方面:波浪及波、流共同作用下的泥沙起动试验;泥沙静水沉降密实试验;泥沙的静、动水沉降试验;含沙量垂线分布试验;平衡含沙量试验。

本次泥样取自洋山港一、二期港区水域,中值粒径为 0.010~0.024mm,平均中值粒径 d_{50}=0.017mm,其中沙的含量占 10%~16%,粉沙的含量占 54.1%~65.1%,粘土的含量占 19.3%~35.9%,平均粘土含量为 27.0%,均属于粘土质粉沙。

试验是在长×宽×高分别为 68.0m×0.7m×1.0m 波浪水流槽和环型水流槽内进行的。波流水流槽前端为不规则造波机及其控制系统,中部槽底留有长 4.0m、高 0.10m 的存泥槽,后端设置消波箱,试验水流为自循环式,用水为自来水,水流速由一个无级变速的电动水泵控制。环型水流槽外径为 2.0m,内径为 1.6m,高为 0.6m,由变频电机控制转速,调速范围为 0~70cm/s(水槽断面平均流速)。

3.3.2 泥沙的起动

(1)起动流速

泥沙起动特性试验是在环型水槽和波流直水槽中进行,实验结果表明:在底床泥沙容重为 1.60t/m³时,波浪作用下的起动摩阻流速为 2.23~2.33cm/s;波流共同作用下的起动摩阻流速为 1.93~2.04cm/s;水流作用下的起动摩阻流速为 2.07cm/s,起动时平均流速为 54cm/s。从试验结果与天津港和黄骅港泥沙起动试验资料对比来看,洋山港泥沙中值粒径介于天津港和黄骅港泥沙中值粒径之间。

根据试验结果及理论计算,可推算出不同水深情况下的起动波高(假定床面泥沙粒径和密度与本次波浪及波、流共同作用的试验条件相同),结果见表 3.3-1。由表可知,由于洋山水域水深一般大于 10m,通道内波浪条件较弱,单纯波浪很难达到泥沙起动条件;由于潮流动力较强,泥沙的起动主要以潮流作用为主。

泥沙起动悬扬水动力条件推算 表 3.3-1

周　期	3s		5s		7s	
流速	0m/s	0.3m/s	0m/s	0.3m/s	0m/s	0.3m/s
水深(m)	波高(m)		波高(m)		波高(m)	
1.0	0.23	0.15	0.22	0.14	0.23	0.15
2.0	0.38	0.27	0.33	0.24	0.33	0.24
3.0	0.60	0.45	0.43	0.33	0.42	0.31
4.0	0.91	0.71	0.53	0.42	0.50	0.39
5.0	1.38	1.08	0.64	0.51	0.57	0.46
6.0	2.12	1.72	0.76	0.61	0.65	0.53
7.0	3.27	2.67	0.88	0.74	0.72	0.60
8.0	—	4.20	1.04	0.86	0.80	0.67
9.0	—	—	1.20	1.01	0.88	0.75
10.0	—	—	1.39	1.20	0.96	0.82

(2)起动、悬扬、止悬和止动

起动和悬扬均是在水流流速逐渐增大时产生的泥沙运动现象。起动是指床面上泥沙颗粒从静止进入到运动临界状态,此时所对应的水流流速为起动流速;悬扬是指超过起动条件后,泥沙开始以流动、滑动或跃动方式前进,当流速增大到一定程度后,泥沙就不再回落到床面上,而是悬浮在水中的某一高度,这时的水流速度为悬扬流速。

止悬和止动是在水流流速逐渐减小时产生的泥沙运动现象。止悬是指当流速减小至一定程度后,悬浮在水中的某一高度的泥沙将回落到床面上,此时的水流速度即为止悬流速;止动是指泥沙由运动到静止的临界状态,其含义是对于既定的粒径和水深条件下运动着的底沙颗粒,当垂线平均流速降到某一特定值时恰好停止运动,此垂线平均特征值即为该粒径颗粒在该水深下的止动流速。

洋山港区泥沙的起动、悬扬、止悬、止动流速见图3.3-1,图中表示出流速、平均含沙量和初始含沙量百分比与时间的关系曲线。从图可以看出,当水流速度小于某值时,曲线呈水平状态,水流速度增加,但水体含沙量不变,说明底部泥沙未达到起动,水流强度未达到泥沙的起动条件;当水流速度大于某值时,曲线开始上升,表明随着水流强度的增加,部分泥沙开始起动,水体含沙量增大;水流速度继续增大,起动沙量随流速呈线性关系增加。根据这一起动过程,得出本次泥样起动断面平均流速值约为54cm/s,平均底流速值约为45cm/s,起悬流速约为69cm/s,平均底流速值约为57cm/s。当流速逐渐减小时,此时挟沙水体中的泥沙将随着水流的挟沙能力减弱而逐渐沉降,但由于粘性细颗粒泥沙沉降速度较慢,水体含沙量与初始含沙量比值并没有随着流速的减小而迅速减小,其减小的幅度相对较缓,且无明显的转折点,因此,本次试验未能得出止悬速度及止动速度。

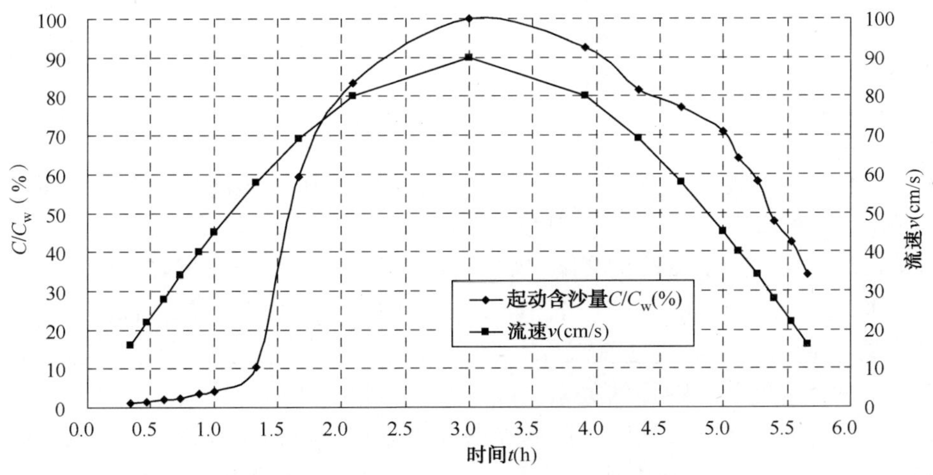

图3.3-1 起动含沙量、流速与时间的关系曲线

3.3.3 泥沙的沉降

泥沙沉降特性试验是在环型水槽中进行的,实验结果见表3.3-2。

(1)在流速相同的情况下(含盐度和水温相近),当初始含沙量为 0~2.0kg/m^{3}时,随着含沙量的增大,沉速先增大后减小,试验得到的最大沉速为 0.067cm/s;

(2)水流速度对泥沙沉降有重大影响,流速越大则紊动强度也越大,对泥沙沉降的阻力也越大,泥沙沉速就越小,即泥沙沉速随水流速度的增加而减小,当流速为 70cm/s 时,计算泥沙沉降速度在 0.01cm/s 以下,此时水体含沙量也达到相对平衡的状态。

沉降速度随含沙量、流速及盐度变化　　表 3.3-2

初始含沙量 (kg/m^3)	流速 (cm/s)					含盐度
	0	20	40	60	70	
0.5	0.045	0.036	0.020	0.005	<0.01	0
1.0	0.054	0.043	0.029	0.009		
1.5	0.062	0.051	0.033	0.012		
2.0	0.049	0.038	0.026	0.009		
0.5	0.049	0.039	0.022	0.005	<0.01	15‰
1.0	0.058	0.047	0.031	0.010		
1.5	0.067	0.055	0.036	0.013		
2.0	0.053	0.041	0.028	0.010		
0.5	0.044	0.035	0.020	0.005	<0.01	25‰
1.0	0.053	0.042	0.028	0.009		
1.5	0.061	0.050	0.032	0.012		
2.0	0.048	0.037	0.025	0.009		

(3)含盐度对泥沙沉降有一定影响,当含盐度为 0~25‰时,随着含盐度的增大,沉降速度先增大后减小,当含盐度为 15‰时,得到本次试验的最大沉速。

(4)初始含沙量对沉降的影响:当含沙量小于 1.5kg/m^{3}时,沉降速度随含沙量的增大而增大;当含沙量大于 1.5kg/m^{3}时,沉降速度随含沙量的增大而减小。沉降速度与含沙量的关系曲线见图 3.3-2。

(5)沉降速度与沉降量的关系见表 3.3-3。同一水流条件下,随着初始含沙量的增大,相同沉降量对应的沉降速度先增大后减小,在初始含沙量为 1.5kg/m^{3}时,相同沉降量对应的沉降速度达到最大;对于同一水流条件和初始含沙量,由于泥沙在沉降过程中,粗颗粒先行下沉,其沉降速度远大于细颗粒泥沙沉降速度,因此,沉降速度随着沉降量的增大而明显减小。从结果来看,30%的沉降量对应的沉降速度约为 100%沉降量的 3 倍。

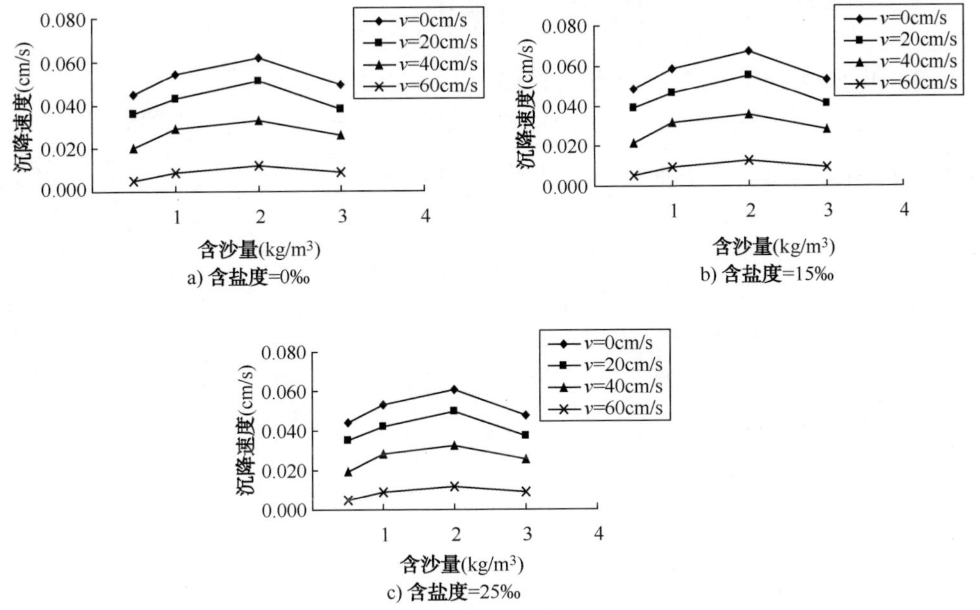

图 3.3-2 沉降速度与含沙量的关系

沉降速度与沉降量关系 表 3.3-3

流速 (cm/s)	初始含沙量 (kg/m³)	沉降量 (%)		
		30	60	100
0	0.5	0.143	0.072	0.045
	1.0	0.158	0.090	0.054
	1.5	0.171	0.103	0.062
	2.0	0.140	0.079	0.049
20	0.5	0.114	0.059	0.036
	1.0	0.134	0.071	0.043
	1.5	0.156	0.085	0.051
	2.0	0.123	0.052	0.038
40	0.5	0.068	0.034	0.020
	1.0	0.090	0.049	0.029
	1.5	0.109	0.055	0.033
	2.0	0.081	0.042	0.025

3.4 洋山港海域泥沙冲淤机理解析

3.4.1 现场含沙量垂线分布的解析

根据现场P_1站15昼夜资料含沙量观测资料分析,潮段平均流速垂线分布见图3.4-1,潮段平均含沙量垂线分布见图3.4-2。

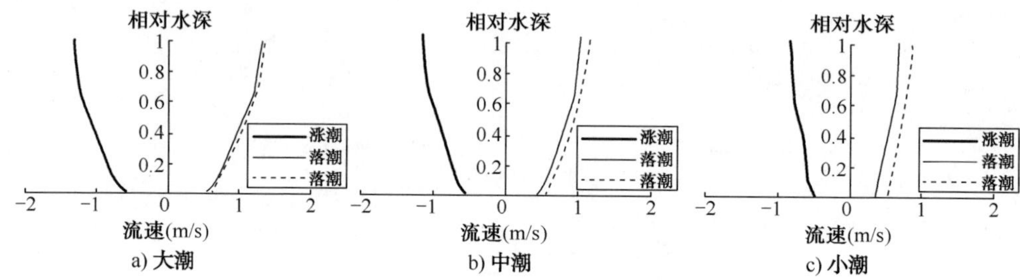

图3.4-1 P_1站大、中、小潮涨落潮潮段平均流速垂线分布

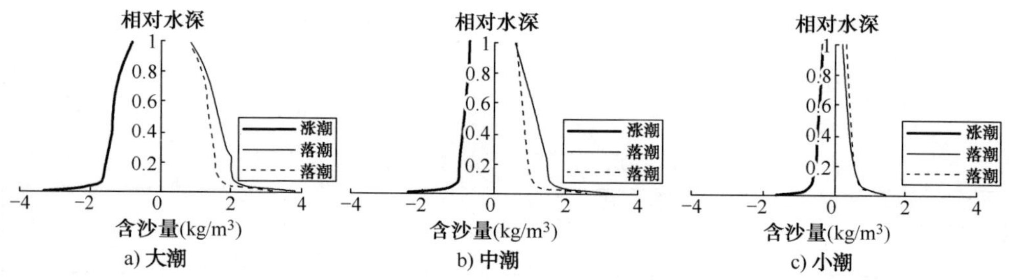

图3.4-2 P_1站大、中、小潮涨落潮潮段平均含沙量垂线分布

从图3.4-1可见:大潮、中潮、小潮流速垂线上分布特征相同,且涨、落潮分布相似;垂线上流速均呈从表层到底层逐渐减小的分布趋势。统计各分层流速与表层流速之比,自表到底,涨潮为1.00、0.86、0.71、0.61、0.54、0.43,涨潮垂线平均流速为表层流速的0.69;落潮为1.00、0.87、0.72、0.62、0.54、0.43,落潮垂线平均流速为表层流速的0.69。涨、落潮流速沿垂线梯度变化基本相同。

从图3.4-2可见:P_1站无论大、中、小潮,涨落潮潮段平均含沙量的垂线分布均为自上至下逐渐增大,且越靠近底部增加越明显。以大潮为例,各分层含沙量与表层含沙量之比,自表到底,涨潮为1.00、1.25、1.34、1.39、1.50、1.64,涨潮垂线平均含沙量为表层含沙量的1.36;落潮为1.00、2.94、3.32、3.33、3.35、3.39,落潮垂线平均含沙量为表层含沙量的3.02。P_1站除小潮期间涨落潮含沙量接近以外,大潮和中潮涨潮含沙量均明显大于落潮;含沙量大小与潮型的关系,总体上是“大潮>中潮>小潮”。

图 3.4-3 给出了 2007 年 4 月 18 日~5 月 6 日小洋山潮位站潮位和 P_1 站连续观测的垂线平均含沙量、底层含沙量过程,从两条过程线的对照关系可得如下结论:

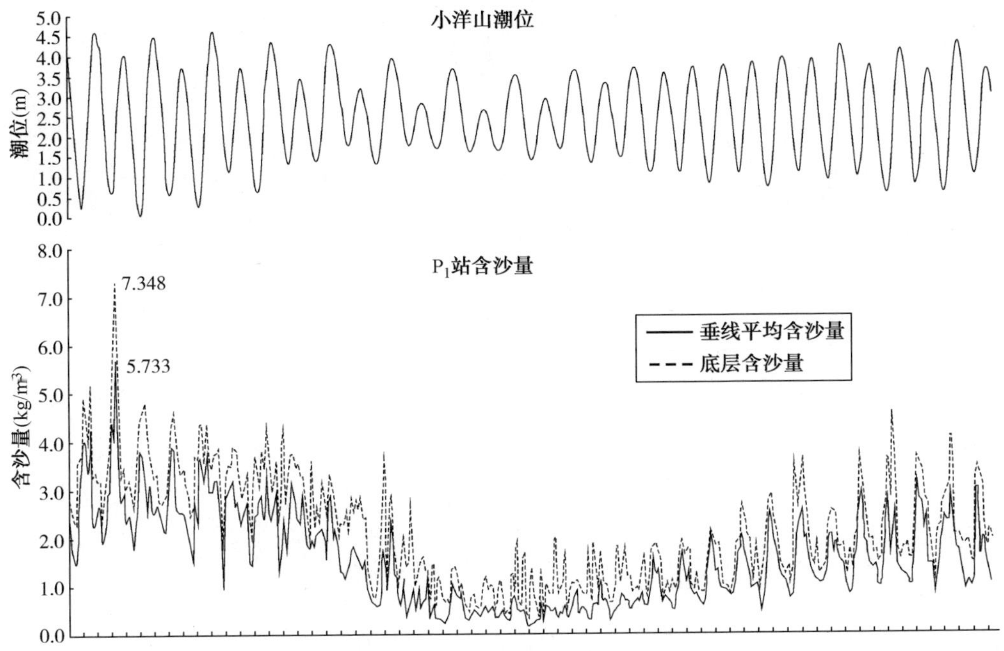

图 3.4-3　P_1 站底层含沙量 15 周日过程图

(1) P_1 站含沙量的变化具有长、短两种周期性质。长周期与潮汐的潮差周期相似,大潮时含沙量大,小潮时含沙量小,每半月一轮回;短周期也与潮汐有密切关系,含沙量大值均出现在最低潮位附近,含沙量小值则出现在最高潮位附近,并且随潮汐变化大小更替。

(2) P_1 站含沙量落潮浓度高、涨潮浓度低,由此可以判断落潮时西侧滩面较高含沙浓度水体被落潮流带到 P_1 站沉降形成。

(3) P_1 站 15 昼夜底部含沙量平均值为 2.15,垂线平均值为 1.55,底部是垂线的 1.38 倍,底部出现最大浓度为 7.35,此时垂线平均为 5.73,底部是垂线平均的 1.28 倍。并且底部最大值时刻均为垂线平均含沙量最大值时刻。

(4) 从本次 P_1 站 15 昼夜底部含沙量观测结果来看,底部含沙属于正常悬沙浓度范围,底部基本不存在高浓度浑水的泥沙运移形态。

图 3.4-4、图 3.4-5 为 P_1 站连续 15 日平均涨落潮流速与含沙量的过程曲线示意图,从图中可见,就长周期来讲,含沙量的变化趋势与潮型的变化趋势一致,潮型每

半月左右进行一次大小更替，含沙量也以同样的周期进行大小更替的变化，这一点充分说明了该站(P_1)水体的含沙量与潮汐有密切的关系，潮流是决定含沙量大小的主导因素，大潮含沙量大，小潮含沙量小。

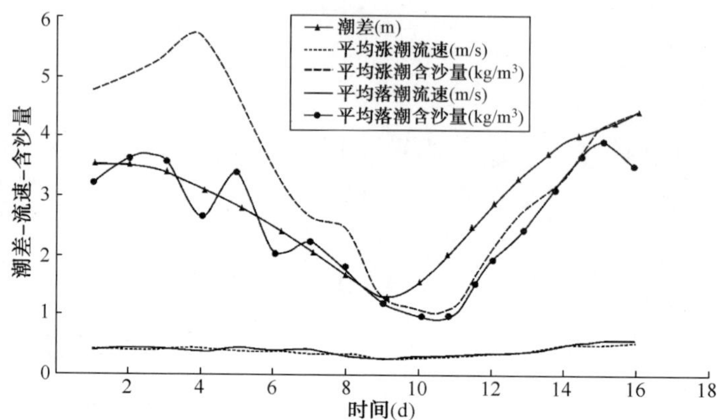

图 3.4-4　P_1 站平均涨落潮流速及含沙量 15 日过程线示意图(一)

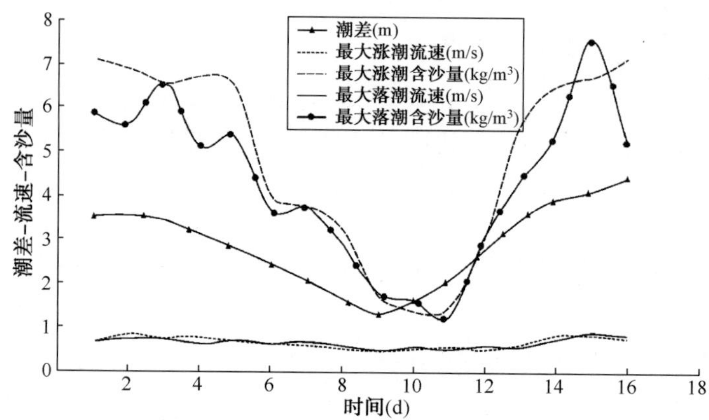

图 3.4-5　P_1 站最大涨落潮流速及含沙量 15 日过程线示意图(二)

进一步从 P_1站的连续资料中截取了大潮，并将大潮期间含沙量与潮位及流速对应绘制于图 3.4-6 中，从图中可见：在大潮期间，含沙量的大小也随水位的变化呈现相同的周期性变动，但含沙量最大值出现在水位最低时，含沙量最小值出现在高水位时；从含沙量与流速的对应关系看，涨潮流速增加，底层含沙量开始降低，涨急时底层含沙量最小，落潮则相反，当落潮流速增加，底层含沙量开始增加，底层含沙量最大时基本在落急时刻，可见，涨潮时水流对底层泥沙的起悬作用占主要，落潮时港区西侧来沙使 P_1站平均含沙量增加，同时悬沙的沉降又使 P_1站底层含沙量浓度加大。

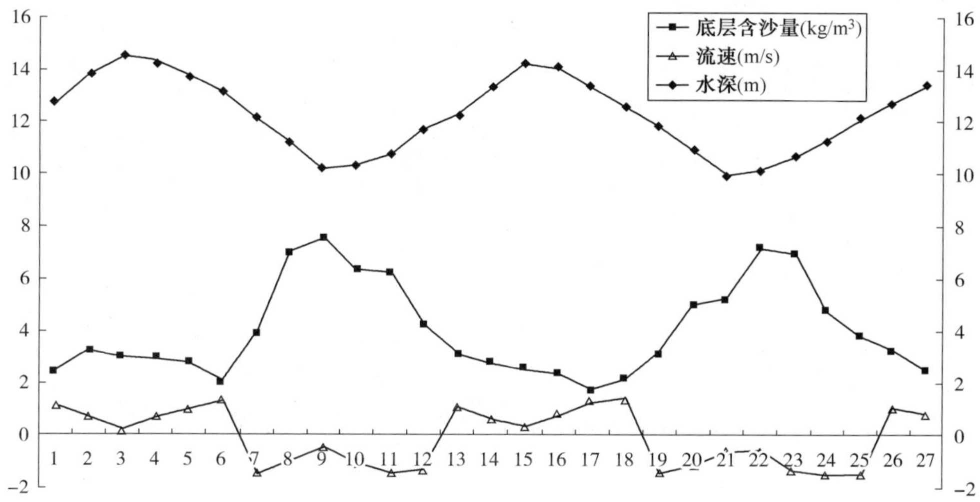

图 3.4-6　P_1 站大潮期间水位、底层含沙量、流速对应关系

3.4.2　洋山港海域底部水体含沙量运动解析

图 3.4-7 给出了 P_1 测站 2007 年 10 月、2008 年 1 月和 2008 年 10 月 3 次 15 周日实测流速、含沙量历时变化图，由图可知，含沙量变化和潮流一样，也有长短周期。泥沙变化的长周期与潮流变化的长周期一致，在 15 周日内也呈大小更替变化，大潮时含沙量大，小潮时含沙量小。

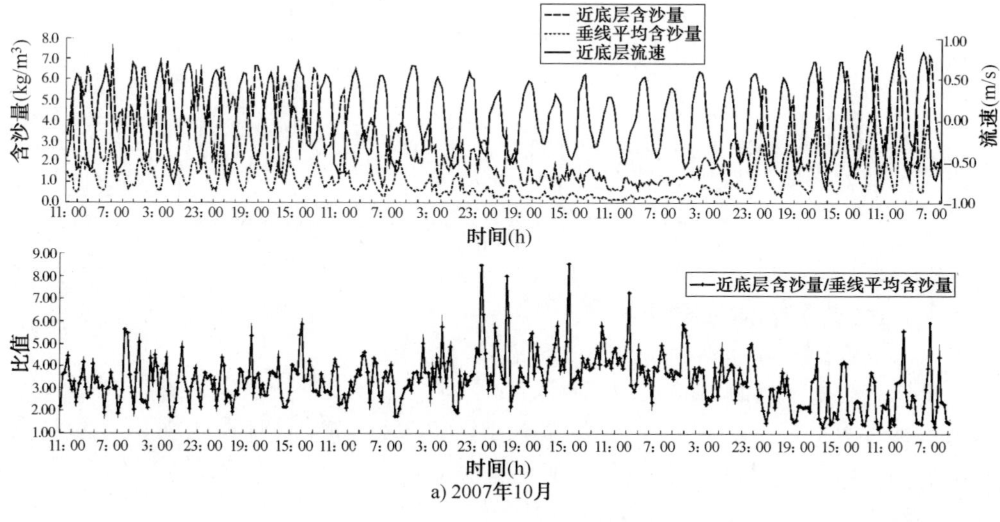

a) 2007年10月

图　3.4-7

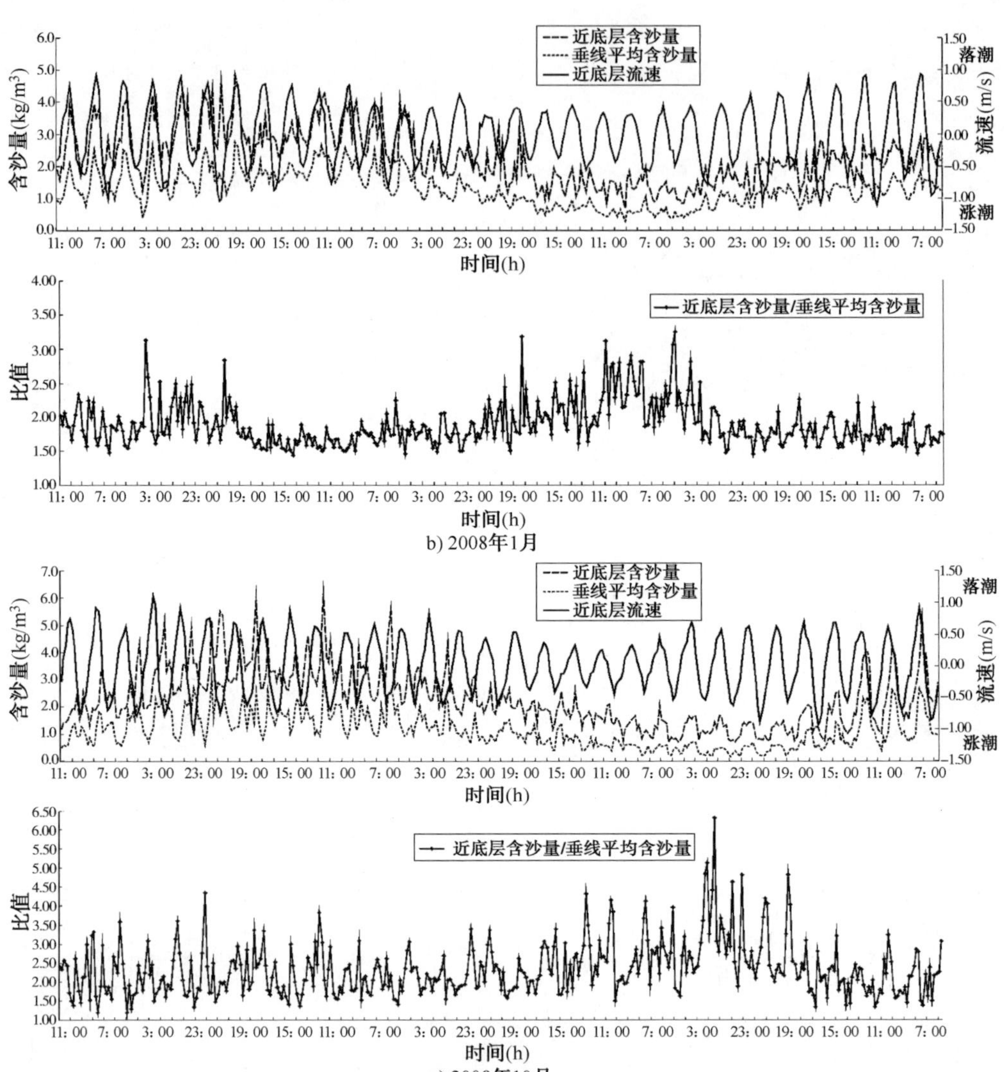

图 3.4-7　近底层流速与含沙量过程及近底层与垂线平均含沙量比值曲线

注：注速“+”表示落潮，“-”表示涨潮。

临底含沙量 15 周日平均值为 2~3kg/m³，垂线含沙量平均值为 1.50~1.70kg/m³，底部是垂线的 1.38 倍。临底含沙量最大值为 7.35kg/m³，此时垂线平均含沙量为 5.73kg/m³，临底含沙量是垂线平均的 1.28 倍。由此可知，该海域的含沙量在垂线分布差异不大，底部较高浓度的含沙仍属悬沙范畴。

为了解临底含沙量具体变化规律，又在各测次选出一个典型大潮，其潮流、含沙量历时变化如图 3.4-8 所示,涨落潮逐时含沙量垂线分布如图 3.4-9 所示。为了更好地揭示底部含沙量的形成、发展过程,进一步利用实测结果绘制成流速、含沙量历时变化示意图,如图 3.4-10 所示,通过分析不难得出以下结果。

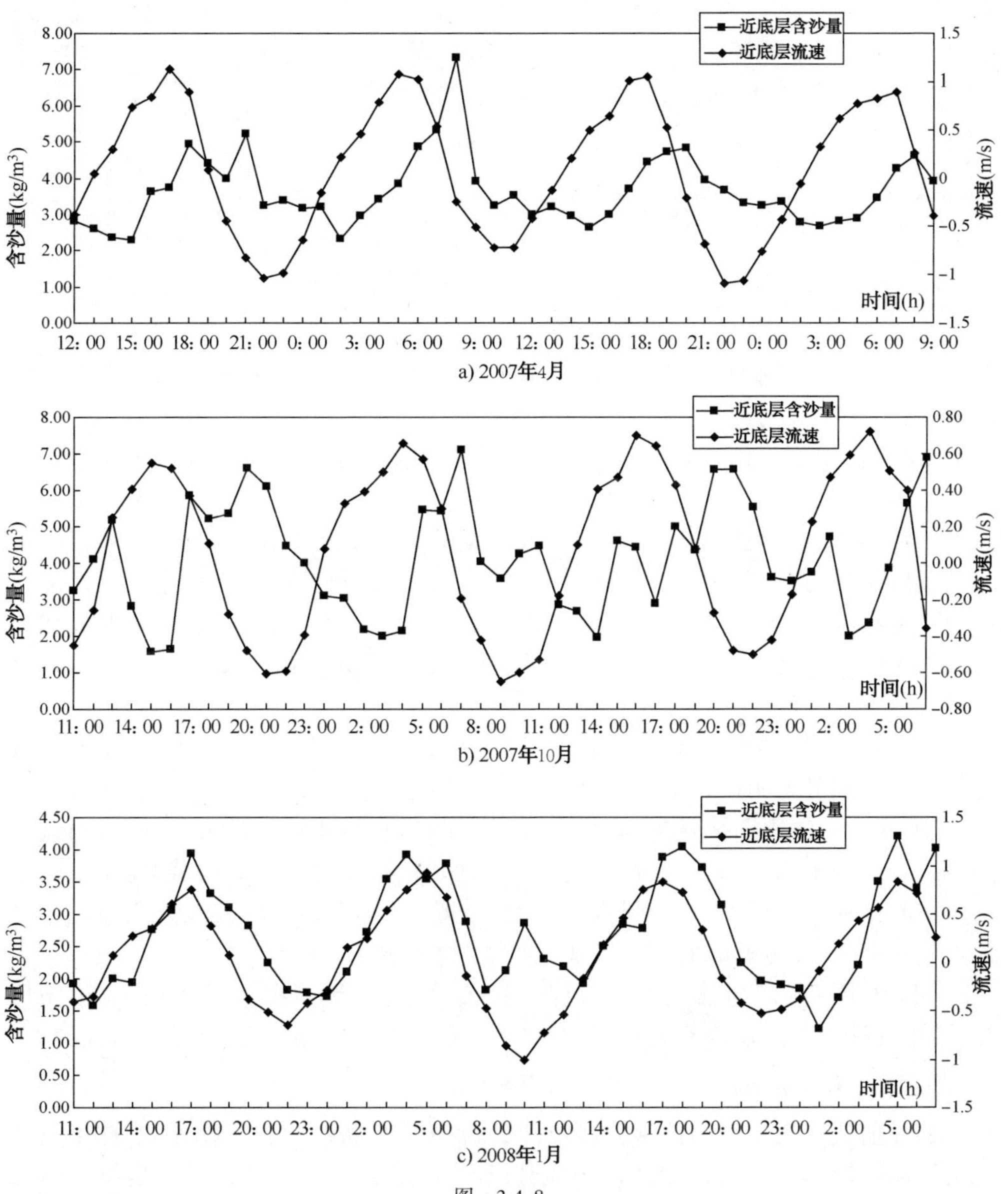

图 3.4-8

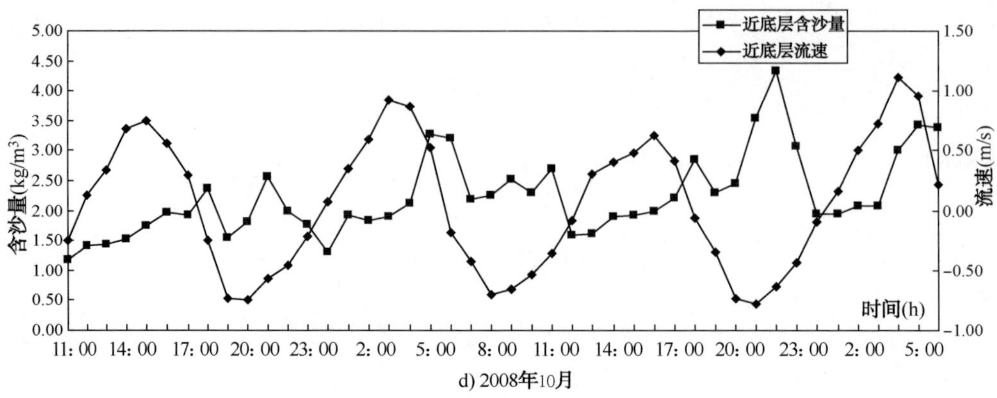

图 3.4-8　P_1 站大潮期间近底层含沙量、流速历时变化

注：注速“+”表示落潮，“-”表示涨潮。

(1)含沙量呈周期性变化，其变化周期与潮流周期一致，但相互间存在一定的相位差。流速滞后于潮位约 1/4 周期，含沙量滞后于流速约 1/4 周期，滞后于潮位约 1/2 周期。因此，临底含沙量峰值滞后于潮位峰值约 1/2 周期，滞后于流速峰值约 1/4 周期。

(2)含沙量与潮流的相位差表明：含沙量的大小变化不仅与流速大小有关，还与其背景含沙场有关。主要表现为：在涨潮初期形成的较高含沙量，包含落潮流造成的起动泥沙和来自西侧海域的含量相对较高的背景泥沙；而落潮初期形成相对较低的含沙量，则包含涨潮流造成的起动泥沙和来自东海域含量相对较低的背景泥沙。

(3)从逐时含沙量垂线分布看，在涨落急附近时刻，含沙量的垂线分布差异较憩流附近时刻更为明显。从含沙量垂线变化的过程分析，随着潮流流速增大到一程度后，床面泥沙逐渐被悬扬，底部悬沙受紊动影响逐渐向上扩散，至憩流附近时刻垂线分布趋于均匀。而后，在流速相对较小的时段内悬沙开始沉降，直至下一个高流速时刻来临。另外，憩流附近时刻的含沙量大小也主要与其涨落潮过程中的最大流速有关，即流速越大，在憩流时的含沙量也越高。

(4)利用底流速与临底含沙量建立相关关系，结果如图 3.4-11 所示，由图可知，临底含沙量与底流速间有较好的相关性，落潮时段的相关性好于涨潮时段。

3.4.3　洋山港海域泥沙冲淤机理解析

通过前述依托工程的背景泥沙环境分析和泥沙水力特性研究可知，洋山港海域的海床性质、泥沙运动形态以及冲淤机理均具有其自身的特点。这里结合这些特点对其泥沙的冲淤机理进行研究，并在此基础上提出平衡含沙量概念及理论。

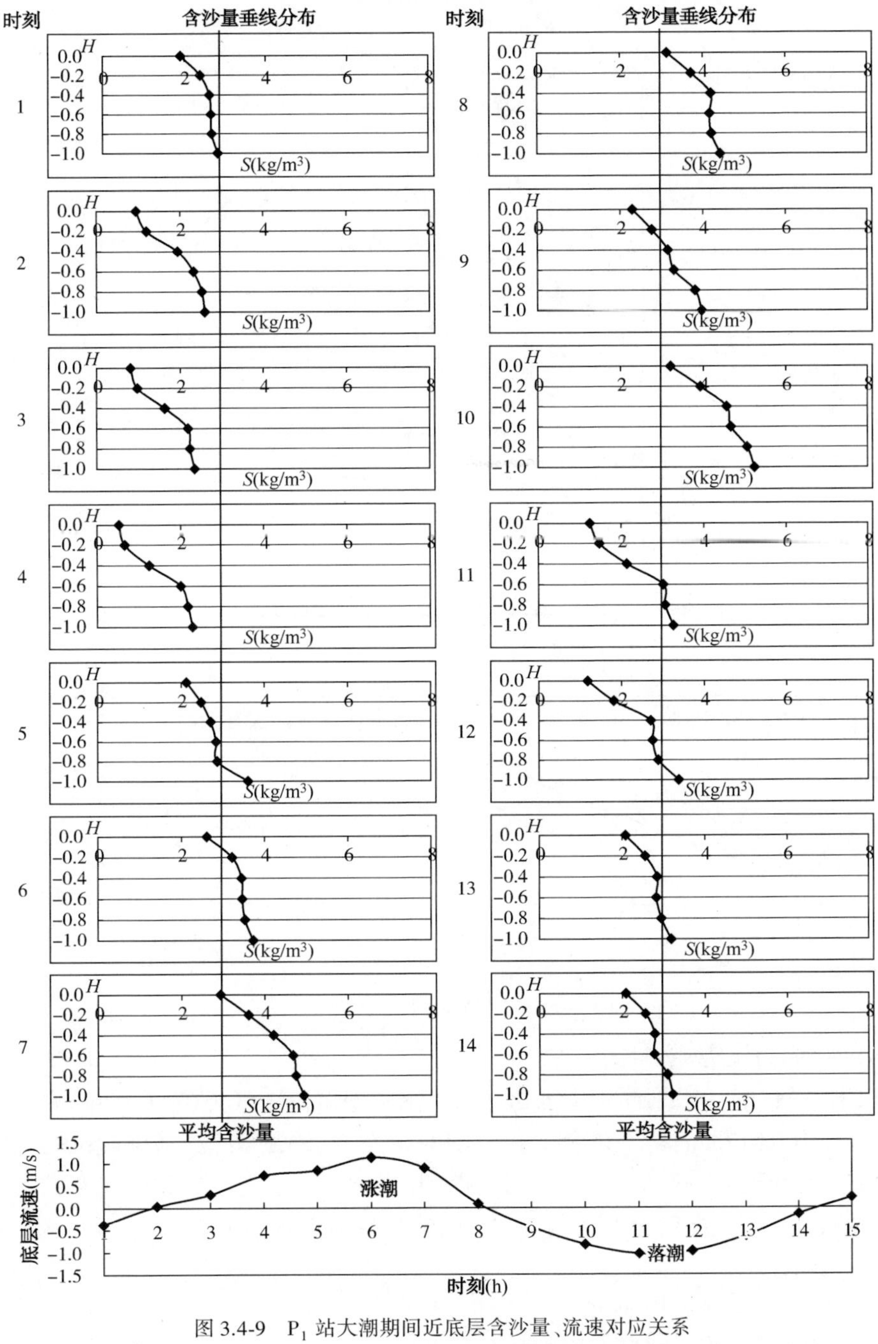

图 3.4-9 P_1 站大潮期间近底层含沙量、流速对应关系

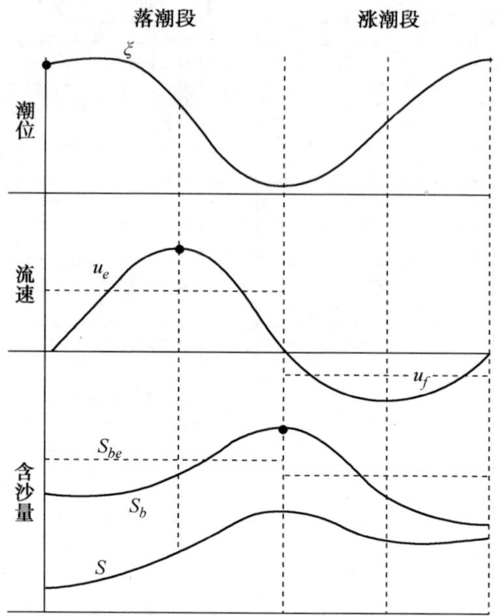

图 3.4-10　潮位、流速、含沙量变化示意图

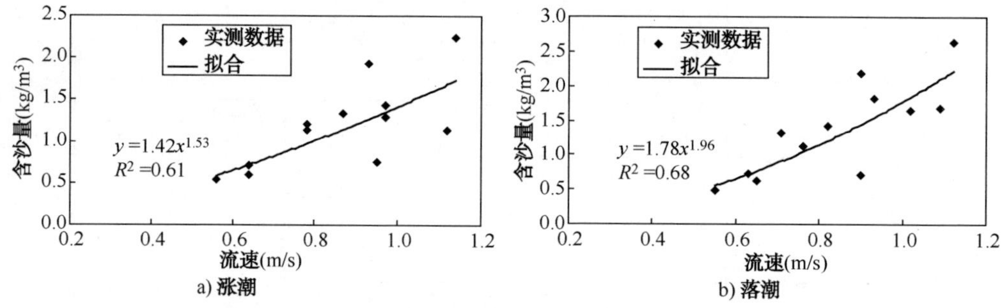

图 3.4-11　涨、落平均含沙量与潮流速拟合关系

(1)海床为淤泥质海床

根据底质分析结果，洋山港海区中值粒径变化范围为 0.010~0.024mm，平均中值粒径 d_{50} 为 0.017mm；粘土含量变化范围为 14.6%~35.9%；粒径分析系数为 0.85~1.97，属于分选程度好和中常范畴。按泥沙中值粒径、粘土含量和分选程度 3 个指标，根据《海港水文规范》(JTS 145-2—2013 有关条文规定)，洋山港海区的海床类型属于淤泥质海岸。

(2)泥沙运移形态以悬移质为主

根据多年现场实测资料，该海区悬沙在平面上呈西高东低的分布，在垂线分布

上呈上小下大,并在底部出现浓度相对较高的含沙水体。大、中潮时,含沙量垂线分布上小且较均匀,小潮时上小下大比较明显。含沙量呈现涨潮起悬型和落潮沉降型不同特点。而从泥沙运动形态而言,现场水文泥沙实测资料表明,本海区泥沙运动以悬移质为主。

为了更好地了解本海区的海床特征和泥沙运动特性,根据上述泥沙水力特性试验得出的各项研究成果,将洋山港与天津港[3-4]和黄骅港[5-6]进行比较,如表3.4-1所示。从表中结果可知,洋山港泥沙的各项特征指标与天津港较接近,与黄骅港相差较大。这也充分说明洋山港淤泥质海床的性质和以悬沙运移为主的运动形态。

天津港、洋山港、黄骅港海床泥沙对比表 表3.4-1

比较项目			港口名称		
名称		单位	天津港	洋山港	黄骅港
海床类型			淤泥质	淤泥质	粉沙质
泥沙中值粒径 d_{50}		mm	0.006	0.017	0.032
泥沙组成	沙	%	8.3	14.1	21.4
	粉沙	%	49.6	59.6	59.4
	粘土	%	42.1	26.4	19.3
分选系数			1.62	1.60	1.15
泥沙沉降速度		cm/s	0.045	0.057	0.095
泥沙起动流速		cm/s	56	54	33
淤积密实容重		kg/m^3	1.30	1.35	1.57

由现场实测资料可知,洋山港海域床面上一定距离内存在浓度较高的含沙水体,而高浓度含沙水体的含沙量、高度、运动形态以及对港池航道的影响是我们非常关心的问题。由前述临底高含沙分析可知,洋山港临底含沙量15周日平均值为2~3kg/m^3,垂线含沙量平均值为1.50~1.70kg/m^3,底部是垂线的1.38倍。临底含沙量最大值为7.35kg/m^3,此时垂线平均含沙量为5.73kg/m^3,临底含沙量是垂线平均含沙量的1.28倍,由此可知,实测含沙量的垂线分布相对均匀,临底含沙量仍属于悬移质范畴。

(3)泥沙来源为背景悬沙和本地再悬浮泥沙

根据前述现场实测资料已经分析得出,含沙量与潮流的相位差表明含沙量的大小变化不仅与流速大小有关,还与其背景含沙场有关。主要表现为:在涨潮初期形成的较高含沙量,包含落潮流造成的起动泥沙和来自西侧海域的含量相对较高的背景泥沙;而落潮初期形成相对较低的含沙量,则包含涨潮流造成的起动泥沙和来自东海域含量相对较低的背景泥沙。这说明洋山港海域的泥沙来源包含两部分:本地再悬浮泥沙和背景悬沙,且来自西部的落潮背景悬沙浓度大于来自东部的涨潮背景悬沙浓度。可见洋山港海域涨潮、落潮过程含沙量的形成有一定差异,机理上也有一定的区别。根据前述现场含沙量的垂线分布特点,落潮含沙量垂线分布较涨潮更为均匀,因此,涨潮含沙量可称为起悬型含沙量,落潮含沙量可称为沉降型含沙量。起悬型高含沙往往发生在峰值流速后,而沉降型高含沙一般发生在憩流前后流速低值时,前者的起悬泥沙为后者的生成提供了物质基础,从量值上,后者往往大于前者。

关于该海域本地泥沙的再悬浮问题,这里以通道内 P_1 测站为例说明泥沙起动的过程和水流条件。图 3.4-12 显示了流速、垂线平均含沙量、近底层含沙量的过程。由图可知,流速与含沙量具有一定的对应关系,即流速越大含沙量也越大。而这一关系当流速大于 0.5m/s 时显得更为明显,图中给出了落潮、涨潮流速为 0.5m/s 的分界线。由此可知,流速约为 0.5m/s 时基本为本地泥沙大量悬浮的临界条件,这一量值与水槽试验得出的水流条件下的起动流速 0.54m/s 是基本相当的。

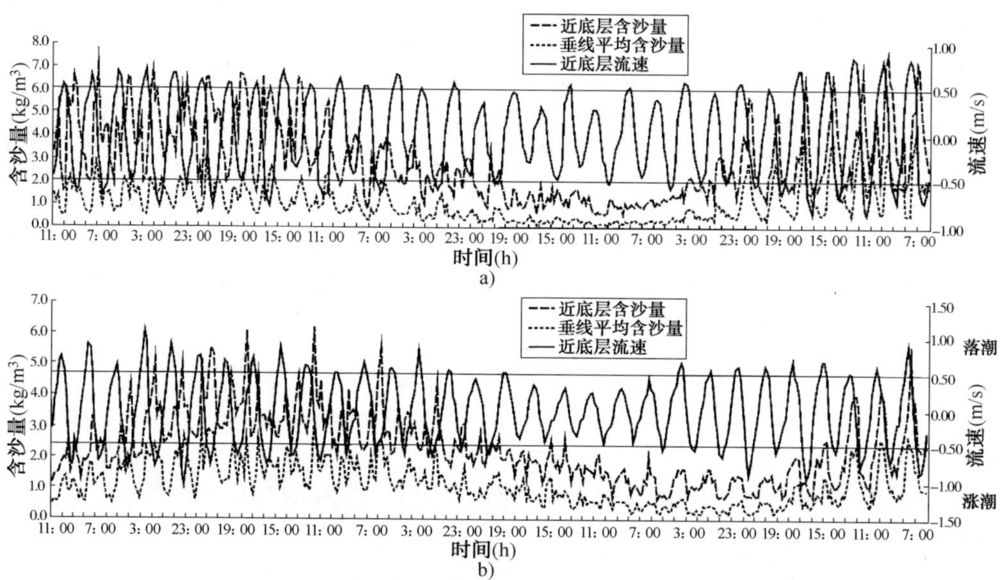

图 3.4-12　近底部流速与含沙量过程及近底层与垂线平均含沙量比值曲线

注:注速"+"表示落潮,"-"表示涨潮。

(4)泥沙冲淤机理的解析

图 3.4-12 中的含沙量变化过程也反映出本地泥沙起动和沉降过程,即当潮流

动力达到一定程度时,本地泥沙悬浮输移,而当潮流动力减弱到一定程度后,便沉降落淤,直至潮动力增强后再悬浮。因此,洋山港海域除长期随水流运动的背景悬沙外,本地再悬浮泥沙及其沉降是影响该海域海床冲淤变化的主要运动形式。而这也反映出洋山港海域的泥沙运动及海床变化是与其水流动力条件相适应的,潮流的强弱在一定程度上决定了海床的冲淤变化,潮流对泥沙具有起悬和搬运双重作用,这也是洋山港海域泥沙冲淤机理之一。因此,把握该海域的潮流动力变化对于研究其海床的冲淤变化至关重要。

根据前述分析,洋山港海域为淤泥质海床,且主要为悬移质泥沙运动;该海区实测悬沙平均粒径一般为 0.0064~0.0122mm,平均中值粒径 d_{50} 为 0.008mm。因此,该类泥沙在盐水环境中主要表现为絮凝沉降。根据以往大量研究成果,絮凝团的沉降速度与泥沙颗粒大小、水流流速、含盐度、温度等因素有关。根据前述泥沙水力特性实验结果,通常相对较大颗粒(d_{50}<0.03mm)形成的絮凝团以及在低流速期间形成的絮凝团的沉速相对较大,更容易落淤。

泥沙往往在水流流速或水流挟沙力减弱到一定程度后产生落淤,而在垂向上并非所有悬沙能够全部参与落淤过程,这里根据现场实测资料对泥沙在垂向上的运动距离作一粗略的估算和分析。通常在涨落憩流附近时刻,流速相对较小,而涨落潮过程中掀起的悬沙也容易在此时段内落淤。因此,这里以此为例对悬沙在垂线上的落淤距离进行估算。根据洋山港 2007 年 4 月 21 日实测大、中、小潮水文资料,潮流憩流(包括涨潮和落潮)前后各 1 小时的平均流速分别为 0.32m/s、0.28m/s、0.20m/s,平均为 0.26m/s。根据水槽试验结果,按悬沙 30%和 100%的沉降量,该流速对应的泥沙沉降速度分别约为 0.0012m/s 和 0.0004m/s(均为絮凝沉降),按该时段运移时间 2 个小时计算,其垂向落淤距离分别为 8.6m 和 2.9m。该结果说明了两个问题:一是水体中粗颗粒的絮凝团易于沉降;二是靠近底部的泥沙是床面落淤的主要部分。图 3.4-13 给出了不同粗细泥沙形成絮凝团后的沉降及再悬浮过程。由图中可见,随着水流流速的减弱,悬沙具有不同的沉降过程。在距离床面较高的悬沙,细颗粒絮凝团沉降较慢且运移距离较长,甚至未等落淤即又随水流悬浮输运;粗颗粒絮凝团沉速较大很快落淤,当在此达到起动流速时才可起动悬扬。当悬沙位于水体底部时,细颗粒和粗颗粒絮凝团虽然在水平运移距离上仍有所差异,但由于距床面较近,均落淤下来,待流速达到一定程度后再悬浮。综上所述,水体中的粗颗粒絮凝团以及靠近底部的悬沙是造成海床淤积的有效沙源。

根据前述分析可知,洋山港海域含沙量分为沉降型和起悬型,而这间的差异主要与其背景含沙量有关。如何判断泥沙的冲淤变化呢?以下将引入平衡含沙量的概念深入讨论。

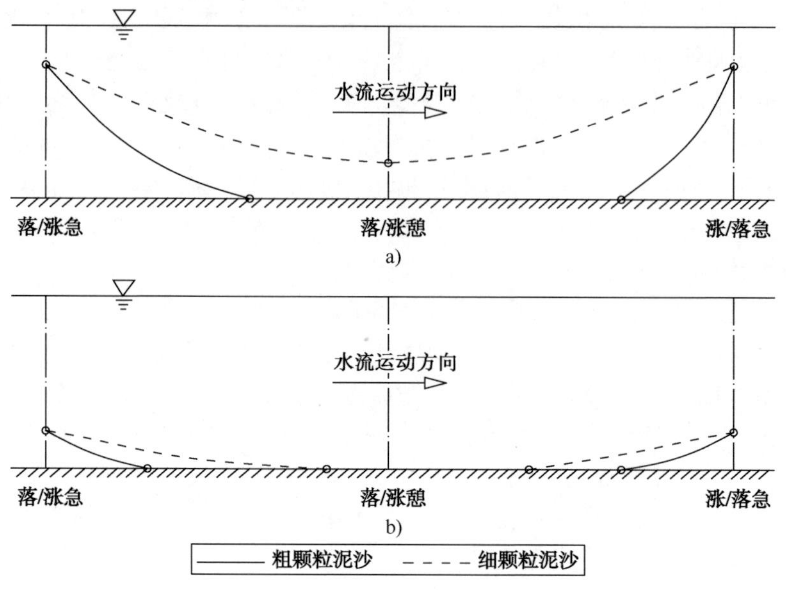

图 3.4-13 不同颗粒泥沙沉降及再悬浮过程示意图

3.5 平衡含沙量理论

从现场实测含沙量分析可知,洋山港水域涨潮和落潮期间的含沙量具有不同特点,即落潮为沉降型含沙量、涨潮为起悬型含沙量。两种类型含沙量具有不同的形成机理,对海床的冲淤变化也有不同的影响,以下对其进行深入研究。在此之前,先引入平衡含沙量的概念及理论,这将有助于深入研究岛群海域的泥沙冲淤机理。

3.5.1 水流挟沙力和平衡含沙量的概念

一定流速的水流具有挟带一定数量泥沙运移的能力,这种能力以水体含沙量表示,称为水流挟沙力。在定常流中,水流挟沙力和水流速之间存在确定关系,可通过理论研究或实际水文泥沙资料建立它们之间的关系式,关系中的系数 α 是个常量,可利用现场或试验水文泥沙资料求得,水流挟沙力关系式通常可用下式表示:

$$S_* = \alpha\rho \frac{u^2}{gh} \tag{3.5-1}$$

式中,S_* 为水流挟沙力;ρ 为水密度;u 为流速;g 为重力加速度;h 为水深;α 为系数。

潮流,流速为不定常流,呈周期性往复或旋转运动,在潮流作用下,水体含沙量也呈周期性变化,但受泥沙质量的惯性影响,泥沙变化滞后于流速变化一个相位,含沙量变化幅度小于流速变化幅度,瞬时同步的含沙量与流速间无确定的关系,只能通过长时段平均消除相位差的影响后,建立时均含沙量与时均速度间的统计关系。

平衡含沙量是指相对稳定海床上维持一定水深时的含沙量,海域平衡含沙量不仅与该海域挟沙力有直接关系,而且还与该海域初始含沙量以及进入该海域的边界含沙量有关。当水体初始含沙量以及进入海域边界含沙量较高而海域水流挟沙力较低时,进入的泥沙开始沉积,但尚未达到水流挟沙力时,潮流发生转向,这时段的平衡含沙量称为沉降型平衡含沙量。当海域初始含沙量以进入海域的边界含沙量较低,海域水流挟沙力较高时,海底泥沙悬扬,水体含沙量增加,当尚未达到水体挟沙力时潮流发生转向,这时段的平衡含沙量称为起悬型平衡含沙量。显然,在同样流速下,沉降型平衡含沙量大于起悬型平衡含沙量。由此可知,平衡含沙量不仅与水流速有关,还与环境泥沙有关。

平衡含沙量也可用下式表示:

$$S_P = \alpha_\rho \rho \frac{u^2}{gh} \tag{3.5-2}$$

式中,S_P 为平衡含沙量;α_ρ 为系数,不同海区、不同涨落潮时段有不同的取值,可通过现场实测水文泥沙资料求得;h 为水深(m)。

今利用洋山港区自 1996 年~2007 年 10 月的历次全潮水文泥沙实测资料整理成图 3.5-1,由此得涨潮时段平衡含沙量 S_{Pf}和落潮时段平衡含沙量 S_{Pe}如下。

$$S_{\mathrm{Pf}} = 0.20\rho \frac{u^2}{gh} \tag{3.5-3}$$

$$S_{\mathrm{Pe}} = 0.28\rho \frac{u^2}{gh} \tag{3.5-4}$$

分析式(3.5-3)、式(3.5-4)和图 3.5-1 可知:落潮时段的平衡含沙量大于涨潮时段的平衡含沙量($S_{\mathrm{Pe}}>S_{\mathrm{Pf}}$),这是因为,落潮时段由西口进入本港域的含沙量大于涨潮时段由东口进入本港域的含沙量。

3.5.2 平衡含沙量的水槽试验

平衡含沙量是表示水体挟带和运移水体泥沙实际能力的一个重要参数,在往复型潮流中尤为重要。本试验利用环型水槽,测定不同流速、不同初始含沙量条件下的沉降型平衡含沙量和起动型平衡含沙量,比较不同流速下沉降型平衡含沙量与起动型平衡含沙量的特点。

(1)沉降型与起悬型含沙量分布垂线分布试验

本次试验采用 0.5kg/m³、1.0kg/m³、2.0kg/m³ 和 3.0kg/m³ 4 组初始含沙量,及

0cm/s、20cm/s、40cm/s、60cm/s 和 70cm/s 5 组流速，对沉降型和起悬型的垂线含沙量分布进行了研究，得到不同条件下含沙量达到稳定时的垂线分布，见图 3.5-2。

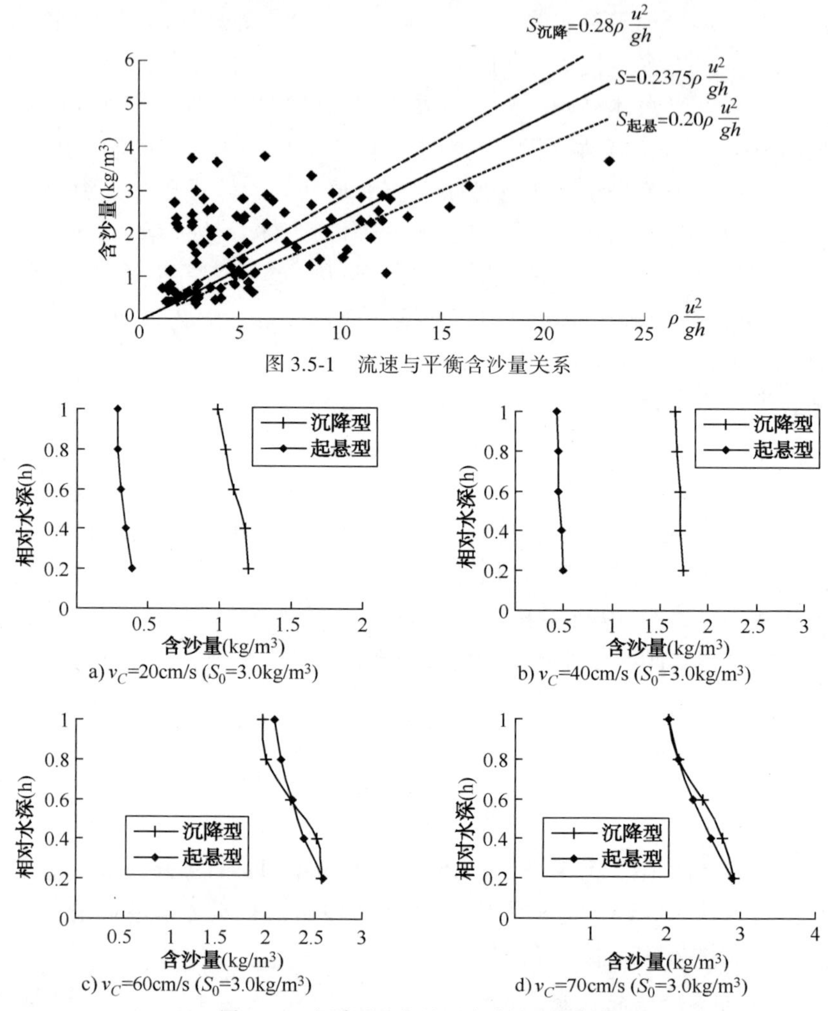

图 3.5-1　流速与平衡含沙量关系

图 3.5-2　沉降型和起悬型含沙量垂线分布

从图 3.5-2 可以看出。

①当流速为 20cm/s 和 40cm/s 时，由于未达到起动流速，沉降型垂线含沙量值明显大于起悬型垂线含沙量值；当流速为 60cm/s 和 70cm/s 时，两者趋于一致。

②流速较大时，可看到起悬型含沙量垂线分布中，底层含沙量明显大于上层含沙量，即水体中的含沙量为底沙逐渐向上扩散形成；沉降型含沙量垂线分布也服从上小下大的趋势，但上层和下层差别不明显，垂线分布上下较为均匀。

(2)平衡含沙量试验

沉降型平衡含沙量试验方法是:将沙样按初始含沙量配制好并充分搅匀后注入环型水槽中,将槽内水流速度调到80cm/s,以使试验沙样充分起动、悬浮,然后将水槽内水流速度调到试验流速,待水流速度稳定后,定时取水样,将水样过滤、洗盐、烘干后,使用万分之一精度天平称重,得到水体含沙量随时间的变化值及稳定时的含沙量。

起悬型平衡含沙量试验方法是:将试验沙样按初始含沙量配制好并充分搅拌均匀后注入环型水槽中,将水槽内的水流速度调到80cm/s,以使试验沙样充分起动、悬浮,然后将流速减小至0,待自然密实一段时间后,将水槽内水流速度调到试验流速,定时取水样,将水样过滤、洗盐、烘干后,使用万分之一精度天平称重,得到水体含沙量随时间的变化值及稳定时的含沙量。

本次试验采用0.5kg/m^3、1.0kg/m^3、2.0kg/m^{3}和3.0kg/m^3 4组初始含沙量,测定了0cm/s(无起悬型)、20cm/s、40cm/s、60cm/s和70cm/s 5组流速下的沉降型和起悬型平衡含沙量。

3.5.3 平衡含沙量表达式

经过滤、烘干、称重后得到的沉降型和起悬型平衡含沙量结果见表3.5-1。当水流由大减小时,水体中含沙量随着流速逐渐由大变小至稳定状态,此时得到沉降型平衡含沙量值;当水流由小增大时,水体中含沙量将随着流速的增大而增大,在某一流速下达到稳定时即为该流速对应的起悬型平衡含沙量。从表中给出的结果来看,在流速较小未达到起动流速时,沉降型平衡含沙量明显大于起悬型平衡含沙量,流速大于起动流速后,两者逐渐接近。

不同初始含沙量在不同流速下的平衡含沙量(单位:kg/m^3)　　表3.5-1

流速(cm/s) \ 初始含沙量(kg/m^3)		0.5	1	2	3
0	沉降型	0.227	0.239	0.251	0.264
20	沉降型	0.228	0.352	0.466	1.103
	起悬型	0.094	0.229	0.255	0.322
40	沉降型	0.335	0.682	0.999	1.694
	起悬型	0.287	0.390	0.411	0.456
60	沉降型	0.411	0.969	1.680	2.263
	起悬型	0.405	0.880	1.359	2.259
70	沉降型	0.478	0.974	1.789	2.473
	起悬型	0.472	0.920	1.592	2.407

根据4组初始含沙量、5组流速在两种方式［沉降型与起悬型(流速为0时采用沉降型)］下进行的36组试验，得到50cm水深下平衡含沙量与初始含沙量及流速的关系：

沉降型

$$\frac{\bar{S}}{S_0}=2.2703\times\left(\frac{u^2}{gh}\right)^{0.387} \tag{3.5-5}$$

起悬型

$$\frac{\bar{S}}{S_0}=4.2887\times\left(\frac{u^2}{gh}\right)^{0.696} \tag{3.5-6}$$

式中，$\bar{S}$为平衡含沙量(kg/m^3)；S_0为初始含沙量(kg/m^3)；u为水流流速(m/s)；g为重力加速度(m/s^2)；h为水深(m)。

不同流速下沉降型和起悬型含沙量随时间变化曲线见图3.5-3。

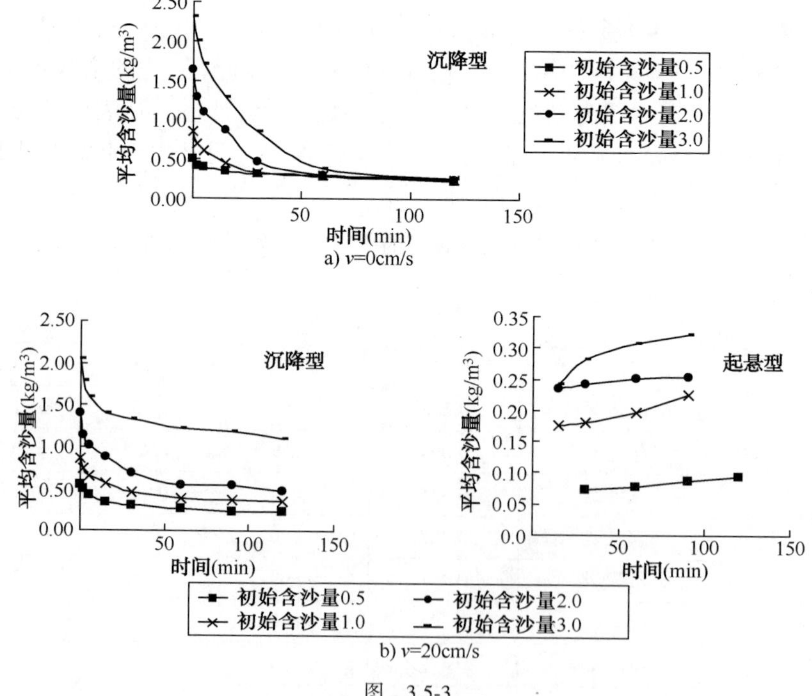

图 3.5-3

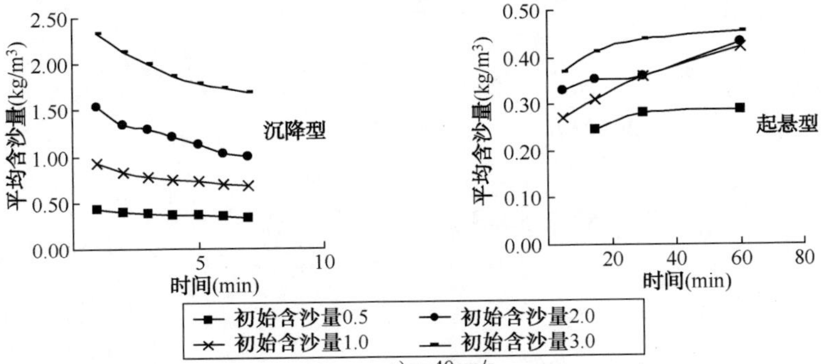

c) v=40cm/s

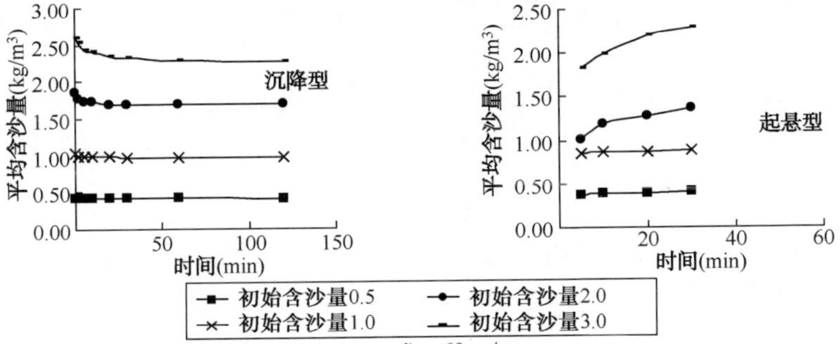

d) v=60cm/s

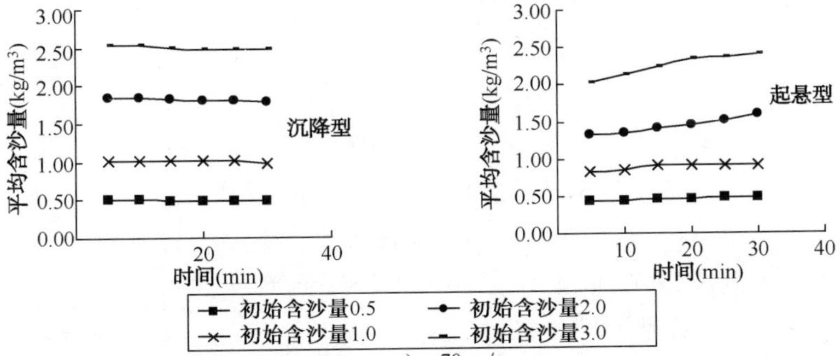

e) v=70cm/s

图 3.5-3 不同流速下断面平均含沙量随时间变化曲线

3.6 海床冲淤判别和冲淤指标

3.6.1 海床冲淤判别

海床泥沙发生冲淤主要是由于实际含沙量与平衡含沙量不一致所造成的。当实际含沙量大于沉降型平衡含沙量,则泥沙沉降,海床淤涨;当实际含沙量小于起悬型平衡含沙量,流速大于起动流速,则床沙起悬,海床冲刷;在其他情况下,水体含沙量变化不大,床面呈微冲微淤状态;当实际含沙量与平衡含沙量一致时,则海床稳定，不冲不淤。

3.6.2　海床冲淤指标

根据上述海床泥沙冲淤机理，得出海床冲淤判别关系式如下：

$$S<S_{Pf}\text{时，海床冲刷} \tag{3.6-1}$$

$$S_{Pe}\leqslant S\leqslant S_{Pf}\text{时，海床微冲微淤} \tag{3.6-2}$$

$$S_{Pe}<S\text{ 时，海床淤积} \tag{3.6-3}$$

将式(3.5-3)、式(3.5-4)代入式(3.6-1)～式(3.6-3)后，可得以下判别式：

$$\frac{\rho U^2}{Sgh}<3.57\text{ 时，海床淤积} \tag{3.6-4}$$

$$3.57\leqslant\frac{\rho U^2}{Sgh}\leqslant 5\text{ 时，床面微冲微淤} \tag{3.6-5}$$

$$\frac{\rho U^2}{Sgh}>5\text{ 时，床面冲刷} \tag{6.6-6}$$

$\frac{\rho U^2}{Sgh}$称为床面冲淤指标，以 n 表示：

$$n=\frac{\rho U^2}{Sgh} \tag{3.6-7}$$

由此得：

$n<3.57$ 时，床面淤积

$3.57<n<5.0$ 时，床面冲淤平衡

$5<n$ 时，床面冲刷

今利用洋山港区 2007 年 4 月大、中、小潮全潮水文泥沙资料，计算了该港区 W、P_1、P_2 和 DG 4 个测站的冲淤指标 n 值，并对测站区的海床冲淤状态作了判别，结果如表 3.6-1 所示。

冲淤指标 *n* 表(2007 年 4 月)　　　表 3.6-1

涨、落潮	潮型	W		P_1		P_2		DG	
		n	冲淤	n	冲淤	n	冲淤	n	冲淤
涨潮	大潮	4.92	微冲微淤	3.28	淤	2.22	淤	0.41	淤
	中潮	7.01	冲	5.40	冲	5.71	冲	0.46	淤
	小潮	3.77	微冲微淤	4.53	微冲微淤	1.38	淤	0.19	淤
	平均	4.86	微冲微淤	3.81	微冲微淤	2.39	淤	0.34	淤

续上表

涨、落潮	潮型	W		P_1		P_2		DG	
		n	冲淤	n	冲淤	n	冲淤	n	冲淤
落潮	大潮	5.38	冲	3.33	淤	2.22	淤	0.14	淤
	中潮	7.58	冲	4.54	微冲微淤	6.48	冲	0.23	淤
	小潮	5.90	冲	5.94	冲	4.19	微冲微淤	0.24	淤
	平均	5.64	冲	3.65	微冲微淤	2.96	淤	0.19	淤
全潮	大潮	5.15	冲	3.30	淤	2.21	淤	0.27	淤
	中潮	7.29	冲	4.96	微冲微淤	5.97	冲	0.34	淤
	小潮	4.68	微冲微淤	5.15	冲	2.18	淤	0.21	淤
	平均	5.24	冲	3.73	微冲微淤	2.62	淤	0.26	淤

根据现场情况分析,W 所在海区处于冲刷状态,P_1 区基本平衡,P_2、DG 区淤积,与计算结果一致。

3.7 小结

(1)结合现场分析成果和泥沙水力特性研究结果,对洋山港海域泥沙的冲淤机理进行了深入研究。洋山港海域为淤泥质海床,泥沙运动形态以悬移质为主,含沙量垂线分布差异不大。泥沙的冲淤除与背景含沙量有关外,主要与本地泥沙的再悬浮、搬运及沉积有关。水体中的粗颗粒絮凝团以及靠近底部的悬沙是造成海床淤积的有效沙源。洋山港海域的泥沙运动及海床变化是与其水流动力条件相适应的,潮流的强弱在一定程度上决定了海床的冲淤变化,潮流对泥沙具有起悬和搬运双重作用。因此,把握该海域的潮流动力变化对于研究其海床的冲淤变化至关重要。

(2)根据现场观测含沙量所呈现的涨潮起悬型和落潮沉降型特点,引入了平衡含沙量的概念,并与挟沙力概念进行了区分。通过理论推导得出了平衡含沙量的理论及公式,并通过水槽试验得以证实。

(3)采用平衡含沙量理论对泥沙冲淤机理进行了分析和研究,得出实际含沙量与平衡含沙量不一致是造成海床冲淤的主要原因。当实际含沙量大于沉降型平衡含沙量时海床淤积;当实际含沙量小于起悬型平衡含沙量时海床冲刷;其余情况下,海床微冲微淤,可认为是基本平衡。

(4)根据平衡含沙量与实测含沙量之比而导出的海床冲淤指标,为平衡含沙量理论的应用奠定了基础。

本章参考文献

[1] 恽才兴.长江河口近期演变基本规律[M].北京:海洋出版社,2004.

[2] 吴华林,沈焕庭,等.长江口入海泥沙通量初步研究[J].泥沙研究,2006(6):75-80.

[3] 淤泥质港口适航水深应用技术规范编写组.淤泥质港口淤泥物理与水力特性研究[R],2013.

[4] 交通部天津水运工程科学研究所.天津港定吸清淤工程可行性研究现场测量及泥沙试验资料汇编[R],2009.

[5] 交通部天津水运工程科学研究所.黄骅港泥沙水力特性试验报告[R],2005.

[6] 交通部天津水运工程科学研究所.黄骅港外航道回淤物质沉积密实实验研究报告[R],2005.

[7] 左书华,张宁川,李蓓,等.洋山深水港海域悬沙时空变化及其动力原因[J].华东师范大学学报:自然科学版,2009(3):72-82.

[8] 杨华,侯志强,许家帅.洋山港区悬浮泥沙运动遥感分析[J].水道港口,2003,24(3):126-129.

[9] 左书华.岛群海域环境下淤泥质海床泥沙运动规律研究[D].大连:大连理工大学,2013.

[10] 左书华,李蓓,杨华.洋山港海域通道内地形冲淤变化特征 [J].水道港口,2009,30(1):14-19.

4 典型岛群(洋山港)海床冲淤及顺岸式港池淤积计算

4.1 海床冲淤演变计算公式的建立和应用

4.1.1 海床冲淤计算公式

海床冲淤计算的根据是海床泥沙冲淤机理,海床泥沙冲淤机理可简单归结为:在淤泥质海岸上,泥沙运动以悬移质为主,泥沙冲淤主要取决于实际含沙量与平衡含沙量相对关系。当实际含沙量与平衡含沙量一致时,海床相对稳定;当实际含沙量大于沉降型平衡含沙量时,海床淤积;当实际含沙量小于起悬型平衡含沙量时,海床冲刷;其余情况下,海床微冲微淤,量值较小,可认为基本不冲不淤。在上述情况下,泥沙沉积和冲刷速率与实际含沙量和平衡含沙量之差成正比。

根据平衡含沙量表达式(3.5-1),利用水流连续条件,如考虑只有流速变化,而含沙量不变,不难得出下式:

$$h_p = h_1 \left(\frac{u_{12}}{u_1}\right)^{m_1} \tag{4.1-1}$$

可进一步由下式求得床面冲淤厚度:

$$\Delta = h_1 \left[1 - \left(\frac{u_{12}}{u_1}\right)^{m_1}\right] \tag{4.1-2}$$

式中,Δ 为冲淤厚度,"+"为淤,"-"为冲;u_{12}为新流速,$u_{12}<u_1$ 时则淤,$u_{12}>u_1$ 时则冲;m_1 为系数,淤泥质海岸,$m_1=0.67$;粉沙质海岸,$m_1=0.75$;沙质海岸,$m_1=0.70$。

由式(4.1-2)即可得出最终海床冲淤厚度。现在,进一步研究流速改变引起的逐年淤积厚度。设流速改变前海床处于稳定平衡状态,可得流速降低后床面淤积。

第一年,流速改变而水深尚来不及改变,则 $h_t=h_1$,由此得:

$$\Delta_1 = \frac{\alpha\omega S_1 t}{\rho_c}\left[1 - \left(\frac{u_{-12}}{u_1^2}\right)_m\right] \tag{4.1-3}$$

$$h_{(2)} = h_1 - \Delta_1$$

式中,u_{12}为流速改变后第一年的流速;$h_{(2)}$为第一年后的水深。

第二年,水深变为 $h_{(2)}$,流速也相应变为:

$$u_{(2)} = \frac{h_1}{h_{(2)}} u_{12} \tag{4.1-4}$$

因此可得：

$$\Delta_2=\frac{\alpha\omega S_1 t}{\rho_c}\left[1-\left(\frac{u_{12}^2}{u_1^2}\cdot\frac{h_1^3}{h_{(2)}^3}\right)\right] \tag{4.1-5}$$

$$h_{(3)}=h_{(2)}-\Delta_2$$

同理，依次类推，不难得第 n 年的淤积为：

$$\Delta_n=\frac{\alpha\omega S_1 t}{\rho_c}\left[1-\left(\frac{u_{12}^2}{u_1^2}\cdot\frac{h_1^3}{h_{(2)}^3}\right)^m\right] \tag{4.1-6}$$

分析上述过程可知：淤积逐年增加，水深逐渐减小，最后 Δ_n 趋于 0，水深达到平衡水深 h_2。由式(4-5)（$\Delta_n=0$）可得：

$$1-\left(\frac{u_{12}^2}{u_1^2}\cdot\frac{h_1^3}{h_{(n)}^3}\right)^m=0 \tag{4.1-7}$$

由此可得：

$$h_2=\left(\frac{u_{12}}{u_1}\right)^{\frac{2}{3}}h_1 \tag{4.1-8}$$

4.1.2 冲淤公式的应用

利用式(4.1-2)、式(4.1-3)、式(4.1-5)、式(4.1-6)预测洋山港区颗珠山—小洋山汊道封堵和不封堵建港情况的海岸演变，计算中的流速均取物模的结果。

图 4.1-1 是封堵颗珠山—小洋山汊道后，洋山港区海床的演变情况，同时附上物模结果以资比较。由图 4.1-1 可知，颗珠山—小洋山汊道封堵后，港区海床发生较大淤积；颗珠山—小洋山汊道不封堵时，大范围海床处于冲刷状态。

根据平衡含沙量理论，建立了海床平衡水深冲淤计算公式，并利用该公式预测

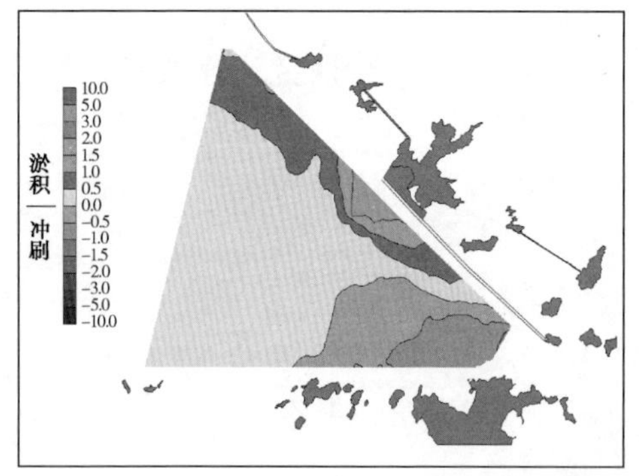

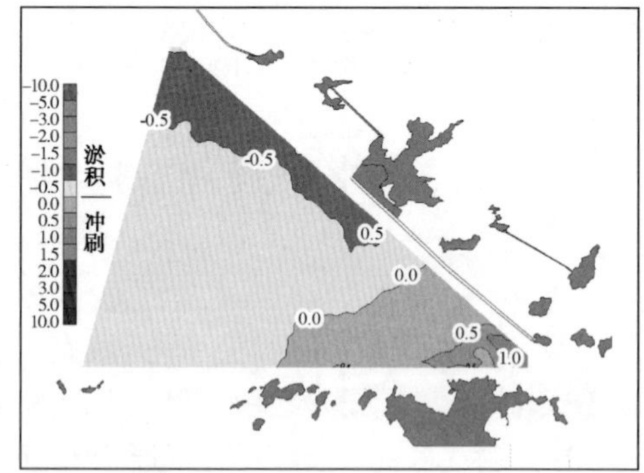

a) 第一年平衡后的冲淤变化(左–物模，右–公式计算图，单位：m)

图 4.1-1

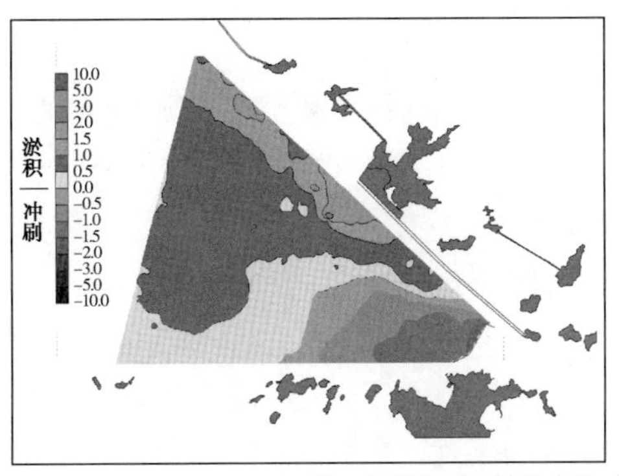

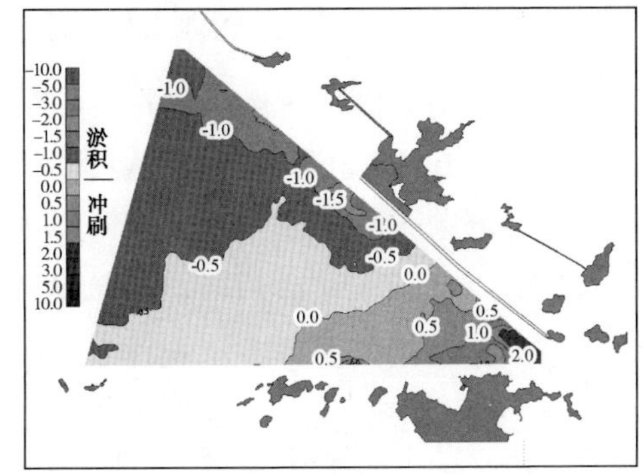

b) 第二年平衡后的冲淤变化(左–物模，右–公式计算图，单位：m)

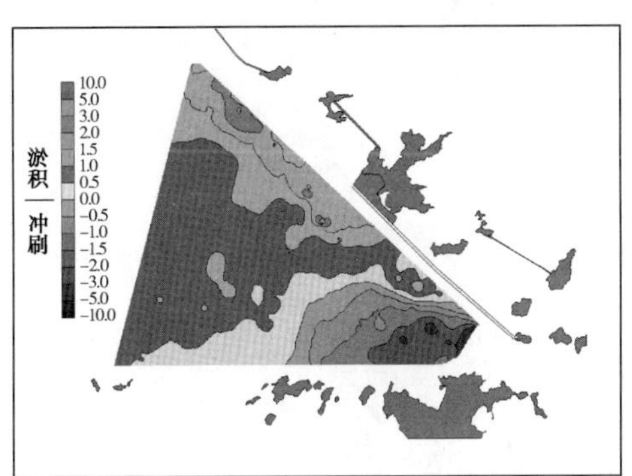

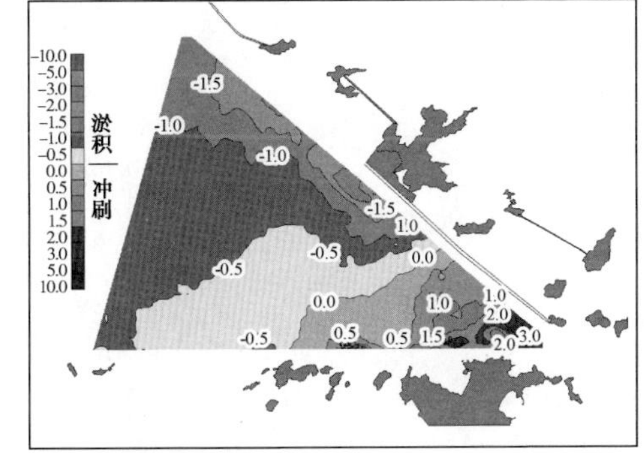

c) 第三年平衡后的冲淤变化(左–物模，右–公式计算图，单位：m)

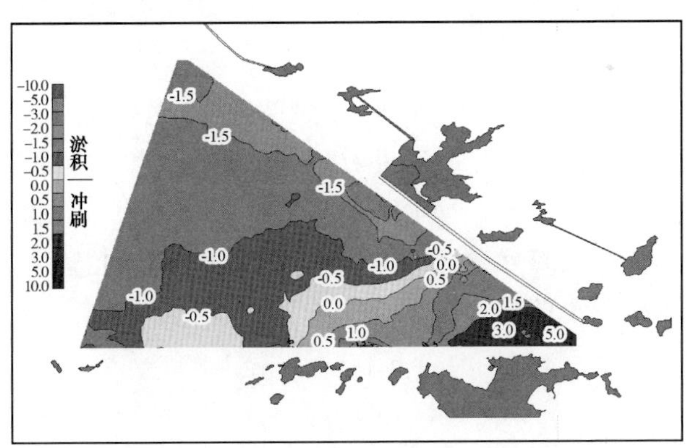

d) 总平衡后的冲淤变化(公式计算图，单位：m)

图 4.1-1 洋山港区大通道方案后海床冲淤变化图

了封堵颗珠山—小洋山汊道后，洋山港区海床的演变情况[2]。公式计算结果与物理模型试验结果基本一致。

4.2 顺岸式港池的淤积计算公式的建立和应用

根据洋山港港池布置的特点,以平衡含沙量理论为基础,利用二维数值水流槽试验,研究顺岸式港池水流的特点,通过理论推导,得出顺岸式港池的淤积公式,以期为洋山港顺岸式港池的规划和淤积预报提供理论支持。

4.2.1 顺岸式港池的二维数值水槽模拟试验

1)数值水槽的基本方法及建立

(1)基本方程

采用平面二维数值模型,来研究顺岸式港池水流运动及流速分布特点。该模型包括一个连续性方程和两个动量方程,基本方程为:

$$\frac{\partial \zeta}{\partial t}+\frac{\partial p}{\partial x}+\frac{\partial q}{\partial y}=\frac{Q_s}{A_s} \tag{4.2-1}$$

$$\frac{\partial p}{\partial t}+\frac{\partial}{\partial x}\left(\frac{p^2}{h}\right)+\frac{\partial}{\partial y}\left(\frac{pq}{h}\right)+gh\frac{\partial \zeta}{\partial x}-\Omega q-fVV_x+gp\frac{\sqrt{p^2+q^2}}{C_s^2h^2}$$
$$=\frac{1}{\rho_w}\left[\frac{\partial}{\partial x}(h\tau_{xx})+\frac{\partial}{\partial y}(h\tau_{xy})\right]-\frac{h}{\rho_w}\frac{\partial}{\partial x}(p_a)+\frac{Q_sU\sin(\Delta\theta)}{A_s} \tag{4.2-2}$$

$$\frac{\partial q}{\partial t}+\frac{\partial}{\partial x}\left(\frac{pq}{h}\right)+\frac{\partial}{\partial y}\left(\frac{q^2}{h}\right)+gh\frac{\partial \zeta}{\partial y}-\Omega p-fVV_y+gq\frac{\sqrt{p^2+q^2}}{C_s^2h^2}$$
$$=\frac{1}{\rho_w}\left[\frac{\partial}{\partial x}(h\tau_{xy})+\frac{\partial}{\partial y}(h\tau_{yy})\right]-\frac{h}{\rho_w}\cdot\frac{\partial}{\partial y}(p_a)+\frac{Q_sU\cos(\Delta\theta)}{A_s} \tag{4.2-3}$$

式中,ζ 为水位,即水面到某一基准面的距离;p、q 分别为 x、y 方向上的垂线平均单宽流量;h 为水深;g 为重力加速度;Ω 为柯氏力参数;ρ_w 为水密度;p_a 为大气压力;C_s 为谢才系数;τ_{xx}、τ_{xy}、τ_{yy}分别为剪切应力分量;f 为风摩擦因子;V、V_x、V_y 分别为风速及其在 x、y 方向的分量;x,y 为直角坐标;t 为时间。

上述方程组的初始条件如下:

$$\left.\begin{aligned} z(x,y)_{t=0}&=Z_0(x,y)\\ p(x,y)_{t=0}&=p_0(x,y)\\ q(x,y)_{t=0}&=q_0(x,y)\\ T(x,y)_{t=0}&=T_0(x,y)\end{aligned}\right\} \tag{4.2-4}$$

边界条件:水边界 $z(x,y,t)=Z^*(x,y,t)\,T(x,y,t)=T^*(x,y,t)$,“ * ”为已知值;陆边界 $Q_n=0$,$T_n=O_0$,法线方向流量为零。

有了上述定解条件,就可用一定的离散格式求出方程的解。采用交替方向隐格式(ADI)求解二维浅水潮波方程,方程矩阵采用双向消除算法求解,该格式具有二阶精度。

(2)计算网格、布置及边界条件

计算网格采用正四边形网格,网格步长取 50m。本次计算拟建立一个 30km×20km 的数值水槽。该数值水槽以 E、W 为开边界,S、N 为固边界,顺岸式港池设置于 N 边界的中部,港池宽 500m,顺岸的长度根据试验状况取不同长度。为了研究的方便,这里采用概化水深,即水槽原始水深取 10m,港池开挖后水深分别取 14m 和 17m。水槽及港池布置如图 4.2-1 所示。

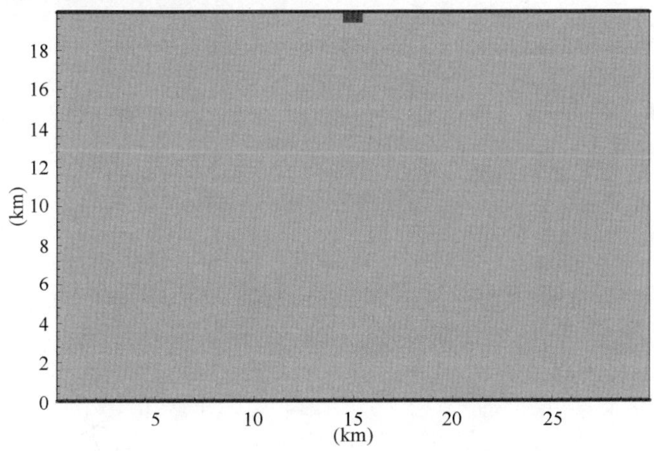

图 4.2-1 数值水槽及港池(顺岸长度 1000m)布置

考虑到试验结果的可比性和规律性,这里采用恒定流进行试验,即 E、W 两开边界分别给定常水位,使其形成自 W 向 E 流的试验条件。流速按洋山港实测大潮平均流速选取。

2)港池长宽比对港内流速的影响

为了研究顺岸式港池在宽度相同时,其顺岸长度在不同条件下港内的流场及流速变化情况,对天然状态和港池长度分别为 1000m、2000m、3000m、4000m、5000m 等方案进行了计算(如图 4.2-2)。

从各方案(以挖深-14m 为例)的流场看(图 4.2-3),各方案呈类似特点。即在港池首端附近水域,外侧水流向港池内斜向汇入;在港池中部水域,基本成平行于岸向运动;至港池尾端水域,则有水流斜向流出港池。

为比较各方案港池开挖前后的流速变化,在港池内布置了流速特征点(图 4.2-4)。各测点开挖后流速与天然(开挖前)流速的比值见表 4.2-1。图 4.2-5、图 4.2-6 给出了各方案开挖后与开挖前流速等比值线。由表4.2-1、图4.2-5可知，顺岸式港池内流速大小受港池的长宽比影响较大。在港池宽500m条件下，其长度为1000m、2000m时，港内流速普遍有所减小，而当其长度大于3000m后，港内流速则总体上有所增大，且有随其长度增大而增大的趋势。

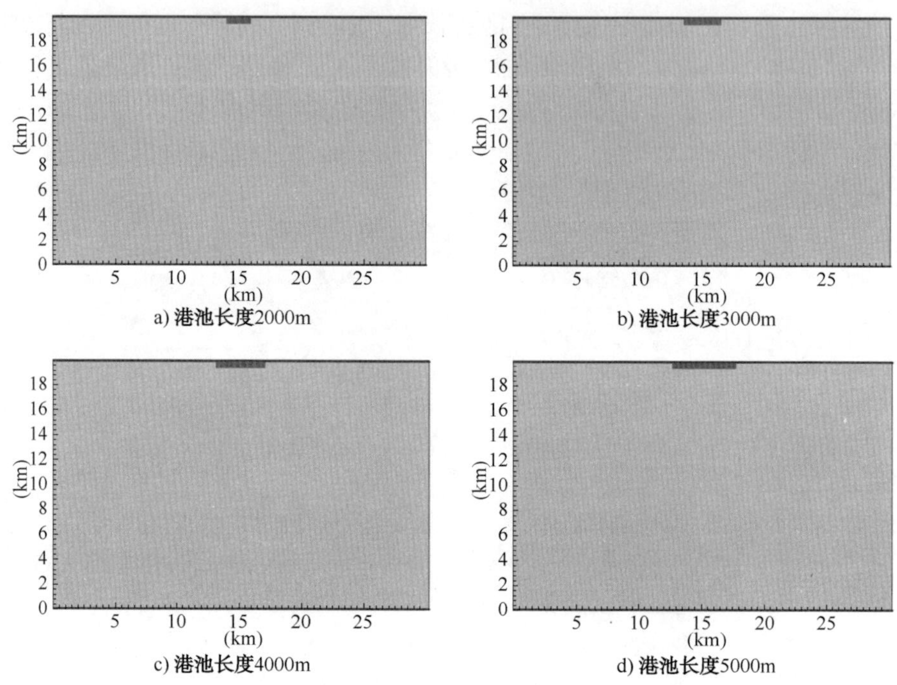

a) 港池长度2000m
b) 港池长度3000m
c) 港池长度4000m
d) 港池长度5000m

图4.2-2　顺岸港池布置方案

为了弄清顺岸式港池长宽比对港内流速的影响，对不同长宽比值和流速比值进行了分析，如图4.2-7所示。从图4.2-7中可见，相关系数 $R^2=0.99$，拟和关系很好[3]。当港池长宽比达到一定值后，港内流速总体上较天然状态时增大，且槽内流速增大趋势随挖槽长宽比增大而逐渐趋缓。

3）流速与水深关系中指数 n 的试验与探讨

根据以往的理论推导和相关试验结果，流速的变化与水深的变化存在一定的关系。通常采用下式表示：$\frac{u_e}{u_0}=\left(\frac{h_2}{h_0}\right)^n$，其中，指数 n 在以往的研究中曾取过不同值。如在水流连续定律中 $n=1$；在85攻关项目伶仃洋航道整治工程试验研究[4]中 $n=-0.22$；在谢才公式中 $n=-0.5$ 等。这里，根据顺岸式港池流速变化的研究，对这个指数的选取方法进行探讨。根据上述试验得出的流速结果，图4.2-8给出了不同

开挖深度下顺岸港池的长宽比与 n 值的关系，相关系数 $R^2=0.99$，拟和关系很好。由此可见，随着港池长宽比的改变，流速与水深关系中的 n 值为一变值。

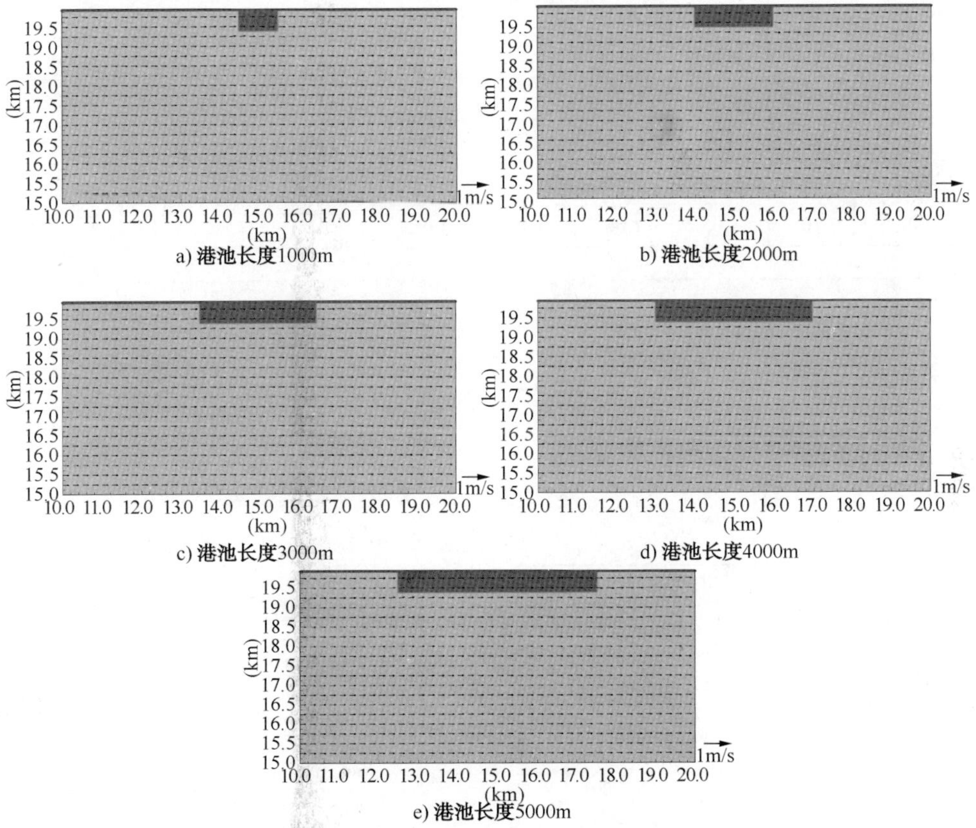

(km)
1m/s
a) 港池长度1000m
b) 港池长度2000m
c) 港池长度3000m
d) 港池长度4000m
e) 港池长度5000m

图 4.2-3　各方案流场分布(开挖-14m)

1号
2号
3号
(km)

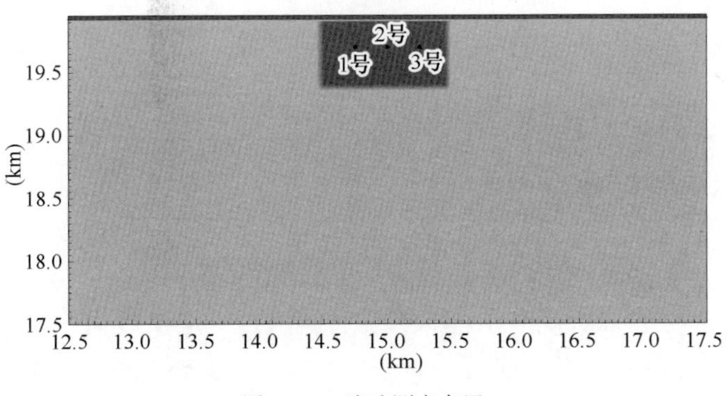

图 4.2-4　流速测点布置

各方案测点流速比值(开挖后/天然)　　表 4.2-1

开挖深度		-14m				-17m			
港池长度(m)	长宽比	1号	2号	3号	平均	1号	2号	3号	平均
1000	2	0.84	0.86	0.85	0.85	0.75	0.76	0.75	0.75
2000	4	0.93	0.94	0.94	0.93	0.86	0.87	0.88	0.87
3000	6	0.98	0.99	1.00	0.99	0.94	0.95	0.96	0.95
4000	8	1.02	1.03	1.04	1.03	1.00	1.01	1.02	1.01
5000	10	1.05	1.06	1.07	1.06	1.05	1.06	1.07	1.06

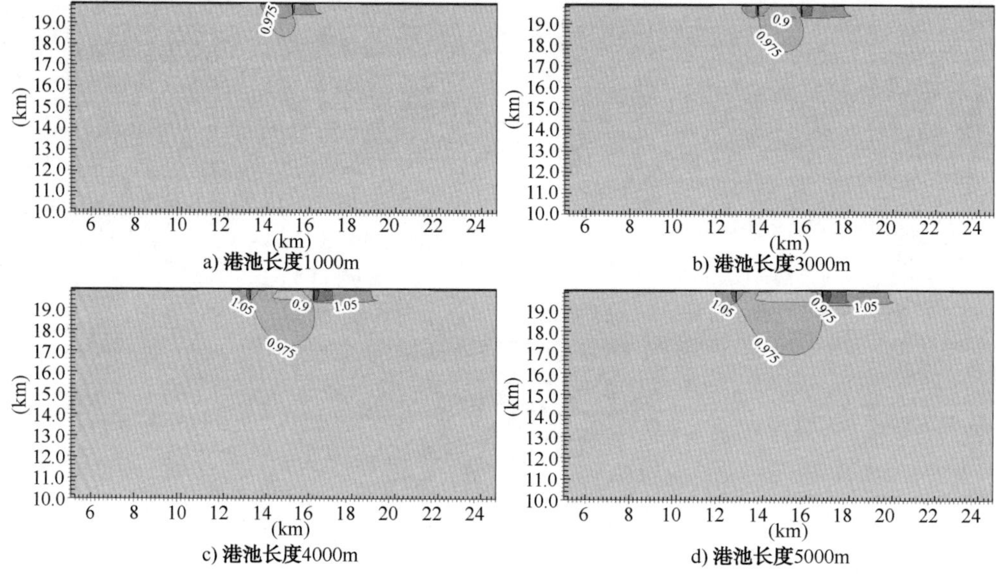

图 4.2-5　各方案流速等比值线(开挖-14m/天然)

4.2.2　顺岸式港池的泥沙淤积计算公式的建立

由于潮棱体和边滩水流归槽的影响,使顺岸港池的淤积计算更加复杂,常用的泥沙沿程淤积来预报港池回淤量的方法可能不适用,为此,本文将采用平衡含沙量的概念来建立港池淤积预报公式。

(1)平衡含沙量的确定

平衡含沙量是指某一初始含沙量在一定水流作用下达到稳定的含沙量。

平衡含沙量与通常所说的水体挟沙是不同的:一是挟沙力表示水流所具有的挟带泥沙的能力,它只与水流速有关,与初始水体含沙量无关。平衡含沙量不仅与水流速有关,而且还与初始水体含沙量有关。二是在不恒定水流和天然潮汐河口

海岸水域,挟沙力很难直接测定,只有在恒定流含沙水流,才能直接测得挟沙力,而平衡含沙量却可直接测得。

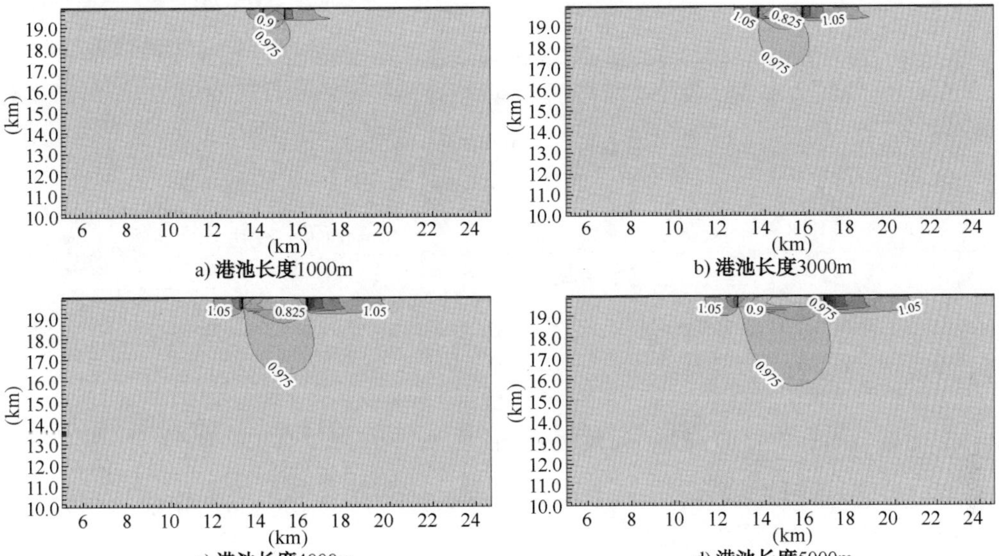

a) 港池长度1000m

b) 港池长度3000m

c) 港池长度4000m

d) 港池长度5000m

图 4.2-6 各方案流速等比值线(开挖-17m/天然)

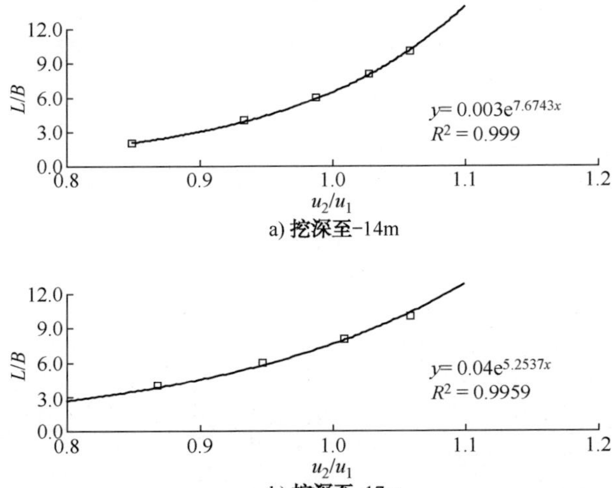

a) 挖深至-14m

b) 挖深至-17m

图 4.2-7 顺岸式港池长宽比与流速比值(开挖后/天然)的关系

平衡含沙量与初始含沙量、流速间存在如下关系:

$$\frac{S_P}{S_0}=A\left(\frac{u^2}{gh}\right)^m \tag{4.2-5}$$

式中，S_P 为平衡含沙量；S_0 为初始含沙量；h 为水深；A、m 为系数，可由试验确定。

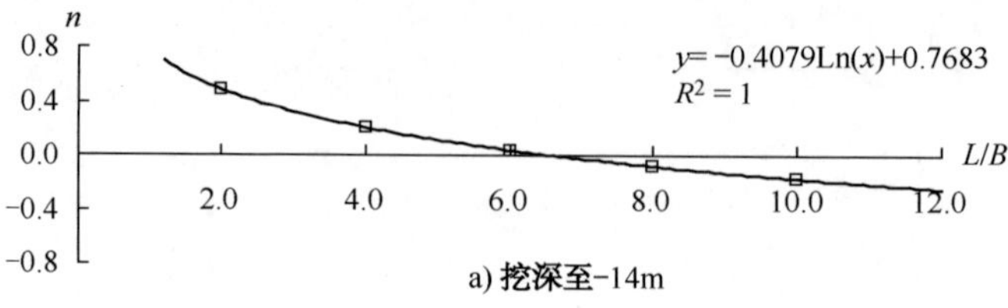

a) 挖深至−14m

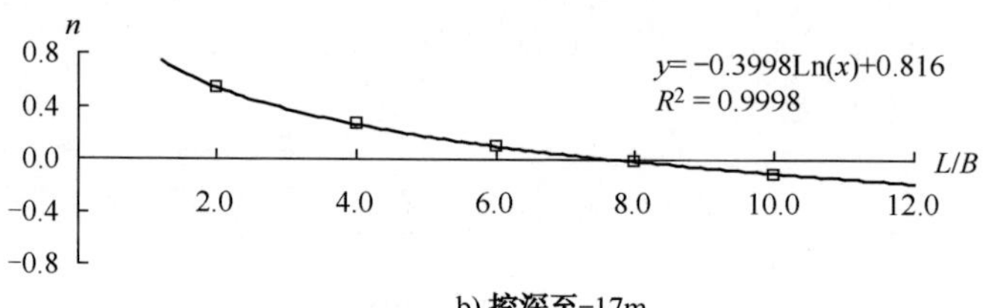

b) 挖深至−17m

图 4.2-8　顺岸港池的长宽比与指数 n 的关系

当平衡含沙量达到初始含沙量，则流速应达到相应的原始流速，由式（4.2-5）可得：

$$A=\left(\frac{u_0^2}{gh_0}\right)^{-m} \tag{4.2-6}$$

将式（4.2-6）代入式（4.2-5），则可得平衡含沙量的另一种表达式：

$$\frac{S_P}{S_0}=\left(\frac{u^2}{u^2}\cdot\frac{h_0}{h}\right)^{m} \tag{4.2-7}$$

利用上海洋山港海区泥沙，在旋转环形水槽中测得沉降型平衡含沙量公式为：

$$\frac{S_P}{S_0}=2.2703\left(\frac{u^2}{gh}\right)^{0.39} \tag{4.2-8}$$

试验结果如图 4.2-9 所示。

根据 2007 年 4 月洋山港海区水文泥沙实测资料，求得平衡含沙量公式为：

$$\frac{S_P}{S_0}=2.2703\left(\frac{u^2}{gh}\right)^{0.40} \tag{4.2-9}$$

（2）顺岸式港池淤积计算

淤积计算一般表达式为：

$$p=\frac{\alpha\omega_s}{\rho_c}(S_0-S_P)\text{或 }p=\frac{\alpha\omega_s S_o}{\rho_c}\left(1-\frac{S_P}{S_0}\right) \tag{4.2-10}$$

式中，p 为以厚度表示的淤积率；α 为泥沙沉降机率；ρ_c 为淤积土干密度。

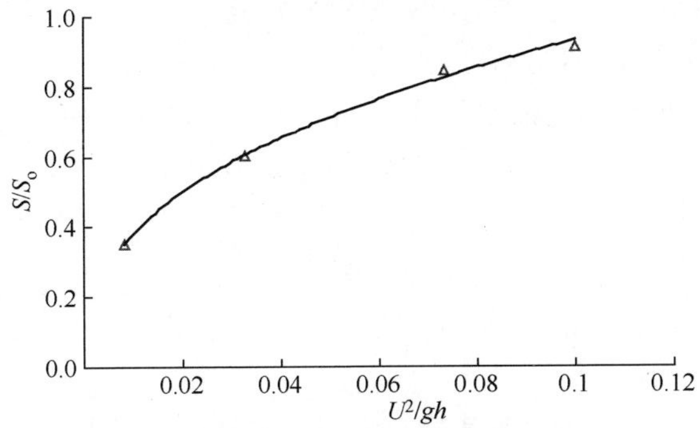

图 4.2-9 平衡含量试验曲线(水槽试验结果)

利用淤积一般表达式,可得出顺岸式港池的淤积计算公式为:

$$\Delta_t = \frac{\alpha\omega_s S_0 t}{\rho_c}\left(1 - \frac{S_P}{S_0}\right) \tag{4.2-11}$$

式中,Δ_t 为在淤积时间内的淤积厚度;t 为淤积时间。

将式(4.2-7)代入式(4.2-11)可得:

$$\Delta_t = \frac{\alpha\omega_s S_0 t}{\rho_c}\left[1 - \left(\frac{u_2^2}{u_0^2}\cdot\frac{h_0}{h_2}\right)^m\right] \tag{4.2-12}$$

由于$\frac{u_2}{u_0} = \left(\frac{h_2}{h_0}\right)^n$,代入式(4.2-12)可得:$\Delta_t = \frac{\alpha\omega_s S_0 t}{\rho_c}\left[1 - \left(\frac{h_0}{h_2}\right)^{m(1-2n)}\right]$

经整理最后得:

$$\Delta_t = \frac{\alpha\omega_s S_0 t}{\rho_c}\left[1 - \left(\frac{h_0}{h_2}\right)^{\beta}\right] \tag{4.2-13}$$

$$\beta = m(1 - 2n)$$

式中,β 为落淤综合指数;m 为平衡含沙量指数;n 为水流归槽指数。

与港池长宽比有关,可根据前述研究成果选取。

式(4.2-12)、式(4.2-13)可用来计算顺岸式港池内不同地点、不同潮型、不同潮段的淤积量。

(3)参数的确定

①系数 α。α 宜根据现场实测资料来确定,在无实测资料可利用时,可初选α=0.40~0.70。

②泥沙沉降速度 ω_s。ω_s 与泥沙粒径、含沙量浓度等多种因素有关,宜通过试验确定。在无试验资料时,可初选如下数值:泥沙质海岸,ω_s=0.00045~0.00055m/s;粉沙质海岸,ω_s=0.0006~0.0008m/s。

③原始含沙量 S_0。S_0 应由现场实测资料确定[5]。

④计算时段 t。应按不同潮型，不同涨、落时间选用 t。

⑤淤积土干密度 ρ_c。应根据底质和疏浚土密实情况确定 ρ_c，根据挖泥计方湿密度由下式计算：

$$\rho_c = \frac{\rho_0}{\rho_0 - \rho}(\rho_m - \rho) \tag{4.2-14}$$

式中，ρ_0 为泥沙密度（$\rho_0 = 2650\text{kg/m}^3$）；$\rho$ 为水密度（$\rho = 1000\text{kg/m}^3$）；ρ_m 为疏浚土湿密度，应根据当地土质和挖泥效益而定。

⑥港池内流速 u_2。可通过计算或试验，得出港池内不同地点、不同潮段的流速。

⑦边滩原始流速 u_0。应取不同潮型、不同潮段的流速。

⑧港池水深 h_2 和边滩原始水深，可通过现场资料确定。

⑨平衡含沙量系数 m 通过试验确定为 0.39～0.40。

⑩为了淤积公式计算的方便，根据洋山港港池实际开挖深度，给出港池不同长宽比下的落淤综合指数 β（图 4.2-10）。

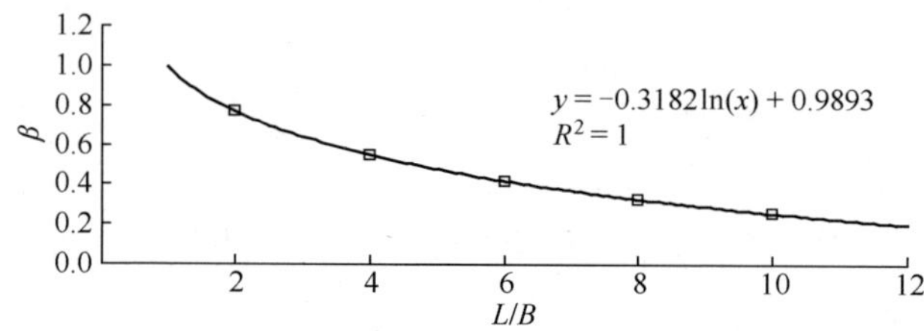

图 4.2-10　港池不同长宽比下的落淤综合指数 β

4.2.3　淤积公式的应用与验证

表 4.2-2、表 4.2-3 给出了洋山港一、二期港池不同时期的淤积情况。由表 4.2-2 可见，2007 年 3 月～2007 年 6 月，一期港池平均淤积 0.17m；二期港池平均淤积 0.43m。由表 4.2-3 可见，一期港池 2006 年 7 月～2007 年 6 月的月平均淤积量为 4.82万 m^3，折算成年平均淤积量为 0.66m；二期港池 2006 年 10 月～2007 年 6 月的月平均淤积量为 14.88 万 m^3，折算成年平均淤积量为 1.85m。这里采用上述不同时期各港池的淤积资料进行公式的验证计算。

一、二期港池冲淤量表　　　　表 4.2-2

时　间　段	位　　置	淤积厚度（m）
2007 年 3 月～2007 年 6 月	一期码头港池	0.17
2007 年 3 月～2007 年 6 月	二期码头港池	0.43

一、二期港池年淤积量表　　表 4.2-3

时间段	位置	月平均回淤量(万 m^3)	年淤积厚度(m/a)
2006 年 7 月 ~2007 年 6 月	一期码头港池	4.82	0.66
2006 年 10 月 ~2007 年 6 月	二期码头港池	14.88	1.85

利用上述淤积公式,对洋山港一期、二期工程的顺岸式港池不同时期的淤积进行计算。其参数选取如下:

(1)系数 α 取 0.45。

(2)泥沙沉降速度 ω_s 取 0.0005m/s。

(3)初始含沙量 S_0 根据 1998~2007 年小洋山长期固定站每日高、低潮时表层含沙量实测资料,经折算得出垂线平均含沙量。其中年均含沙量为1.40kg/m^3,3~6 月平均为 1.52kg/m^3。

(4)淤积土干密度 ρ_c 取 780kg/m^3。

(5)一期、二期边滩原始水深分别取 15.0m、12.0m,港池水深 h_2 为 16.5m。

(6)一期、二期长宽比分别为(1600m/780m)、(3000m/780m),根据计算,系数 β 分别取 0.76、0.56。

通过上述条件,利用已建立的顺岸式港池淤积公式,经计算得出洋山港一期、二期港池的淤积情况如表 4.2-4 所示。

洋山港一期、二期港池不同时期淤积计算值与实测值比较(单位:m)　表 4.2-4

项目	本文公式	现场实测
一期(2007 年 3 月 ~2007 年 6 月)	0.20	0.17
二期(2007 年 3 月 ~2007 年 6 月)	0.47	0.43
一期(年平均)	0.76	0.66
二期(年平均)	1.76	1.85

从港池淤积计算结果看,各港池淤积的计算值与实测值基本一致。由此可见,采用平衡含沙量理论建立的顺岸式港池淤积计算公式,能够较准确地预报顺岸式港池的淤积情况。

4.3 小结

(1)根据平衡含沙量理论,建立了海床平衡水深冲淤计算公式,并利用该公式,预测了封堵颗珠山—小洋山汊道后,洋山港区海床的演变情况。该公式计算结果与物理模型试验结果基本一致。

(2)顺岸式港池内存在水流归槽现象。港池内流速大小与顺岸式港池的长宽比有关,当港池长宽比达到一定比例后,港内流速总体上较天然状态增大,且槽内流速增大趋势随挖槽长宽比增大而逐渐趋缓。

(3)以往研究和应用中,流速和水深关系常取不同值,通过顺岸式港池水流特性的研究,对两者间指数的选取方法进行了探讨,表明随着港池长宽比的改变,流速与水深关系中的指数为一变值。本文给出了计算该指数的公式。

(4)通过理论推导,得出了顺岸式港池的淤积计算公式,通过应用计算并与实测资料比较,结果表明,所建立的淤积计算公式,能够较准确地预测顺岸式港池的淤积情况。因此,该公式可以进一步用于以后的工程实践。

本章参考文献

[1] 肖辉,赵洪波,曹祖德.平衡含沙量、平衡水深与海床冲淤计算[J].中国港湾建设,2009(5):16-20.

[2] 杨华,李蓓,吴明阳,等.上海国际航运中心洋山深水港工程泥沙问题研究综述[J].水道港口,2010(5):310-316.

[3] 赵洪波,肖辉,曹祖德.顺岸式码头港池的水流特点及淤积计算[J].中国港湾建设,2010(401):24-27.

[4] 交通运输部天津水运工程科学研究所.伶仃洋航道整治工程试验研究(85 攻关课题)[R].1990.

[5] 交通运输部天津水运工程科学研究所.上海国际航运中心洋山深水港区主通道海域常年含沙量监测分析报告[R].2008.

5　典型岛群海域(洋山港附近海域)二维潮流泥沙数值模型研究

5.1　模型的建立与验证

5.1.1　模型的建立

为准确提供模型边界值、工程区域的流速、流向变化值,共建立了东中国海二维潮流数学模型,长江口、杭州湾海区二维潮流数学模型,工程海区潮流泥沙及海床冲淤变化数学数值模型3套数学模型。

(1)东中国海二维潮流数学模型:东中国海模型范围为东经117.0°~145.0°、北纬20.0°~47.0°,计算域包括东海、黄海、渤海等。在该模型中,应用全球潮汐模型和三维河口海岸海洋模式(ECOMSED),进行深海潮汐及海流的模拟,并与实测的潮汐和潮流资料作比较,确定模型中参数,其目的是为长江口、杭州湾海区二维潮流数学模型提供潮汐、潮流边界条件,见图5.1-1。

(2)长江口、杭州湾海区二维潮流数学模型:长江口、杭州湾海区模型范围为东经120.5°~123.4°、北纬29.2°~32.2°。此模型同样采用ECOMSED计算模式,其目的是为工程海区潮流泥沙及海床冲淤变化数学数值模型提供精确的潮汐、潮流边界条件,见图5.1-2。

(3)工程海区潮流泥沙及海床冲淤变化数学数值模型:潮流泥沙模型采用TK-2D软件,计算范围东西长度约56km,南北宽度为33km,整个计算域面积约为1848km^2。根据计算海区岛屿众多、岸线曲折的特点,本模型采用任意三角形计算网格,准确地模拟出岛屿岸线的任意曲折走向变化。计算海区内的节点间距,根据地形特征和所研究的问题确定。对于平坦开阔的水域,计算点距应设计大些;反之,则设计小些。工程区最小网格间距为25m。局部边界处理上考虑了桩基的影响。

潮流泥沙模型包括崎岖列岛及洋山深水港区海域,此模型的意义为精细模拟、复演建港以来北港区各工程阶段对主通道水域及各汊道的涨、落潮潮位、流速、潮量和泥沙冲淤的变化。

5.1.2　工程海区二维潮流数学模型

1)基本方程

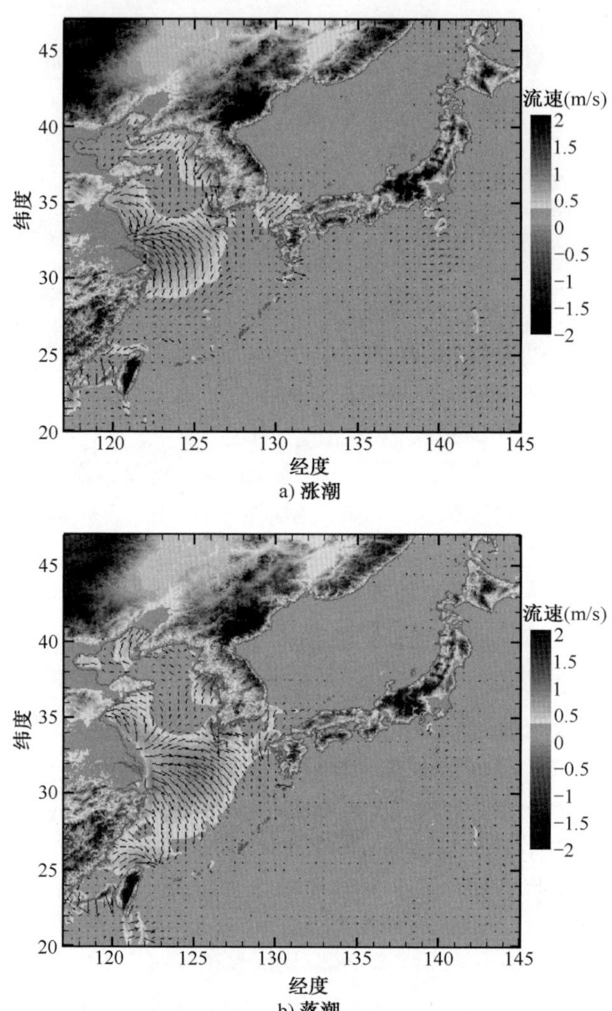

图 5.1-1　东中国海流场图

二维潮流基本方程组通常可以写成如下形式：

(1)连续方程

$$\frac{\partial h}{\partial t} + \frac{\partial (Hu)}{\partial x} + \frac{\partial (Hv)}{\partial y} = 0 \tag{5.1-1}$$

(2)运动方程

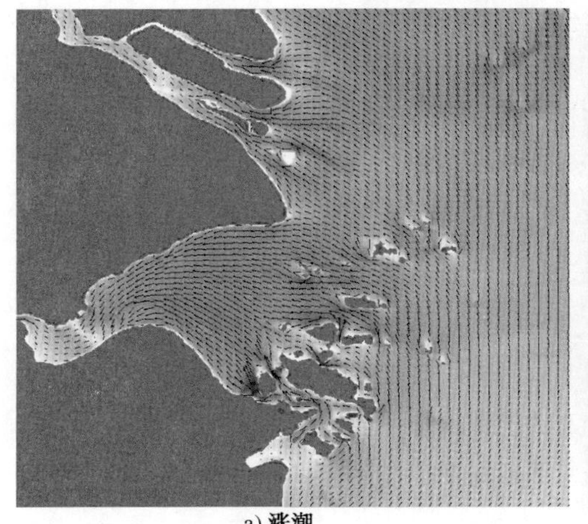
a) 涨潮

b) 落潮

图 5.1-2 长江口、杭州湾海区流场图

$$\frac{\partial u}{\partial t} + u\frac{\partial u}{\partial x} + v\frac{\partial u}{\partial y} + g\frac{\partial h}{\partial x} - fv + g\frac{uw}{C_s^2 H} = N_x\frac{\partial^2 u}{\partial x^2} + N_y\frac{\partial^2 u}{\partial y^2} \qquad (5.1\text{-}2)$$

$$\frac{\partial v}{\partial t} + u\frac{\partial v}{\partial x} + v\frac{\partial v}{\partial y} + g\frac{\partial h}{\partial y} + fu + g\frac{vw}{C_s^2 H} = N_x\frac{\partial^2 v}{\partial x^2} + N_y\frac{\partial^2 v}{\partial y^2} \qquad (5.1\text{-}3)$$

$$H = h + D$$

$$w = \sqrt{u^2 + v^2}$$

$$C_s = \frac{H^{1/6}}{n}$$

式中,x、y 为直角坐标系;u、v 分别为 x、y 方向的垂线平均流速;h 为水位(基准面到自由水面的距离);H 为总水深;D 为水深(基准面到床面的距离);w 为合成流速;f 为柯氏系数;g 为重力加速度;C_s 为谢才系数;n 为曼宁系数;t 为时间;N_x 为 x 方向水流紊动粘性系数;N_y 为 y 方向水流紊动粘性系数。

2)三角形方程一阶偏导数的确定

本文计算选取的网格形式为任意三角形计算网格。

众所周知,在平面域上,任何一个函数 $F(x,y)$ 可以用一个二元多项式来近似表示,即:

$$F(x,y) = \alpha_0 + \alpha_1 x + \alpha_2 y + \alpha_3 xy + \alpha_4 x^2 + \alpha_5 y^2 + \cdots + \alpha_m x^n + \alpha_{m+1} y^n \qquad (5.1\text{-}4)$$

为了简便,我们取它的一阶近似式:

$$F(x,y) = \alpha_0 + \alpha_1 x + \alpha_2 y \qquad (5.1\text{-}5)$$

从我们所研究的问题来看，方程(5.1-5)已完全满足工程上的需要。

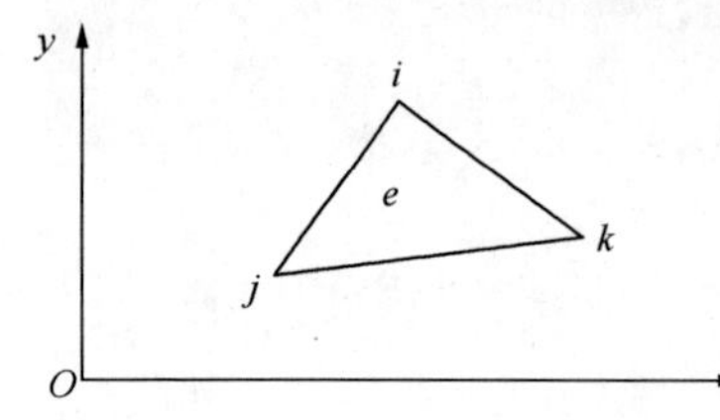

图 5.1-3　三角形单元示意图

我们已定义计算域由有限个三角形单元组成，取其中任何一个单元 e（图 5.1-3），当节点已知时，该三角形域内的函数形式也就完全确定了，也就是说，可以求出方程(5.1-5)的 3 个系数，因为方程(5.1-5)对整个三角形域内都成立(包括 3 个节点)。这样，我们就可以写出 3 个节点 F_i、F_j、F_k 的表达式，其中 i、j、k 按逆时针排列。

$$\left.\begin{aligned} F_i &= \alpha_0 + \alpha_1 x_i + \alpha_2 y_i \\ F_j &= \alpha_0 + \alpha_1 x_j + \alpha_2 y_j \\ F_k &= \alpha_0 + \alpha_1 x_k + \alpha_2 y_k \end{aligned}\right\} \tag{5.1-6}$$

式中，x、y 为节点坐标，F 为节点值。

将式(5.1-6)写成矩阵形式：

$$\begin{bmatrix} 1 & x_i & y_i \\ 1 & x_j & y_j \\ 1 & x_k & y_k \end{bmatrix} \begin{bmatrix} \alpha_0 \\ \alpha_1 \\ \alpha_2 \end{bmatrix} = \begin{bmatrix} F_i \\ F_j \\ F_k \end{bmatrix} \tag{5.1-7}$$

对式(5.1-7)求解，则：

$$\begin{bmatrix} \alpha_0 \\ \alpha_1 \\ \alpha_2 \end{bmatrix} = \begin{bmatrix} 1 & x_i & y_i \\ 1 & x_j & y_j \\ 1 & x_k & y_k \end{bmatrix}^{-1} \begin{bmatrix} F_i \\ F_j \\ F_k \end{bmatrix} \tag{5.1-8}$$

若记：

$$\begin{bmatrix} 1 & x_i & y_i \\ 1 & x_j & y_j \\ 1 & x_k & y_k \end{bmatrix} = [A] \tag{5.1-9}$$

对于 A 有行列式：

$$|A| = \begin{vmatrix} 1 & x_i & y_i \\ 1 & x_j & y_j \\ 1 & x_k & y_k \end{vmatrix} = 2S_e \tag{5.1-10}$$

式中，S_e 为三角形单元的面积。

$[A]$ 的伴随矩阵为

$$[A^*] = \begin{bmatrix} x_j y_k - x_k y_j & y_i - y_k & x_k - x_j \\ x_k y_i - x_i y_k & y_k - y_i & x_i - x_k \\ x_i y_j - x_j y_i & y_i - y_j & x_j - x_i \end{bmatrix}^T \tag{5.1-11}$$

$$\left.\begin{aligned} a_i &= x_j y_k - x_k y_j \;;\; b_i = y_j - y_k \;;\; c_i = x_k - x_j \\ a_j &= x_k y_i - x_i y_k \;;\; b_j = y_k - y_i \;;\; c_j = x_i - x_k \\ a_k &= x_i y_j - x_j y_i \;;\; b_k = y_i - y_j \;;\; c_k = x_j - x_i \end{aligned}\right\} \tag{5.1-12}$$

那么式(5.1-11)可简写成:

$$[A^*] = \begin{bmatrix} a_i & b_i & c_i \\ a_j & b_j & c_j \\ a_k & b_k & c_k \end{bmatrix}^T = \begin{bmatrix} a_i & a_j & a_k \\ b_i & b_j & b_k \\ c_i & c_j & c_k \end{bmatrix} \tag{5.1-13}$$

而方程求逆公式为:

$$[A]^{-1} = \frac{[A^*]}{|A|} = \frac{1}{2S_e}\begin{bmatrix} a_i & a_j & a_k \\ b_i & b_j & b_k \\ c_i & c_j & c_k \end{bmatrix} \tag{5.1-14}$$

把式(5.1-14)代入方程(5.1-8),就可以求出系数:

$$\begin{Bmatrix} \alpha_0 \\ \alpha_1 \\ \alpha_2 \end{Bmatrix} = \frac{1}{2S_e}\begin{bmatrix} a_i & a_j & a_k \\ b_i & b_j & b_k \\ c_i & c_j & c_k \end{bmatrix}\begin{Bmatrix} F_i \\ F_j \\ F_k \end{Bmatrix} \tag{5.1-15}$$

即:

$$\left.\begin{aligned} \alpha_0 &= (a_i F_i + a_j F_j + a_k F_k)/2S_e \\ \alpha_1 &= (b_i F_i + b_j F_j + b_k F_k)/2S_e \\ \alpha_2 &= (c_i F_i + c_j F_j + c_k F_k)/2S_e \end{aligned}\right\} \tag{5.1-16}$$

把式(5.1-16)代入式(5.1-5),经整理后得:

$$F(x,y) = [(a_i + b_i x + c_i y)F_i + (a_j + b_j x + c_j y)F_j + (a_k + b_k x + c_k y)F_k]/2S_e \tag{5.1-17}$$

这样,三角形域内函数 $F(x,y)$ 的表达式也就完全确定了。

设:

$$\left.\begin{aligned} N_i &= (a_i + b_i x + c_i y)/2S_e \\ N_j &= (a_j + b_j x + c_j y)/2S_e \\ N_k &= (a_k + b_k x + c_k y)/2S_e \end{aligned}\right\} \tag{5.1-18}$$

这就是有限单元法中的形函数，它在数学中也称为面积坐标，它和直角坐标系的关系是（其推导过程略）：

$$\left.\begin{aligned}x = x_i N_i + x_j N_j + x_k N_k \\ y = y_i N_i + y_j N_j + y_k N_k\end{aligned}\right\} \tag{5.1-19}$$

从以上推导中可以看出，在三角形域内的任一函数可以用面积坐标函数 $F(N_i, N_j, N_k)$ 表示，同时，面积坐标 (N_i, N_j, N_k) 又是 x、y 的函数。因此，函数 F 对 x、y 求导时，可以按照复合函数的求导法则进行。即：

$$\frac{\dfrac{\partial F}{\partial x} = \dfrac{\partial F}{\partial N_i}\dfrac{\partial N_i}{\partial x} + \dfrac{\partial F}{\partial N_j}\dfrac{\partial N_j}{\partial x} + \dfrac{\partial F}{\partial N_k}\dfrac{\partial N_k}{\partial x} = (b_i F_i + b_j F_j + b_k F_k)}{2S_e} \tag{5.1-20}$$

$$\frac{\dfrac{\partial F}{\partial y} = \dfrac{\partial F}{\partial N_i}\dfrac{\partial N_i}{\partial y} + \dfrac{\partial F}{\partial N_j}\dfrac{\partial N_j}{\partial y} + \dfrac{\partial F}{\partial N_k}\dfrac{\partial N_k}{\partial y} = (c_i F_i + c_j F_j + c_k F_k)}{2S_e} \tag{5.1-21}$$

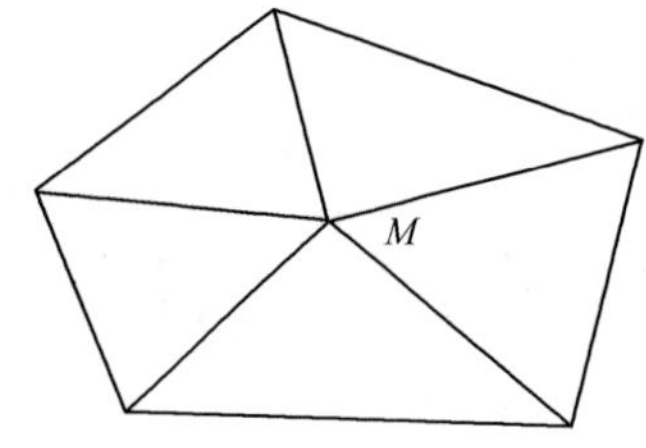

图 5.1-4　以 M 为顶点的网格示意图

在平面不规则三角形网格中（图 5.1-4），节点 M 是邻近几个单元的顶点，而在数值计算中，若用其中某一单元的偏导数作为 M 点的导数，势必要造成一定的偏差，这是由于离散化和数值计算中的一些误差所造成的，因而，我们用加权平均来代替式(5.1-20)、式(5.1-21)。

$$\frac{F_x(M) = \sum_e (b_i F_i + b_j F_j + b_k F_k)}{2S} \tag{5.1-22}$$

$$\frac{F_y(M) = \sum_e (c_i F_i + c_j F_j + c_k F_k)}{2S} \tag{5.1-23}$$

式中，F_x，F_y 分别为对 x，y 的偏导数；

$\sum_e$ 为对节点 M 为顶点的所有三角形求和。

可得：$S = \sum_e Se$

3）二阶偏导数的确定

在一阶偏导数求出后，仿照一阶偏导数的求解过程，即可求出二阶偏导数。

4）计算格式的建立

将式(5.1-22)、式(5.1-23)代入前述二维基本方程组，在时间方向，采用向前差分格式，那么，各二维基本方程组可以写成如下差分格式：

$$\frac{h_i^{n+1}-h_i^n}{\Delta t}+\frac{\partial}{\partial x}(Hu)_i^n+\frac{\partial}{\partial y}(Hv)_i^n=0 \tag{5.1-24}$$

$$\frac{u_i^{n+1}-u_i^n}{\Delta t}+u_i^{n+1}\left(\frac{\partial u}{\partial x}\right)_i^n+\left(v\frac{\partial u}{\partial x}\right)_i^n+g\left(\frac{\partial h}{\partial x}\right)_i^{n+1}-fv_i^n+gw_i^n\left(\frac{u}{C_s^2H}\right)_i^{n+1}$$

$$=N_x\left(\frac{\partial^2 u}{\partial x^2}\right)_i^n+N_y\left(\frac{\partial^2 u}{\partial x^2}\right)_i^n \tag{5.1-25}$$

$$\frac{v_i^{n+1}-v_i^n}{\Delta t}+\left(u\frac{\partial v}{\partial x}\right)_i^n+v_i^{n+1}\left(\frac{\partial v}{\partial y}\right)_i^n+g\left(\frac{\partial h}{\partial y}\right)_i^{n+1}+fu_i^n+gw_i^n\left(\frac{v}{C_s^2H}\right)_i^{n+1}$$

$$=N_x\left(\frac{\partial^2 v}{\partial x^2}\right)_i^n+N_y\left(\frac{\partial^2 v}{\partial y^2}\right)_i^n \tag{5.1-26}$$

整理后,可得到以下计算公式:

$$h_i^{n+1}=h_i^n-\Delta t\left\{\left[\frac{\partial(Hu)}{\partial x}\right]_i^n+\left[\frac{\partial(Hv)}{\partial y}\right]_i^n\right\} \tag{5.1-27}$$

$$u_i^{n+1}=\frac{u_i^n-\Delta t\left[\left(v\frac{\partial u}{\partial y}\right)_i^n+g\left(\frac{\partial h}{\partial x}\right)_i^{n+1}-fv_i^n-N_x\left(\frac{\partial^2 u}{\partial x^2}\right)_i^n-N_y\left(\frac{\partial^2 u}{\partial y^2}\right)_i^n\right]}{1+\Delta t\left[\left(\frac{\partial u}{\partial x}\right)_i^n+g\frac{w_i^n}{(C_s^2H)_i^{n+1}}\right]} \tag{5.1-28}$$

$$v_i^{n+1}=\frac{v_i^n-\Delta t\left[\left(u\frac{\partial v}{\partial x}\right)_i^n+g\left(\frac{\partial h}{\partial y}\right)_i^{n+1}+fu_i^n-N_x\left(\frac{\partial^2 v}{\partial x^2}\right)_i^n-N_y\left(\frac{\partial^2 v}{\partial y^2}\right)_i^n\right]}{1+\Delta t\left[\left(\frac{\partial v}{\partial y}\right)_i^n+g\frac{w_i^n}{(C_s^2H)_i^{n+1}}\right]} \tag{5.1-29}$$

式中,i 为节点号;n 为时间层数;Δt 为时间步长。

5.1.3 二维波浪潮流泥沙数学模型

基于波浪作用下的二维潮流数学模型,再结合波流联合作用下的悬沙扩散方程,建立了波流联合作用下二维悬沙运移及床面变形数学模型。其含沙水流挟沙能力计算,应用波流共同作用下的挟沙力公式。

1)波浪作用下的二维浅水环流方程

$$\frac{\partial z}{\partial t}+\frac{\partial(hu)}{\partial x}+\frac{\partial(hv)}{\partial y}=0 \tag{5.1-30}$$

$$\frac{\partial u}{\partial t}+u\frac{\partial u}{\partial x}+v\frac{\partial u}{\partial y}=-g\frac{\partial z}{\partial x}+\frac{\tau_{sx}}{h\rho}+\frac{\tau_{bx}}{h\rho}+fv+T_x+\lambda\Delta u \tag{5.1-31}$$

$$\frac{\partial v}{\partial t}+u\frac{\partial v}{\partial x}+v\frac{\partial v}{\partial y}=-g\frac{\partial z}{\partial y}+\frac{\tau_{sy}}{h\rho}+\frac{\tau_{by}}{h\rho}-fu+T_y+\lambda\Delta v \tag{5.1-32}$$

$$h=z+z_o$$

式中,z 为水位,即自由水面与基面之间的距离;h 为水深,即自由水面与床面之间的距离;z_o为床面高程,即基面至床面的距离;u、v 分别为 x、y 方向上的垂线平均流速分量;f 为柯氏系数;g 为重力加速度;ρ 为水密度;λ 为涡动粘滞系数;τ_{sx}、τ_{sy} 分别为风对海面的剪切应力;τ_{bx}、τ_{by} 分别为波浪潮流共同作用下的底部剪切应力 τ_b 在 x、y 方向上的分量。

τ_s 在 x、y 方向的分量为(曹祖德,1994 年):

$$\left.\begin{aligned}\tau_{sx}&=\rho_a C_w|W-U|(w_x-u)\\ \tau_{sy}&=\rho_a C_w|W-U|(w_y-v)\end{aligned}\right\} \tag{5.1-33}$$

$$|W-U|=\sqrt{(w_x-u)^2+(w_y-v)^2} \tag{5.1-34}$$

式中,w_x、w_y 分别为风速 W 在 x、y 向的分量;C_w 为风对波动水面的剪切系数,取$C_w=2.55\times10^{-3}$;ρ_a 为空气密度。

可用下式来计算(曹祖德,1994 年):

$$\left.\begin{aligned}\tau_{bx}&=\frac{\rho g u\sqrt{u^2+v^2}}{C_s^2}+\frac{\pi\rho}{8}f_w\sqrt{u_w^2+v_w^2}\,u_w+\frac{B\rho}{\pi}\sqrt{2}\left(\frac{\rho}{C_s^2}f_w\right)\sqrt{u^2+v^2}\,u_w\\ \tau_{by}&=\frac{\rho g v\sqrt{u^2+v^2}}{C_s^2}+\frac{\pi\rho}{8}f_w\sqrt{u_w^2+v_w^2}\,v_w+\frac{B\rho}{\pi}\sqrt{2}\left(\frac{\rho}{C_s^2}f_w\right)\sqrt{u^2+v^2}\,v_w\end{aligned}\right\} \tag{5.1-35}$$

$$C_s=\frac{1}{n}h^{1/6}$$

式中,(u_w,v_w)为波浪底质点速度,无浪时,$u_{w=0}$,$v_{w=0}$;C_s 为谢才系数;n 为糙率系数;B 为波浪潮流相互影响系数,取 $B=0.359$(曹祖德,1994 年);f_w 为波浪底部摩阻系数。

f_w的计算式如下(Wang,1995 年):

$$f_w = \begin{cases} \exp\left[-5.977 + 5.213\left(\dfrac{a_b}{\gamma_*}\right)^{-0.194}\right] & 1.47 < \dfrac{a_b}{\gamma_*} < 300 \\ 0.32 & \dfrac{a_b}{\gamma_*} < 1.47 \end{cases} \tag{5.1-36}$$

$$\gamma_* = 120d_{50}$$

式中,γ_*为床面糙率;d_{50}为床面泥沙中径;a_b 为床面附近水质点的振幅。

$$\Delta = \frac{\partial^2}{\partial x^2} + \frac{\partial^2}{\partial y^2}$$

$$\left.\begin{aligned} T_x &= -\frac{1}{\rho h}\left(\frac{\partial S_{xx}}{\partial x} + \frac{\partial S_{xy}}{\partial y}\right) \\ T_y &= -\frac{1}{\rho h}\left(\frac{\partial S_{yx}}{\partial x} + \frac{\partial S_{yy}}{\partial y}\right) \end{aligned}\right\} \tag{5.1-37}$$

则 $S_{i,j} = \begin{pmatrix} S_{xx} & S_{xy} \\ S_{yx} & S_{yy} \end{pmatrix}$ 为波浪幅射应力。

(1)对于规则波,可表示为(Longuet-Higgins,1964 年):

$$S_{ij} = E\begin{pmatrix} n(\cos^2\alpha + 1) - \dfrac{1}{2} & \dfrac{n}{2}\sin 2\alpha \\ \dfrac{n}{2}\sin 2\alpha & n(\sin^2\alpha + 1) - \dfrac{1}{2} \end{pmatrix} \tag{5.1-38}$$

$$E = \frac{1}{8}\rho g H^2$$

式中,E 一个波周期内的平均波能,无浪时,$H=0$。

(2)对于不规则波,则为(Jon. M,1984 年):

$$S_{ij} = \begin{pmatrix} \int_0^\infty\int_0^{2\pi}\left[n(\cos^2\alpha + 1) - \dfrac{1}{2}\right]E(f,\alpha)\,\mathrm{d}\alpha\mathrm{d}f & \int_0^\infty\int_0^{2\pi}\dfrac{n}{2}\sin 2\alpha E(f,\alpha)\,\mathrm{d}\alpha\mathrm{d}f \\ \int_0^\infty\int_0^{2\pi}\dfrac{n}{2}\sin 2\alpha E(f,\alpha)\,\mathrm{d}\alpha\mathrm{d}f & \int_0^\infty\int_0^{2\pi}\left[n(\sin^2\alpha + 1) - \dfrac{1}{2}\right]E(f,\alpha)\,\mathrm{d}\alpha\mathrm{d}f \end{pmatrix} \tag{5.1-39}$$

式中,α 为波浪与 x 轴的夹角;f 为波浪频率;$E(f,\alpha)$ 为波能;n 为波浪群速度与相速度之比。

2)波-流共同作用下的悬沙运移方程

$$\frac{\partial(hC)}{\partial t} + u\frac{\partial(hC)}{\partial x} + v\frac{\partial(hC)}{\partial y} + \frac{\partial}{\partial x}\left[\varepsilon_x\frac{\partial(hC)}{\partial x}\right] + \frac{\partial}{\partial y}\left[\varepsilon_y\frac{\partial(hC)}{\partial y}\right] = P - D \tag{5.1-40}$$

式中，C 为悬移质含量；ε_x、ε_y 分别为 x、y 向泥沙紊动扩散系数；P 和 D 分别为床面层顶部处泥沙的起悬量和沉降量。

P,D 与该处饱和挟沙状态下的含沙量 C^* 、悬移质含量 C 和泥沙沉速 W_s 有关。可表示为：

$$P = \alpha_1 W_s C\left(1 - \frac{C^*}{C}\right), D = 0 \qquad (C < C^*) \tag{5.1-41}$$

$$D = \alpha_2 W_s C\left(1 - \frac{C^*}{C}\right), P = 0 \qquad (C \geqslant C^*) \tag{5.1-42}$$

因为由流速引起的泥沙输移远大于泥沙自然扩散，并将式(5.1-41)和式(5.1-42)代入式(5.1-40)可得：

$$\frac{\partial(hC)}{\partial t} + u\frac{\partial(hC)}{\partial x} + v\frac{\partial(hC)}{\partial y} = \alpha W_s(C - C^*) \tag{5.1-43}$$

式(5.1-43)即为波流共同作用下二维悬沙运移方程。其中系数 α 为：

$$\alpha = \begin{cases} \alpha_1 & (C < C^*) \\ -\alpha_2 & (C \geqslant C^*) \end{cases} \tag{5.1-44}$$

3)悬移质引起的床面变形方程

$$\frac{\partial(hC)}{\partial t} + u\frac{\partial(hC)}{\partial x} + v\frac{\partial(hC)}{\partial y} = -\gamma_s \frac{\partial Z_o}{\partial t} \tag{5.1-45}$$

式中，γ_s 为床面泥沙干重度；Z_o 为床面高程。

将式(5.1-45)代入式(5.1-43)可得：

$$\gamma_s \frac{\partial Z_o}{\partial t} = \alpha W_s(C - C^*) \tag{5.1-46}$$

4)波-流共存时的水体挟沙力

水体挟沙力，在泥沙数学模型中是一个非常重要的量，在波潮共同作用下的水流挟沙力选择上，采用曹祖德(2001年)提出的公式：

$$C_* = \alpha\frac{\gamma_s\gamma}{\gamma_s - \gamma}\cdot\frac{(u_c + \beta u_w)^3}{gh\omega_s} \tag{5.1-47}$$

式中，γ_s 为沙重度；γ 为水重度；ω_s 为泥沙沉降速度；u_c 为潮流流速；u_w 为波浪底部水质速度，无浪时，$u_w=0$；h 为水深；α、β 分别为与泥沙有关的系数，可通过试验得出。

5.1.4 方程组的定解条件

1)边界条件

(1)计算水域与其他水域相通的开边界 Γ_1 上有：

$$h(x,y,t)\mid_{\Gamma_1} = h_{\Gamma_1}(t) \tag{5.1-48}$$

或

$$\left.\begin{aligned} u(x,y,t)\mid_{\Gamma_1} &= u_{\Gamma_1}(t) \\ v(x,y,t)\mid_{\Gamma_1} &= v_{\Gamma_1}(t) \end{aligned}\right\} \tag{5.1-49}$$

(2)计算水域与陆地交界的闭边界 Γ_2 上有:

$$\overline{w} \cdot \overline{h} = 0 \tag{5.1-50}$$

即流速的法向梯度为零。

2)初始条件

$$\left.\begin{aligned} z(x,y,t)\mid_{t=t_0} &= z_0(x,y,t_0) \\ u(x,y,t)\mid_{t=t_0} &= u_0(x,y,t_0) \\ v(x,y,t)\mid_{t=t_0} &= v_0(x,y,t_0) \\ S(x,y,t)\mid_{t=t_0} &= S_0(x,y,t_0) \end{aligned}\right\} \tag{5.1-51}$$

3)参数的确定

(1)波浪底部水质速度 u_w

可用微幅波理论:

$$u_w = \frac{\pi H}{T\sinh\left(\dfrac{2\pi h}{L}\right)} \tag{5.1-52}$$

式中,H 为波高;T 为波周期;h 为水深;L 为波长。

(2)泥沙沉降速度

在淤泥质海岸,水体中悬沙呈絮凝状态,絮凝沉速 $\omega_s=0.04\sim0.05$cm/s。在粉沙质和沙质海岸,水体泥沙呈分散状,悬沙颗粒沉降速度可按表 5.1-1 选取。

泥沙沉降速度 ω_s 表(15℃) 表 5.1-1

泥沙粒径(mm)	0.03	0.04	0.05	0.06	0.07	0.08	0.09	0.10	0.15	0.20
沉降速度(cm/s)	0.050	0.088	0.137	0.198	0.269	0.352	0.445	0.54	1.18	1.97

(3)系数 α、β

利用天津港、洋山深水港区、连云港、长江口、黄骅港、潍坊港、庄河等海区现场实测资料,整理分析可得:淤泥质海岸区 $\alpha=4.5\times10^{-5}$;粉沙质海岸区 $\alpha=5.7\times10^{-5}$;沙质海岸区 $\alpha=6.9\times10^{-5}$。

天然海床的床面糙率 $n=0.016\sim0.035$,常见水深 $h=10\sim20$m,相应的 Cezy 系

数 $c=42\sim66$，由公式 $f_c=\frac{g}{c_2}$ 可得，水流摩阻系数 $f_c=0.002\sim0.006$。

关于波浪摩阻系数 f_w，情况就复杂得多，它与波浪雷诺数 Re 和海床糙率有关。当 $Re=\frac{u_w T}{2\pi\nu}$ 且小于 5×10^5 时，$f_w=0.001\sim0.002$；当 $Re\geqslant10^5$ 时，根据海床糙率情况，$f_w=0.002\sim0.005$[4]。由此，根据 $\beta=\sqrt{\frac{f_w}{2f_c}}$ 计算可得 $\beta=0.4\sim0.8$。根据现场实测资料分析可知，泥质海岸 $\beta=0.5$；粉沙质海岸 $\beta=0.6$；沙质海岸 $\beta=0.7$。

5.1.5 模型的验证

模型大范围水深资料，选用海图出版社 1989 年版 1：35000 崎岖群岛，1998 年版 1：80000 南汇嘴至乍浦港，1997 年版 1：80000 南汇嘴至火山列岛等海图。局部水深和水文验证资料，选用不同时期水文测验资料和对应各年水深测图资料。对 2004 年 5 月和 2007 年 4 月两个时期潮位、潮流和泥沙场的验证，验证结果良好，可以较好地反映不同时期潮位、潮流和泥沙场情况。

1)2004 年水文资料验证

图 5.1-5 为水文测验点位。模拟计算潮型为大潮，其平均潮差为 3.97m，为年潮差累计频率的 7%。计算水深取自三航勘察院 2004 年 5 月所测 1：10000 工程区域附近水深图，海图出版社 1989 年版 1：35000 崎岖群岛，1998 年版 1：80000 南汇嘴至乍浦港，1997 年版 1：80000 南汇嘴至火山列岛等海图。

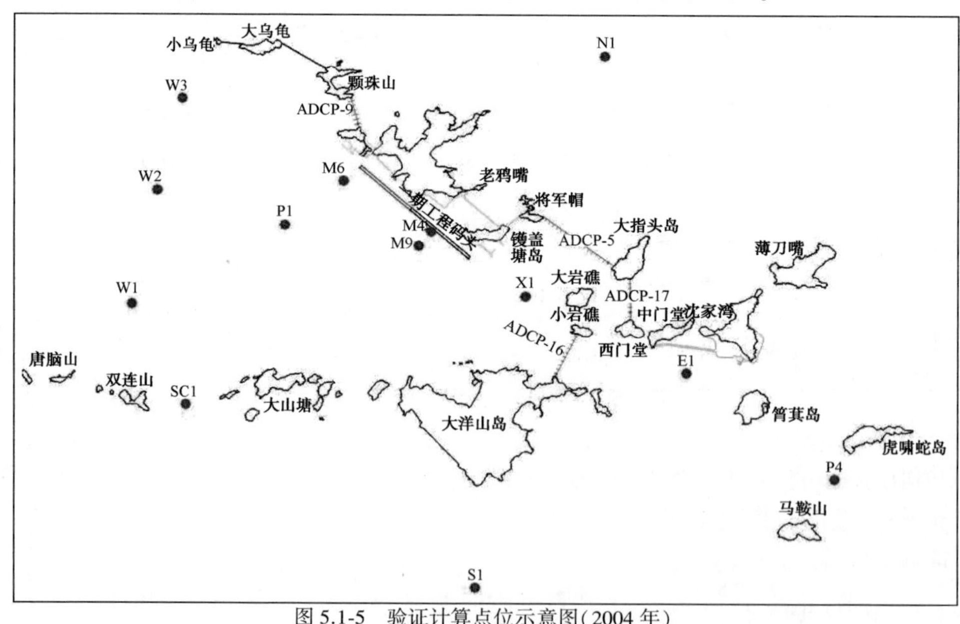

图 5.1-5 验证计算点位示意图(2004 年)

潮位、流速、流向、含沙量验证计算曲线见图 5.1-6 ~ 图 5.1-9,图 5.1-10 给出了验证计算涨、落潮流场图。

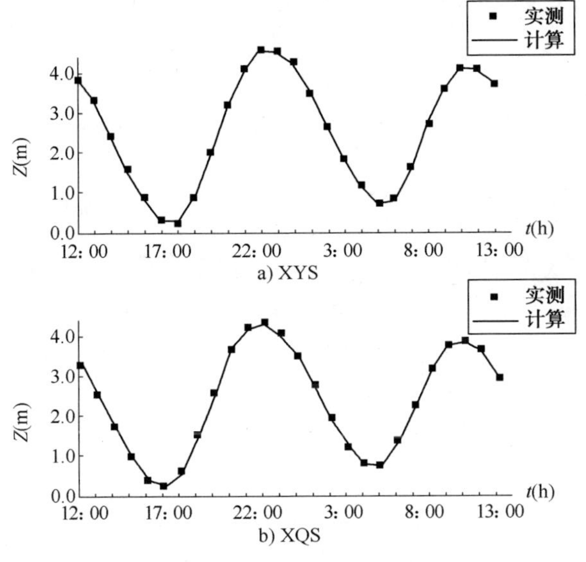

图 5.1-6 潮位验证曲线(2004 年)

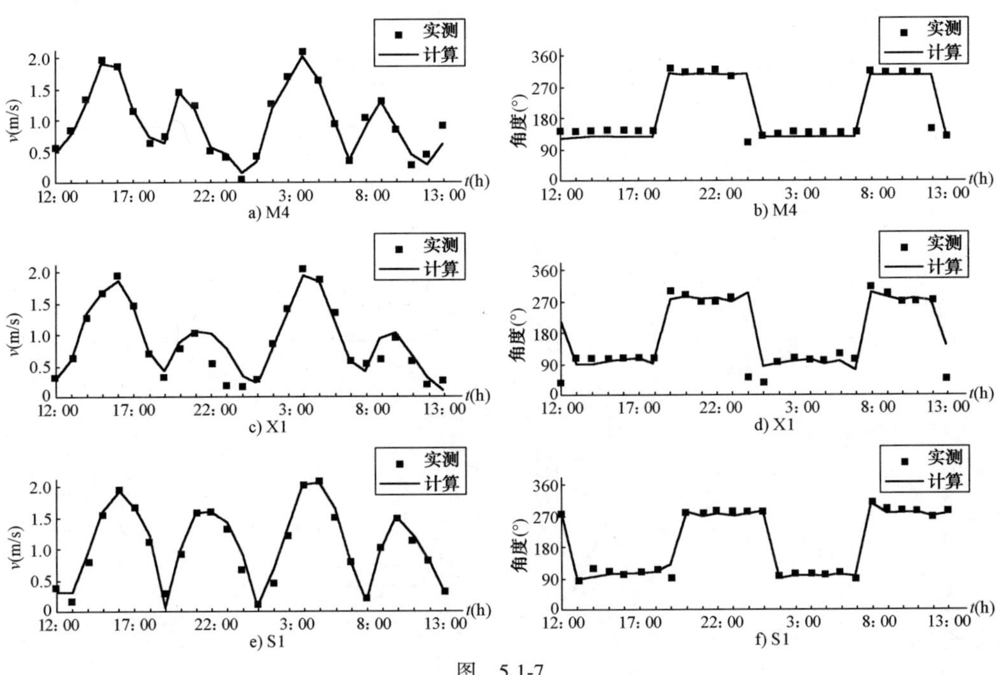

图 5.1-7

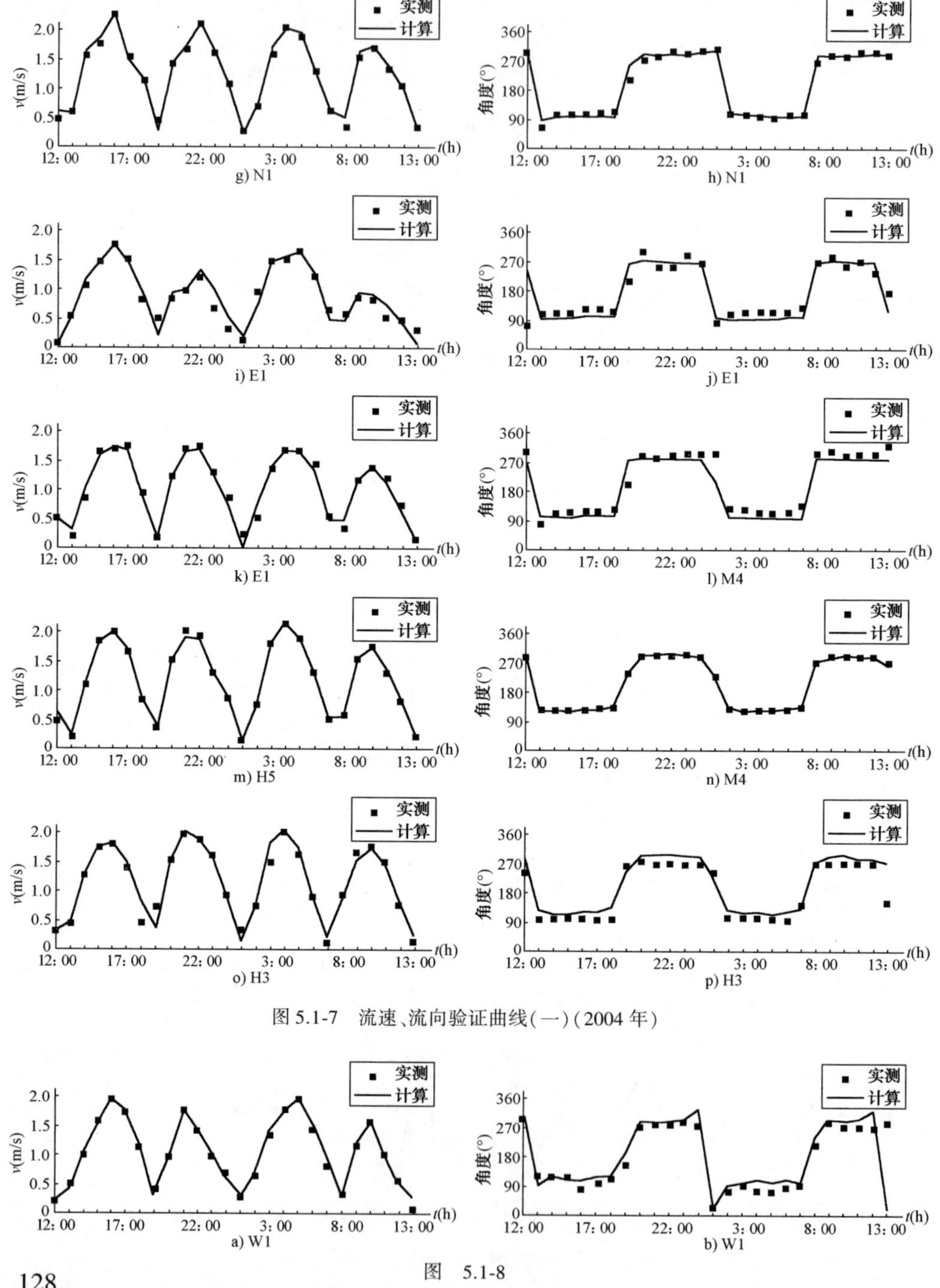

图 5.1-7　流速、流向验证曲线(一)(2004 年)

图　5.1-8

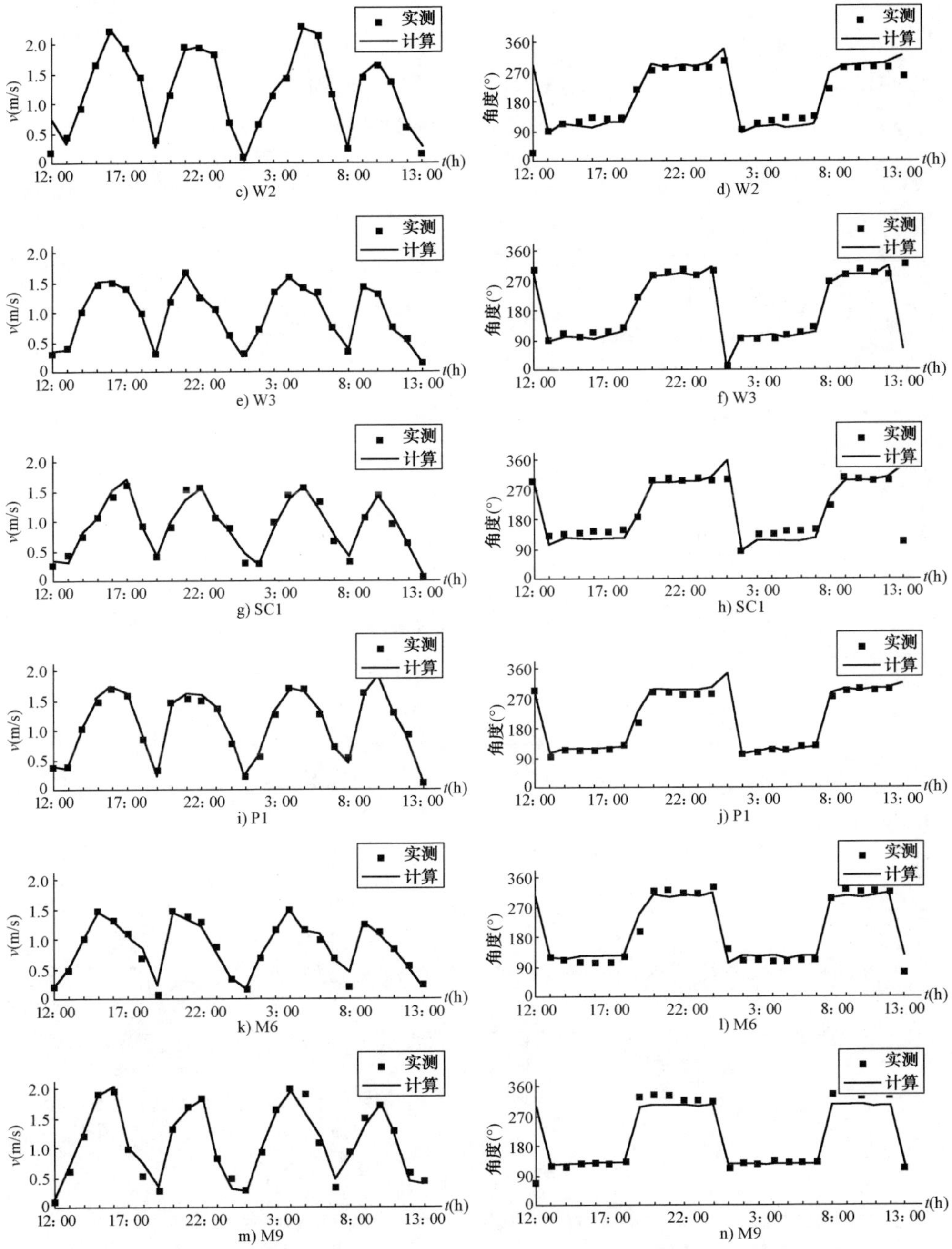

c) W2

d) W2

e) W3

f) W3

g) SC1

h) SC1

i) P1

j) P1

k) M6

l) M6

m) M9

n) M9

图 5.1-8 流速、流向验证曲线(二)(2004 年)

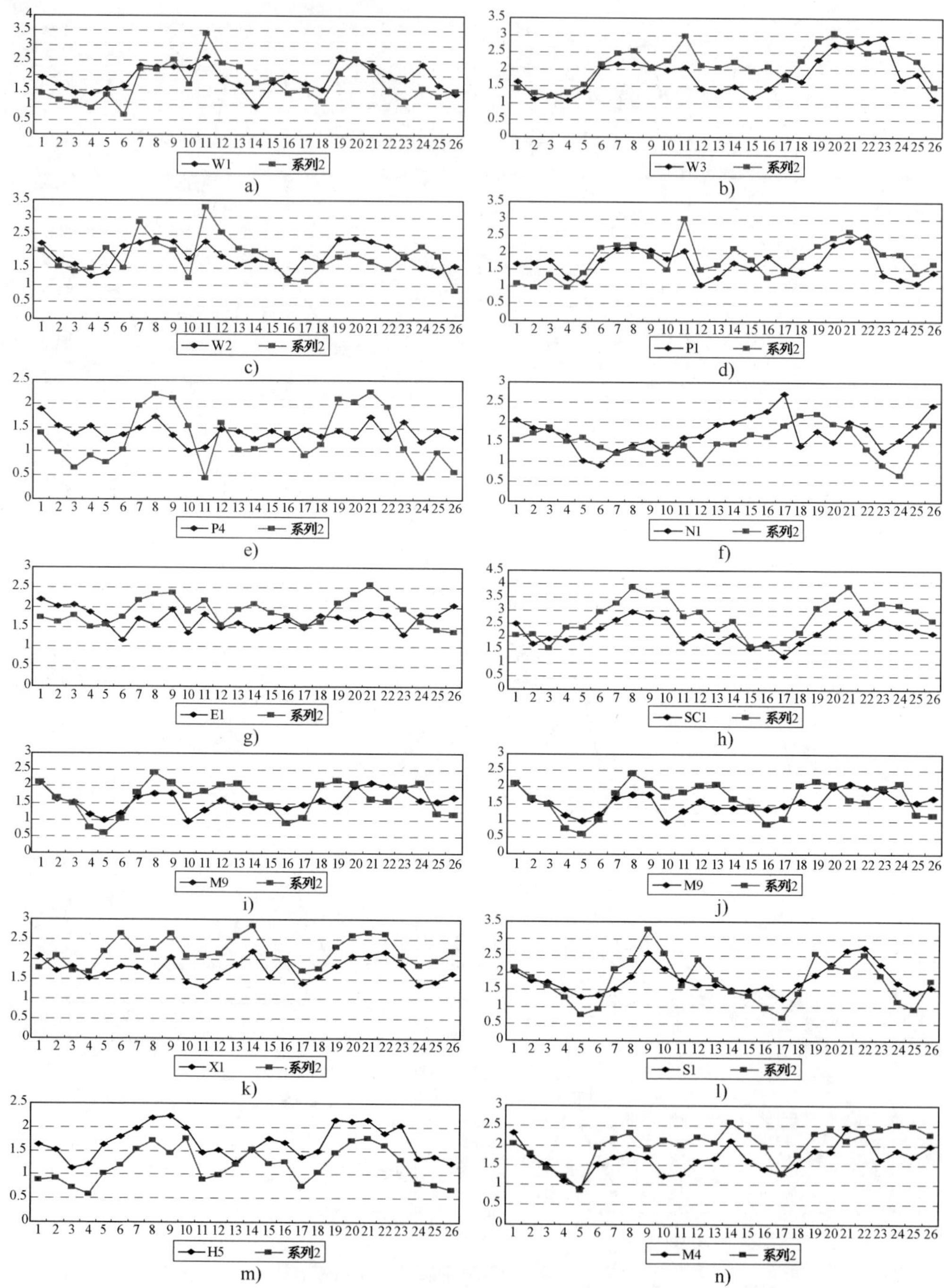

图 5.1-9　含沙量验证曲线(2004 年)

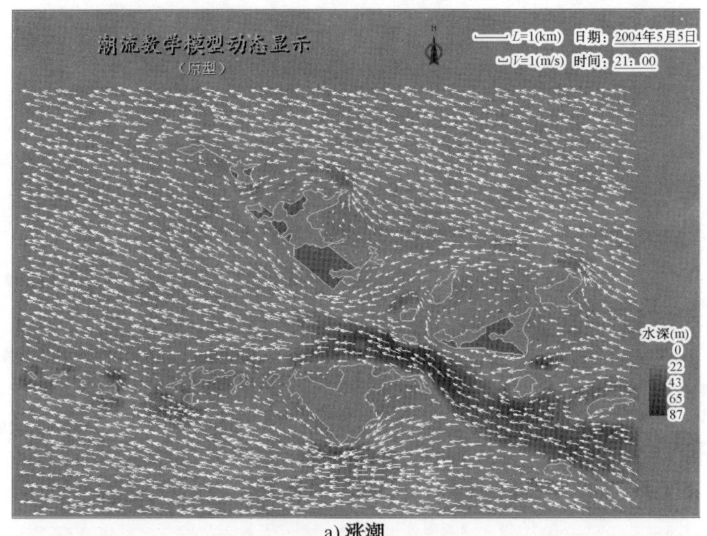

a) 涨潮

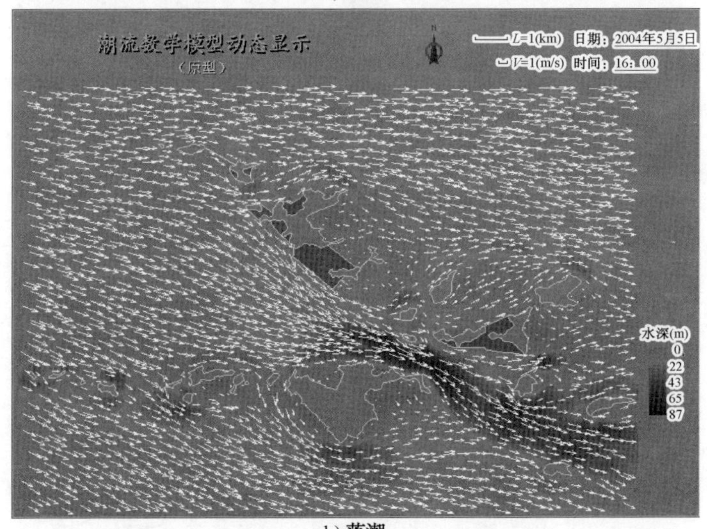

b) 落潮

图 5.1-10 验证计算涨落潮流场图(2004 年)

2)2007 年水文资料验证

验证测站点位见图 5.1-11、图 5.1-12。模拟计算潮型为大潮,其平均潮差 3.98m,潮差累计频率为 5%。计算水深取自三航勘察院 2007 年 5 月所测 1 : 10000 工程区域附近水深图,海图出版社 1989 年版 1 : 35000 崎岖群岛,1998 年版 1 : 80000南汇嘴至乍浦港,1997 年版 1 : 80000 南汇嘴至火山列岛等海图。

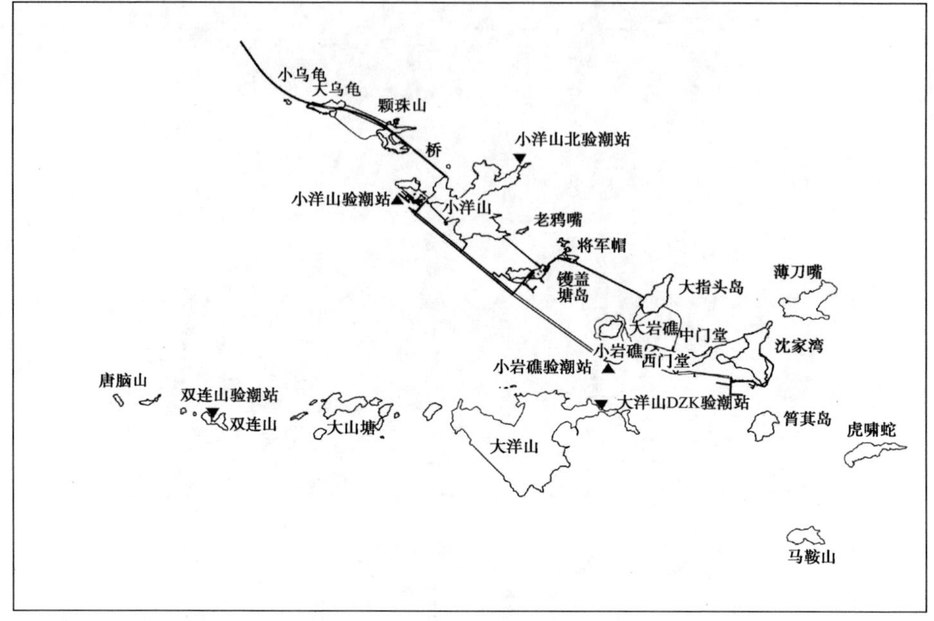

图 5.1-11　潮位验证站位图(2007 年)

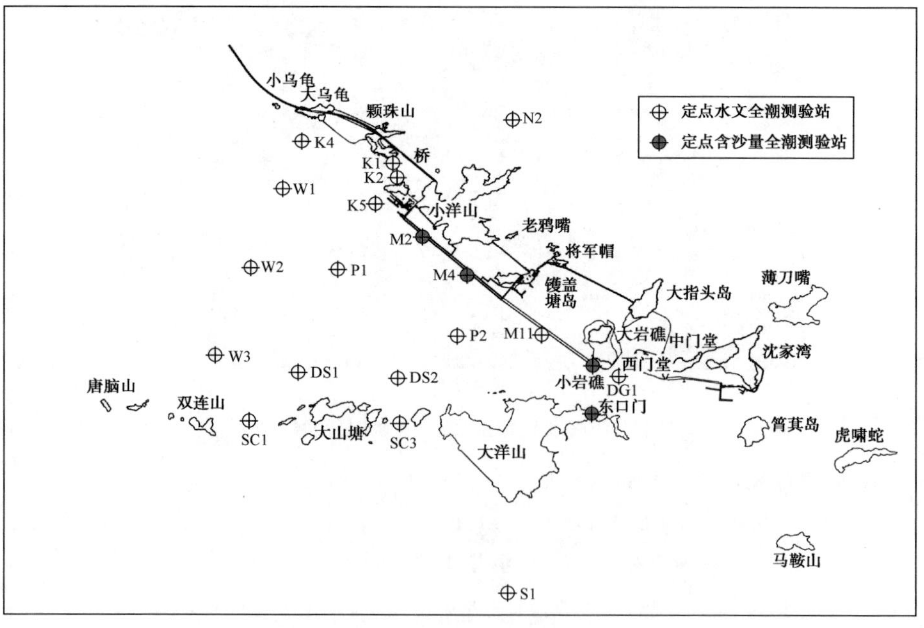

图 5.1-12　水文验证站位图(2007 年)

潮位、流速、流向、含沙量验证计算曲线见图 5.1-13～图 5.1-16，图 5.1-17 给出了验证计算涨、落潮流场图。

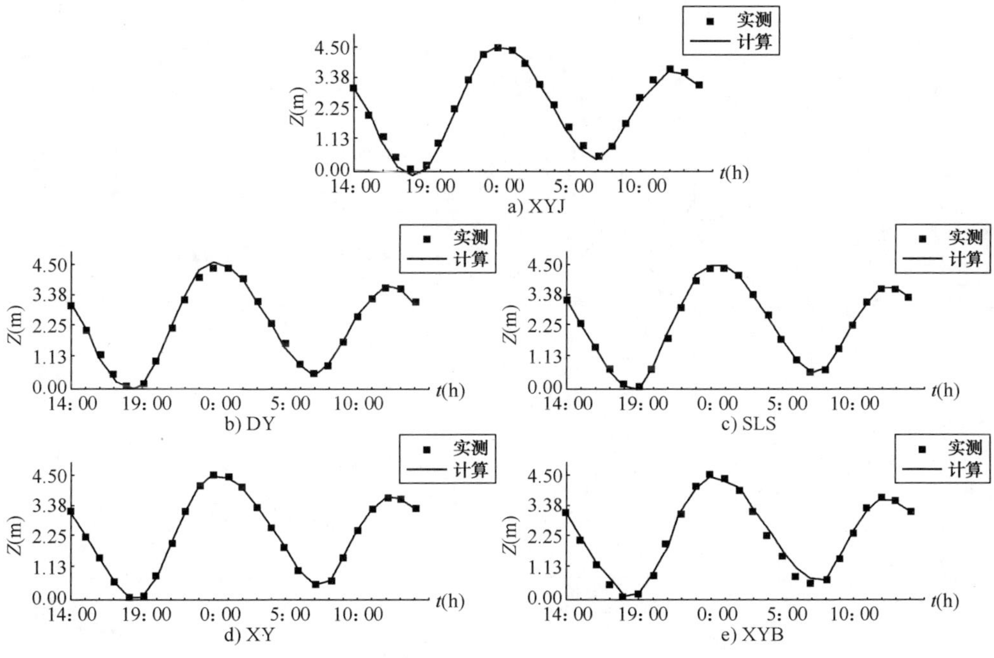

图 5.1-13 潮位验证曲线(2007 年)

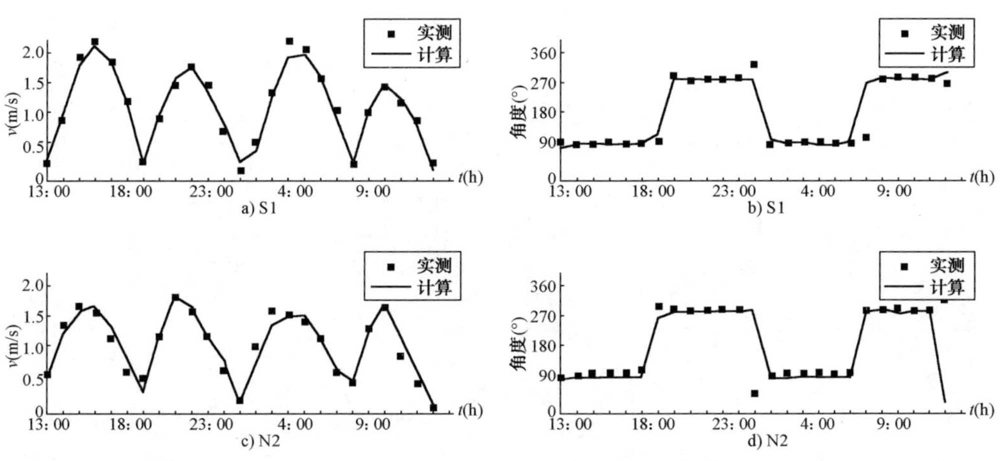

图 5.1-14

实测
计算
v(m/s)
角度(°)
t(h)
13: 00
18: 00
23: 00
4: 00
9: 00
e) DG1
f) DG1
g) M11
h) M11
i) SC3
j) SC3
k) SC1
l) SC1
m) DS2
n) DS2
o) DS1
p) DS1

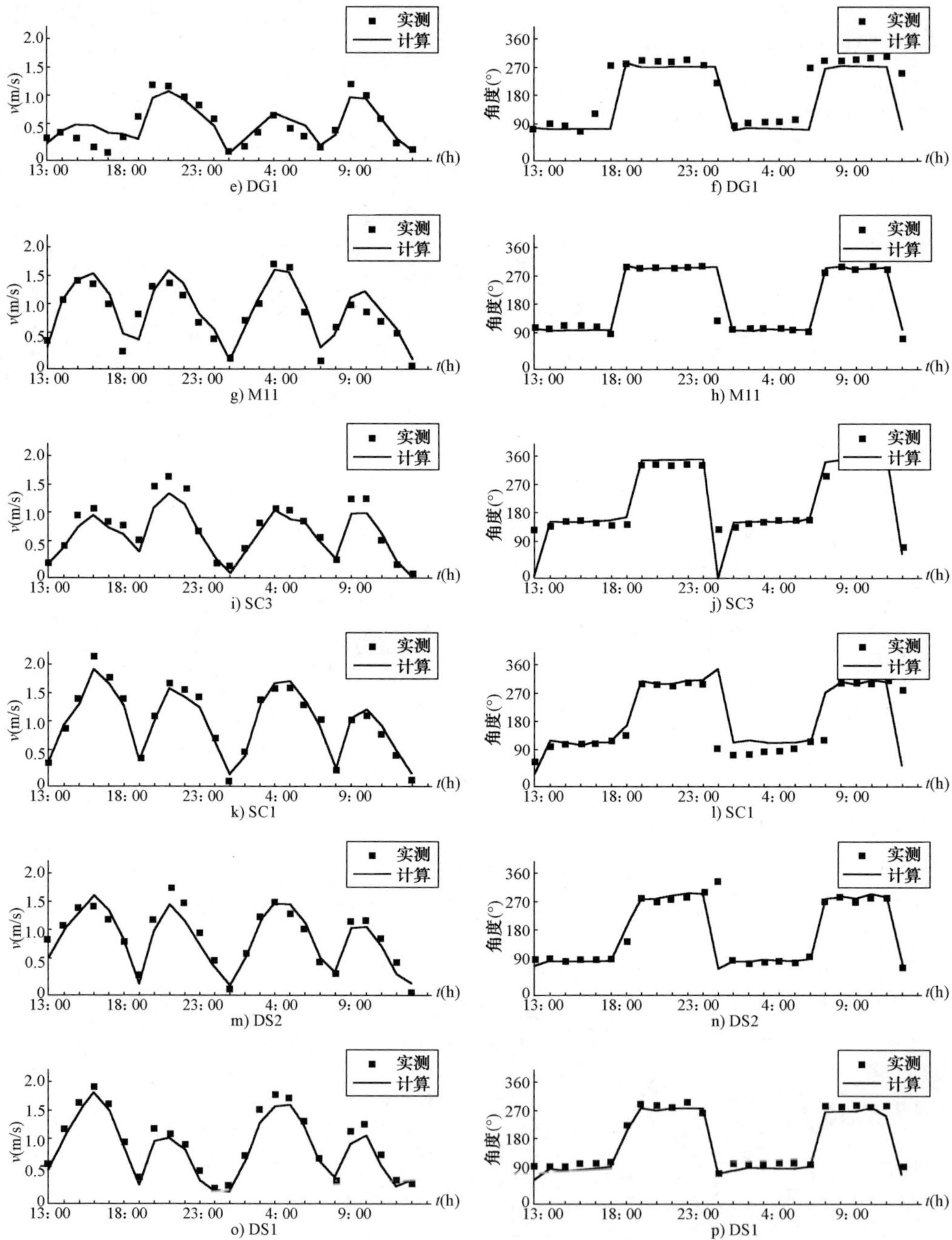

图 5.1-14

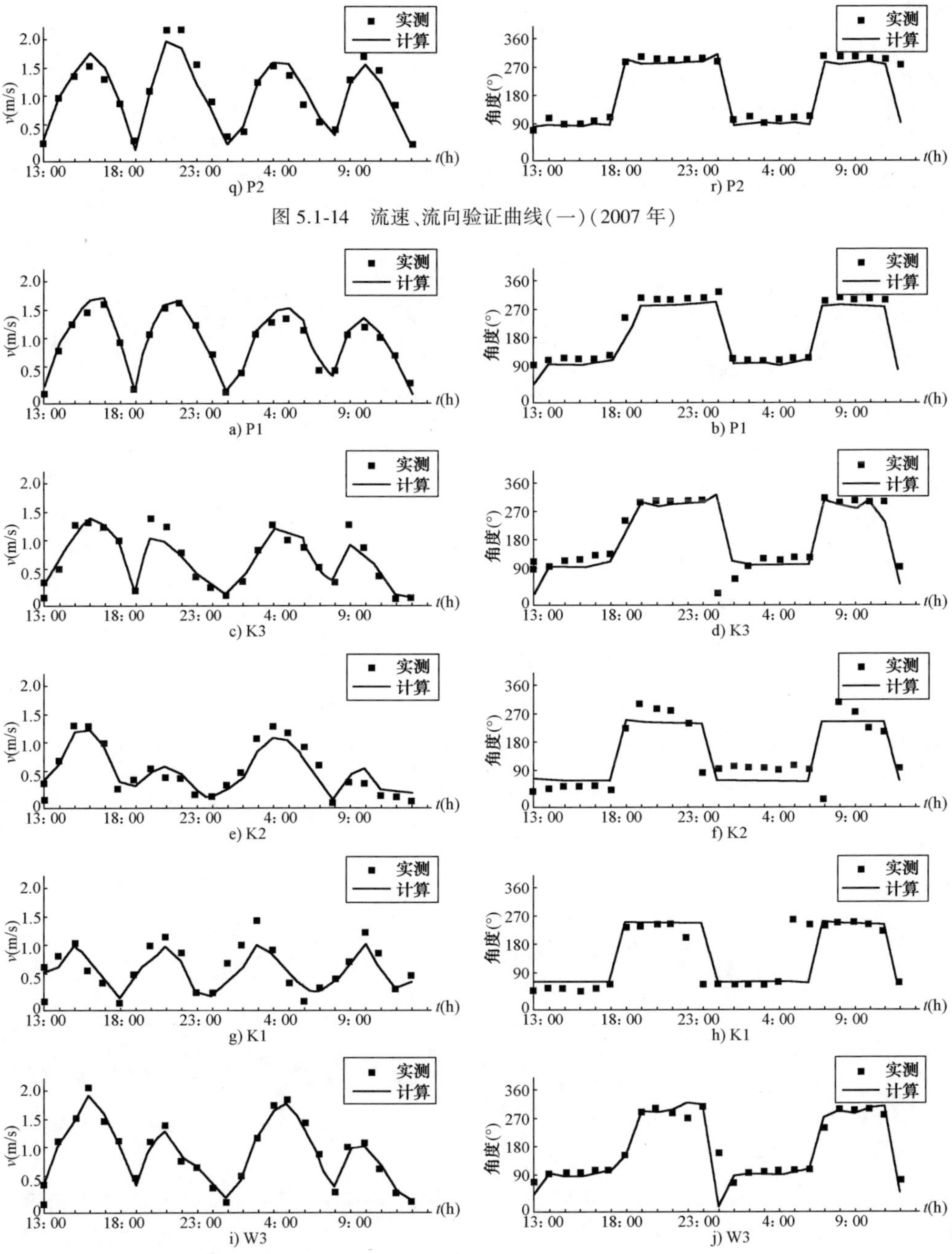

图 5.1-14 流速、流向验证曲线(一)(2007 年)

图 5.1-15

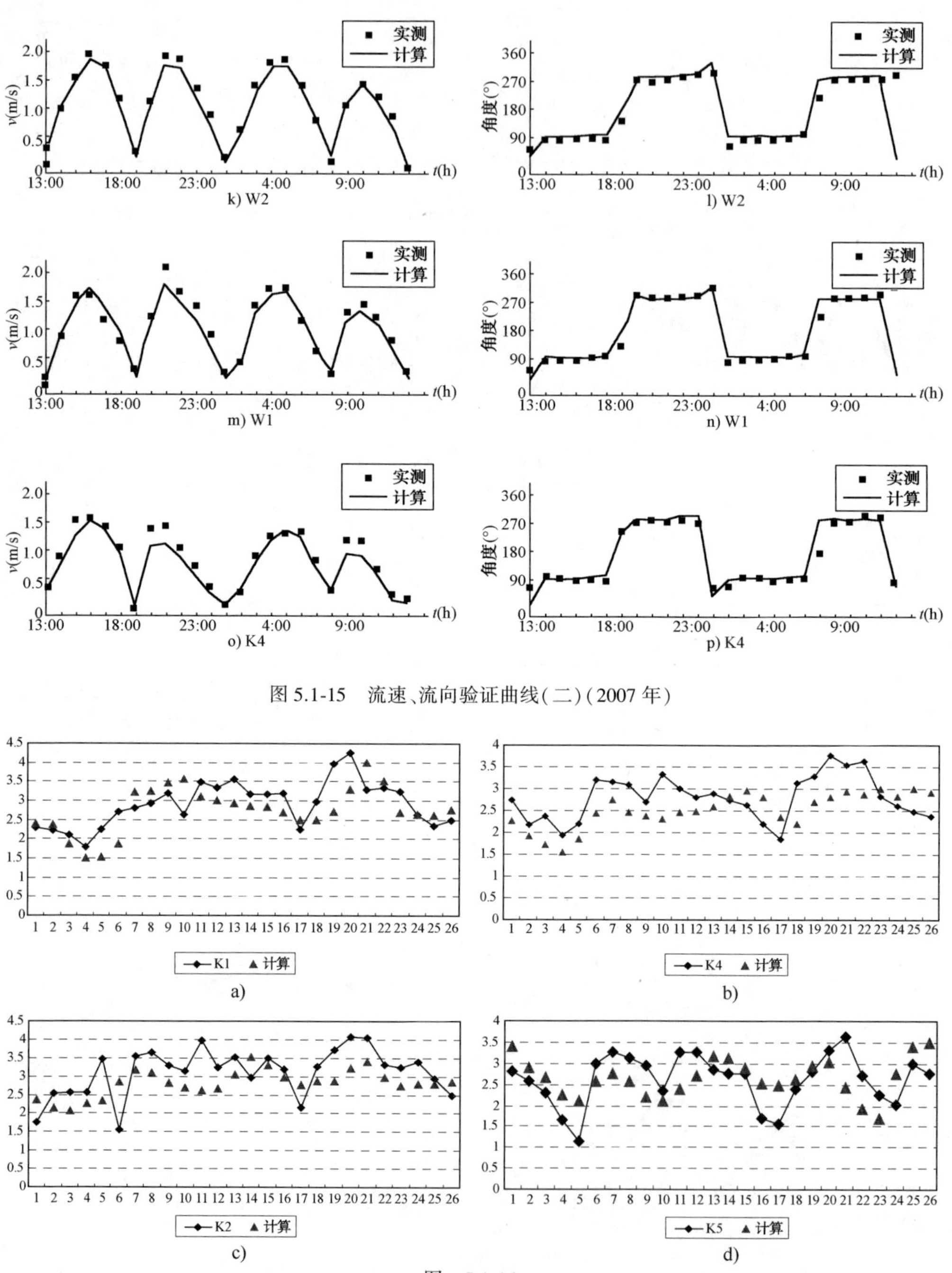

图 5.1-15 流速、流向验证曲线(二)(2007 年)

图 5.1-16

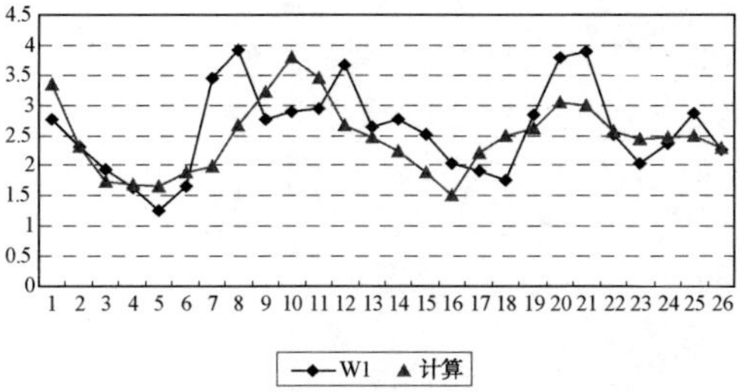

—◆—W1 ▲计算

e)

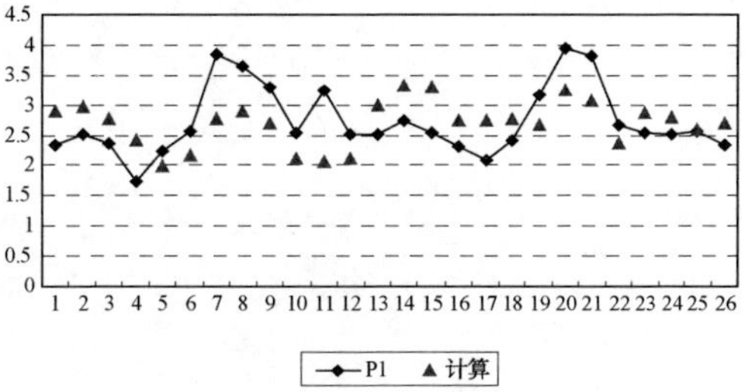

—◆—P1 ▲计算

f)

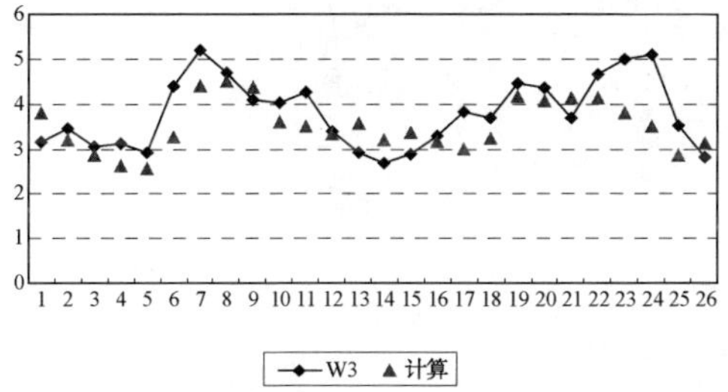

—◆—W3 ▲计算

g)

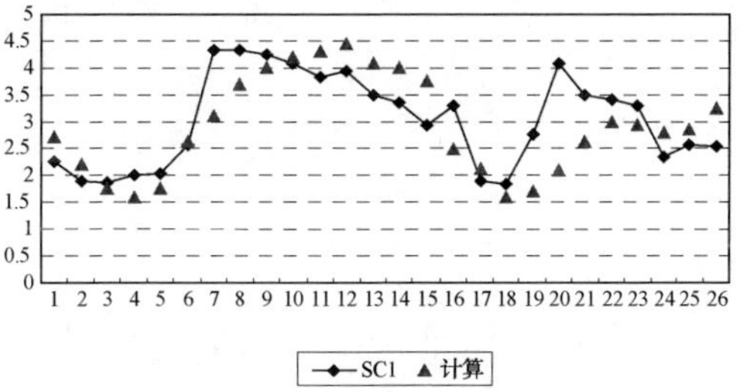

—◆—SC1 ▲计算

h)

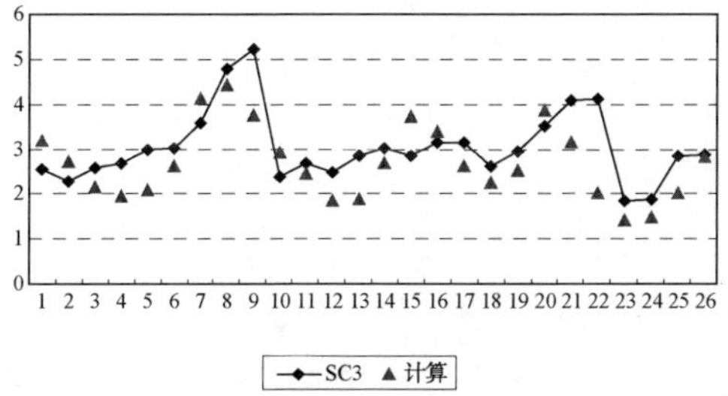

—◆—SC3 ▲计算

i)

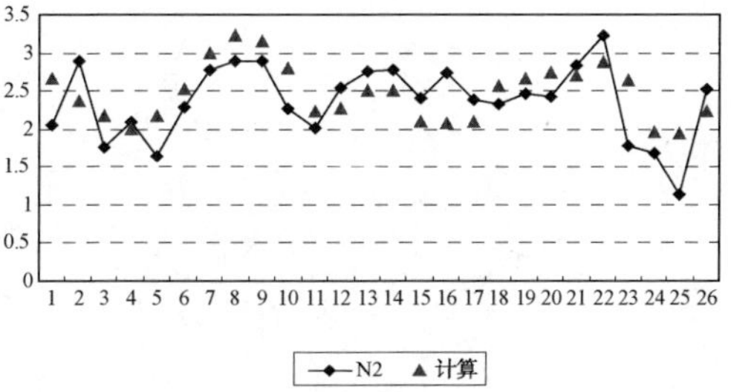

—◆—N2 ▲计算

j)

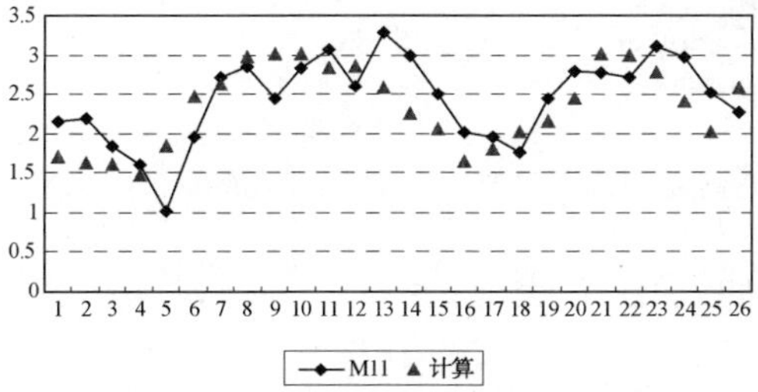

—◆—M11 ▲计算

k)

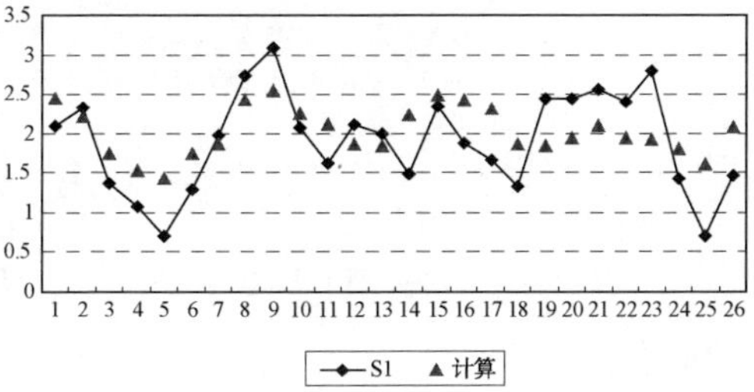

—◆—S1 ▲计算

l)

图 5.1-16 含沙量验证曲线(2007 年)

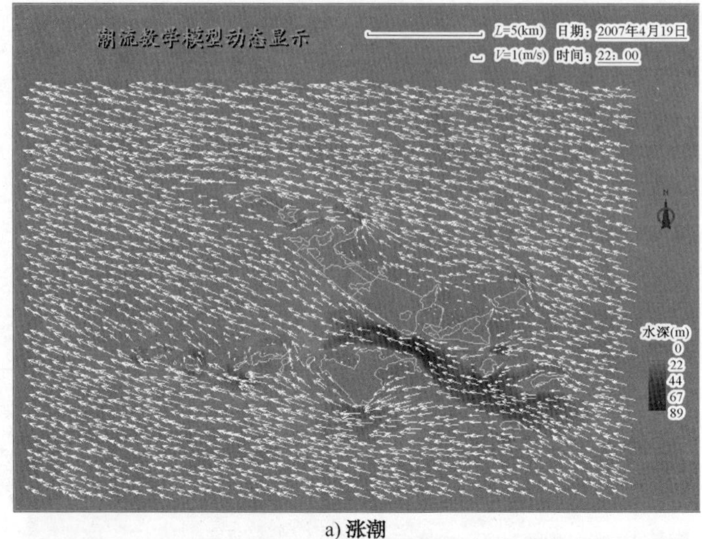

a) 涨潮

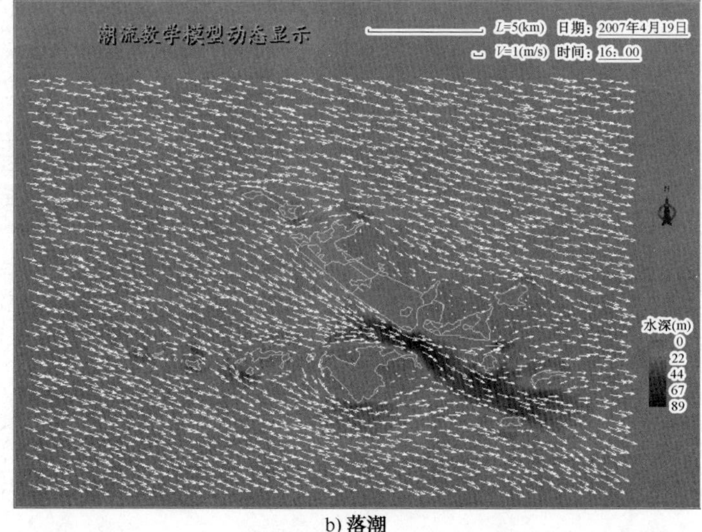

b) 落潮

图 5.1-17　验证计算涨落潮流场图(2007 年)

5.2　洋山建港以来不同阶段实施封堵汊道过程中二维潮流泥沙数学模型

本节采用二维潮流泥沙数学模型，以相同的潮型，按照不同的组次，对工程建设以来不同阶段封堵汊道前后通道内潮位、流速、流向以及潮量变化，进行了计算

与分析,复演了封堵北港区各个汊道后的潮流场和地形变化。

5.2.1 工程实施封堵汊道过程中方案的布置

根据洋山深水港实施以来不同建设阶段,本模型在计算时所采取的工程方案陆地边界条件如下:

(1)原型:9898 为洋山工程实施前,1998 年地形,1998 年工程状况(图 5.2-1)。

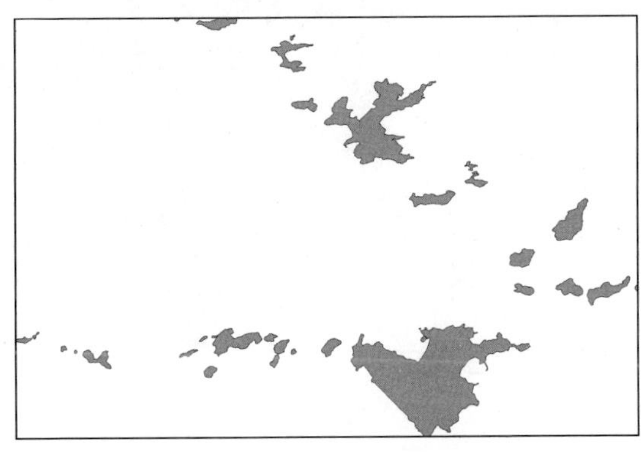

图 5.2-1 1998 年原型平面布置图

(2)状态 1:0498 为 1998 年地形,2004 年封堵小洋山—镬盖塘和大乌龟—颗珠山后的工程状况(图 5.2-2)。

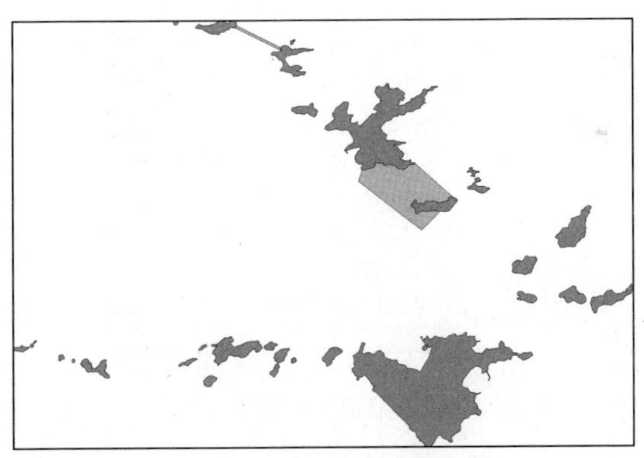

图 5.2-2 2004 年工程方案平面布置图

(3)状态 2:0404 为 2004 年地形,2004 年封堵小洋山—镬盖塘和大乌龟—颗珠山后的工程状况(图 5.2-2)。

(4)状态 3:0704 为 2004 年地形,2007 年封堵镬盖塘—小岩礁后的工程状况(图 5.2-3)。

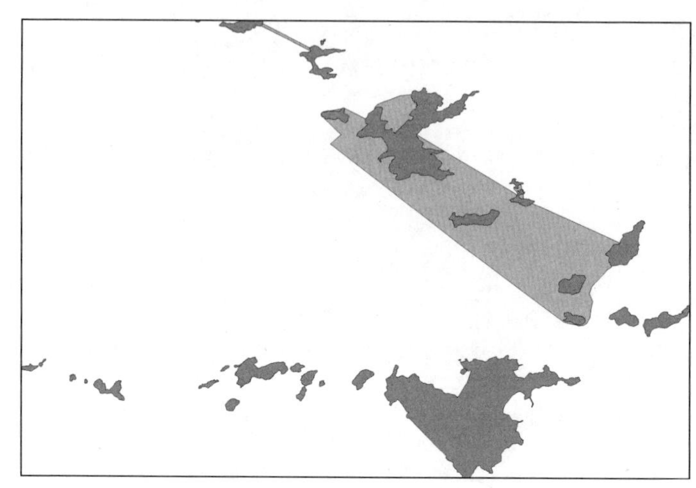

图 5.2-3　2007 年工程方案平面布置

5.2.2　1998~2004 年边界下通道内潮流场和地形的冲淤变化

本节主要讨论原型状态(9898)和状态 1(0498)实施前后,通道内潮位、流速、流向和潮量的变化以及地形冲淤变化。

1)潮位变化

(1)通道内外潮位变化

在落潮时段内,除高、低潮时外,港区通道内水面高于通道以北海域,高差为 0.02~0.06m;在涨潮时段内则相反,港区通道内水面低于通道以北海域,高差为 0.02~0.08m;通道内水域先落而后涨。

(2)港区通道内水面变化

此阶段只封堵了镬盖塘—小洋山,南北岛链中仍都有两个汊道进出水流,因此,通道内南北水位差并不明显,水面基本没有横向比降。

在落潮时段内,通道内壅水现象不明显,水面基本上呈从东向西增高趋势。

2)流速变化

封堵小洋山—镬盖塘汊道和大乌龟—颗珠山汊道后(图 5.2-4),主通道基本以大山塘—小洋山断面为界,以东涨落潮平均流速都是增大的,增大幅度为 2%以上,最大增大为 28%,出现在小洋山—镬盖塘汊道封堵后镬盖塘的拐角处;东口门流速增大 4%左右。通道中部区域(大山塘—小洋山断面)左右侧涨落潮流速基本不变。以西则主要是减小,减小幅度为 2%。

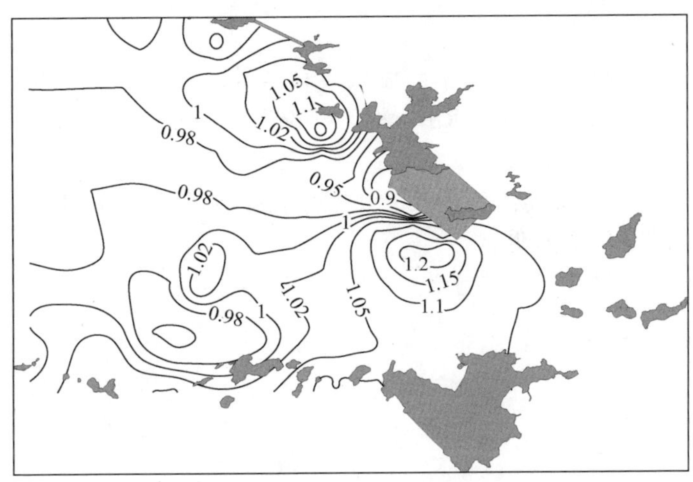

图 5.2-4 9898/0498 涨落潮平均流速等比值线

一期港区东侧受到封堵后拐角挑流的影响,涨落潮平均流速是增大的,西侧则受到堵汊的影响流速都是减小的,减小幅度为 5%以上。西港区水域(大乌龟—蒋公柱南侧)涨落潮平均流速都是增大的,增大幅度为 2%以上,主要是受到颗珠山汊道与通道内外水流交换的作用影响。双连山—大山塘北侧有一流速减小的包络线,减小幅度为 2%以上。

从工程前后涨落潮平均流速增减的等比值线来看,它的增减趋势与该时段 1998 年 11 月~2004 年 4 月的地形变化(图 5.2-5)趋势极为相似,这说明了通道水流的变化对地形的变化起到了重要作用。

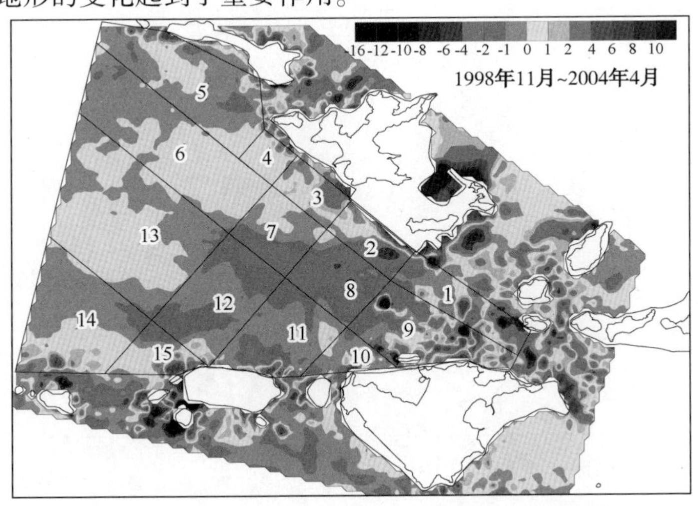

图 5.2-5 1998 年 11 月~2004 年 4 月实测地形冲淤变化

3)流向变化

图 5.2-6 为工程前后通道内采样点流向变化图,从图中可以看出:

(1)总体来看,大小洋山水域涨、落潮基本呈往复流,水流比较平顺,工程前后主流仍然位于通道中部水域。

(2)从总体来看,涨潮流流向有所北偏,落潮流流向有所南偏。特别是大山塘—小洋山断面变化较为明显。

(3)南、北侧岛链中的汊道水流流向基本没有变化,东口门水流流向基本没有变化。

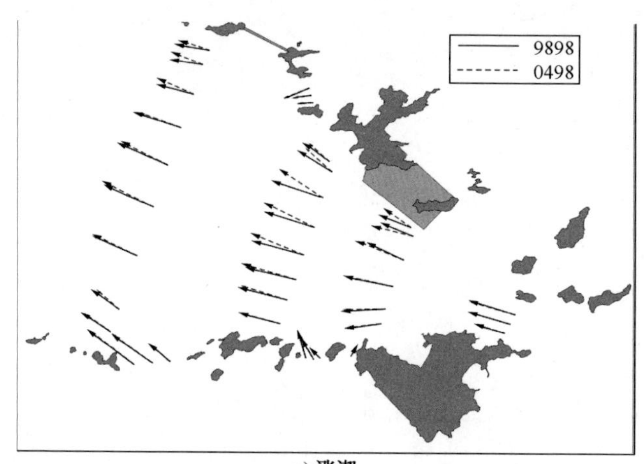

a) 涨潮

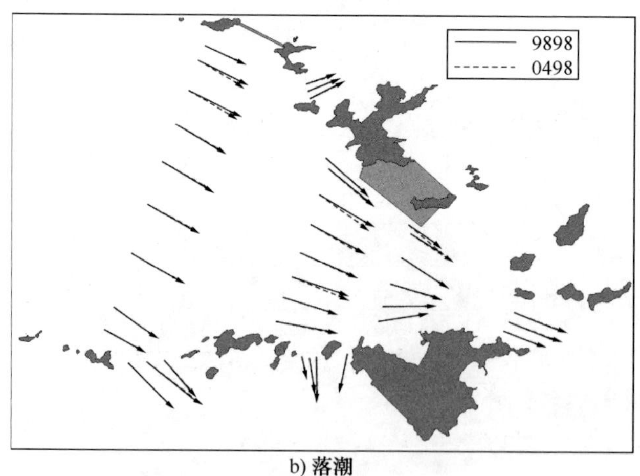

b) 落潮

图 5.2-6　9898/0498 涨、落潮流向变化

4)潮量和分流比变化

(1)潮量变化

原型(9898)与状态1(0498)工程前后潮量变化如表5.2-1所示。

9898/0498状态各汊道流量和分流比对比表 表5.2-1

潮型	断面位置	潮量变化			分流比变化		
		原型(9898)	状态1(0498)	变化量(%)	原型(9898)	状态1(0498)	变化量
涨潮	13号(大乌龟—双连山)	39.44	39.40	-0.1	1.00	1.00	0.00
	12号(二期中部—大山塘西)	27.84	28.12	0.1	0.71	0.71	0.00
	14号(一期东端—大洋山西)	24.62	27.62	12.2	0.62	0.70	0.08
	16号(小岩礁—大洋山)	20.68	21.51	4.0	0.52	0.55	0.03
	9号(颗珠山—蒋公柱)	3.12	3.31	6.0	0.08	0.08	0.00
	22号(大山塘—双连山)	6.48	6.89	6.3	0.16	0.17	0.01
	23号(大洋山—大山塘)	1.54	1.74	13.3	0.04	0.04	0.00
	8号(大乌龟—颗珠山)	0.97	—	—	0.02	—	—
	10号(小洋山—镬盖塘)	4.33	—	—	0.11	—	—
	11号(镬盖塘—小岩礁)	7.49	9.77	30.4	0.19	0.25	0.06
落潮	13号(大乌龟—双连山)	44.85	44.40	-0.1	1.00	1.00	0.00
	12号(二期中部—大山塘西)	32.43	32.33	-0.3	0.72	0.73	0.01
	14号(一期东端—大洋山西)	26.34	29.32	11.3	0.59	0.66	0.07
	16号(小岩礁—大洋山)	22.68	23.20	2.3	0.51	0.52	0.01
	9号(颗珠山—蒋公柱)	4.73	4.87	3.0	0.11	0.11	0.00
	22号(大山塘—双连山)	7.90	7.98	1.0	0.18	0.18	0.00
	23号(大洋山—大山塘)	3.48	3.73	7.3	0.08	0.08	0.00
	8号(大乌龟—颗珠山)	1.00	—	—	0.02	—	—
	10号(小洋山—镬盖塘)	4.44	—	—	0.10	—	—
	11号(镬盖塘—小岩礁)	7.99	10.22	27.9	0.18	0.23	0.05

①从总体来看,各断面除西口门13号断面有微弱减小外,其他断面潮量都是呈增大的,增加幅度为2.3%~30.4%。

②东口门(ADCP16断面)小岩礁—大洋山断面,工程前后相比,涨、落潮量均有所增加,涨潮增加4%,落潮增加2.3%。

位于一期东端—大洋山西的 ADCP14 断面,潮量增加较多,涨潮增加 12.2%,落潮增加 11.3%。这主要是因为,当镬盖塘—小岩礁汊道西侧紧邻的小洋山—镬盖塘汊道失去了涨潮汇流、落潮分水的潮动力后,使得镬盖塘—小岩礁汊道涨、落潮动力加强,并通过加大 ADCP14 断面的流通量,以调整通道内的涨、落潮量。

ADCP12 断面位于二期码头中部—大塘山西端,汊道的封堵,对 ADCP12 断面的涨、落潮量影响变化不大。其中,封堵小洋山—镬盖塘汊道和大乌龟—颗珠山汊道后,涨潮增加 0.1%,落潮减小 0.3%。

西口门 ADCP13 断面北侧起点在小洋山一侧的大乌龟岛,另一端在大洋山双连山岛,汊道的封堵使其涨、落潮潮量均减少 0.1%。

③通道北侧岛链汊道 9 号断面(颗珠山—蒋公柱汊道)、11 号断面(镬盖塘—小岩礁汊道)潮量都有所增加,涨潮潮量分别增加 6%和 30.4%,落潮潮量分别增加 3%和 27.9%。

通道南侧岛链汊道 22 号断面(大塘山—双连山汊道)和 23 号断面(大洋山—大塘山汊道)潮量也都有所增加,涨潮潮量分别增加 6.3%和 13.3%,落潮潮量分别增加 1.0%和 7.3%。

④通过对各汊道断面潮量对比可以看出,11 号断面潮量变化最大,原因是:其一,11 号断面镬盖塘—小岩礁汊道是南北岛链中最大的汊道,在各汊道中所占的潮量比最大;其二,小洋山—镬盖塘汊道封堵后,通过小洋山—镬盖塘汊道的潮量大多数补给了相邻的镬盖塘—小岩礁汊道,使其地位更加突出。

⑤汊道的封堵,使通道内各断面潮量有所调整。从主通道内各断面涨落潮优势变化来看,主通道内各断面落潮优势均有所减小,但是不太明显。

(2)潮量分流比

以西口门 13 号(大乌龟—双连山)断面潮量为 1.0 计算,封堵汊道前、后,各断面所占比值见表 5.2-1。

①主通道内各断面潮量分配有增大的趋势。其中,一期东端—大洋山西(14 号断面)增大较多,涨潮分流比增大 0.08,落潮分流比增大 0.07。

②南北岛链各汊道断面分流比,除 11 号断面外,其他基本没有变化。

5)地形变化

海床地形是对当时潮动力条件的适应与反映,图 5.2-7 为模型计算的 0498 方案(封堵小洋山和大乌龟汊道)与 9898 方案之间洋山港海域地形变化情况。从地形冲淤变化上可以看出,这一时期,通道内地形基本上是西部淤积、东部冲刷的状态,淤积主要集中在一期、二期港区水域,以及双连山北侧水域,淤积厚度都在 0.5m 以上;冲刷范围主要出现在镬盖塘—双连山连线的以东水域,冲刷深

度在 1.0m,其中一期工程东南侧冲刷深度较大,局部冲刷深度在 2.0m 左右。从计算结果来看,与实测的地形变化(图 5.2-7)基本一致。其地形变化的主要原因是:小洋山—镬盖塘以及颗珠山—大乌龟汊道的封堵,导致通道内水流的变化,东部流速有所增加,通过小洋山—镬盖塘汊道的潮量大多数补给了相邻的镬盖塘—小岩礁汊道,增加了对底床的冲刷;双连山—大山塘北侧有流速减小,使得泥沙不断淤积。

图 5.2-7 0498/9898 方案之间地形冲淤变化情况

5.2.3 2004~2007 年边界下通道内潮流场和地形的冲淤变化

本节主要讨论状态 2(0404)和状态 3(0704)实施前后,通道内潮位、流速、流向和潮量的变化以及地形冲淤变化。

1)潮位变化

(1)港区通道内、外水面变化

在落潮时段内,除高、低潮时外,港区通道内水面高于通道以北海域,高差为 0.02~0.12m,平均为 0.04m;在涨潮时段内则相反,港区通道内水面低于通道以北海域,高差为 0.04~0.11m,平均为 0.07m;通道内水域先落而后涨。

(2)港区通道内横向水面变化

大乌龟—双连山断面,落潮时段由于北侧岛链有颗珠山汊道进出潮量的影响,港区一侧水面低于双连山一侧,高差为 0.00~0.09m,平均为 0.05m;涨潮时段则相反,港区一侧水面高于双连山一侧,高差为 0.00~0.07m,平均为 0.05m。

小洋山—大山塘断面，由于北侧岛链的封堵，而南侧岛链未封堵，落潮时段港区一侧水面高于大山塘一侧，高差为0.02~0.08m，平均为0.04m；涨潮时段则相反，港区一侧水面低于大山塘一侧，高差为0.02~0.10m，平均为0.06m。

镬盖塘（一期码头）—大洋山西侧和小岩礁—大洋山东侧两个断面，涨、落潮时段港区一侧与大洋山一侧潮位基本相同，这表明在南北均无汊道影响的边界条件下，水面基本不出现横向比降。

（3）港区通道纵向水面变化

在落潮时段内，自高潮至其后4小时从西向东沿程水面降低，自高潮后4小时至低潮这一时段，镬盖塘以东水面高于以西，显现壅水现象，壅水高度为4~5cm；在涨潮时段内，总体来看，水面从东向西增高，基本无异常现象。

2）流速变化

封堵镬盖塘—小岩礁汊道后（图5.2-8），主通道平均流速变化基本可以分为3个区域：第一个区域，镬盖塘—大洋山断面以东，涨落潮平均流速都是增大的，增大幅度为2%以上，东口门流速增大10%左右；第二个区域，通道中轴线以南的双连山—大洋山侧，平均流速是减小的，减小2%~6%；第三个区域，通道西部北半侧，流速都是增加的，增大2%以上，靠近颗珠山汊道增大幅度为5%以上，不过，大乌龟南侧有一块流速减小的区域，减小幅度为1%左右；此外，一、二期港区流速都是减小的，减小幅度为6%以上。

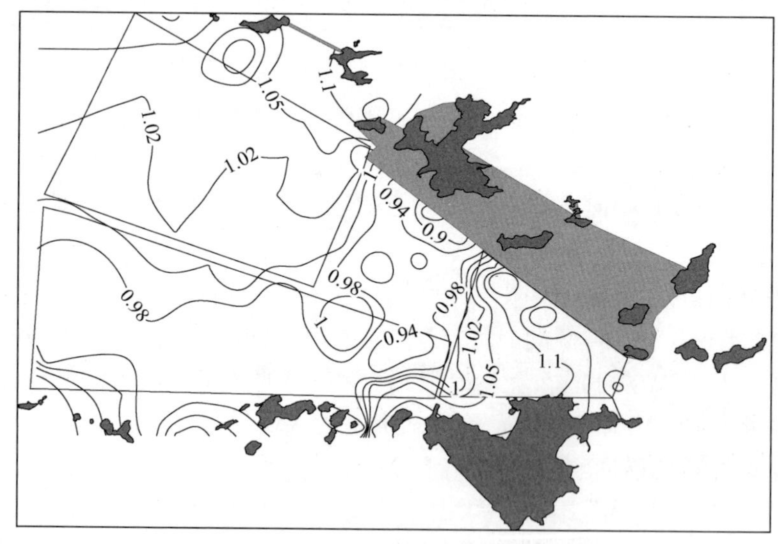

图5.2-8　0704/0404涨落潮平均流速等比值线

汊道水域流速都是增大的:颗珠山汊道流速增加10%以上;双连山—大山塘汊道流速增加5%左右;大山塘—大洋山汊道流速增加2%~5%。

从整个通道内水域工程前后涨落潮平均流速等比值线来看,它的增减趋势与该时段2004年4月~2007年4月的地形变化(图5.2-9)趋势极为相似,存在较大差异的地方在于一二期港池水域,一期港池呈现出冲刷状态,主要是受到人工疏浚的影响。因此,从总体上说明了通道水流的变化对地形的变化起到了重要的作用。

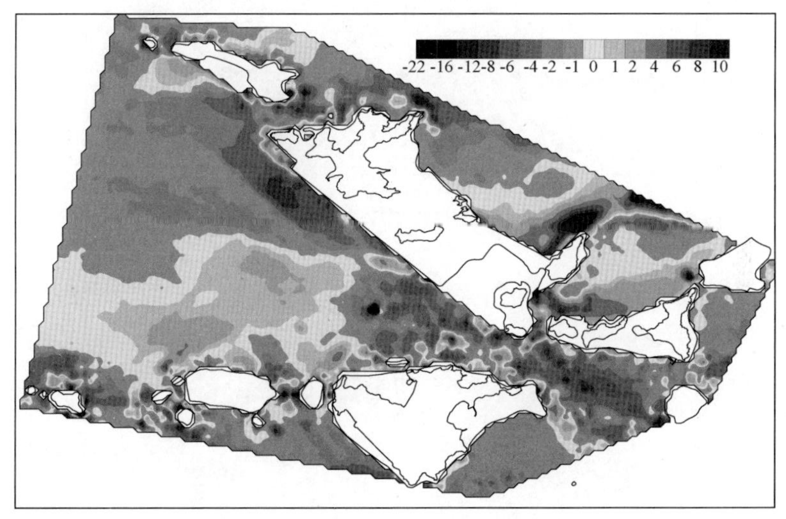

图5.2-9 2004年4月~2007年4月实测地形冲淤变化

3)流向变化

图5.2-10为工程前后通道内采样点流向变化图,从图中可以看出,通道内流向有以下几点变化:

(1)工程前后通道内水流的基本性质没变。大小洋山水域涨、落潮基本呈往复流,水流比较平顺,工程前后主流仍然位于通道中部水域。

(2)通道内涨潮流流向有所北偏,落潮流流向有所南偏。特别是一期东端—大洋山西断面(14号断面)变化较为明显,在状态2(0404)时,镬盖塘—小岩礁汊道没有封堵,一期东端—大洋山西断面受该汊道影响,涨潮水流向南积压,落潮流则向北引领;当在状态3(0704)时,镬盖塘—小岩礁汊道封堵,该汊道水流消失,相应的,该水流的动力作用也消失,所以,才导致了通道内流向的变化。

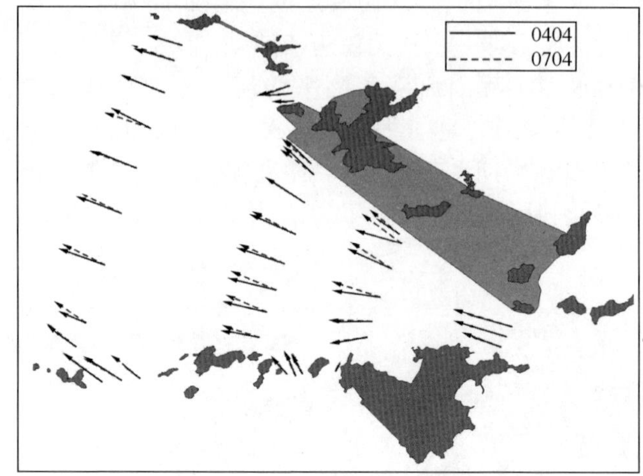

a) 涨潮

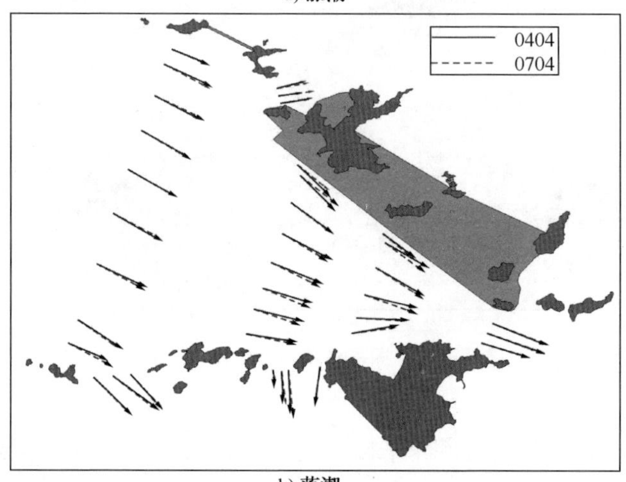

b) 落潮

图 5.2-10　0404/0704 涨、落潮流向变化

(3)南、北侧岛链中的汊道水流流向基本没有变化，东口门水流流向基本没有变化。

4)潮量和分流比变化

(1)潮量变化

状态 2(0404)与状态 3(0704)工程前后潮量变化如表 5.2-2 所示。

①从总体来看，各断面除西口门 13 号断面有少量减小外，其他断面的潮量基本都是呈增大的，增加幅度为 0.2%~21.8%。

0404/0704 状态各汊道流量和分流比对比表 表 5.2-2

潮型	断面位置	潮量变化			分流比变化		
		状态 2（0404）	状态 3（0704）	变化量（%）	状态 2（0404）	状态 3（0704）	变化量
涨潮	13 号(大乌龟—双连山)	39.40	38.80	-1.5	1.00	1.00	0.00
	12 号(二期中部—大山塘西)	27.92	28.32	1.4	0.71	0.73	0.02
	14 号(一期东端—大洋山西)	27.50	27.55	0.2	0.70	0.71	0.01
	16 号(小岩礁—大洋山)	21.65	26.38	21.8	0.55	0.68	0.13
	9 号(颗珠山—蒋公柱)	3.32	3.49	5.1	0.08	0.09	0.01
	22 号(大山塘—双连山)	6.93	6.98	0.7	0.18	0.18	0.00
	23 号(大洋山—大山塘)	1.76	1.94	10.2	0.04	0.05	0.01
	8 号(大乌龟—颗珠山)	—	—	—	—	—	—
	10 号(小洋山—镬盖塘)	—	—	—	—	—	—
	11 号(镬盖塘—小岩礁)	9.86	—	—	0.25	—	—
落潮	13 号(大乌龟—双连山)	44.81	43.60	-2.7	1.00	1.00	0.00
	12 号(二期中部—大山塘西)	32.49	32.70	0.6	0.73	0.75	0.02
	14 号(一期东端—大洋山西)	29.03	27.47	-5.4	0.65	0.63	-0.02
	16 号(小岩礁—大洋山)	23.41	26.60	13.6	0.52	0.61	0.09
	9 号(颗珠山—蒋公柱)	4.92	5.67	15.2	0.11	0.13	0.02
	22 号(大山塘—双连山)	8.02	8.72	8.7	0.18	0.20	0.02
	23 号(大洋山—大山塘)	3.67	3.92	6.8	0.08	0.09	0.01
	8 号(大乌龟—颗珠山)	—	—	—	—	—	—
	10 号(小洋山—镬盖塘)	—	—	—	—	—	—
	11 号(镬盖塘—小岩礁)	10.32	—	—	0.23	—	—

②东口门(ADCP16 断面)小岩礁—大洋山断面潮量增加较多,工程前后相比,涨潮增加 21.8%,落潮增加 13.6%。这主要是因为,镬盖塘—小岩礁汊道的封堵,使得镬盖塘—小岩礁汊道潮量大部分调整由东口门通过。

ADCP14 断面涨潮潮量有微小增加,增加 0.2%,落潮潮量则有较大的减小,主要是由于镬盖塘—小岩礁汊道的封堵,使得由该汊道补给的潮量消失。

ADCP12 断面的潮量变化不大,涨潮潮量增加 1.4%,落潮潮量增加 0.6%。

西口门 ADCP13 断面涨、落潮潮量都有不同程度的减小,分别减少 1.5%、2.7%。

③通道北侧岛链汊道9号断面(颗珠山—蒋公柱汊道)潮量有所增加,涨潮潮量增加5.1%,落潮潮量增加15.2%。

通道南侧岛链汊道22号断面(大塘山—双连山汊道)和23号断面(大洋山—大塘山汊道)潮量也都有所增加,涨潮潮量分别增加0.7%和10.2%,落潮潮量分别增加8.7%和6.8%。

(2)分流比变化

以西口门13号(大乌龟—双连山)断面潮量为1.0计算,封堵汊道前、后,各断面所占比值见表5.2-2。

①主通道内,各断面潮量分配有增大的趋势。其中,东口门(16号断面)增大较多,涨潮分流比增大0.13,落潮分流比增大0.09。

②南北岛链各汊道断面分流比都有少量增加,增加0.01~0.02。

5)地形变化

从地形计算结果来看(图5.2-11),主要有3个特点:西港区水域基本上处于微冲刷或冲淤平衡状态,颗珠山汊道冲刷稍大;二期港池与南部淤积连为一体,形成一个较大范围的淤积带,淤积厚度为1.0m左右;镬盖塘—大洋山西连线以东水域基本处于冲刷状态,冲刷深度为0.5m以上。与实测地形变化图5.2-9基本一致,主要差别在于二期港池,因为实测地形受到二期港池疏浚的影响表现为冲刷,而模型计算中,受到港池地形开挖的影响,泥沙会向深坑汇聚而导致淤积。

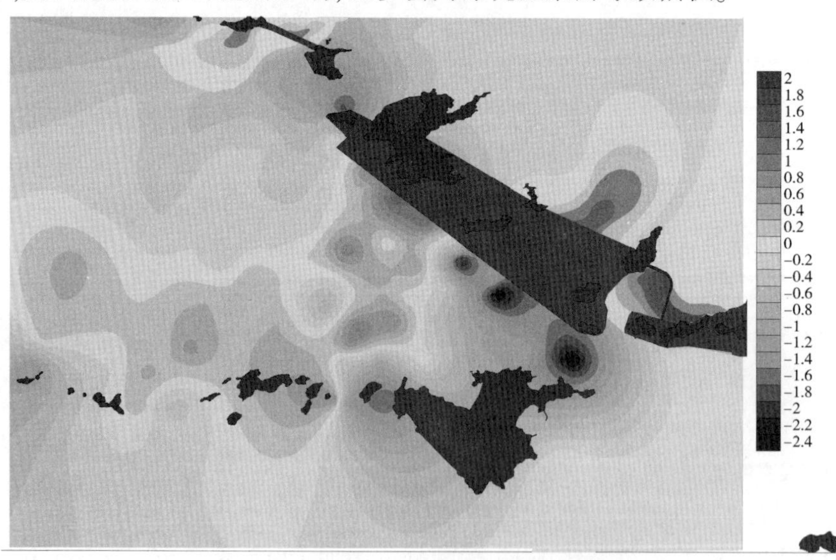

图5.2-11　0404/0704状态地形冲淤变化情况

5.3 封堵或保留封堵颗珠山(西港区建设方案)二维潮流泥沙数学模型

在5.2节中,利用潮流泥沙数学模型,较好地复演了洋山建港以来不同阶段潮流场和地形的变化情况。本节主要以2007年地形资料和边界条件为基础,讨论西港区建设方案实施前后通道内潮位、流速、流向、潮量地形变化。西港区建设主要以封堵颗珠山汊道(大通道方案)和保留颗珠山汊道(汊道方案)两个方案进行比选(左书华,等,2011年;Zuo et al.,2010年)。方案布置如图5.3-1和图5.3-2所示。

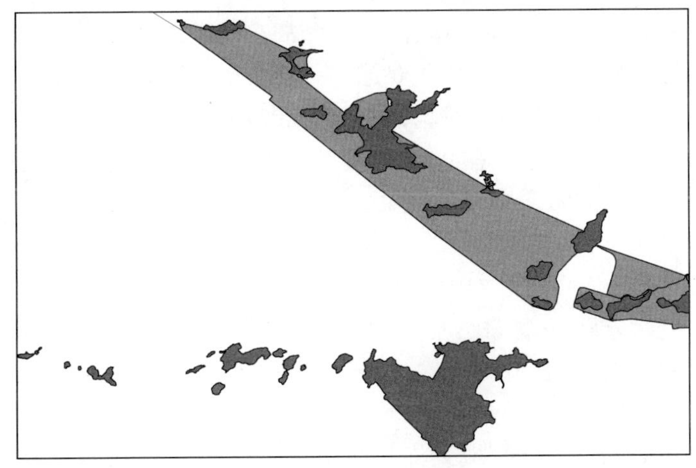

图5.3-1 西港区大通道方案平面布置图

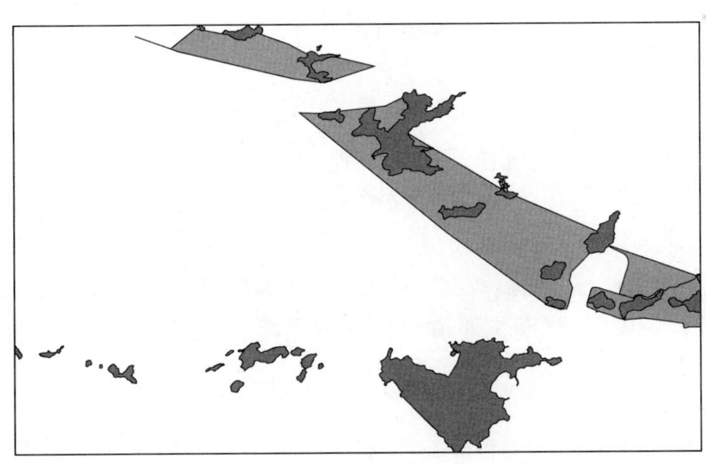

图5.3-2 西港区汊道方案平面布置图

5.3.1 大通道实施后通道内潮流场和地形的变化

1)潮位变化

(1)港区通道内、外水面变化

在落潮时段内,除高、低潮时外,港区通道内水面高于通道以北海域,高差为0.04~0.17m,平均为0.10m,比2007年边界的瞬时通道内外潮位差要大;在涨潮时段内则相反,港区通道内水面低于通道以北海域,高差为0.06~0.13m,平均为0.09m;通道内水域仍然是先落而后涨。

(2)港区通道内横向水面变化

大乌龟—双连山断面,落潮时段由于北侧岛链全部封堵,北侧岛链的进出水通道被封堵,港区一侧水面呈现出高于双连山一侧,高差为0.01~0.10m;涨潮时段则相反,港区一侧水面低于双连山一侧,高差为0.02~0.07m。

小洋山—大山塘断面,也是如此,落潮时段港区一侧水面高于大山塘一侧,高差为0.02~0.09m;涨潮时段则相反,港区一侧水面低于大山塘一侧,高差为0.02~0.13m,平均为0.06m。

镬盖塘(一期码头)—大洋山西侧和小岩礁—大洋山东侧两个断面,涨、落潮时段港区一侧与大洋山一侧潮位基本相同,表明在南北均无汊道影响的边界条件下,水面基本不出现横向比降。

(3)港区通道纵向水面变化

在落潮时段内,自高潮至其后3h从西向东沿程水面降低,自高潮后3h至低潮这一时段,镬盖塘以东水面高于以西,显现壅水现象,壅水高度为4~7cm;在涨潮时段内,在涨潮初期,由于通道东部落潮时的壅水没能及时排除,而表现出一定的壅水,其后,水面从东向西增高,基本正常。

2)流速变化

大通道方案实施以后,涨落潮平均流速变化如图5.3-3所示,颗珠山—蒋公柱汊道封堵后,由于截断了小洋山以西汊道进出的潮量,使得通道西口门潮量减少,造成西港区水流强度减弱,但主通道内其他区域流速基本上都是增大的。

(1)西港区水域,涨落潮平均流速减小5%以上;颗珠山—蒋公柱汊道南口东部(蒋公柱南侧),为涨、落潮主通道与汊道的汇流、分水区,封堵汊道后,使得本区域段内的涨、落潮水流单一平顺,涨、落潮水流变化比其他区域增加值为最大,在15%以上。

(2)大山塘—小洋山断面以东涨落潮平均流速增大幅度一般为5%左右,其中靠近港区一侧增大较多,一般为10%左右,一、三期码头平均流速增加11%~15%,

主要是受到东口门进潮量增加的影响。东口门流速增加 8%左右。

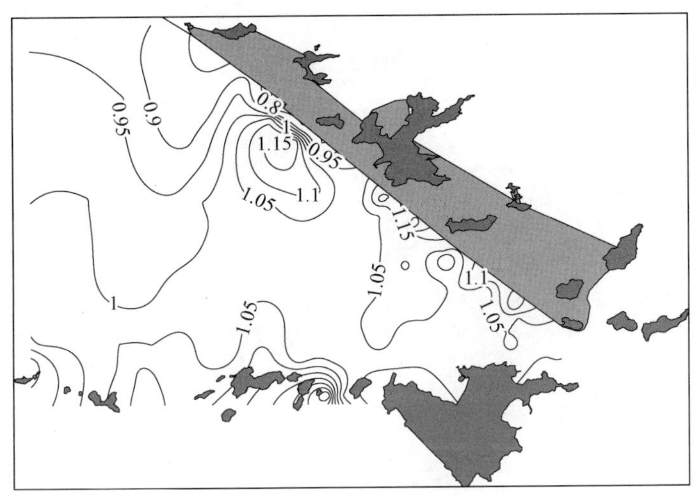

图 5.3-3 大通道方案涨落潮平均流速等比值线

(3)南侧岛链汊道内流速也都是增加的:增加幅度一般为 5%~8%;大山塘—双连山汊道涨落潮平均流速增加 8%左右,大山塘—大洋山汊道增加 5%~8%。

3)流向变化

图 5.3-4 为工程前后通道内采样点流向变化图,从图中可以看出:

(1)大通道方案实施后,通道内水流基本性质没有变化:大小洋山水域涨、落潮基本呈往复流,水流比较平顺,工程前后主流仍然位于通道中部水域。

(2)大通道方案实施后,由于北侧岛链汊道全部封闭,涨潮时受到南侧岛链汊道进水积压的影响,涨潮流流向有所北偏;落潮时,由于南侧岛链汊道出水的作用,使得流向有所南偏,但变化不太明显。封堵汊道的附近水域,其流向基本与封堵后的岸线一致,汊道水域对西港区作用消失。东口门水流流向基本没有变化。

(3)南侧岛链中的汊道水流流向基本没有变化。

4)潮量和分流比变化

(1)潮量变化

工程前后潮量变化如表 5.3-1 所示。

①从总体来看,各断面除西口门 13 号断面有较大减小外,其他断面潮量都呈增大趋势。

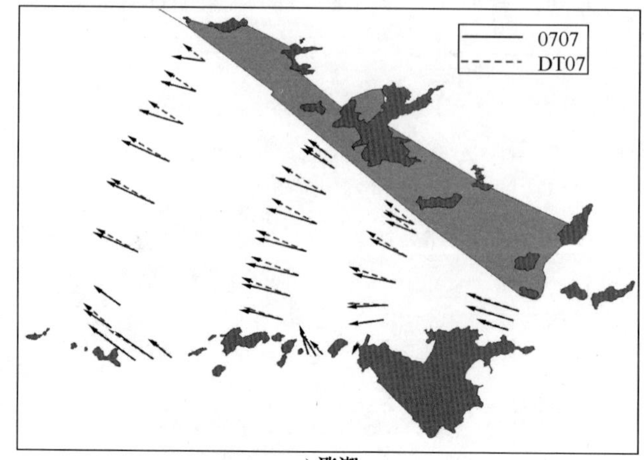

a) 涨潮

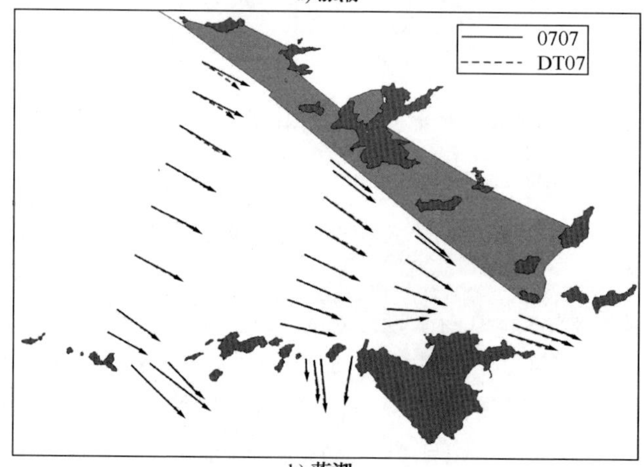

b) 落潮

图 5.3-4　大通道方案涨落潮流向变化

大通道方案实施前后各汊道流量和分流比对比表　　表 5.3-1

潮别	断面位置	潮量变化			分流比变化		
		状态 4（0707）	状态 5（DT07）	变化量（%）	状态 4（0707）	状态 5（DT07）	变化量
涨潮	9 号（颗珠山—蒋公柱）	3.62	—	—	0.09	—	—
	12 号（二期中部—大山塘西）	28.15	28.40	0.9	0.73	0.80	0.07
	13 号（大乌龟—双连山）	38.65	35.46	-8.3	1.00	1.00	0.00
	14 号（一期东端—大洋山西）	27.28	27.03	-0.9	0.71	0.76	0.05

续上表

潮别	断面位置	潮量变化			分流比变化		
		状态4(0707)	状态5(DT07)	变化量(%)	状态4(0707)	状态5(DT07)	变化量
涨潮	16号(小岩礁—大洋山)	26.33	26.82	1.9	0.68	0.76	0.09
	22号(大山塘—双连山)	7.08	7.98	12.7	0.18	0.23	0.05
	23号(大洋山—大山塘)	1.96	2.03	3.6	0.05	0.06	0.01
落潮	9号(颗珠山—蒋公柱)	5.52	—	—	0.13	—	—
	12号(二期中部—大山塘西)	32.79	33.44	2.0	0.75	0.85	0.10
	13号(大乌龟—双连山)	43.50	39.51	-9.2	1.00	1.00	0.00
	14号(一期东端—大洋山西)	27.50	27.66	0.6	0.63	0.70	0.07
	16号(小岩礁—大洋山)	26.69	27.22	2.0	0.61	0.69	0.08
	22号(大山塘—双连山)	8.57	9.01	5.1	0.20	0.23	0.03
	23号(大洋山—大山塘)	4.04	4.09	1.2	0.09	0.10	0.01

注:8号(大乌龟—颗珠山)、10号(小洋山—镬盖塘)、11号(镬盖塘—小岩礁)断面已封堵,无潮量。

②东口门断面,工程前后涨、落潮量均有所增加,增加幅度为2.0%左右;14号断面潮量变化幅度较小,涨潮减小0.9%,落潮增加0.6%;二期中部—大山塘西12号断面潮量,涨潮增加不大为0.9%,落潮增加2.0%;西口门13号断面,由于受到颗珠山—蒋公柱汊道的封堵,截断了小洋山以西汊道进出的潮量,使得通道西口门潮量减少,涨、落潮潮量分别减小8.3%、9.2%。

③通道南侧岛链汊道22号断面(大塘山—双连山汊道)和23号断面(大洋山—大塘山汊道)潮量都有所增加,涨潮潮量分别增加12.7%和3.6%,落潮潮量分别增加5.1%和1.2%。

④当小洋山北岛链汊道全部封堵后,大洋山一侧汊道的进、出潮量已占主通道潮量的29%、33%。大通道方案实施后,大洋山一侧汊道对通道内水动力变化起到了重要的作用。

(2)分流比变化

以西口门13号(大乌龟—双连山)断面潮量为1.0计算,封堵汊道前、后各断面所占比值见表5.3-1。

①主通道内,各断面潮量分配有增大的趋势,也就是说,汊道的封堵使得通道各断面潮量进行了重新分配。东口门分流比增加幅度较大。

②北岛链汊道的封堵使得南岛链各汊道断面分流比继续增加,其中大山塘—

双连山汊道增加较大，涨落潮分别增加 0.05、0.03，其对通道进出水的作用更加突出。

5）地形变化预测

图 5.3-5 为方案实施后，通道内地形的变化，从中可以看出，西港区水域发生了较大范围和较大量的淤积，淤积厚度都在 0.5m 以上，而通道南侧水域呈现出冲刷态势。

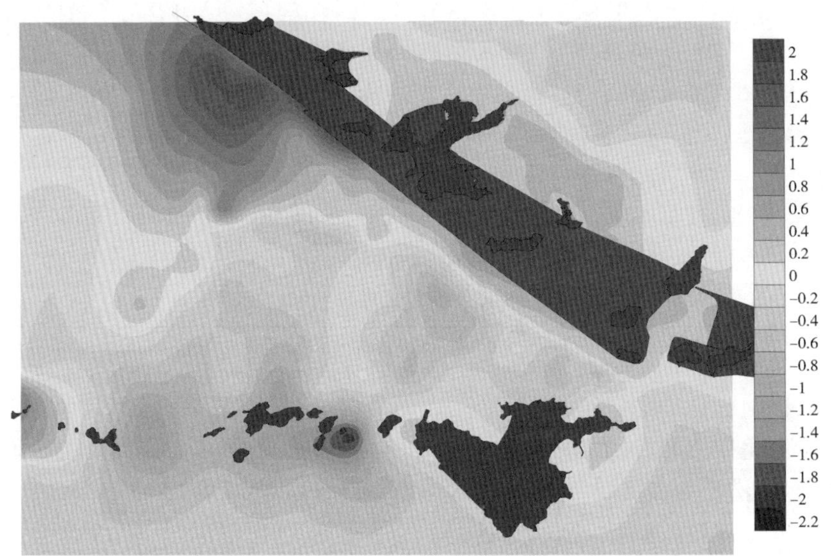

图 5.3-5　大通道方案实施后地形变化冲淤分布图

5.3.2　汊道方案实施后通道内潮流场和地形的变化

1）潮位变化

（1）港区通道内、外水面变化

在落潮时段内，除高、低潮时外，港区通道内水面高于通道以北海域，高差为 0.01～0.13m；在涨潮时段内则相反，港区通道内水面低于通道以北海域，高差为 0.06～0.13m；通道内水域先落而后涨。

（2）港区通道内横向水面变化

大乌龟—双连山断面，落潮时段由于北侧岛链有颗珠山汊道进出潮量的影响，港区一侧水面低于双连山一侧，高差为 0.01～0.09m；涨潮时段则相反，港区一侧水面高于双连山一侧，高差为 0.04～0.06m。

小洋山—大山塘断面，落潮时段港区一侧水面高于大山塘一侧，高差为 0.03～

0.10m;涨潮时段则相反,港区一侧水面低于大山塘一侧,高差为0.02~0.13m。

镬盖塘(一期码头)—大洋山西侧和小岩礁—大洋山东侧两个断面,涨、落潮时段港区一侧与大洋山一侧潮位基本相同,表明在南北均无汊道影响的边界条件下,水面基本不出现横向比降。

(3)港区通道纵向水面变化

在落潮时段内,自高潮至其后4h从西向东沿程水面降低,自高潮后4h至低潮这一时段,镬盖塘以东水面高于以西,显现壅水现象,壅水高度为1~5cm;在涨潮时段内,总体来看,水面从东向西增高,基本无异常现象。

2)流速变化

汊道方案实施以后,涨落潮平均流速变化如图5.3-6所示,由于基本保留了颗珠山—小洋山汊道进出水量,加之小乌龟—颗珠山西港区微弯突岸型的走向,使得颗珠山—蒋公柱汊道断面形成贴近西港区一侧水流强度增加,向小洋山一侧水流强度逐步减小;通道北侧流速有2%以上的增加,使港区水流更强。

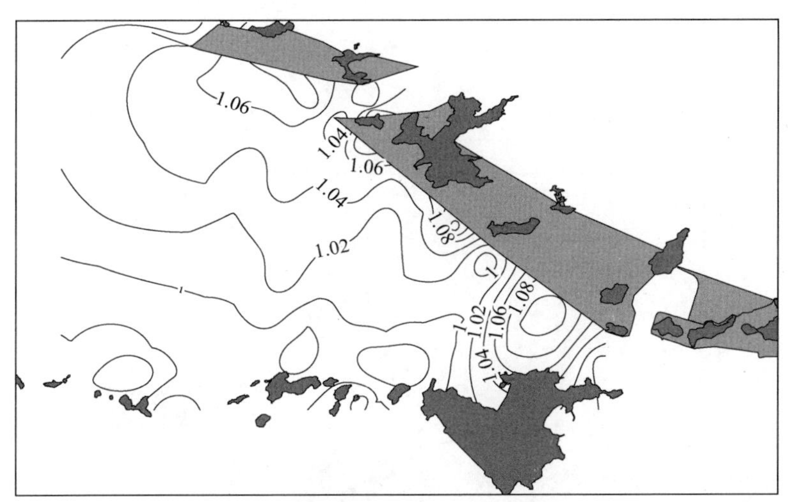

图5.3-6 汊道方案实施前后涨落潮平均流速等比值线

(1)汊道方案实施后,西港区涨落潮平均流速有4%~6%的增加;工作船码头前沿、港池涨潮平均流速增加5%左右。二期工程港区,涨落潮平均流速增加4%~5%;一期工程港区,平均流速增加6%以上。三期码头平均流速增加6%~8%。

(2)西口门断面,北侧流速增加,中部基本保持不变,南侧减小1%~2%;东口门平均流速增加4%~5%;通道南侧(大山塘—双连山北侧)平均流速都是减小的,减小幅度为1%~2%。

(3)南北岛链汊道内水流。西港区汊道工程方案实施后,由于汊道南、北口门断面的缩窄,使得进出潮量减少,故其颗珠山—蒋公柱汊道内的涨落潮平均流速有所降低,减小10%以上;22号断面(大塘山—双连山汊道)流速基本没有变化,变化幅度为1%;23号断面(大洋山—大山塘汊道)涨落潮平均流速有所减小,减小幅度为2%~3%。

3)流向变化

图5.3-7为工程前后通道内采样点流向变化图,从图中可以看出:

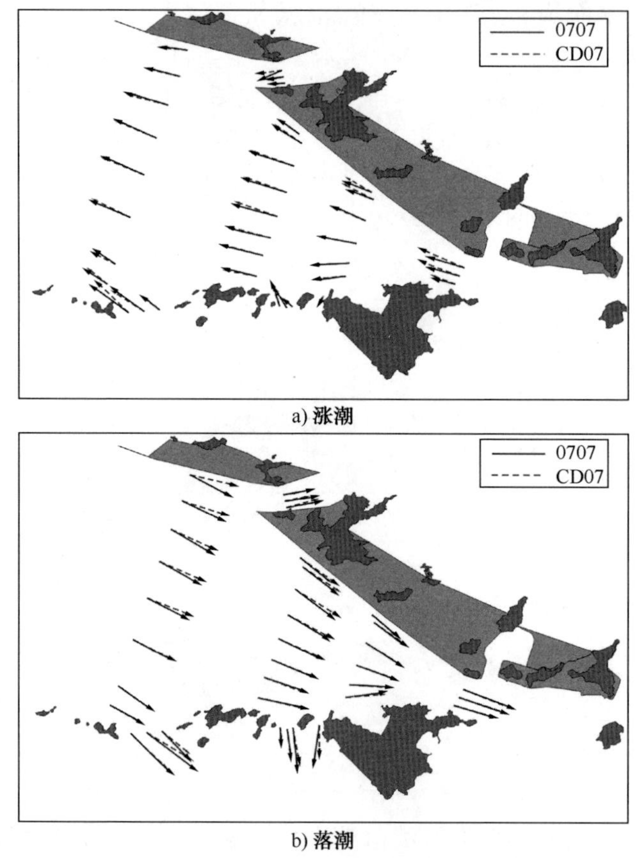

a)涨潮

b)落潮

图5.3-7　汊道方案实施前后涨落潮流向变化

(1)汊道方案实施后,通道内水流基本性质没有变化:大小洋山水域涨、落潮基本呈往复流,水流比较平顺,工程前后主流仍然位于通道中部水域。

(2)汊道方案实施后,由于北侧岛链中的颗珠山—蒋公柱汊道仍然保留,涨潮时,通道西部水域特别是西港区水域受到颗珠山—蒋公柱汊道水流的顶托影响,涨

潮流流向有所南偏,但变化不大;落潮时,西港区水域受到颗珠山—蒋公柱汊道水流的引流作用,使得流向有所北偏,西港区水域流向变化为3°~5°,南侧不明显。汊道的作用对西港区水域影响比较明显。

(3)南侧岛链中的汊道水流流向有微小变化,变化幅度为2°~3°。

4)潮量和分流比变化

(1)潮量变化

汊道方案实施后各汊道潮量和分流比对比情况见表5.3-2。

汊道方案实施后各汊道潮量和分流比对比表　　表5.3-2

潮别	断面位置	潮量变化			分流比变化		
		状态4(0707)	状态6(CD07)	变化量(%)	状态4(0707)	状态6(CD07)	变化量
涨潮	13号(大乌龟—双连山)	38.65	37.45	-3.1	1.00	1.00	0.00
	12号(二期中部—大山塘西)	28.15	28.43	1.0	0.73	0.76	0.03
	14号(一期东端—大洋山西)	27.28	27.88	2.2	0.71	0.74	0.03
	16号(小岩礁—大洋山)	26.33	27.45	4.3	0.68	0.73	0.05
	9号(颗珠山—蒋公柱)	3.62	3.08	-15.0	0.09	0.08	-0.01
	22号(大山塘—双连山)	7.08	7.26	2.5	0.18	0.19	0.01
	23号(大洋山—大山塘)	1.96	1.99	1.5	0.05	0.05	0.00
落潮	13号(大乌龟—双连山)	43.50	42.72	-1.8	1.00	1.00	0.00
	12号(二期中部—大山塘西)	32.79	33.45	2.0	0.75	0.75	0.00
	14号(一期东端—大洋山西)	27.50	28.08	2.1	0.63	0.66	0.03
	16号(小岩礁—大洋山)	26.69	27.49	3.0	0.61	0.64	0.03
	9号(颗珠山—蒋公柱)	5.52	4.88	-11.6	0.13	0.11	-0.02
	22号(大山塘—双连山)	8.57	8.65	0.9	0.20	0.20	0.00
	23号(大洋山—大山塘)	4.04	4.08	1.0	0.09	0.10	0.01

①从总体来看,各断面除西口门13号断面和9号断面有较大减小外,其他断面潮量都呈增大趋势。

②汊道方案实施后,东口门断面,工程前后相比,涨、落潮量均有所增加,增加幅度为3.0%~4.3%;14号断面潮量变化幅度为2.0%左右;12号断面潮量涨潮时增加不大为1.0%,落潮时增加2.0%;西口门13号断面,由于受到颗珠山—蒋公柱汊道方案的设计口门宽度缩窄,减少了进出入颗珠山汊道的潮量,使得通道西口门潮

量减少，涨、落潮潮量分别减小3.1%、1.8%。

③9号断面(颗珠山—蒋公柱汊道)，由于口门宽度缩窄，潮量有所减小，涨潮减少15%，落潮减少11.6%；通道南侧岛链汊道22号断面(大塘山—双连山汊道)和23号断面(大洋山—大塘山汊道)潮量都有所增加，幅度不大，涨潮潮量分别增加2.5%和1.5%，落潮潮量分别增加0.9%和1.0%。

④汊道方案实施后，除了颗珠山汊道潮量受到口门缩窄减少较多，通道内潮量总体变化较小，基本上保持了工程前的潮量分配，对通道内水动力的维护起到了重要作用。

(2)分流比变化

以西口门13号(大乌龟—双连山)断面潮量为1.0计算，封堵汊道前、后，各断面所占比值见表5.3-2。

①主通道内，各断面潮量分配除9号断面外，通道内其他各断面潮量分流比有一定的增大，变化不大，增加幅度为0.01~0.05。

②9号断面分流比减小0.01~0.02；南岛链各汊道断面分流比增大较小或基本没有变化。

5)地形变化预测

图5.3-8为保留颗珠山汊道后，通道内地形的变化。从图中可以看出，西港区水域除港池附近受到开挖的影响发生了淤积外，其他水域基本上处于微冲刷和冲淤平衡状态，其淤积范围主要集中在双连山—大山塘一带水域，一、二、三港池水域受到水域开挖影响为淤积状态。

从两个方案实施后，通道内地形冲淤变化上看，差别比较大，主要集中在西港区水域和通道南侧水域，由此可见，不同方案的实施可能导致相反的结果。

5.3.3 方案评述

(1)从两个方案实施后工作船码头至中港区岸线潮流动力变化上分析：大通道方案实施后，涨潮流强度增大8%~15%，落潮流强度增大4%~12%；汊道方案实施后，涨潮流强度增大0~8%，落潮流强度增大0~6%。由此可见，大通道方案略优于汊道方案。从西港区水流变化分析：大通道方案实施后，西港区涨潮流强度减少约9%，落潮流强度减少约15%；汊道方案实施后，西港区涨潮流强度增加约8%，落潮流强度增加约7%。由此可见汊道方案优于大通道方案。

(2)从两个方案实施后通道内潮流动力变化上分析：大通道方案实施后，以工作船码头—大山塘为界，东部水域流速略有增加，西部流速大幅减少；汊道方案实施后，西部港区流速增加，其他水域流速变化不大，从保持通道流速的稳定性上分析,汊道方案优于大通道方案。

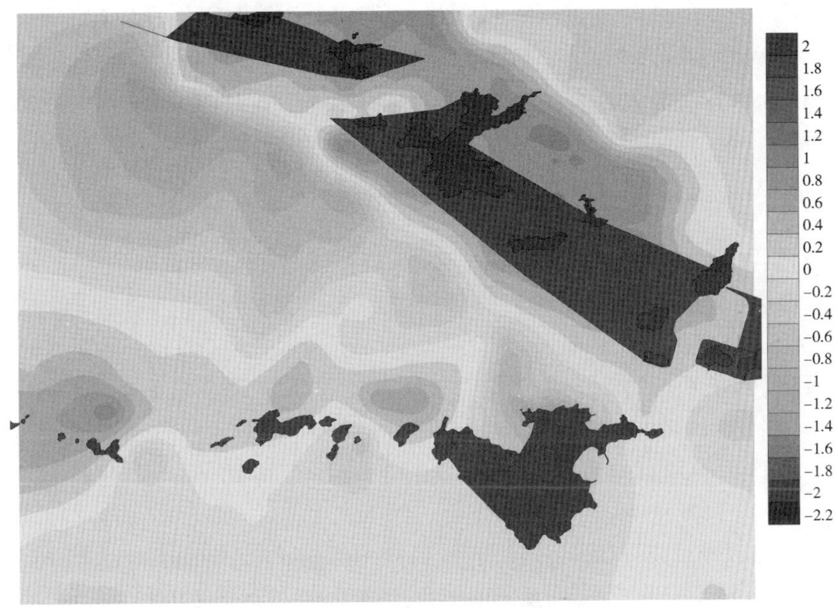

图 5.3-8 保留颗珠山汊道地形冲淤变化

(3)从两个方案实施后各汊道潮量变化上分析:西口门,大通道方案涨、落潮量减小 7%和 6%,汊道方案减少 3%和 2%;东口门,大通道方案涨、落潮量增加 8%和 5%,汊道方案增加 4%和 3%;双连山—大山塘汊道,大通道方案涨、落潮量增幅为 9%和 4%;汊道方案减小 1%和 2%;大洋山—大山塘汊道,大通道方案涨、落潮量增加 5%和 2%,汊道方案减小 3%和 2%。大、小洋山通道特有的东、西口门宽度比形态和群岛、岛链型通道在杭洲湾口宽阔海域中的地理条件,决定了通道内,若断去任何一个旁通汊道的水动力,定会引起其他旁通汊道、主通道动力条件的重新分配,因而也会带来相应的地形调整。大洋山一侧涨落潮量的增加,对通道北侧潮动力的影响是不利的,从汊道潮量变化而言,汊道方案优于大通道方案。

(4)两个方案实施后对通道内地形冲淤变化影响差别较大。颗珠山通道封堵后,大、小洋山岛链北侧 4 个汊道全部消失,通道内只存在东、西口门及大洋山南侧 2 个汊道的涨、落潮进出通道。与原型相比,加大了大洋山一侧的出流量,由此,涨、落潮流的变化造成了通道南部冲刷和北部地形的淤积,改变目前已形成的北冲南淤的格局。这种格局一旦形成,可能会引起落潮动力向南偏移,对港区水深的维护将带来不利条件。

颗珠山汊道的存在,使目前西港区地形基本保持冲淤平衡略有冲刷,并使得通道内水流向北偏移。涨潮时,由颗珠山汊道汇入,补给大、小洋山主通道以西的潮流,牵引北侧水流向西流动,西港区微弯突岸型的岸线走向挑流作用,使得通道北侧西部流速较原型流速增加。落潮时,杭州湾水流由西口进入通道后,一部分由颗珠山汊道通过,另一部分通过大、小洋山通道至东口。因此,颗珠山汊道的存在,继续保持目前通道南侧淤积、北部刷深的格局,对西部港区的建设是有利的。

本章参考文献

[1] 曹祖德,王运洪. 水动力泥沙数值模拟[M]. 天津大学出版社,1994.

[2] 曹祖德,李蓓,孔令双. 波流共同作用下的水体挟沙力[J]. 水道港口,2001,22(4):151-155.

[3] 李孟国,张华庆,陈汉宝,等. 海岸河口多功能数学模型软件包 TK-2D 研究与应用[J]. 水道港口,2006,(2):51-56.

[4] 中华人民共和国行业标准. JTS/T 231-2—2010 海岸与河口潮流泥沙模拟技术规程[S]. 北京:人民交通出版社,2010.

[5] SHANG-YI WANG. Calculation of longshore sediment transport rate[R]. International Conference of Coastal Change 95,Bordomer,France,1995.

[6] LONGUET-HIGGINS,M. S.,R. W. STEWART. Deep-sea research,1964,11(4):527-561.

[7] Jon. M. Hubertz,Modeling of nearshore wave driven currents,Proce[R]. 19th conf. on Coastal eng.,1984:2208-2219.

[8] HydroQual . A primer for ECOMSED[R]. HydroQual,Inc.NJ.,USA,2002.

[9] 交通运输部天津水运工程科学研究所. 上海国际航运中心洋山深水港区三期工程水域全潮水文测验分析报告[R]. 2004.9.

[10] 交通运输部天津水运工程科学研究所. 上海国际航运中心洋山深水港区西港区方案潮流泥沙及海床变形数值模拟研究报告[R]. 2006.12.

[11] 交通运输部天津水运工程科学研究所. 上海国际航运中心洋山深水港区规划水域(2007 年 4 月)水文泥沙测验分析报告[R]. 2007.6.

[12] 左书华,张宁川,张征,等. 岛群海域环境下泥沙运动及地形冲淤变化数值模拟研究[J]. 泥沙研究,2011(2):1-8.

[13] ZUO SHU-HUA,LI BEI. Study on hydrodynamic and sedimentation problems in development of harbors located at offshore area with many islands and tidal channels[J]. Journal of Hydrodynamics,2010,22(5):587-592.

6　典型岛群海域(洋山港附近海域)台风暴潮泥沙骤淤数值模型研究

6.1　台风暴潮骤淤数值模拟方法

为精确模拟致灾台风天气下岛群海域台风浪、风暴潮、海流及泥沙输移,计算洋山港台风浪、风暴潮、海流及泥沙骤淤,联合应用中尺度大气模式(MM5)、美国夏威夷大学 CFMS—Coastal Flooding Model System(包括全球潮汐模型、第三代深海波浪模型——WAVEWATCH Ⅲ、第三代近岸波浪模型——SWAN、潮汐风暴潮模型)以及交通运输部天津水运工程科学研究院 TK-2D 海岸河口多功能数学模型软件包,采用深海海域(包括东海、黄海、渤海、南海等海域)、东海近岸海区、洋山港附近海区 3 套不同计算海域嵌套网格,进行洋山港台风浪、风暴潮、海流泥沙及海床冲淤变化的数值模拟。

数学模型流程见图 6.1-1。

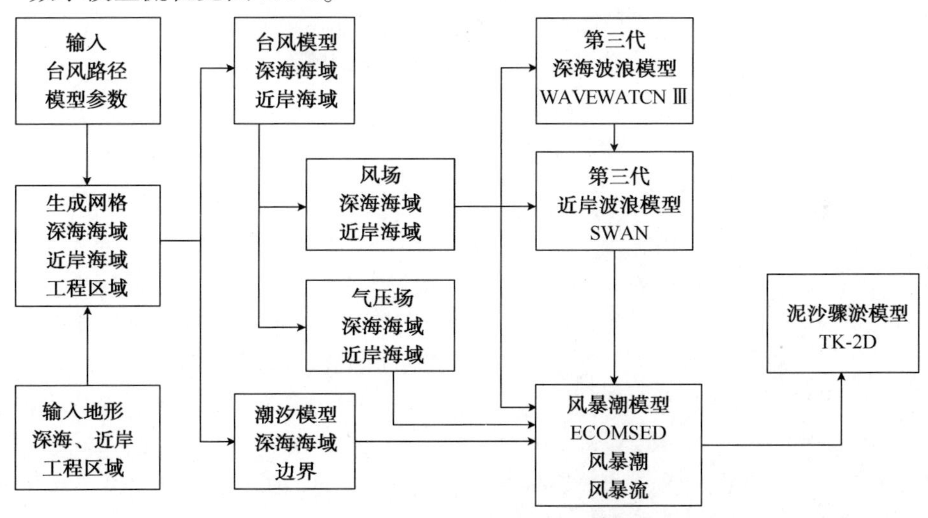

图 6.1-1　台风暴潮泥沙骤淤数学模型流程图

为准确提供模型边界值,本研究共建立了 3 套数学模型:深海海域(包括东海、黄海、渤海、南海等海域)台风浪-风暴潮-潮流数学模型,东海近岸海区台风浪-风暴潮-潮流数学模型,大、小洋山岛群附近海台风浪、风暴潮、二维潮流泥沙输移及海床冲淤变化数学模型。

第一套数学模型：深海海域（包括东海、黄海、渤海、南海等海域）台风浪-风暴潮-潮流数值模拟，模型范围为东经105.0°~145.0°、北纬5.0°~45.0°（图6.1-2），计算域包括东海、黄海、渤海、南海等海域。在该模型中，应用中尺度大气模式MM5、全球潮汐模型、第三代深海波浪模型和三维河口海岸海洋模式（ECOMSED），进行深海致灾台风浪-潮-流的模拟，为东海近岸海区台风浪-风暴潮-潮流的模拟提供精确的边界条件。

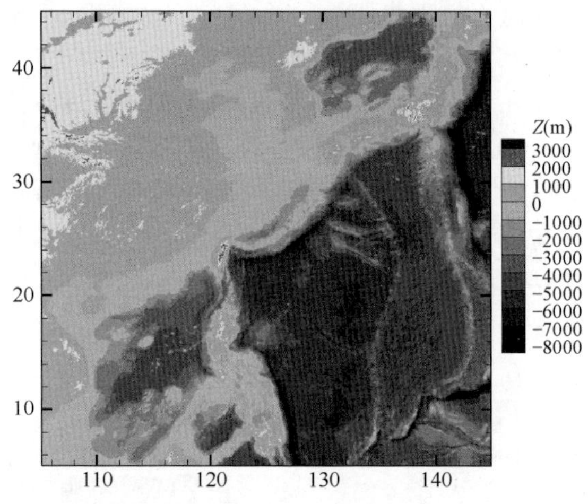

图6.1-2　深海海域数学模型范围示意图

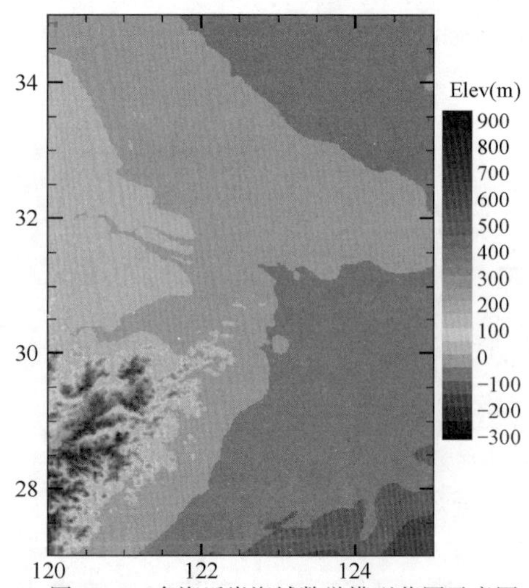

图6.1-3　东海近岸海域数学模型范围示意图

第二套数学模型：东海近岸海区台风浪-风暴潮-潮流数值模拟，模型范围为东经120.0°~125.0°、北纬27.0°~35.0°（图6.1-3）。在该模型中，应用中尺度大气模式MM5、第三代近岸波浪模型（SWAN）和三维河口海岸海洋模式（ECOMSED），进行近岸海区致灾台风浪-潮-流的数值模拟，为大、小洋山岛群附近海台风浪、风暴潮、二维潮流泥沙输移及海床冲淤变化数值模拟提供精确的边界条件。

第三套数学模型：致灾台风天气下，大、小洋山岛群附近海域台风浪、风暴潮、二维潮流泥沙输移及海床冲淤变化数学模型。模型范围东西向 58km、南北 35km (图 6.1-4),应用中尺度大气模式 MM5、第三代近岸波浪模型(SWAN)以及海岸河口多功能数学模型软件包 TK-2D,进行岛群海域台风浪、风暴潮、二维潮流泥沙输移及海床冲淤变化数值模拟。在该模型中,并与实测的潮流、泥沙及海床冲淤资料作比较,确定模型中参数,为进一步预报奠定基础。

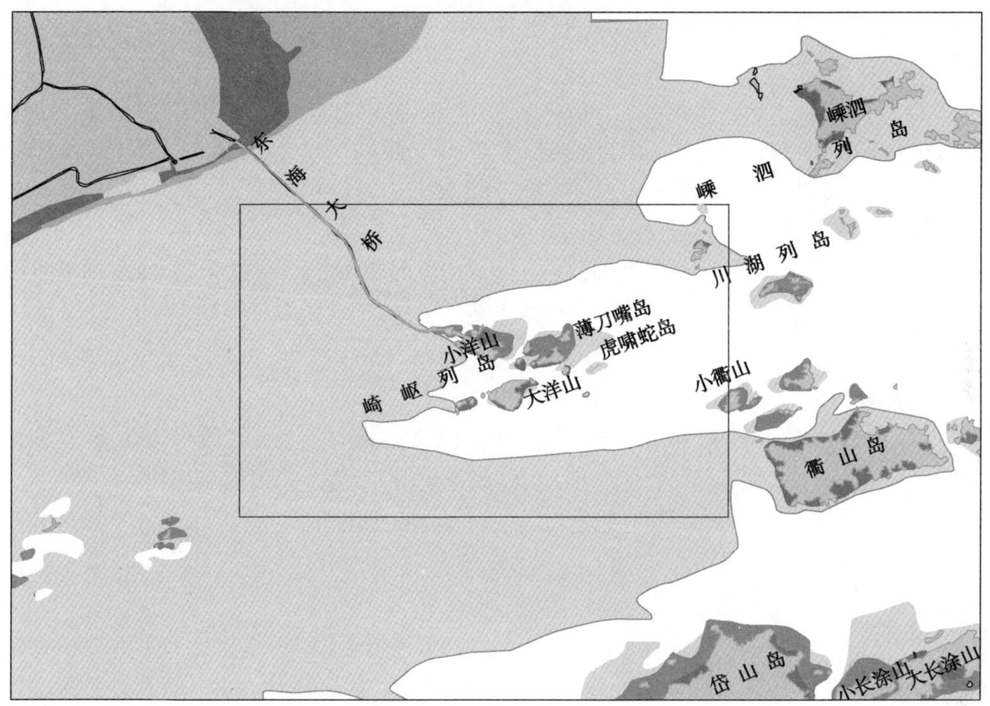

图 6.1-4 大、小洋山岛群海域数学模型范围示意图

6.2 数学模型基本理论

6.2.1 河口海岸海洋模式 ECOMSED

1)模式的发展

20 世纪 80 年代,美国 Princeton University 的 Blumberg 和 Mellor 合作开发了海洋数值模型——POM 模式(Princeton Ocean Model)。20 世纪 90 年代,Blumberg 离开 Princeton 大学,和另外的人合作,在 POM 模式的基础上,开发了商业版本 ECOM 模式。ECOM 模式适用于浅水环境,如河流、海湾、河口和近岸区域以及水库和湖泊。由 POM 模式发展而来的 ECOM,继承了 POM 模式的一些优点[21]。

(1)包含一个二阶湍流闭合子模型,提供垂向混合系数。

(2)垂向采用 Sigma 坐标系统,能够比较方便地处理浅海变化的海底地形。

(3)水平采用正交曲线网格,可以比较好地拟合岸线,采用 Arakawa C 交错网格。

(4)水平方向时间差分采用显式格式,垂向时间差分采用隐式格式。后者减小了对垂向时间步长的限制,并允许对海面边界和底边界使用较小的垂直分辨率。

(5)模型有一个自由面和一个分离时间步长。外模态是二维的,使用较小的时间步长,此时间步长基于 CFL 条件和外重力波速确定。内模态是三维的,使用较长的时间步长,此时间步长基于 CFL 条件和内重力波速确定。

(6)使用完整的热力学方程组。

在近些年的发展当中,粘性沉积物再悬浮、沉积、输运等概念被引入到 ECOM 模式中,ECOM 在加入了一般的开边界条件,考虑了示踪物、底边界层、表面波模型、沉积物输运以及溶解物和沉积物的边界示踪物容量等,从而发展成为目前的 ECOMSED 模式。

ECOMSED 是一个模拟水动力、波浪和沉积物输运的三维数值模型。此模型可以用来模拟海洋和淡水系统中的水位、海流、波浪、水温、盐度、示踪物、有粘性/无粘性沉积物的时空分布。具体功能如下。①水动力数值模拟。②有粘/无粘沉积物输运。③沉积物边界示踪物输运。④溶解物输运。⑤中性悬浮颗粒追踪。⑥加入风浪影响到水动力和沉积物输运模块中。

ECOMSED 是一个集成化的模型,它包含以下几个模块:水动力模块、沉积物输运模块、风浪模块、热通量模块、水质模块和颗粒物追踪模块。用户可以根据实际需要调用整个模块,或者屏蔽其中某些模块。例如:独立运行水动力模块,把输运信息存储到单独的文件,然后,运行沉积物输运模块,使用先前存储的输运信息。模式结构如图 6.2-1 所示。

ECOM 水动力模块有 3 种候选计算方案,即二维正压(Barotropic)、三维预报(Prognostic)和三维诊断(Diagnostic)。其中二维正压是垂直积分的外模态方程组,三维诊断计算时温盐场是固定不变的,三维预报计算考虑温盐随时间的变化。

本课题即是单独调用其中的水动力模块——ECOM 模块。用此模块来模拟洋山港工程附近海域潮流变化,这样可以得出某段时间内,工程区附近海域各处的潮位变化以及流速变化。从而为分析工程区附近海域的潮流水动力的影响提供数据支持,而且可以根据不同工况预测出相应的潮流变化,进行潮流预报仿真。

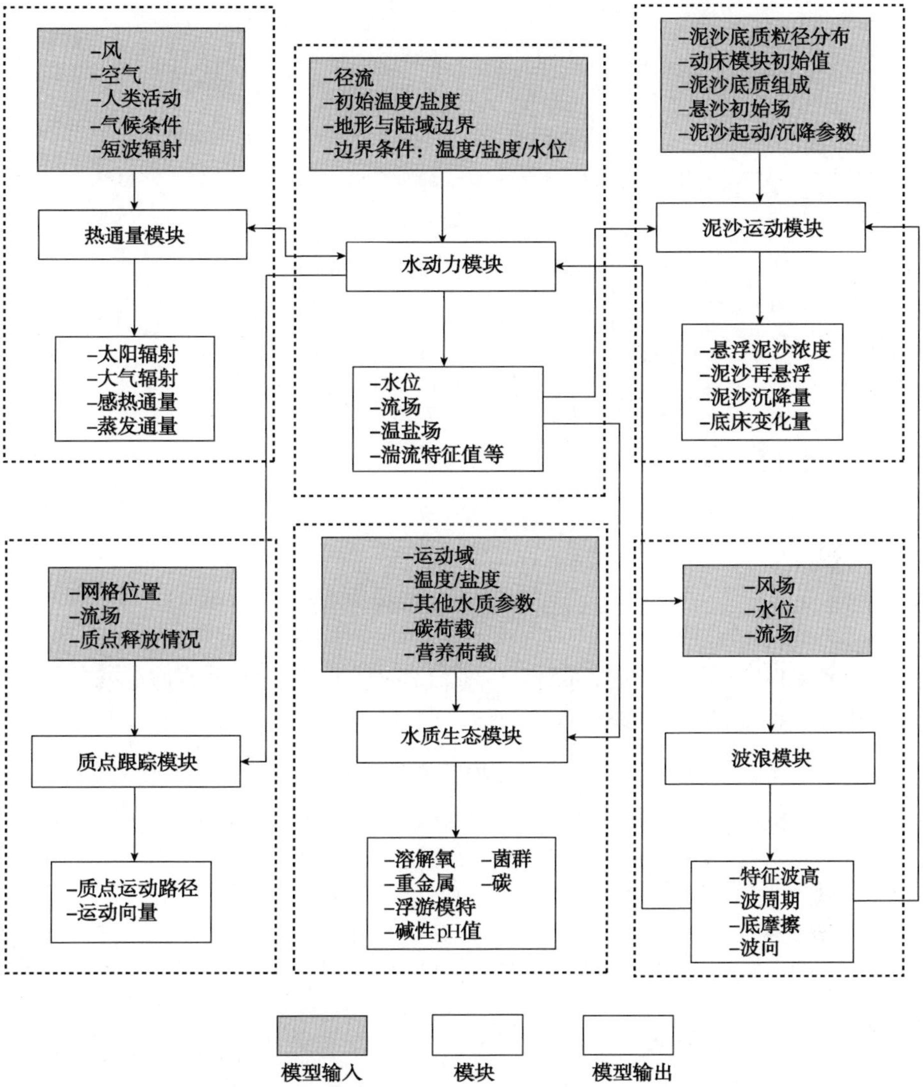

–风
–空气
–人类活动
–气候条件
–短波辐射

热通量模块

–太阳辐射
–大气辐射
–感热通量
–蒸发通量

–径流
–初始温度/盐度
–地形与陆域边界
–边界条件：温度/盐度/水位

水动力模块

–水位
–流场
–温盐场
–湍流特征值等

–泥沙底质粒径分布
–动床模块初始值
–泥沙底质组成
–悬沙初始场
–泥沙起动/沉降参数

泥沙运动模块

–悬浮泥沙浓度
–泥沙再悬浮
–泥沙沉降量
–底床变化量

–网格位置
–流场
–质点释放情况

质点跟踪模块

–质点运动路径
–运动向量

–运动域
–温度/盐度
–其他水质参数
–碳荷载
–营养荷载

水质生态模块

–溶解氧　–菌群
–重金属　–碳
–浮游模特
–碱性pH值

–风场
–水位
–流场

波浪模块

–特征波高
–波周期
–底摩擦
–波向

模型输入　模块　模型输出

图 6.2-1　ECOMSED 模式结构图

2)控制方程

(1)连续性方程及动量方程

$$\nabla \cdot \overline{V}+\frac{\partial W}{\partial Z}=0 \tag{6.2-1}$$

雷诺平均动量方程：

$$\frac{\partial U}{\partial t}+\bar{V}\cdot\nabla U+W\frac{\partial U}{\partial z}-fV=-\frac{1}{\rho_0}\frac{\partial p}{\partial x}+\frac{\partial}{\partial z}\left(K_M\frac{\partial U}{\partial z}\right)+F_x \tag{6.2-2}$$

$$\frac{\partial V}{\partial t}+\bar{V}\cdot\nabla V+W\frac{\partial V}{\partial z}+fU=-\frac{1}{\rho_0}\frac{\partial p}{\partial y}+\frac{\partial}{\partial z}\left(K_M\frac{\partial V}{\partial z}\right)+F_y \tag{6.2-3}$$

$$\rho g=-\frac{\partial p}{\partial z} \tag{6.2-4}$$

式中,ρ_0 为参考密度;ρ 为现场密度;g 为重力加速度;p 为压强;K_M为垂向湍混合系数;f 为科氏参数。

在深度 z 处的压强为:

$$p(x,y,z,t)=p_{\mathrm{atm}}+g\rho_0\eta+g\int_z^0\rho(x,y,z',t)\,\mathrm{d}z' \tag{6.2-5}$$

(2)温盐守恒方程

$$\frac{\partial \theta}{\partial t}+\bar{V}\cdot\Delta\theta+W\frac{\partial \theta}{\partial z}=\frac{\partial}{\partial z}\left(K_H\frac{\partial \theta}{\partial z}\right)+F_\theta \tag{6.2-6}$$

$$\frac{\partial S}{\partial t}+\bar{V}\cdot\Delta S+W\frac{\partial S}{\partial z}=\frac{\partial}{\partial z}\left(K_H\frac{\partial S}{\partial z}\right)+F_S \tag{6.2-7}$$

式中,θ 为位温(浅水时可以是现场温度);S 为盐度;K_H为热盐垂向湍混合系数。

密度是 θ 和 S 的函数,即:

$$\rho=\rho(\theta,S) \tag{6.2-8}$$

将小尺度过程引起的运动通过 F_x、F_y、$F_{\theta,S}$引入模型,其表达式如下:

$$F_x=\frac{\partial}{\partial x}\left[2A_M\frac{\partial U}{\partial x}\right]+\frac{\partial}{\partial y}\left[A_M\left(\frac{\partial U}{\partial y}+\frac{\partial V}{\partial x}\right)\right] \tag{6.2-9}$$

$$F_y=\frac{\partial}{\partial y}\left[2A_M\frac{\partial V}{\partial y}\right]+\frac{\partial}{\partial x}\left[A_M\left(\frac{\partial U}{\partial y}+\frac{\partial V}{\partial x}\right)\right] \tag{6.2-10}$$

$$F_{\theta,S}=\frac{\partial}{\partial x}\left[2A_H\frac{\partial(\theta,S)}{\partial x}\right]+\frac{\partial}{\partial y}\left[A_H\frac{\partial(\theta,S)}{\partial y}\right] \tag{6.2-11}$$

(3)湍流闭合方程组

K_M和 K_H可以从以下方程中求得(Mellor & Yamada,1974 年):

$$\begin{aligned}&\frac{\partial q^2}{\partial t}+\bar{V}\cdot\nabla q^2+W\frac{\partial q^2}{\partial z}=\frac{\partial}{\partial z}\left(K_q\frac{\partial q^2}{\partial z}\right)+\\&2K_M\left[\left(\frac{\partial U}{\partial z}\right)^2+\left(\frac{\partial V}{\partial z}\right)^2\right]+\frac{2g}{\rho_0}K_H\frac{\partial \rho}{\partial z}-\frac{2q^3}{B_1 l}+F_q\end{aligned} \tag{6.2-12}$$

$$\frac{\partial(q^2l)}{\partial t}+\bar{V}\cdot\nabla(q^2l)+W\frac{\partial(q^2l)}{\partial z}$$

$$=\frac{\partial}{\partial z}\left(K_q\frac{\partial(q^2l)}{\partial z}\right)+lE_1K_M\left[\left(\frac{\partial U}{\partial z}\right)^2+\left(\frac{\partial V}{\partial z}\right)^2\right]+\frac{lE_1g}{\rho_0}K_H\frac{\partial\rho}{\partial z}-\frac{q^3}{B_1}W'+F_l \tag{6.2-13}$$

$$W'\equiv 1+E_2\left(\frac{l}{\kappa L}\right)^2 \tag{6.2-14}$$

$$(L)^{-1}\equiv(\eta-z)^{-1}+(H+z)^{-1} \tag{6.2-15}$$

式中,l 为湍流特征尺度;q^2 为湍流动能;∇为水平梯度算子。

(4)海面和海底边界条件

①在自由海面[$z=\eta(x,y)$]处:

$$\rho_0K_M\left(\frac{\partial U}{\partial z},\frac{\partial V}{\partial z}\right)=(\tau_{ox},\tau_{oy}) \tag{6.2-16}$$

$$\rho_0K_H\left(\frac{\partial\theta}{\partial z},\frac{\partial S}{\partial z}\right)=(\dot{H},\dot{S}) \tag{6.2-17}$$

$$q^2=B_1^{2/3}u_{\tau s}^2 \tag{6.2-18}$$

$$q^2l=0 \tag{6.2-19}$$

$$W=U\frac{\partial\eta}{\partial x}+V\frac{\partial\eta}{\partial y}+\frac{\partial\eta}{\partial t} \tag{6.2-20}$$

式中,τ_{ox}、τ_{oy}为海面风应力;$u_{\tau s}$为由风应力引起的摩擦速度。

②在底边界[$z=H(x,y)$]处:

$$\rho_0K_M\left(\frac{\partial U}{\partial z},\frac{\partial V}{\partial z}\right)=(\tau_{bx},\tau_{by}) \tag{6.2-21}$$

$$q^2=B_1^{2/3}u_{\tau b}^2 \tag{6.2-22}$$

$$q^2l=0 \tag{6.2-23}$$

$$W_b=-U_b\frac{\partial H}{\partial x}-V_b\frac{\partial H}{\partial y} \tag{6.2-24}$$

式中,τ_{bx}、τ_{by}分别为底摩擦应力;$u_{\tau b}$为由底摩擦应力引起的摩擦速度。

3)Sigma 坐标转换

ECOM 模式基于 Sigma 坐标系统。在 Sigma 坐标下,海面和海底都是“水平”的,这就给建立数值模式带来很大的方便。在海底地形变化比较复杂时,对边界条件的处理更能显示出其优越性。图 6.2-2 为 Sigma 坐标与 z 坐标关系示意图。

下面简要介绍 Sigma 坐标转换的推导过程:$(x,y,z,t)\rightarrow(x^*,y^*,\sigma,t^*)$。

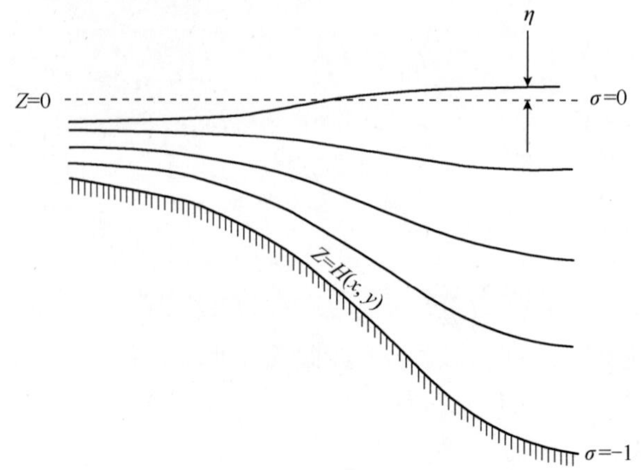

图 6.2-2　Sigma 坐标系统示意图

$$x^* = x$$

$$y^* = y$$

$$\sigma = \frac{z-\eta}{H+\eta}$$

$$t^* = t$$

令 $D=H+\eta$,则对于任意变量 G 有:

$$\frac{\partial G}{\partial x} = \frac{\partial G}{\partial x^*} - \frac{\partial G}{\partial \sigma}\left(\frac{\sigma}{D}\frac{\partial D}{\partial x^*} + \frac{1}{D}\frac{\partial \eta}{\partial x^*}\right) \tag{6.2-25}$$

$$\frac{\partial G}{\partial y} = \frac{\partial G}{\partial y^*} - \frac{\partial G}{\partial \sigma}\left(\frac{\sigma}{D}\frac{\partial D}{\partial x^*} + \frac{1}{D}\frac{\partial \eta}{\partial y^*}\right) \tag{6.2-26}$$

$$\frac{\partial G}{\partial z} = \frac{1}{D}\frac{\partial G}{\partial \sigma} \tag{6.2-27}$$

$$\frac{\partial G}{\partial t} = \frac{\partial G}{\partial t^*} - \frac{\partial G}{\partial \sigma}\left(\frac{\sigma}{D}\frac{\partial D}{\partial t^*} + \frac{1}{D}\frac{\partial \eta}{\partial t^*}\right) \tag{6.2-28}$$

其中,$z=\eta$ 时,$\sigma=0$;$z=-H$ 时,$\sigma=-1$。

边界条件式(6.2-20)、式(6.2-24)转换为:

$$\omega(x^*, y^*, 0, t^*) = 0 \tag{6.2-29}$$

$$\omega(x^*, y^*, -1, t^*) = 0 \tag{6.2-30}$$

对于任意变量 G,垂向积分转换为:

$$\overline{G} = \int_{-1}^{0} G \mathrm{d}\sigma \tag{6.2-31}$$

式(6.2-1)、式(6.2-2)、式(6.2-3)、式(6.2-6)、式(6.2-7)、式(6.2-12)、式(6.2-13)可以写作:

$$\frac{\partial \eta}{\partial t}+\frac{\partial UD}{\partial x}+\frac{\partial VD}{\partial y}+\frac{\partial \omega}{\partial \sigma}=0 \tag{6.2-32}$$

$$\frac{\partial UD}{\partial t}+\frac{\partial U^2D}{\partial x}+\frac{\partial UVD}{\partial y}+\frac{\partial U\omega}{\partial \sigma}-fVD+gD\frac{\partial \eta}{\partial x}$$

$$=\frac{\partial}{\partial \sigma}\left(\frac{K_M}{D}\frac{\partial U}{\partial \sigma}\right)\frac{gD^2}{\rho_0}\frac{\partial}{\partial x}\int_\sigma^0 \rho \mathrm{d}\sigma+\frac{gD}{\rho_0}\frac{\partial D}{\partial x}\int_\sigma^0 \sigma\frac{\partial \rho}{\partial \sigma}\mathrm{d}\sigma+F_x \tag{6.2-33}$$

$$\frac{\partial VD}{\partial t}+\frac{\partial UVD}{\partial x}+\frac{\partial V^2D}{\partial y}+\frac{\partial V\omega}{\partial \sigma}+fUD+gD\frac{\partial \eta}{\partial y}$$

$$=\frac{\partial}{\partial \sigma}\left(\frac{K_M}{D}\frac{\partial V}{\partial \sigma}\right)\frac{gD^2}{\rho_0}\frac{\partial}{\partial y}\int_\sigma^0 \rho \mathrm{d}\sigma+\frac{gD}{\rho_0}\frac{\partial D}{\partial y}\int_\sigma^0 \sigma\frac{\partial \rho}{\partial \sigma}\mathrm{d}\sigma+F_y \tag{6.2-34}$$

$$\frac{\partial \Theta D}{\partial t}+\frac{\partial \Theta UD}{\partial x}+\frac{\partial \Theta VD}{\partial y}+\frac{\partial \Theta \omega}{\partial \sigma}=\frac{\partial}{\partial \sigma}\left(\frac{K_H}{D}\frac{\partial \Theta}{\partial \sigma}\right)+F_\Theta \tag{6.2-35}$$

$$\frac{\partial SD}{\partial t}+\frac{\partial SUD}{\partial x}+\frac{\partial SVD}{\partial y}+\frac{\partial S\omega}{\partial \sigma}=\frac{\partial}{\partial \sigma}\left(\frac{K_H}{D}\frac{\partial S}{\partial \sigma}\right)+F_S \tag{6.2-36}$$

$$\frac{\partial q^2D}{\partial t}+\frac{\partial Uq^2D}{\partial x}+\frac{\partial Vq^2D}{\partial y}+\frac{\partial \omega q^2}{\partial \sigma}$$

$$=\frac{\partial}{\partial \sigma}\left(\frac{K_q}{D}\frac{\partial q^2}{\partial \sigma}\right)+2\frac{K_M}{D}\left[\left(\frac{\partial U}{\partial \sigma}\right)^2+\left(\frac{\partial V}{\partial \sigma}\right)^2\right]+\frac{2g}{\rho_0}K_H\frac{\partial \rho}{\partial \sigma}+2\frac{Dq^3}{B_1 l}+F_q \tag{6.2-37}$$

$$\frac{\partial q^2lD}{\partial t}+\frac{\partial Uq^2lD}{\partial x}+\frac{\partial Vq^2lD}{\partial y}+\frac{\partial \omega q^2l}{\partial \sigma}$$

$$=\frac{\partial}{\partial \sigma}\left(\frac{K_q}{D}\frac{\partial q^2l}{\partial \sigma}\right)+E_1l\left\{\frac{K_M}{D}\left[\left(\frac{\partial U}{\partial \sigma}\right)^2+\left(\frac{\partial V}{\partial \sigma}\right)^2\right]+\frac{qD^3}{\rho_0}K_H\frac{\partial \rho}{\partial \sigma}\right\}\frac{Dq^3}{B_1}\overline{W}+F_l \tag{6.2-38}$$

$$F_x=\frac{\partial}{\partial x}\left[2DA_M\frac{\partial U}{\partial x}\right]+\frac{\partial}{\partial y}\left[DA_M\left(\frac{\partial U}{\partial y}+\frac{\partial V}{\partial x}\right)\right] \tag{6.2-39}$$

$$F_y=\frac{\partial}{\partial y}\left[2DA_M\frac{\partial V}{\partial y}\right]+\frac{\partial}{\partial x}\left[DA_M\left(\frac{\partial U}{\partial y}+\frac{\partial V}{\partial x}\right)\right] \tag{6.2-40}$$

$$F_{\theta,S}=\frac{\partial}{\partial x}\left[2DA_H\frac{\partial(\theta,S)}{\partial x}\right]+\frac{\partial}{\partial y}\left[DA_H\frac{\partial(\theta,S)}{\partial y}\right] \tag{6.2-41}$$

4)模态分离技术

ECOMSED 水动力模块 ECOM 包含两个模态,即内模态(Internal Mode)和外模态(External Mode),在进行计算时,采用模态分离技术(Mode Splitting Technique)可以节约计算机时(Simons,1974 年;Madala and Piacsek,1977 年)。外模态忽略垂向结构,考虑水平对流和扩散,是一个二维的水动力模型。通过把控制方程在垂直方向上积分,求得垂向平均量,代入二维方程求解。内模态三维水动力模型考虑垂向分层,使用 Sigma 坐标,求解方程。在计算自由海面高度时,可以忽略垂向结构,只考虑体积输运。体积输运和外模态方程通过以下方程获得:

由式(6.2-32)和边界条件式(6.2-29)、式(6.2-30)得到:

水位方程:

$$\frac{\partial\eta}{\partial t}+\frac{\partial\overline{U}D}{\partial x}+\frac{\partial\overline{V}D}{\partial y}=0 \tag{6.2-42}$$

动量方程:

$$\begin{aligned}&\frac{\partial\overline{U}D}{\partial t}+\frac{\partial\,\overline{U}^2D}{\partial x}+\frac{\partial\overline{UV}D}{\partial y}-f\overline{V}D+gD\frac{\partial\eta}{\partial x}-D\,\overline{F_x}\\&=-\overline{wu}(0)+\overline{wu}(-1)-\\&\frac{\partial\,\overline{DU'^2}}{\partial x}-\frac{\partial\,\overline{DU'V'}}{\partial y}-\frac{gD^2}{\rho_0}\frac{\partial}{\partial x}\int_{-1}^{0}\int_{\sigma}^{0}\rho\mathrm{d}\sigma'\mathrm{d}\sigma+\frac{gD}{\rho_0}\frac{\partial D}{\partial x}\int_{-1}^{0}\int_{\sigma}^{0}\sigma'\frac{\partial\rho}{\partial\sigma}\mathrm{d}\sigma'\mathrm{d}\sigma\end{aligned} \tag{6.2-43}$$

$$\begin{aligned}&\frac{\partial\overline{V}D}{\partial t}+\frac{\partial\overline{UV}D}{\partial x}+\frac{\partial\,\overline{V}^2D}{\partial y}+f\overline{U}D+gD\frac{\partial\eta}{\partial y}-D\,\overline{F_y}=-\overline{wv}(0)+\overline{wv}(-1)-\\&\frac{\partial\,\overline{DU'V'}}{\partial x}-\frac{\partial\,\overline{DV'^2}}{\partial y}-\frac{gD^2}{\rho_0}\frac{\partial}{\partial y}\int_{-1}^{0}\int_{\sigma}^{0}\rho\mathrm{d}\sigma'\mathrm{d}\sigma+\frac{gD}{\rho_0}\frac{\partial D}{\partial y}\int_{-1}^{0}\int_{\sigma}^{0}\sigma'\frac{\partial\rho}{\partial\sigma}\mathrm{d}\sigma'\mathrm{d}\sigma\end{aligned} \tag{6.2-44}$$

$$(\overline{U},\overline{V})=\int_{-1}^{0}(U,V)\,\mathrm{d}\sigma \tag{6.2-45}$$

式中,$-\overline{wu}(0)$,$-\overline{wv}(0)$为风应力项;

$-\overline{wu}(-1)$,$-\overline{wv}(-1)$为底摩擦项。

$$(\overline{U'^2},\overline{V'^2},\overline{U'V'})=\int_{-1}^{0}(U'^2,V'^2,U'V')\,d\sigma \tag{6.2-46}$$

$$(U',V')=(U-\overline{U},V-\overline{V})$$

$$D\,\overline{F_x}=\frac{\partial}{\partial x}\left[2A_M\frac{\partial\overline{U}D}{\partial x}\right]+\frac{\partial}{\partial y}\left[A_M\left(\frac{\partial\overline{U}D}{\partial y}+\frac{\partial\overline{V}D}{\partial x}\right)\right] \tag{6.2-47}$$

$$D\overline{F_y}=\frac{\partial}{\partial y}\left[2A_M\frac{\partial\overline{V}D}{\partial y}\right]+\frac{\partial}{\partial x}\left[A_M\left(\frac{\partial\overline{U}D}{\partial y}+\frac{\partial\overline{V}D}{\partial x}\right)\right] \tag{6.2-48}$$

计算过程中,使用较小的时间步长来计算外模态,即解式(6.2-42)~式(6.2-44)的方程,计算一定步数后,把外模态的结果$\frac{\partial\eta}{\partial x}$,$\frac{\partial\eta}{\partial y}$代入内模态方程式(6.2-32)~式(6.2-38),使用较长的时间步长计算内模态方程。计算一次外模态时间步长后,外模态式(6.2-43)、式(6.2-44)中等号右边的各项由内模态新计算的结果代替,开始下一个外模态的计算。在以后的计算中,式(6.2-43)、式(6.2-44)中的对流和辐射项将由内模态计算结果提供。图6.2-3为内外模态交替计算示意图。

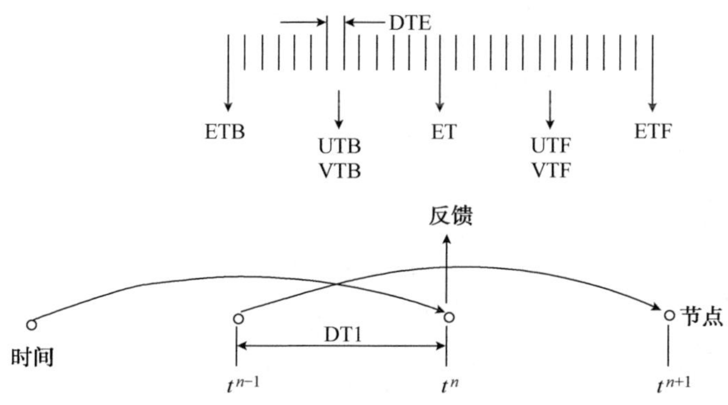

图6.2-3 内外模态交替计算示意图

5)水平正交曲线坐标系转换

正交曲线网格可以比较好地拟合岸线,减少陆地网格点,节约计算机时和存储量。此处给出内模态方程式(6.2-32)~式(6.2-38)水平正交曲线坐标系下的表达式:

连续性方程:

$$h_1h_2\frac{\partial\eta}{\partial t}+\frac{\partial h_2U_1D}{\partial\xi_1}+\frac{\partial h_1U_2D}{\partial\xi_2}+h_1h_2\frac{\partial\omega}{\partial\sigma}=0 \tag{6.2-49}$$

$$\omega=W-\frac{1}{h_1h_2}\left[h_2U_1\left(\sigma\frac{\partial D}{\partial\xi_1}+\sigma\frac{\partial\eta}{\partial\xi_1}\right)+h_2U_1\left(\sigma\frac{\partial D}{\partial\xi_2}+\sigma\frac{\partial\eta}{\partial\xi_2}\right)\right]-\left(\sigma\frac{\partial D}{\partial t}+\sigma\frac{\partial\eta}{\partial t}\right) \tag{6.2-50}$$

雷诺平均的动量方程：

$$\frac{\partial h_1 h_2 U_1 D}{\partial t} + \frac{\partial h_2 U_1{}^2 D}{\partial \xi_1} + \frac{\partial h_1 U_1 U_2 D}{\partial \xi_2} + h_1 h_2 \frac{\partial \omega U_1}{\partial \sigma} + DU_2\left(- U_2 \frac{\partial h_2}{\partial \xi_1} + U_1 \frac{\partial h_1}{\partial \xi_2} - h_1 h_2 f\right)$$

$$=- gDh_2\left(\frac{\partial \eta}{\partial \xi_1} + \frac{\partial H_0}{\partial \xi_1}\right) - \frac{gD^2 h_2}{\rho_0}\int_\sigma^0\left[\frac{\partial \rho}{\partial \xi_1} - \frac{\sigma}{D}\frac{\partial D}{\partial \xi_1}\frac{\partial \rho}{\partial \sigma}\right]d\sigma - D\frac{h_2}{\rho_0}\frac{\partial p_a}{\partial \xi_1} + \frac{\partial}{\partial \xi_1}\left(2A_M\frac{h_2}{h_1}D\frac{\partial U_1}{\partial \xi_1}\right) + \frac{\partial}{\partial \xi_2}\left(A_M\frac{h_1}{h_2}D\frac{\partial U_1}{\partial \xi_2}\right) + \frac{\partial}{\partial \xi_2}\left(A_M D\frac{\partial U_2}{\partial \xi_1}\right) + \frac{h_1 h_2}{D}\frac{\partial}{\partial \sigma}\left(K_M\frac{\partial U_1}{\partial \sigma}\right) \tag{6.2-51}$$

$$\frac{\partial h_1 h_2 U_2 D}{\partial t} + \frac{\partial h_2 U_1 U_2 D}{\partial \xi_1} + \frac{\partial h_1 U_2{}^2 D}{\partial \xi_2} + h_1 h_2 \frac{\partial \omega U_2}{\partial \sigma} + DU_1\left(- U_1 \frac{\partial h_1}{\partial \xi_2} + U_2 \frac{\partial h_2}{\partial \xi_1} + h_1 h_2 f\right)$$

$$=- gDh_1\left(\frac{\partial \eta}{\partial \xi_2} + \frac{\partial H_0}{\partial \xi_2}\right) - \frac{gD^2 h_1}{\rho_0}\int_\sigma^0\left[\frac{\partial \rho}{\partial \xi_2} - \frac{\sigma}{D}\frac{\partial D}{\partial \xi_2}\frac{\partial \rho}{\partial \sigma}\right]d\sigma - D\frac{h_1}{\rho_0}\frac{\partial p_a}{\partial \xi_2} + \frac{\partial}{\partial \xi_2}\left(2A_M\frac{h_1}{h_2}D\frac{\partial U_2}{\partial \xi_2}\right) + \frac{\partial}{\partial \xi_1}\left(A_M\frac{h_2}{h_1}D\frac{\partial U_2}{\partial \xi_1}\right) + \frac{\partial}{\partial \xi_1}\left(A_M D\frac{\partial U_1}{\partial \xi_2}\right) + \frac{h_1 h_2}{D}\frac{\partial}{\partial \sigma}\left(K_M\frac{\partial U_2}{\partial \sigma}\right) \tag{6.2-52}$$

温、盐扩散方程：

$$h_1 h_2\frac{\partial \Theta D}{\partial t} + \frac{\partial h_2 U_1 \Theta D}{\partial \xi_1} + \frac{\partial h_1 U_2 \Theta D}{\partial \xi_2} + h_1 h_2\frac{\partial \omega \Theta}{\partial \sigma}$$

$$= \frac{\partial}{\partial \xi_1}\left(\frac{h_2}{h_1}A_H D\frac{\partial \Theta}{\partial \xi_1}\right) + \frac{\partial}{\partial \xi_2}\left(\frac{h_1}{h_2}A_H D\frac{\partial \Theta}{\partial \xi_2}\right) + \frac{h_1 h_2}{D}\frac{\partial}{\partial \sigma}\left(K_H\frac{\partial \Theta}{\partial \sigma}\right) \tag{6.2-53}$$

$$h_1 h_2\frac{\partial SD}{\partial t} + \frac{\partial h_2 U_1 SD}{\partial \xi_1} + \frac{\partial h_1 U_2 SD}{\partial \xi_2} + h_1 h_2\frac{\partial \omega S}{\partial \sigma}$$

$$= \frac{\partial}{\partial \xi_1}\left(\frac{h_2}{h_1}A_H D\frac{\partial S}{\partial \xi_1}\right) + \frac{\partial}{\partial \xi_2}\left(\frac{h_1}{h_2}A_H D\frac{\partial S}{\partial \xi_2}\right) + \frac{h_1 h_2}{D}\frac{\partial}{\partial \sigma}\left(K_H\frac{\partial S}{\partial \sigma}\right) \tag{6.2-54}$$

湍动能传输方程：

$$h_1h_2\frac{\partial q^2D}{\partial t}+\frac{\partial h_2U_1q^2D}{\partial \xi_1}+\frac{\partial h_1U_2q^2D}{\partial \xi_2}+h_1h_2\frac{\partial \omega q^2}{\partial \sigma}$$

$$=h_1h_2\left\{2\frac{K_M}{D}\left[\left(\frac{\partial U_1}{\partial \sigma}\right)^2+\left(\frac{\partial U_2}{\partial \sigma}\right)^2\right]+\frac{2g}{\rho_0}K_H\frac{\partial \rho}{\partial \sigma}-2\frac{Dq^3}{B_1l}\right\}+$$

$$\frac{\partial}{\partial \xi_1}\left(\frac{h_2}{h_1}A_HD\frac{\partial q^2}{\partial \xi_1}\right)+\frac{\partial}{\partial \xi_2}\left(\frac{h_1}{h_2}A_HD\frac{\partial q^2}{\partial \xi_2}\right)+\frac{h_1h_2}{D}\frac{\partial}{\partial \sigma}\left(K_q\frac{\partial q^2}{\partial \sigma}\right) \tag{6.2-55}$$

湍流尺度方程:

$$h_1h_2\frac{\partial q^2\lambda D}{\partial t}+\frac{\partial h_2U_1q^2\lambda D}{\partial \xi_1}+\frac{\partial h_1U_2q^2\lambda D}{\partial \xi_2}+h_1h_2\frac{\partial \omega q^2\lambda}{\partial \sigma}$$

$$=h_1h_2\left\{\frac{\lambda E_1K_M}{D}\left[\left(\frac{\partial U_1}{\partial \sigma}\right)^2+\left(\frac{\partial U_2}{\partial \sigma}\right)^2\right]+\frac{\lambda E_1g}{\rho_0}K_H\frac{\partial \rho}{\partial \sigma}-\frac{Dq^3}{B_1}\bar{w}\right\}+$$

$$\frac{\partial}{\partial \xi_1}\left(\frac{h_2}{h_1}A_HD\frac{\partial q^2\lambda}{\partial \xi_1}\right)+\frac{\partial}{\partial \xi_2}\left(\frac{h_1}{h_2}A_HD\frac{\partial q^2\lambda}{\partial \xi_2}\right)+\frac{h_1h_2}{D}\frac{\partial}{\partial \sigma}\left(K_q\frac{\partial q^2\lambda}{\partial \sigma}\right) \tag{6.2-56}$$

式中,ξ_1、ξ_2 分别为任意水平正交曲线坐标;h_1、h_2 分别为拉梅系数。

此处表达式为:

$$\begin{cases} h_1=\sqrt{\left(\dfrac{\partial x}{\partial \xi_1}\right)^2+\left(\dfrac{\partial y}{\partial \xi_1}\right)^2} \\ h_2=\sqrt{\left(\dfrac{\partial x}{\partial \xi_2}\right)^2+\left(\dfrac{\partial y}{\partial \xi_2}\right)^2} \end{cases} \tag{6.2-57}$$

6.2.2 第三代深海海浪模式 WAVEWATCH-Ⅲ

海浪模式 WAVEWATCH-Ⅲ是美国国家环境预报中心(NCEP)下的 MMAB (Marine Modeling and Analysis Branch)发展的全谱空间的第三代海浪模式,是在荷兰 Delft 理工大学发展的 WAVEWATCH-Ⅰ和美国航空航天局(NASA)Goddard 空间飞行中心发展的 WAVEWATCH-Ⅱ的基础上的进一步发展,现已被美国国家环境预报中心(NCEP)用作业务化的全球和区域海浪预报模式。WAVEWATCH-Ⅲ在控制方程、模式结构、数值方法、物理参数化方案等方面与先前的海浪模式有着较大的区别。控制方程中隐含地假定水深、流场和波浪场本身在时间和空间尺度上变化,并且变化的尺度远大于单一波,另一个的限制是,模式中物理过程的参数化方案没有指定海浪受水深限制的条件。

WAVEWATCH-Ⅲ模式中使用相参数来描述海浪谱。对于不规则的海浪而言,海面的随机变化可以用谱密度 F 来描述,这种海浪谱通常称为能量谱,可以表

示为相参数的函数 $F(k,\sigma,\omega)$。相参数是指波数矢量 k(波数 k、波分量的传播方向 θ)和几个相关频率(固有频率 σ 和绝对频率 ω),如果考虑流对海浪的影响,则要对固有频率 σ(相对于平均流场)和绝对频率 ω 作一个区分,相参数 k、σ 和 ω 通过波动频散关系和多普勒方程建立联系。WW3 模式中选择以波数 k 和方向 θ 为基本参数的谱 $F(k,\theta)$,因为 $F(k,\theta)$ 在考虑因水深变化引起波浪的成长和消衰的物理机制时具有恒定性的特点,但 WW3 的输出仍然采用以往模式所选用的频率-方向谱,这两种谱之间的转换。可以通过简单的雅可比变换来实现。

1)模式的控制方程

通常情况下,深度和流的变化范围被认为比单一海浪的变化范围要大很多。在给定的频散关系和有关的相函数 Doppler 方程的条件下,这种线性海浪理论可以被局部应用。

$$\sigma^2 = gk\tan kd \tag{6.2-58}$$

$$\omega = \sigma + k\overline{U} \tag{6.2-59}$$

式中,d 为平均水深;$\overline{U}$ 为流速。

深度和流速的缓慢变化的假设可以应用在大尺度深度上,对于它来说,海浪的衍射大体上可以被忽略掉。从海浪或海浪分量的相函数得到的 k 和 w 的通常定义表明,波数是守恒的。

$$\frac{\partial k}{\partial t} + \nabla\omega = 0 \tag{6.2-60}$$

从式(6.2-58)~式(6.2-60)中,我们可以计算出相函数的变化率。

对于单一频率的波浪,振幅可以代表波高或者波能量。对于不规则的风浪,海面的变化通常用谱密度的变化表示。(在波浪模型中,通常用能量谱表示)频谱 F 的变化是所有独立相参数的函数。

对于随机海浪来说,海面的不规则变化可以用谱密度 F 描述,这种海浪谱通常称作能量谱,可以表示为相参数的函数 $F(k,\sigma,\omega)$,再考虑时间和空间的变化,就可以写成 $F(k,\sigma,\omega;x,t)$。式中,k 为波数矢量;波数 k 和方向 θ,σ,ω 分别为固有频率和绝对频率;x,t 分别代表地理空间和时间。参数 k,σ,ω 不是相互独立的,它们通过波动的频散关系和多普勒方程建立联系以前的海浪模式基本都是以频率和方向为参数,建立控制方程 WWATCH 模式,选择以波数 k 和方向 θ 为基本的参数,组成谱 $F(k,\theta)$,但模式的输出仍然采用以往模式的频率和方向谱作为基本输出,这两种谱的转换可以通过雅可比向前变换来实现。

在不考虑流的影响时,一个波包的能量是守恒的,而考虑了流对波浪平均动量传输所做的功时,这种能量就不再守恒,但一般认为,波作用量 $A\equiv E/\sigma$ 是守恒的,因此,在 WWATCH 模式的控制方程中,使用了波作用量密度谱,即 $N(k,\theta)\equiv F(k,\theta)/\sigma$。这样,波浪的传播方程就可以表示为:

$$\frac{\partial N}{\partial t}+\nabla_x \dot{\vec{X}}N+\frac{\partial}{\partial k}\dot{k}N+\frac{\partial}{\partial \theta}\dot{\theta}N=\frac{S}{\sigma} \tag{6.2-61}$$

$$\dot{\vec{X}}=\vec{C}_g+\vec{U} \tag{6.2-62}$$

$$\dot{k}=-\frac{\partial\sigma}{\partial d}\frac{\partial d}{\partial S}-K\frac{\partial U}{\partial S} \tag{6.2-63}$$

$$\dot{\theta}=\frac{1}{k}\left[\frac{\partial\sigma}{\partial d}\frac{\partial d}{\partial m}-K\frac{\partial U}{\partial m}\right] \tag{6.2-64}$$

式中,S 为与海浪谱有关的源和汇的总和。

这里,群速 $\vec{C}_g$ 通过群速大小 C_g 和方向 θ 给定,S 与 θ 的方向一致,而 m 与 S 的方向互相垂直,方程对笛卡儿坐标是适用的。对于大尺度应用而言,这个方程通常通过经度 λ 和纬度 φ 被转化为球坐标,但是仍然保持当地变化的定义。在球坐标下,方程(2-3-4)的欧拉形式平衡方程可写为:[13]

$$\frac{\partial N}{\partial t}+\frac{1}{\cos\varphi}\cdot\frac{\partial}{\partial \varphi}\dot{\varphi}N\cos\theta+\frac{\partial}{\partial \lambda}\dot{\lambda}N+\frac{\partial}{\partial k}\dot{k}N+\frac{\partial}{\partial \theta}\dot{\theta}_g N=\frac{S}{\sigma} \tag{6.2-65}$$

$$\dot{\varphi}=\frac{c_g\cos\theta+U_\varphi}{R} \tag{6.2-66}$$

$$\dot{\lambda}=\frac{c_g\cos\theta+U_\lambda}{R\cos\varphi} \tag{6.2-67}$$

$$\dot{\theta}_g=\dot{\theta}-\frac{c_g\tan\varphi\cos\theta}{R} \tag{6.2-68}$$

式中,R 为地球半径;U_λ、U_φ 分别为平均海流在经、纬方向的分量;λ,φ 分别为经、纬度。

2)模式的源函数项

WWATCH 源函数项与以往模式的考虑是一样的,一般情况下,包括了风能量输入项 S_{in},波波非线性相互作用项 S_{nl} 和耗散(白冠)项 S_{ds},在浅水区考虑了底摩擦 S_{bot},用公式表示就是:

$$S=S_{in}+S_{nl}+S_{ds}+S_{bot}$$

在 WWATCH 模式的源程序中,有关源函数的参数选取是开放式的。使用者既可以使用 WAM 模式中的参数,也可以使用 WWATCH 开发者 Tolman 基于他及其合作者的最新研究结果而提出的参数,也可以由使用者自己定义有关的参数。而这些参数的选取,都是通过模式提供的开关项(SWITCH)在编译和连接程序时来实现。Tolman 等的研究结果与 WAM 模式参数的最大不同在于风输入项和耗散项,其他基本一致。本文中,风能量输入项和耗散项均采用 Tolman 等的研究结果,鉴于篇幅的限制,这里不再赘述。

3)非线性相互作用源函数

WW3 对 S_{nl}的计算提供了两种参数化方案,即离散相互作用近似(DIA)和 Webb-Resio-Tracy 方法(WRT)。

(1)DIA 方案

在波数矢量为 $k_1 \sim k_4$的 4 个组成波间的共振非线性相互作用,假定 $k_1=k_2$,共振条件为:

$$k_1+k_2=k_3+k_4 \tag{6.2-69}$$

$$\sigma_2=\sigma_1 \tag{6.2-70}$$

$$\sigma_3=(1+\lambda_{nl})\sigma_1 \tag{6.2-71}$$

$$\sigma_4=(1-\lambda_{nl})\sigma_1 \tag{6.2-72}$$

对组成波而言,非线性相互作用 δS_{nl}可表示为:

$$\begin{pmatrix} S_{nl,1} \\ S_{nl,3} \\ S_{nl,4} \end{pmatrix} = D \begin{pmatrix} -2 \\ 1 \\ 1 \end{pmatrix} C_g^{-4} f_{r,1}^{11} \times \left[F_1^2 \left(\frac{F_3}{(1+\lambda_{nl})^4} + \frac{F_4}{(1-\lambda_{nl})^4} \right) - \frac{2F_1F_3F_4}{(1-\lambda_{nl}{}^2)^4} \right] \tag{6.2-73}$$

式中,λ_{nl}为常数;C_g 为比例常数。

其中,$F_1=F(f_{r,1},\theta_1)$,$\delta S_{nl,1}=\delta S_{nl}(f_{r,1},\theta_1)$,依此类推。

(2)WRT 方案

在 WW3 中,第二种计算非线性相互作用的方法即为 WRT 方案,组成波须满足如下共振条件:

$$\begin{aligned} k_1+k_2&=k_3+k_4 \\ \sigma_1+\sigma_2&=\sigma_3+\sigma_4 \end{aligned} \tag{6.2-74}$$

则由于组成波的相互作用,导致的作用密度谱 N_1 的变化率为:

$$\begin{aligned} \frac{\partial N_1}{\partial t} = &\iiint G(k_1,k_2,k_3,k_4)\delta(k_1+k_2-k_3-k_4)\delta(\sigma_1+\sigma_2-\sigma_3-\sigma) \times \\ &[N_1N_3(N_4-N_2)+N_2N_4(N_3-N_1)]\,\mathrm{d}k_2\mathrm{d}k_3\mathrm{d}k_4 \end{aligned} \tag{6.2-75}$$

式中,G 为描述共振的耦合系数。

4)输入与耗散源函数

(1)WAM-3 模式中的方案

WW3 模式参考 WAM-3 中的输入和耗散源函数的参数化方案,S_{in}输入项为:

$$S_{in}(k,\theta)=C_{in}\frac{\rho_a}{\rho_w}\max\left[0,\left(\frac{28u_0}{c}\cos(\theta-\theta_w)-1\right)\right]\sigma N(k,\theta) \tag{6.2-76}$$

$$u_0=u_{10}\sqrt{(0.8+0.065u_{10})10^{-3}} \tag{6.2-77}$$

式中,C_{in}为常数,$C_{in}=0.25$,ρ_a、ρ_w 分别为大气和水的密度;u_0 为风摩擦速度;c 为相速度 σ/k;u_{10}为平均海平面 10m 以上的风速;θ_w 为平均风向。

相关耗散源函数为:

$$S_{ds}(k,\theta)=C_{ds}\hat{\sigma}\ \frac{k}{\hat{k}}\left(\frac{\hat{\alpha}_{PM}}{\alpha_{PM}}\right)^2N(k,\theta) \tag{6.2-78}$$

$$\hat{\sigma}=(\overline{\sigma^{-1}})^{-1} \tag{6.2-79}$$

$$\hat{\sigma}=Ek^2g^{-2} \tag{6.2-80}$$

式中,C_{ds}为常数,$C_{ds}=-2.36\times10^{-5}$;$\hat{\alpha}_{PM}$为 $\hat{\alpha}$ 的 PM 谱值,$\hat{\alpha}_{PM}=3.02\times10^{-3}$;$k$ 已在前面给出。

(2)Tolman 和 Chalikov 提出的方案

WW3 模式还提供了 Tolman 和 Chalikov 的最新解决方案,S_{in}输入项为:

$$S_{in}(k,\theta)=\alpha\beta N(k,\theta) \tag{6.2-81}$$

式中,β 为非线性风-浪相互作用参数。

相关的耗散项为包括低频和高频两个部分。

低频部分为:

$$S_{in}(k,\theta)=-\ 2u_0hk^2\varphi N(k,\theta) \tag{6.2-82}$$

$$h\ =4\ \left[\int_0^{2x}\int_{f_h}^{\infty}F(f,\theta)\,\mathrm{d}f\mathrm{d}\theta\right]^{1/2} \tag{6.2-83}$$

$$\varphi\ =b_0\ +b_1\hat{f}_{p,l}\ +b_2\hat{f}_{p,i}^{-b_3} \tag{6.2-84}$$

式中,h 为波浪场高频能量部分的混合尺度;φ 为计算波浪场发展阶段的经验函数。

高频部分为:

$$S_{ds,h}(k,\theta)=-a_0\left(\frac{u_0}{g}\right)^2f^3\alpha_n^BN(k,\theta) \tag{6.2-85}$$

$$B=a_1\left(\frac{fu_0}{g}\right)^{-a_2} \tag{6.2-86}$$

$$\alpha_n = \frac{\sigma^6}{c_g g^2 \alpha_r} \int_0^{2\pi} N(k,\theta)\,\mathrm{d}\theta \tag{6.2-87}$$

5)底摩擦源函数(JONSWAP)

底摩擦源函数采用经验的简单参数化方法,底摩擦源函数 S_{bot} 为:

$$S_{\mathrm{bot}}(k,\theta) = 2\Gamma \frac{n-0.5}{gd} N(k,\theta) \tag{6.2-88}$$

式中,N 为相速度与群速度的比率;Γ 为常数,对于涌,$\Gamma = -0.038\mathrm{m}^2\mathrm{s}^{-3}$;对于风浪,深水区 $\Gamma = -0.067\ \mathrm{m}^2\mathrm{s}^{-3}$,浅水区 $\Gamma = -0.019\ \mathrm{m}^2\mathrm{s}^{-3}$。

6)模式输出参数

在海浪模拟过程中,WW3 海浪模式的输出参数主要有:

平均水深(m);

平均流速(矢量,m/s);

平均风速(矢量,m/s),即为模式的输入风场;

有效波高(m);

$$H_s = 4\sqrt{E} \tag{6.2-89}$$

平均波长(m);

$$L_m = 2\pi\, \overline{k^{-1}} \tag{6.2-90}$$

平均波周期(s);

$$T_m = 2\pi\, \overline{\sigma^{-1}} \tag{6.2-91}$$

平均波向(°);

$$\theta_m = a\tan\left(\frac{b}{a}\right) \tag{6.2-92}$$

$$a = \int_0^{2x} \int_0^{\infty} \cos\theta F(\sigma,\theta)\,\mathrm{d}\sigma\mathrm{d}\theta \tag{6.2-93}$$

$$b = \int_0^{2x} \int_0^{\infty} \sin\theta F(\sigma,\theta)\,\mathrm{d}\sigma\mathrm{d}\theta \tag{6.2-94}$$

水位(m)。

6.2.3 第三代近岸海浪模式 SWAN

1)控制方程

详见 2.2.1 节,本节不再赘述。

2)方程的离散要求

取 Δt 为时间步长;Δx 为空间 x 方向步长;Δy 为空间 y 方向步长;$\Delta\sigma$ 为谱空间

相对频率 σ 步长;$\Delta\theta$ 为谱空间方向分布 θ 的步长。由于谱的分布在360°范围内不同,绝大部分能量分布在 $\theta_{min} \sim \theta_{max}$。因此,可在 θ_{min} 和 θ_{max} 之间将谱方向离散为等间距方向步长,风浪情形下方向步长可选大一些,为 5°~12°;涌浪情形下方向步长需小一些,为 2°~5°。离散频率定义在最低截断频率(如 0.04Hz)和最高截断频率(如 1.0Hz)之间。

3)边界条件

SWAN 要求有边界条件输入,如果没有边界条件输入,模式会自动假定计算网格周围的区域为陆地点,成为封闭区域。对于没有观测作为边界条件的边界为自由边界,计算域边界可以是陆地或水域边界。陆地边界不产生波浪,可以认为能将入射波吸收而不产生波浪反射;对水域边界而言,迎浪面边界条件一般可根据现场观测得到或通过波浪模型数值模拟得到。大多数水边界均只有一个或者两个迎浪边界,其迎浪边界条件能够较为准确地被确定,而相对地,横向边界条件较难确定。

通常,现场观测能得到个别点的波浪数据,由其他大尺度波浪数值模型则能得到粗网格边界波浪数据,则在能接受的误差范围内的计算结果精度可以得到保证。对于陆地边界,这里取陆地边界,不产生波浪,入射波能量被吸收;对于工程区水域边界,这里取波浪可以自由离开计算区域。

4)源汇项 $S(\sigma,\theta)$ 的处理

详见 2.2.1 节,本节不再赘述。

5)SWAN 模式的数值实现

(1)波浪传播的离散化

SWAN 数值格式的选取基于收敛性、精确性和节省时间。

由于基本方程本身的特性以至于一个网格点的海面状态是由迎浪网格点的海面状态决定的,因此,更具收敛性和效率的隐式迎风格式比较合适。这就隐含表明所有能量密度的微分(在时间 t 和空间 x,y)在同一个计算步(i_t,i_x,i_y)上进行计算,也就是说,对这样一个格式来说,时间和空间的步长($\Delta t,\Delta x,\Delta y$)是相互无关的,此格式是无条件稳定的。多年使用第二代 HISWA 浅水波浪模式(Holthuijsen et al,1989 年)的经验表明,在海岸地区,在 x、y 地理空间上,一阶迎风差分格式的精度是足够的,然而,在海岸地区频率空间,需要更高的精度。这可以通过补充一个二阶中心近似的格式而获得。因此,在 SWAN 中,在地理空间和频率空间选择隐式迎风格式。另外,在频率空间补充一个中心近似格式。一个网格的状态是由迎浪网格点的状态决定的,这允许把方向谱空间分成四个象限。在每个象限,计算可以独立于另一个象限计算,而由于折射和非线性波-波相互作用所引起的相互作用(在对应的象限之间的边界条件里被说明)则除外。SWAN 内的波分量在地里空间

(x,y)相应地以一个迎风格式传播。SWAN 包括 3 个这样的格式：

①一阶 BSBT(backward space-backward)格式。应用于小尺度空间的定常和不定常情况。

②具有二阶扩散的二阶迎风格式,称为 SORDUP 格式。应用于空间大尺度的定常情况。

③具有三阶扩散的二阶迎风格式,称为 S&L 格式。应用于空间大尺度的非定常情况。

其中,一阶 BSBT 格式是一个含有 4 个向前齐步扫描(每个象限一个)的序列,为了恰当说明四个象限间的边界条件,计算四个象限间的能量转移,在每个时间步进行迭代计算。时间上的积分是一个简单的向后有限差分,则动量平衡方程的离散化为:

$$\left[\frac{N^{i_t,n}-N^{i_t-1,n}}{\Delta t}\right]_{i_x,i_y,i_\sigma,i_\theta}+\left[\frac{[c_xN]_{i_x}-[c_xN]_{i_x-1}}{\Delta x}\right]^{i,n}_{i_y,i_\sigma,i_\theta}+\left[\frac{[c_yN]_{i_y}-[c_yN]_{i_y-1}}{\Delta y}\right]^{i,n}_{i_x,i_\sigma,i_\theta}+$$

$$\left[\frac{(1-\gamma)\ [c_\sigma N]_{i_\sigma+1}+2\gamma\ [c_\sigma N]_{i_\sigma}-(1+\gamma)\ [c_\sigma N]_{i_\sigma-1}}{\Delta x}\right]^{i,n}_{i_x,i_y,i_\theta}+$$

$$\left[\frac{(1-\gamma)\ [c_\sigma N]_{i_\sigma+1}+2\gamma\ [c_\sigma N]_{i_\sigma}-(1+\gamma)\ [c_\sigma N]_{i_\sigma-1}}{2\Delta\sigma}\right]^{i,n}_{i_x,i_y,i_\theta}+$$

$$\left[\frac{(1-\eta)\ [c_\theta N]_{i_\theta+1}+2\eta\ [c_\theta N]_{i_\theta}-(1+\eta)\ [c_\theta N]_{i_\theta-1}}{2\Delta\theta}\right]^{i,n}_{i_x,i_y,i_\sigma}$$

$$=\left[\frac{S}{\sigma}\right]^{i,n^*}_{i_x,i_y,i_\sigma,i_\theta} \tag{6.2-95}$$

式中,i_t 为时间层标号;i_x、i_y、i_σ、i_θ 分别为 x、y、σ、θ 方向相应的网络标号;Δt 为时间步长;Δx、Δy 分别为地理空间 x、y 方向步长;$\Delta\sigma$ 为频率空间步长;$\Delta\theta$ 为波向空间步长;n 为每个时间层的迭代次数;n^* 为 n 或 $n-1$;γ、η 分别为系数,取值介于 0~1。γ、η 决定着谱空间的差分格式是偏于迎风还是中心差,也就是决定了模式的数值耗散和收敛性。当 γ、η 取为 0 值时,谱空间的差分格式是中心差格式,数值耗散趋于 0,计算精度较高;当 γ、η 取为 1 值时,谱空间的差分格式是迎风格式,数值耗散很大,但是收敛性较好。

a.定常情况。

对定常情况,SWAN 可以在定常模式下运行。时间不再作为一个变量,但 x,y 方向的积分仍然执行迭代。传播格式依然是隐式格式,Δx,Δy 的值依然是相互独立的。

SORPDUP(SORDUP = second－oder upwind)格式(Rogers et al,2002 年)是 SWAN 定常计算的默认格式,可以直接用来代替式(6.2-95)中的 x,y 的微分,如式(6.2-96)所示。

$$\left[\frac{1.5\ [c_xN]_{i_x}-2\ [c_xN]_{i_x-1}+0.5\ [c_xN]_{i_x-2}}{\Delta x}\right]_{i_y,i_\sigma,i_\theta}^{i,n}+\left[\frac{1.5\ [c_yN]_{i_y}-2\ [c_yN]_{i_y-1}+0.5\ [c_yN]_{i_y-2}}{\Delta y}\right]_{i_x,i_\sigma,i_\theta}^{i,n}=\left[\frac{S}{\sigma}\right]_{i_x,i_y,i_\sigma,i_\theta}^{i,n^*} \tag{6.2-96}$$

b.不定常情况。

S&L(S&L=Stelling and Leendertse)格式(Rogers et al,2002 年)是 SWAN 中不定常计算的默认格式,x,y 的微分被替换为式(6.2-97)。

$$\left[\frac{\frac{5}{6}[c_xN]_{i_x}-\frac{5}{4}[c_xN]_{i_x-1}+\frac{1}{2}[c_xN]_{i_x-2}-\frac{1}{12}[c_xN]_{i_x-3}}{\Delta x}\right]_{i_y,i_\sigma,i_\theta}^{i,n}+\left[\frac{\frac{5}{6}[c_yN]_{i_y}-\frac{5}{4}[c_yN]_{i_y-1}+\frac{1}{2}[c_yN]_{i_y-2}-\frac{1}{12}[c_yN]_{i_y-3}}{\Delta y}\right]_{i_x,i_\sigma,i_\theta}^{i,n}+\left[\frac{\frac{1}{4}[c_xN]_{i_x+1}-\frac{1}{4}[c_xN]_{i_x-1}}{\Delta x}\right]_{i_y,i_\sigma,i_\theta}^{i-1,n}+\left[\frac{\frac{1}{4}[c_yN]_{i_y+1}-\frac{1}{4}[c_yN]_{i_y-1}}{\Delta y}\right]_{i_x,i_\sigma,i_\theta}^{i-1,n}=\left[\frac{S}{\sigma}\right]_{i_x,i_y,i_\sigma,i_\theta}^{i,n^*} \tag{6.2-97}$$

在开边界、陆边界和阻碍物的邻近区域,SWAN 会回复到一阶的 BSBT 格式。这将带来较大的数值耗散,但通常在小区域内是可以接受的。

在非定常模式下,每个时间步,一个非常合理的初估值可以从前一个时间步获得,迭代步数得以减少。无论是在 x、y 空间还是谱空间,SWAN 的边界对将要离开计算区或跨过海岸线的波能是完全吸收的。沿着开边界的入射波能需要用户给定。在海岸地区,入射波能主要沿着深水边界给定,而不是沿着侧边界(谱密度假定为零)给定。

(2)波浪产生、波-波相互作用和波能耗散的离散化

SWAN 中源汇项的数值近似基本上都是隐式的。

前文已经给出了各个源汇项的表达式,其中风摄入波动能量项中的线性项 A 和总的波参数与波能无关,所以很容易进行计算。而所有别的源汇项则都依赖于

能量密度,因此,可以将它们描述为 $S=\varphi E$,φ 是依赖于总的波参数(E_{tot},$\tilde{\sigma}$,$\tilde{k}$ 等)和动谱密度。由于它们仅仅在前一迭代步 $n-1$ 是已知的,所以采用表达式 $\varphi=\varphi^{n-1}$,也就是说,系数 φ 需要由前一个迭代步决定。

①正的源项(如风的输入、正的三波-波相互作用)积分,采用显式格式通常比隐式模式更稳定。SWAN 内,这些项的显式模式表示为 $S^n=\varphi^{n-1}E^{n-1}$。为了节省计算时间,四波相互作用不管正负都采用显式模式。

②负的源项积分,采用隐式模式更稳定,强非线性的、负的、深度引起的波破碎源项,在迭代步 n 的值利用一个线性近似,进行估计。

$$S^n=\varphi^{n-1}E^{n-1}+\left(\frac{\partial S}{\partial E}\right)^{n-1}(E^n-E^{n-1}) \tag{6.2-98}$$

为使得公式更为健壮,用 $\varphi^{n-1}E^n$ 代替 $\varphi^{n-1}E^{n-1}$,由于深度引起的波浪破碎过程已经被表示为 $S=aS_{tot}$,$E=aE_{tot}$,所以就有:$\frac{\partial S}{\partial E}=\frac{\partial S_{tot}}{\partial E_{tot}}$。

对其他负的源项(如白帽破碎、底摩擦和负的三波-波相互作用),类似于估计精度,可以利用如下简化获得:

$$S^n=\varphi^{n-1}E^{n-1}+\left(\frac{S}{E}\right)^{n-1}(E^n-E^{n-1}) \tag{6.2-99}$$

如果 $S=\varphi E$,那么式(6.2-97)就可以简化为:$S^n=\varphi^{n-1}E^n$。

6)SWAN 模型的主要功能和适用范围

(1)适用于海岸、湖泊、河口水域风浪、涌浪及混合浪在空间和时间上的传播的预报,在直角坐标和球坐标下,以矩形网格进行嵌套计算,以曲线网格进行数值计算,适用于大、中、小水域。

(2)模拟水底地形和流场的变化引起的波浪折射、浅化效应,逆流时波浪的反射和破碎,波浪遇到 sub-grid 障碍物引起的透射及阻碍,波浪增水,流和非定常深度引起的频移。

(3)预报计算域内波高、波周期、波长、波陡、波浪行进方向、近底水质点的运动速度、波能传播方向、能量耗散(包括白帽浪引起的波浪破碎产生的耗散、底摩擦产生的耗散、波-波相互作用产生的耗散以及遇到障碍物产生的耗散)、单位水面所受波力等海岸工程所需的重要参数。

(4)由于引入透射系数,该模型能预报防波堤、潜堤对计算域波场的影响。

7)SWAN 模型预报海浪的应用研究现状

陈希和沙文钰[13]利用 SWAN 模型,在充分考虑相关物理过程(如风生浪、底摩擦、白浪效应、深度诱导波破碎、非线性波-波相互作用)的基础上,以较高的分辨率,对台湾岛海域的台风浪进行过模拟,所得到的模拟结果与实际台风资料能够较好地相符合。此次台风过程模拟结果表明:台风中心位于台湾岛邻近海域的不同位置,台风浪有效波高的分布特征和传播方向都有着较大的差异,可以为整个台湾岛邻近海域台风浪分布特征的了解与认识提供较好的参考。陈希[14]还利用该SWAN模式,对影响南海湛江港海域的二次台风浪过程进行了模拟研究:模式所需风场,由藤田台风风场模型同化相应时刻的台风要素、NCAR/NCEP网格点资料、单站观测资料后提供;利用自嵌套的方式,提供模式波谱边界条件;结果与实际海浪观测资料相符较好。陈希、沙文钰和闵锦忠[15]对东中国海的台风浪进行过研究,利用该模式对影响杭州湾-长江口沿岸海域的一次台风浪过程进行了模拟研究。认为模式所需风场由藤田台风风场模型嵌入对应台风特征等压线,并对相应时段的NCAR/NCEPT资料、单站资料进行同化后提供;利用自嵌套的方式提供波谱边界条件;模式模拟的结果与实际海浪观测资料相符较好,在此基础上,研究了底摩擦、深度诱导波破碎、三波相互作用等物理过程联合对近岸台风浪的影响。徐福敏、张长宽[16]等用SWAN模型计算了在不同水深时流场对波浪传播的影响,并与线性波流理论计算结果进行比较。最后,将模型应用于海安湾的浅水波浪数值计算,模拟湾内波高及周期场分布,并与观测结果进行比较。

从目前我国对SWAN模式的研究使用看,主要都是针对台风过程,其对应的风速都很大。没有对一般的风速(小于30m/s)的天气过程进行模式验证。并且模式的利用,主要集中于东海和南海以及台湾海域,未见在渤海海域使用SWAN模式的有关研究。

8)SWAN模型的优点与局限性

(1)SWAN模型具有以下优点

①对水深局限性小,可同时适用于深水、过渡水深和浅水各种情形。

②模型包括能量输入、耗损和非线性相互作用机理,对于源项的处理,应用了当今海洋研究的最新成果,在非线性项中加入了三相波的相互作用项,能够更加合理地模拟近岸波浪传播的周期变化。

③在不规定谱型的前提下,用方向谱表示随机波浪,使得模拟的前提条件更加接近真实海浪。

④模型计算不要求闭合边界条件,只要适当选择计算域的边界,即便只能确定其中一个迎浪边界条件,也能获得可靠的模拟效果。

(2)SWAN模型的局限性

①现阶段的SWAN模型未将绕射效应计入,因此,若波高在一两个波长的水平范围内有很大的变化,则将会影响模型计算的结果,使其出现偏差。因此,SWAN

不适用于模拟绕射效应显著的有障碍物的水域以及港湾内的波浪。事实上，对于不规则短峰波，现场观测及试验均证明，除障碍物顶端后一至两个波长范围内本模型模拟结果有所变小外，当入射方向谱不太窄时，绕射效应是比较小的，因此，在用SWAN模拟风浪情况时，此缺点并不十分明显。

②SWAN模型虽能模拟流场中的波浪场，却无法计算出波生流。

在对渤海湾这种以风浪为主的大范围浅水波浪场进行模拟时，SWAN模型是最为合理的选择，不但能够运用于各种复杂的气象和地形条件，另外一个选择SWAN模型的重要原因是，它能很好地模拟具有复杂岸线的区域，这在其他波浪模型中较难实现。

6.2.4 中尺度大气模式 MM5

MM5是美国宾夕法尼亚州立大学/国家大气研究中心(PSU/NICAR)从20世纪80年代以来共同开发的第5代区域中尺度数值模式。和上一代模式MM4相比，在模式动力框架上最大的改进之处在于引入了非静力平衡效应，从而使得模式具备了描写较小空间尺度而发展强烈的天气系统能力，对于局地扰动的生成和发展的描述能力超过MM4，并相应减少了为简化处理而采用的约束条件。该模式是具有数值天气预报业务系统功能和天气过程机理研究功能的综合系统。它一经发布，就以其优良的性能赢得世界各国相关学科众多业务和科研部门科学家的关注，并自发参与到模式系统的进一步开发更新工作中。目前，MM5注册用户遍及全球数十个国家，我国是MM5的主要使用国家之一，在气象、环境、生态、水文等多个学科领域都得到广泛使用。

1)中尺度非静力模式MM5控制方程

MM5模式非静力版首先定义以下参考状态和扰动场：

$$\left.\begin{aligned} p(x,y,z,t)&=p_0(z)+p'(x,y,z,t)\\ T(x,y,z,t)&=T_0(z)+T'(x,y,z,t)\\ \rho(x,y,z,t)&=\rho_0(z)+\rho'(x,y,z,t) \end{aligned}\right\} \tag{6.2-100}$$

式中，$p_0(z)$、$T_0(z)$、$\rho_0(z)$分别为大气气压、温度和密度的参考状态。

垂直σ坐标完全由参考状态定义：

$$\sigma=\frac{p_0-p_t}{p_s-p_t} \tag{6.2-101}$$

式中，p_s、p_t分别为参考状态地面气压和模式顶气压，是不随时间变化的。

这样，大气中任一点的气压可表达为下述形式：

$$p=p^*\sigma+p_t+p' \tag{6.2-102}$$

式中,$p^*=p_s-p_t$ 是参考状态地面气压和模式顶气压差,不随时间变化,而将 p' 作为预报变量。

非静力模式控制方程可写成如下形式[1,2]。

水平动量方程:

$$\frac{\partial p^* u}{\partial t}=-m^2\left(\frac{\partial p^* uu/m}{\partial x}+\frac{\partial p^* vu/m}{\partial y}\right)-\frac{\partial p^* u\dot{\sigma}}{\partial \sigma}+uDIV-\frac{mp^*}{\rho}\left(\frac{\partial p'}{\partial x}-\frac{\sigma}{p^*}\frac{\partial p^*}{\partial x}\frac{\partial p'}{\partial \sigma}\right)+p^* fv+Du \tag{6.2-103}$$

$$\frac{\partial p^* v}{\partial t}=-m^2\left(\frac{\partial p^* uv/m}{\partial x}+\frac{\partial p^* vv/m}{\partial y}\right)-\frac{\partial p^* v\dot{\sigma}}{\partial \sigma}+vDIV-\frac{mp^*}{\rho}\left(\frac{\partial p'}{\partial x}-\frac{\sigma}{p^*}\frac{\partial p^*}{\partial x}\frac{\partial p'}{\partial \sigma}\right)-p^* fu+Dv \tag{6.2-104}$$

垂直动量方程:

$$\frac{\partial p^* w}{\partial t}=-m^2\left(\frac{\partial p^* uw/m}{\partial x}+\frac{\partial p^* vw/m}{\partial y}\right)-\frac{\partial p^* w^* \dot{\sigma}}{\partial \sigma}+wDIV+p^* g\frac{\rho_0}{\rho}\left(\frac{1}{p^*}\frac{\partial p'}{\partial \sigma}+\frac{T_v}{T}-\frac{T_0 p'}{Tp_v}\right)-p^* g(q_e+q_t)+D_w \tag{6.2-105}$$

气压倾向方程:

$$\frac{\partial p^* p'}{\partial t}=-m^2\left(\frac{\partial p^* up'/m}{\partial x}+\frac{\partial p^* vp'/m}{\partial y}\right)-\frac{\partial p^* p'\dot{\sigma}}{\partial \sigma}+p'DIV-m^2p^* rp\left(\frac{\partial u/m}{\partial x}-\frac{\sigma}{mp^*}\frac{\partial p^*}{\partial x}\frac{\partial u}{\partial \sigma}+\frac{\partial v/m}{\partial y}-\frac{\sigma}{mp^*}\frac{\partial p^*}{\partial y}\frac{\partial v}{\partial \sigma}\right)+\rho_v grp\frac{\partial w}{\partial \sigma}+p^*\rho_v gw \tag{6.2-106}$$

热力学方程:

$$\frac{\partial p^* T}{\partial t}=-m^2\left(\frac{\partial p^* uT/m}{\partial x}+\frac{\partial p^* uT/m}{\partial y}\right)-\frac{\partial p^* T\dot{\sigma}}{\partial \sigma}+TDIV\frac{1}{\rho c_p}\left(p^*\frac{Dp'}{\partial t}-\rho_v gp^* w-D_p{}'\right)+p'\frac{Q}{C}+D_r \tag{6.2-107}$$

$$DIV=m^2\left(\frac{\partial p^* u/m}{\partial x}+\frac{\partial p^* v/m}{\partial y}\right)+\frac{\partial p^* \dot{\sigma}}{\partial \sigma} \tag{6.2-108}$$

$$\frac{Dp^*}{Dt}=\frac{\partial p'}{\partial t}+u\frac{\partial p'}{\partial x}+v\frac{\partial p'}{\partial y} \tag{6.2-109}$$

$$\dot{\sigma}=-\frac{\rho_0 g}{p^*}w-\frac{m\sigma}{p^*}\frac{\partial p^*}{\partial x}u-\frac{m\sigma}{p^*}\frac{\partial p^*}{\partial y}v \tag{6.2-110}$$

$$T_v=T(1+0.608q_v) \tag{6.2-111}$$

$$C_p=C_{\mathrm{pd}}(1+0.8q_v)$$

式中，u、v、w 分别为气流的纬向、经向和垂直方向速度；$\dot{\sigma}$、σ 分别为坐标垂直速度；m 为地图投影系数，带上标“′”的量均为扰动量；ρ_0 为空气密度；C_p 为定压比热；C_{pd}为干空气定压比热；q_{v} 为水汽混合比；Q 为非绝热加热项；q_e、q_t分别为云水和雨水混合比；D 为水平和垂直扩散项，以及由于大气边界层湍流作用或干对流调整引起的垂直混合。

地图投影可选用双标准兰勃特投影，也可选用极射赤面投影和麦卡托投影。

2)侧边界条件和上边界条件

由于区域模式在整个数值积分过程中，不断有天气系统进、出模式区域，因此，侧边界条件的选用就显得十分重要，一个好的侧边界条件要能保证系统自由进出模式区，不会产生明显的畸变和反射。模式系统设计了固定侧边界、时变侧边界和流入/流出松弛侧边界等几种侧边界条件，能取得较好的模拟效果。

模式上边界采用 Klemp 等[3]设计的一种上边界处理方法，这种方法能使波能穿过上边界而不产生反射，具体表达为：

$$\hat{p}=\frac{\rho N}{K}\hat{W} \tag{6.2-112}$$

式中，$\hat{p}$、$\hat{W}$ 分别为气压和垂直速度的水平 Fourier 分量；ρ 为空气密度；N 为浮力频率；K 为水平总波数。

3)模式物理过程参数化

(1)水平扩散

MM5 模式中，水平扩散取两种形式：一种是二阶扩散形式，主要用在区域侧边界附近；另一种是四阶形式，主要用在整个区域内部。两种形式分别可表示成：

$$F_{H2\alpha}=p^* K_H \nabla_\alpha^2 a \tag{6.2-113}$$

$$F_{H4\alpha}=p^* K'_H \nabla_\alpha^4 a$$

$$K'_H=(\Delta_S)^2 K_H$$

式中，K_H 为水平扩散系数；a 为任意预报变量。

水平扩散系数由基本值 K_{H*} 和正比于水平变形率的项组成。

(2)干对流调整

模式大气有时会出现超绝热现象,即模式大气温度递减率大于干绝热递减率。在实际大气中,这种现象是不会持续存在的,即使因为某种动力或热力作用在实际大气中产生了超绝热现象,由于此时大气处于绝对不稳定状态,所以很快就会通过垂直对流交换使超绝热现象消失。因此,实际大气中的超绝热现象即使会出现,也是非常短暂的,而在模式大气中,如果出现了超绝热现象,由于模式大气没有迅速调整机制,故超绝热现象将会维持,而不会自动消失,从而产生了虚假的水平和垂直热力递度,并会激发出虚假的小尺度扰动,干扰模式大气的稳定运行。因此,在模式大气中,如某时次出现了超绝热现象,则要人为地将它削弱掉,但又要保证大气总质量和总能量守恒,这种人为削弱超绝热现象的方法称为干对流调整。干对流调整应满足下述约束条件,即整个超绝热气柱中调整前后平均温度不变,并且调整后,温度的垂直递减率等于干绝热递减率。

(3)降水物理过程

MM5 在处理模式大气降水物理过程时有多种方案可选择,这些方案通常分为两类,分别称作显式方案和隐式方案。其中,显式方案处理模式可分辨尺度(或称为大尺度)降水物理过程,隐式方案处理模式不可分辨尺度(或称积云对流)降水过程。在当今计算机性能日益提高的情况下,数值模式水平和垂直分辨率也越来越高,过去所谓积云尺度的物理过程,现在已变成可分辨尺度过程,从而可以用显式方案处理。

4)时间积分方法

(1)时间分裂算法

时间分裂积分方法可用来提高模式计算效率。在非静力模式中,由于模式大气是可压缩的,因此,模式大气中包含快速的声波,为了保证计算的稳定性,必须选用较短的时间步长,模式计算效率很低。为提高计算效率,数值积分时分两种情况区别对待。计算模式中和快速声波有关项时,假定其他项是不变的,这样将使描述声波作用的方程更简化,此时,选用较短的时间步长,计算量大为减少;计算模式中和声波无关的项时,选用较长的时间步长,从而使整个模式计算效率有很大的提高。

(2)半隐式时间积分格式

模式积分的半隐式格式是 Klemp 和 Wilheimson[11] 提出来的,在短的积分时步,由 t 时步的 u、v、w、p'出发,先计算 u、v 在 $t+1$ 时步的值 u^{t+1}、v^{t+1},再将它们代入气压方程,用显式方法计算声波水平传播对气压的作用。声波垂直传播的作用用隐式方法计算。温度方程和湿度方程中,由于没有和声波有关的项,故它们的时间积分方法仍用蛙跃格式,并且时间步长可取得较长。

6.3 选取的代表台风及方案

本研究收集最近对本海域影响范围和强度比较大的强台风“韦帕”(2007 年 13 号台风)资料及区域内风、浪、气压、水文、泥沙等相关资料,模拟验证计算强台风“韦帕”生成消失的全过程以及洋山港台风浪、风暴潮、海流及泥沙骤淤情况。

2007 年,第 13 号强台风“韦帕”(WIPHA)于 9 月 16 日 8 时在菲律宾东北部的洋面上生成,16 日 14 时,中心位置在浙江舟山定海东南方向大约 1360km 的洋面上,也就是北纬 20.6°、东经 130.7°,中心气压 988hPa,近中心最大风力为每秒 23m(9 级),风暴 7 级风圈半径为 150km。于 9 月 17 日凌晨加强为台风,晚上 18 时加强为强台风,中心气压 955hPa,近中心最大风力 14 级(45m/s),强台风 7 级风圈半径为 400km、10 级风圈半径为 150km。于 9 月 18 日凌晨加强为超强台风。19 日凌晨 2 点 30 分在浙江苍南霞关镇登陆,登陆时中心附近最大风力 14 级,中心最低气压 950hPa。登陆后迅速减弱,于 19 日早晨 7 时在浙江省泰顺县境内减弱为强热带风暴,19 日 11 时,“韦帕”的中心位置移动到金华武义境内,强度由强热带风暴减弱为热带风暴。20 日 7 时前进入黄海。“韦帕”北上穿过山东半岛东部后,在黄海北部变性为温带气旋,20 日 14 时停止编号。强台风“韦帕”路径见表 6.3-1 和图 6.3-1。

强台风“韦帕”路径 表 6.3-1

日　期	时　间	东经(°)	北纬(°)	最大风速(m/s)
2007 年 9 月 17 日	02:00	128.7	22.0	33
2007 年 9 月 17 日	05:00	128.2	22.3	35
2007 年 9 月 17 日	08:00	127.7	22.5	35
2007 年 9 月 17 日	11:00	127.4	22.7	40
2007 年 9 月 17 日	14:00	126.8	22.9	40
2007 年 9 月 17 日	17:00	126.3	23.2	40
2007 年 9 月 17 日	20:00	125.7	23.5	50
2007 年 9 月 17 日	23:00	125.1	23.6	50
2007 年 9 月 18 日	02:00	124.6	23.9	50
2007 年 9 月 18 日	05:00	124.0	24.2	55
2007 年 9 月 18 日	08:00	123.6	24.4	55
2007 年 9 月 18 日	11:00	123.3	25.0	55
2007 年 9 月 18 日	14:00	122.6	25.6	55
2007 年 9 月 18 日	17:00	121.9	25.9	55

续上表

日 期	时 间	东经(°)	北纬(°)	最大风速(m/s)
2007年9月18日	20:00	121.4	26.2	50
2007年9月18日	23:00	121.1	26.5	45
2007年9月19日	02:00	120.6	27.1	45
2007年9月19日	05:00	120.1	27.3	40
2007年9月19日	08:00	119.8	27.8	25
2007年9月19日	11:00	119.7	28.4	23
2007年9月19日	14:00	119.4	29.3	20
2007年9月19日	17:00	118.9	29.9	20
2007年9月19日	20:00	118.9	30.5	20
2007年9月19日	23:00	119.1	31.6	20

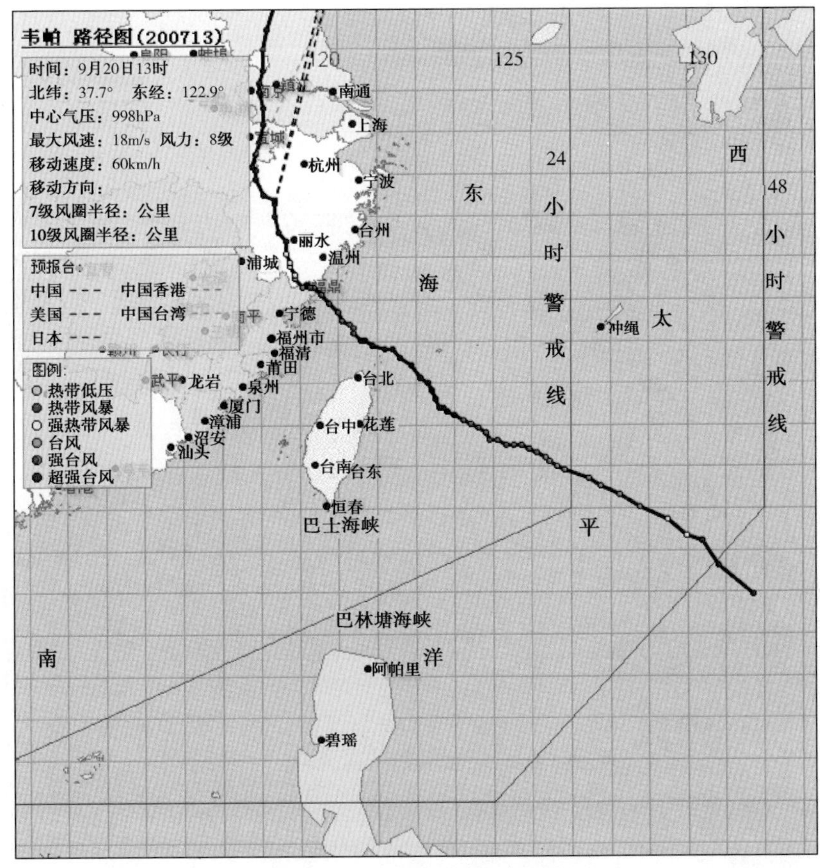

图6.3-1 强台风“韦帕”路径图

台风“韦帕”在距离洋山港300多公里的浙江苍南霞关镇登陆，为了模拟台风正面登陆洋山，进行洋山港附近海区影响较大的海床冲淤变化预报，将台风“韦帕”路径北移3.5°纬度后的台风浪-潮流，作为洋山港附近海区泥沙运移及海床冲淤变化预报的动力条件。

6.4 深海海域台风浪-潮-流数值模拟

深海海域（包括东海、黄海、渤海、南海和日本海）台风浪-风暴潮-潮流数值模拟，模型范围为东经105.0°～145.0°、北纬5.0°～45.0°，采用0.2°空间分辨率，计算域包括东海、黄海、渤海、南海和日本海。在该模型中，应用中尺度大气模式MM5、全球潮汐模型、第三代深海波浪模型（WAVEWATCH Ⅲ）和三维河口海岸海洋模式（ECOMSED），进行深海致灾台风浪-潮-流的模拟，为东海近岸海区台风浪-风暴潮-潮流的模拟提供精确的边界条件。

6.4.1 风场和气压场的模拟

（1）应用中尺度大气模式MM5模拟的台风“韦帕”的风场（图6.4-1）。

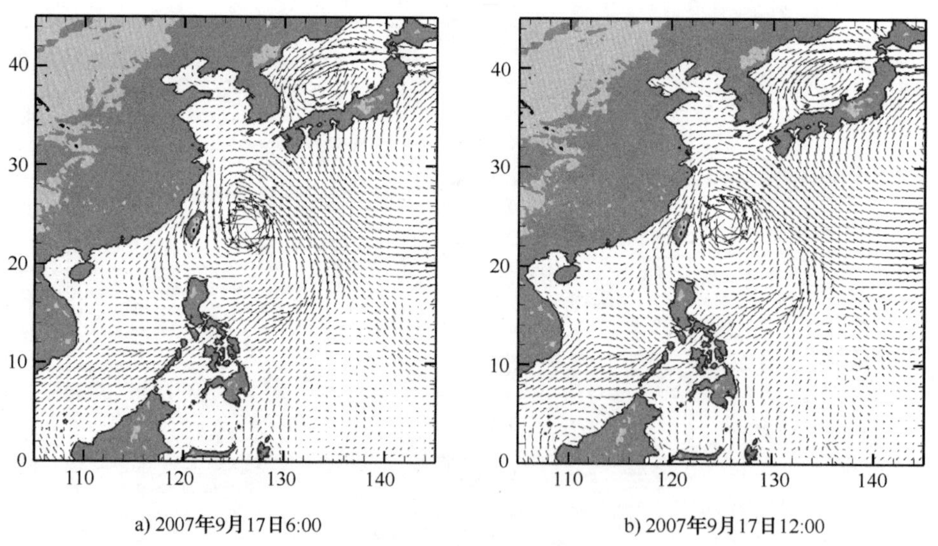

a) 2007年9月17日6:00　　b) 2007年9月17日12:00

图 6.4-1

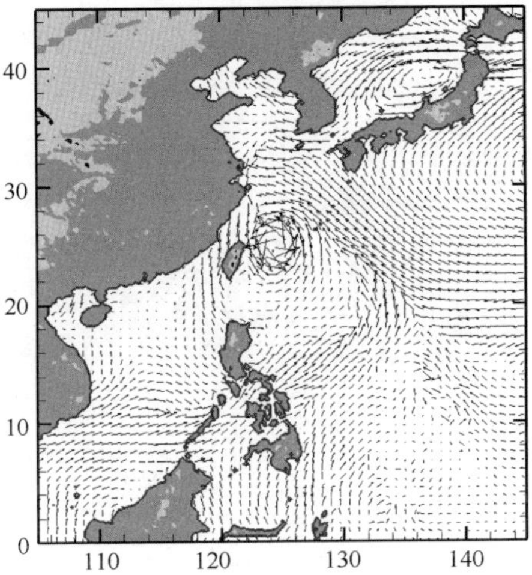

c) 2007年9月17日18:00

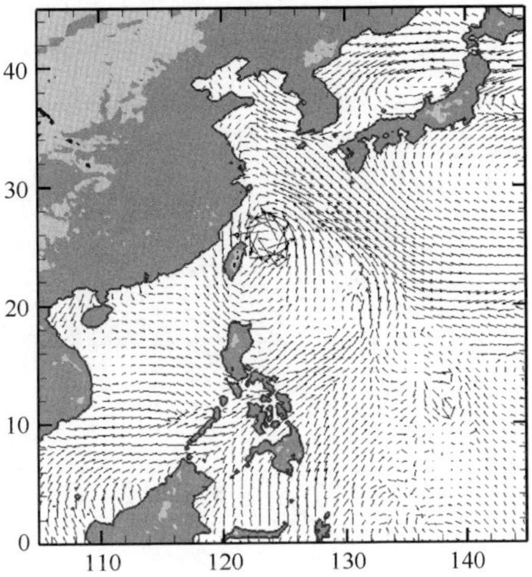

d) 2007年9月18日1:00

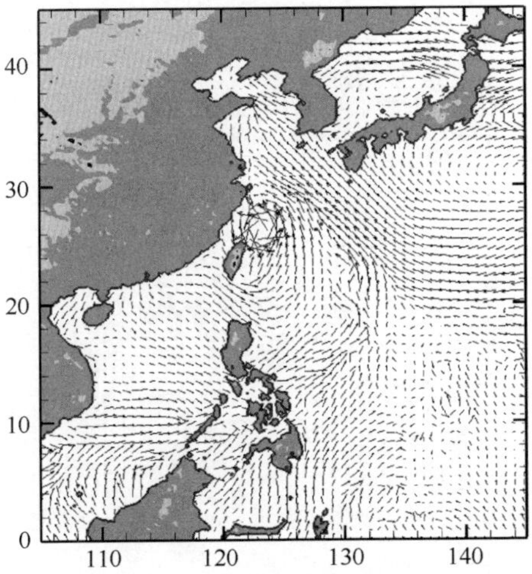

e) 2007年9月18日6:00

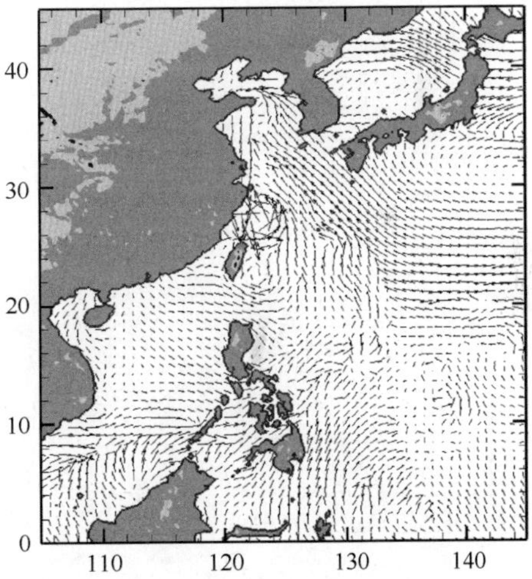

f) 2007年9月18日12:00

图 6.4-1　深海海域海面模拟台风“韦帕”风向、风速图

(2)应用中尺度大气模式 MM5 模拟的台风“韦帕”的气压场(图 6.4-2)。

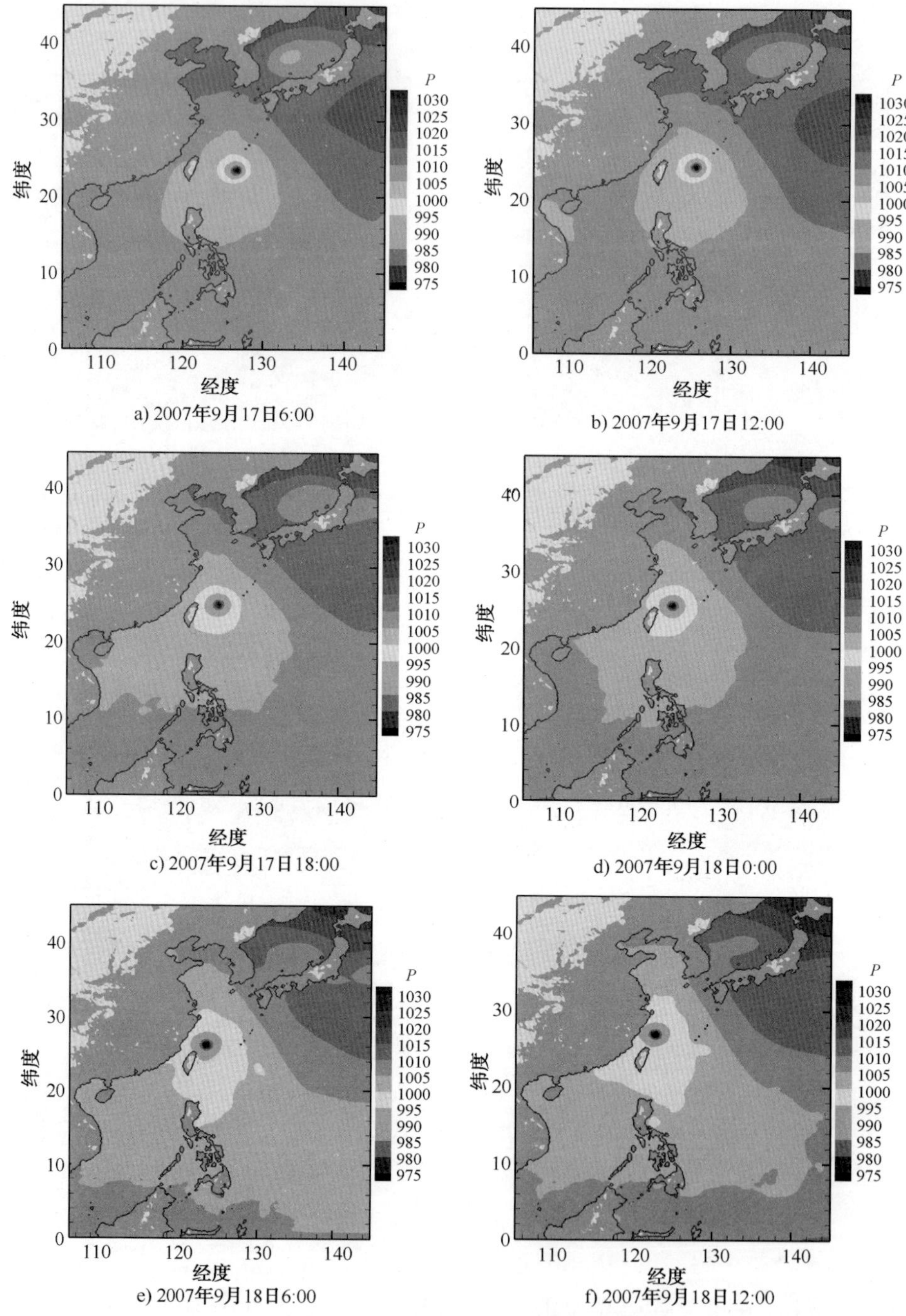

图 6.4-2 深海海域海面模拟台风“韦帕”气压图

6.4.2 台风浪的模拟

台风浪的模拟应用第三代深海波浪模型(WAVEWATCH Ⅲ)进行,其模拟的结果,包括有效波高、波向、风速、风向、波周期。

(1)深海海域台风“韦帕”的有效波高(图6.4-3)。

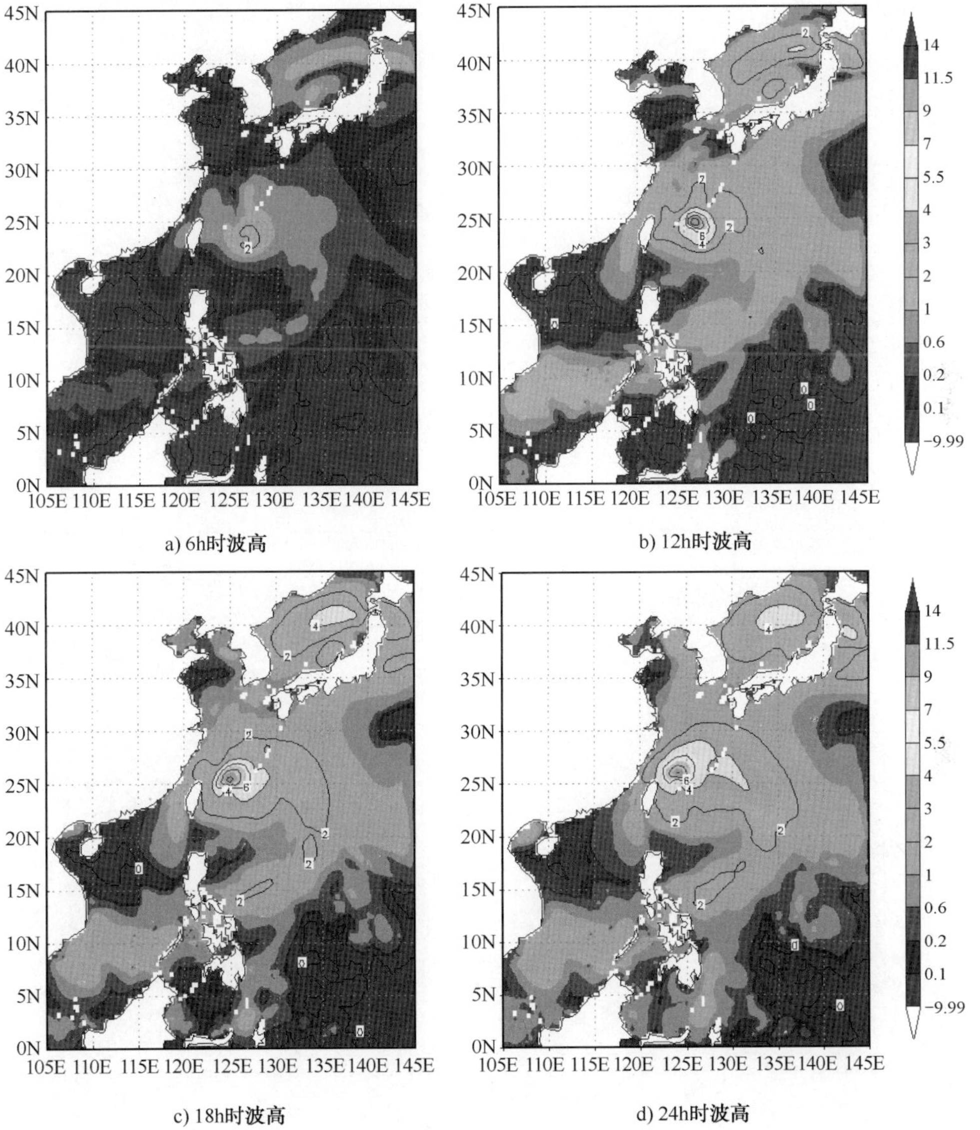

a) 6h时波高

b) 12h时波高

c) 18h时波高

d) 24h时波高

图6.4-3 深海海域模拟台风“韦帕”有效波高图

(2)深海海域台风“韦帕”的波向(图6.4-4)。

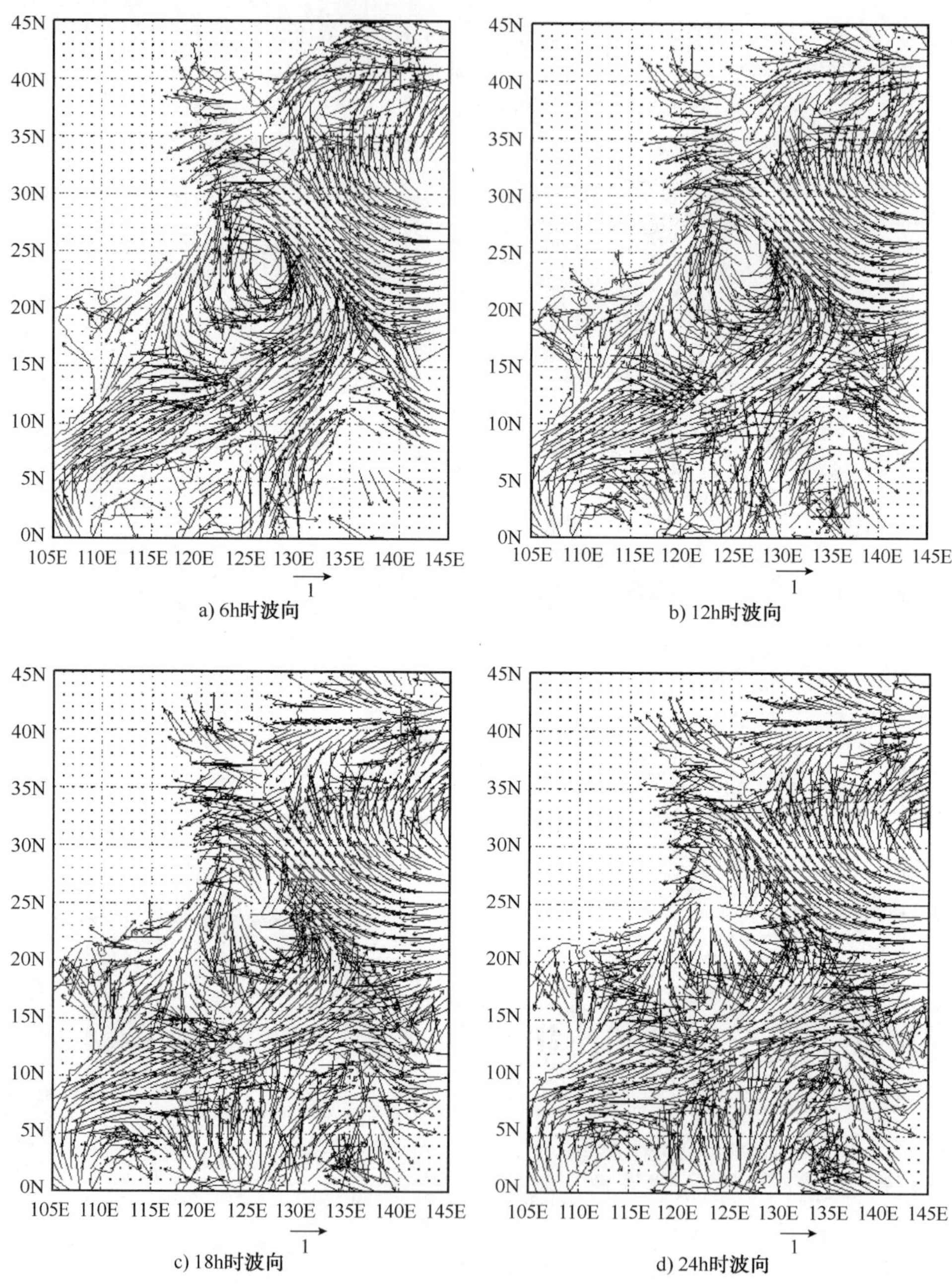

图6.4-4 深海海域台风“韦帕”波向图

(3)深海海域台风“韦帕”的风速、风向(图6.4-5)。

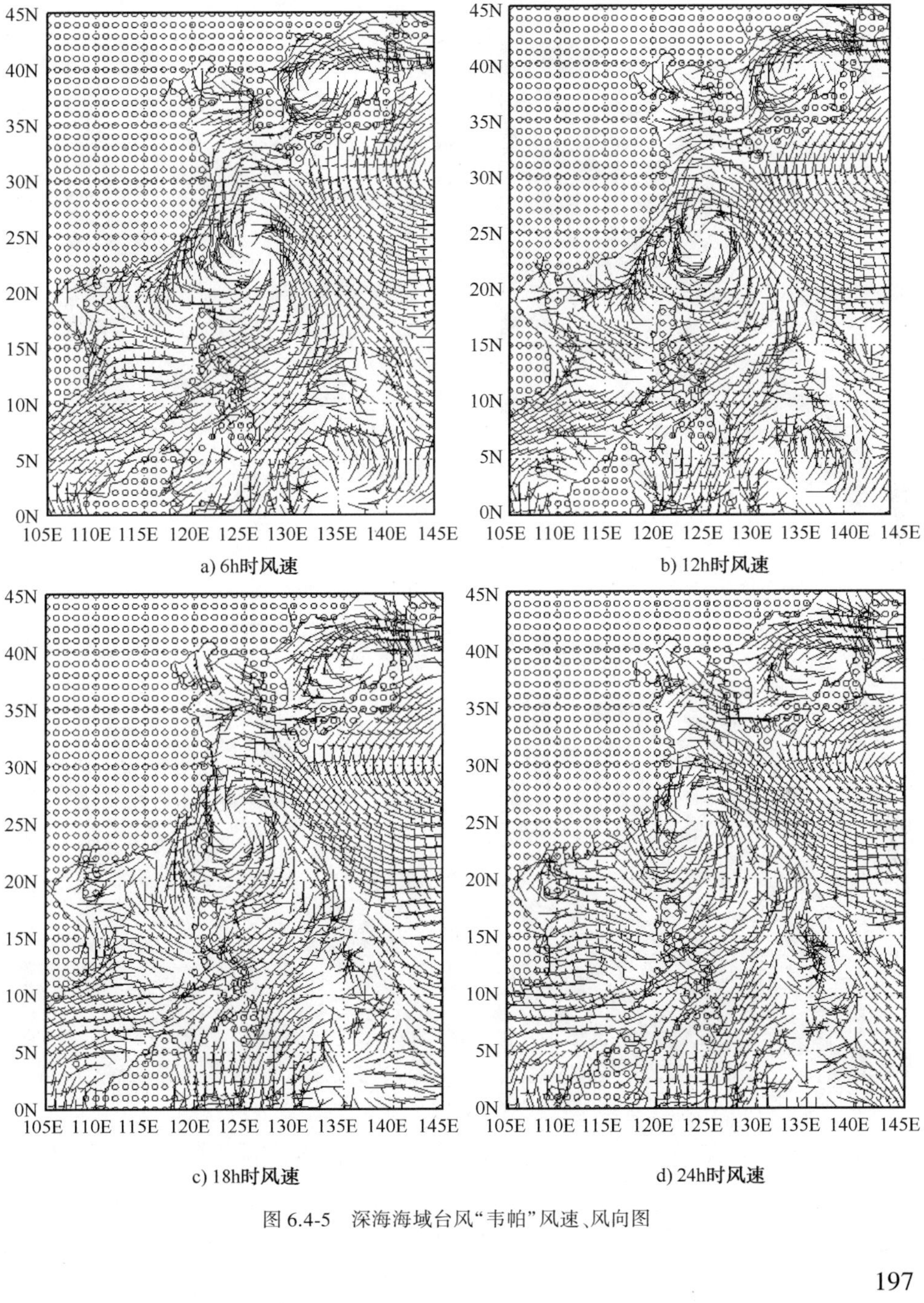

a) 6h时风速

b) 12h时风速

c) 18h时风速

d) 24h时风速

图6.4-5　深海海域台风“韦帕”风速、风向图

(4)深海海域台风“韦帕”的波周期(图 6.4-6)。

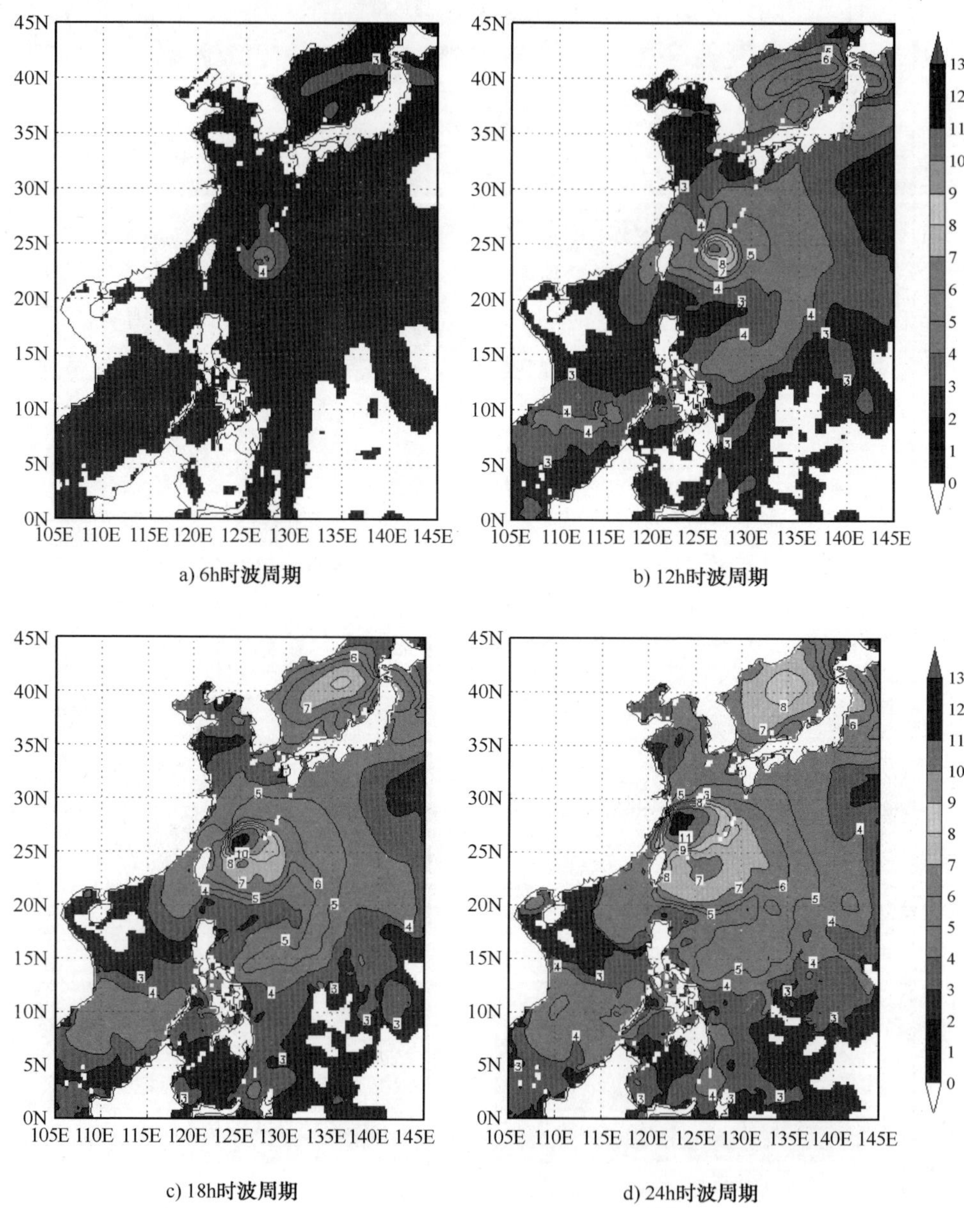

a) 6h时波周期

b) 12h时波周期

c) 18h时波周期

d) 24h时波周期

图 6.4-6　深海海域台风“韦帕”波周期图

6.4.3 风暴潮的模拟

深海海域风暴潮的模拟应用 ECOMSED 进行,其模拟的结果包括风暴潮和潮流(图 6.4-7、图 6.4-8)。

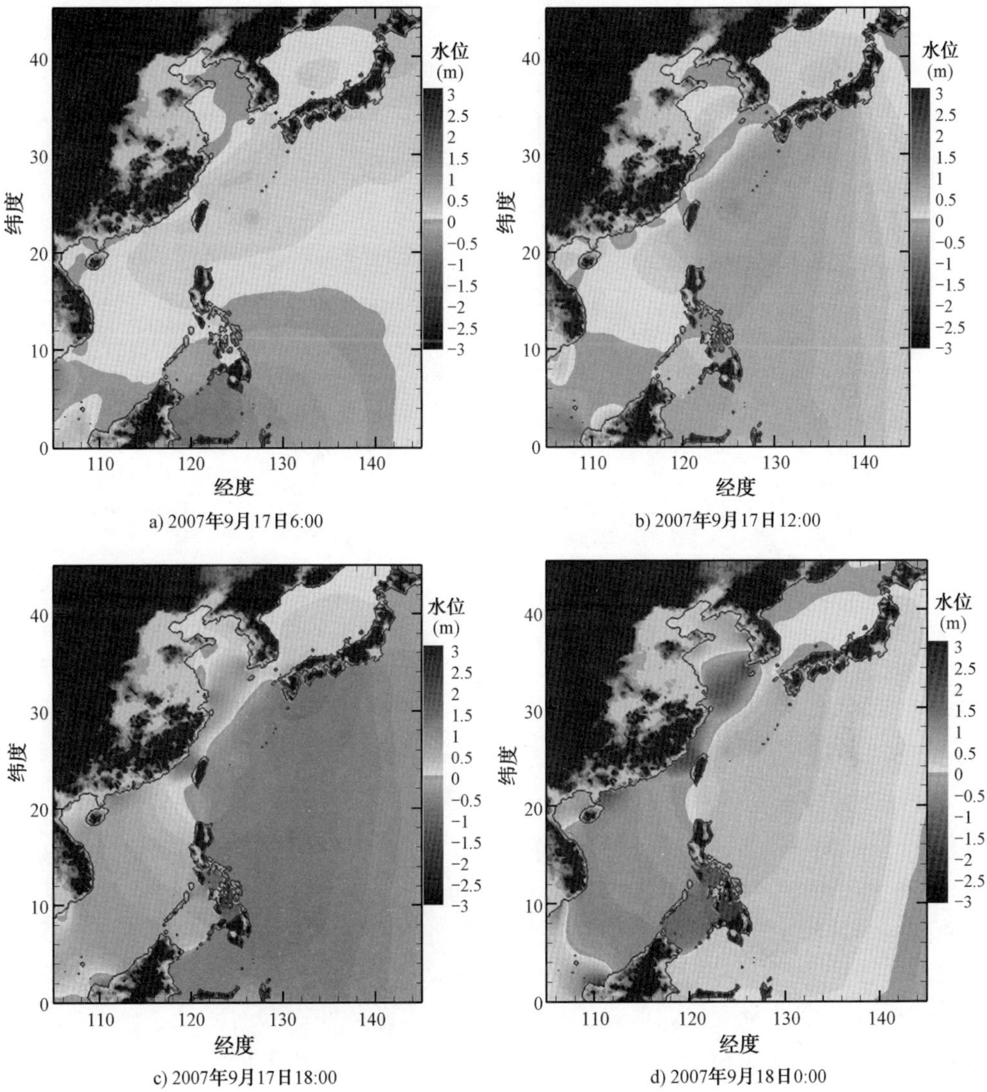

a) 2007年9月17日6:00

b) 2007年9月17日12:00

c) 2007年9月17日18:00

d) 2007年9月18日0:00

图 6.4-7 深海海域逐小时潮位图(部分)

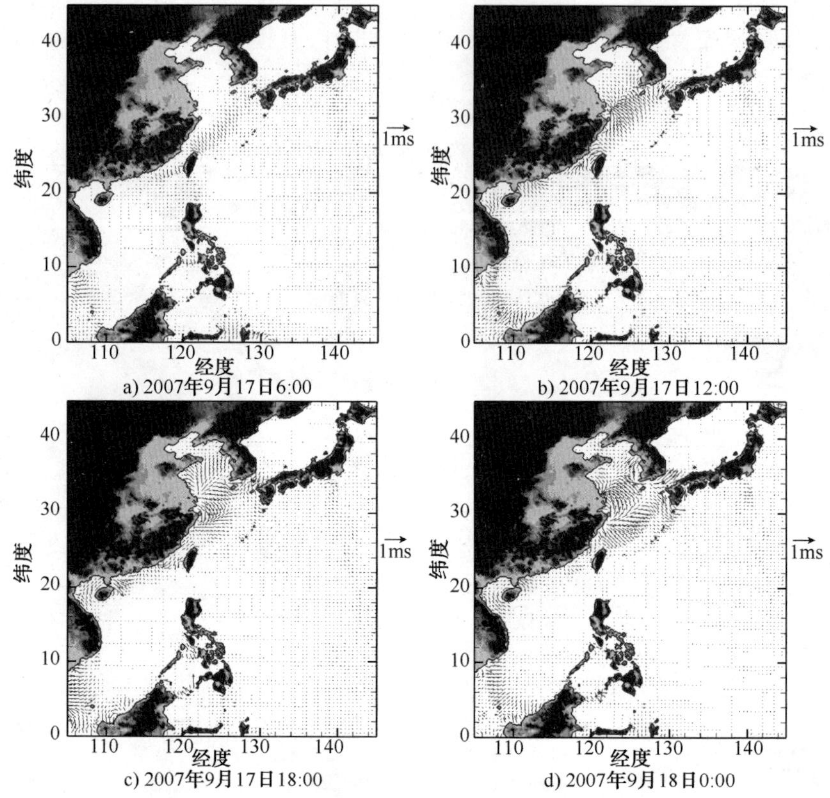

图 6.4-8 深海海域逐小时潮流图(部分)

6.5 东海近岸海区台风浪-潮-流数值模拟

东海近岸海区台风浪-风暴潮-潮流数值模拟,模型范围为东经 120.0°~125.0°、北纬 27.0°~35.0°,采用 0.02°空间分辨率。在该模型中,应用中尺度大气模式 MM5、第三代近岸波浪模型(SWAN)和三维河口海岸海洋模式(ECOMSED)以及由深海海域台风浪-风暴潮-潮流数值模拟提供的开边界条件,进行近岸海区致灾台风浪-潮-流的数值模拟,同时为大、小洋山岛群附近海台风浪、风暴潮、二维潮流泥沙输移及海床冲淤变化数值模拟提供精确的边界条件。

6.5.1 台风浪的模拟

应用第三代近岸波浪模型(SWAN)进行东海近岸波浪数值模拟,得到逐时风浪有效波高、涌浪有效波高、波向和波周期(图 6.5-1~图 6.5-5)。

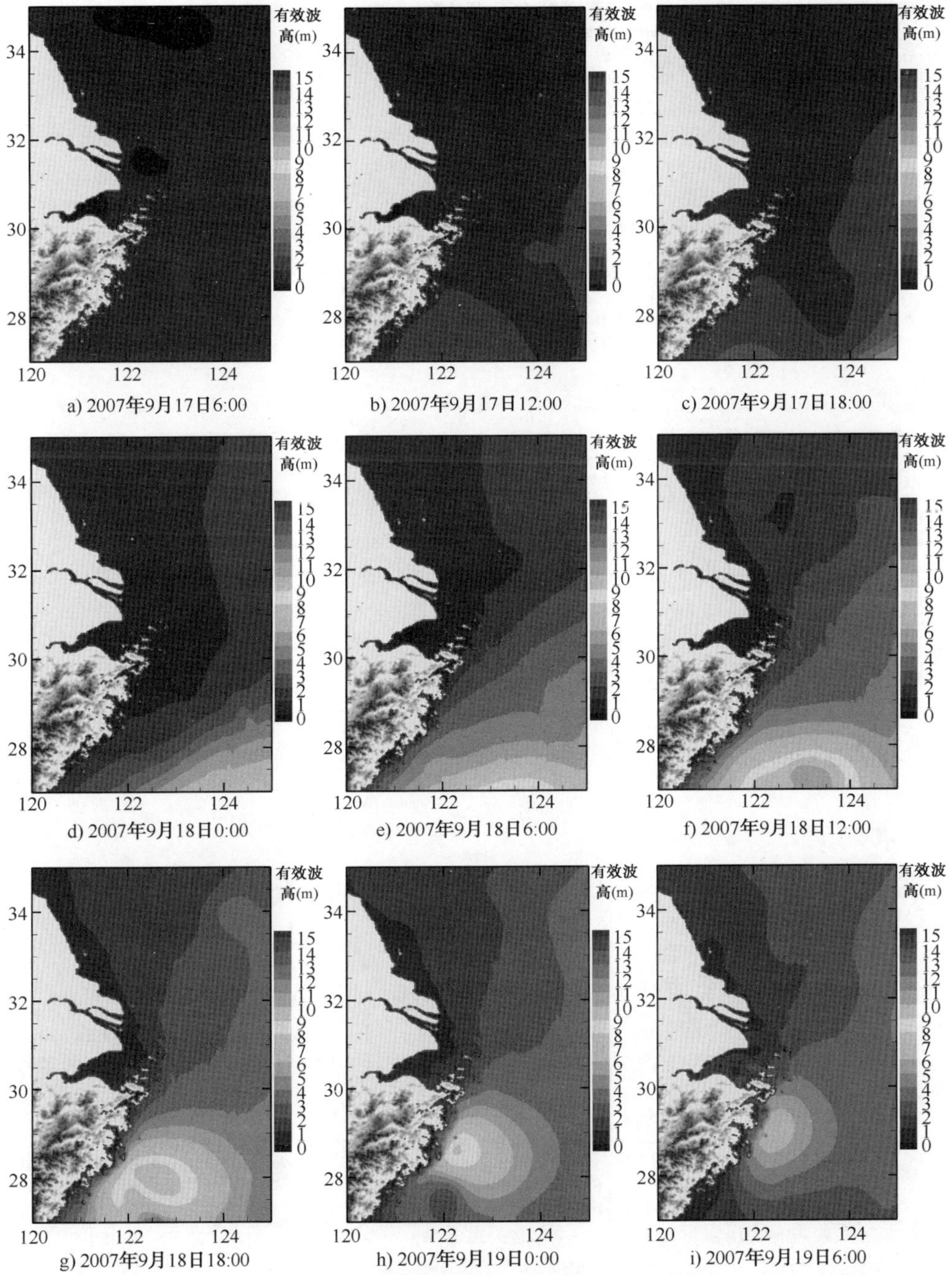

a) 2007年9月17日6:00

b) 2007年9月17日12:00

c) 2007年9月17日18:00

d) 2007年9月18日0:00

e) 2007年9月18日6:00

f) 2007年9月18日12:00

g) 2007年9月18日18:00

h) 2007年9月19日0:00

i) 2007年9月19日6:00

图 6.5-1　东海近岸逐小时风浪有效波高图(部分)

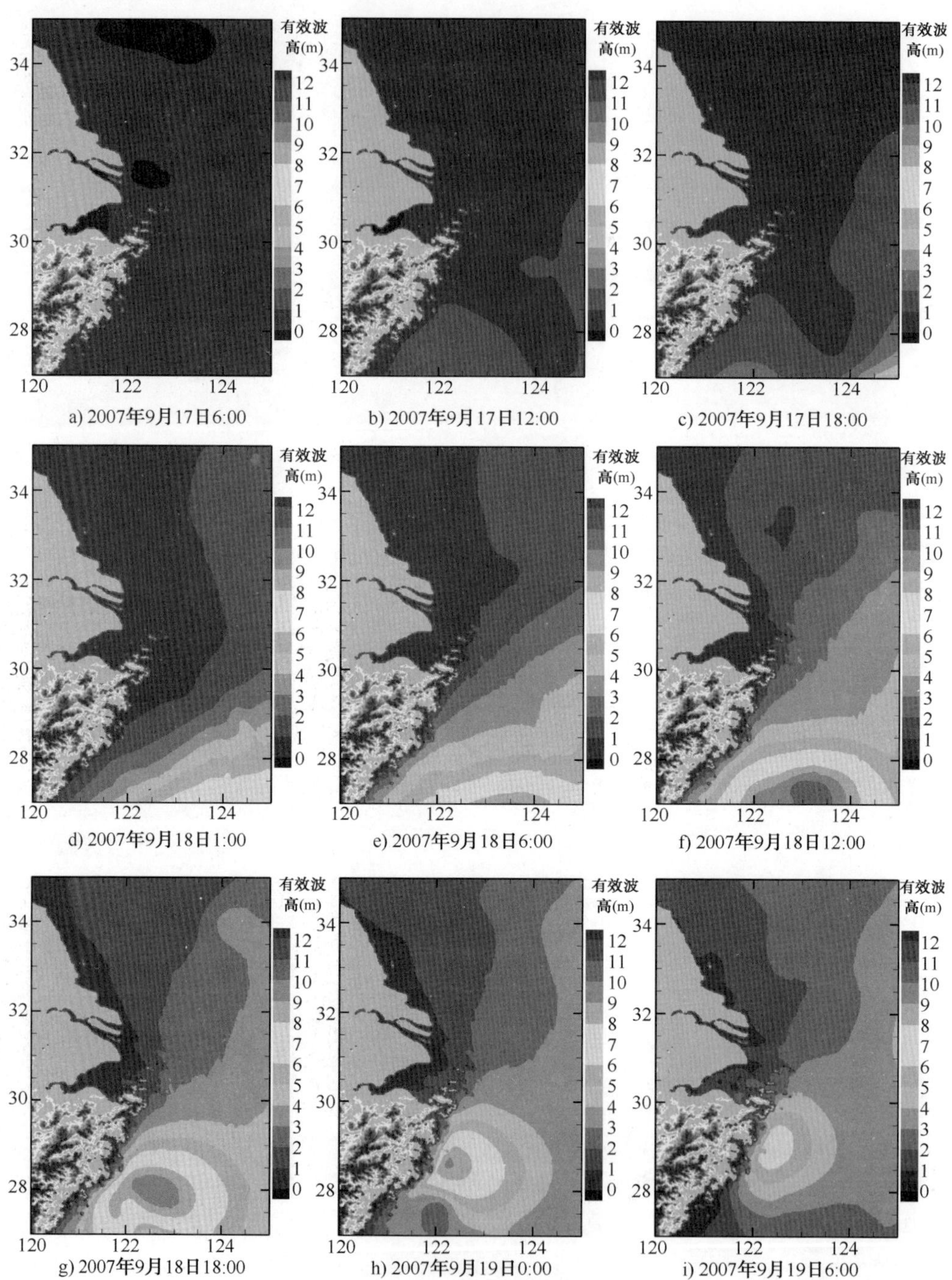

a) 2007年9月17日6:00　b) 2007年9月17日12:00　c) 2007年9月17日18:00

d) 2007年9月18日1:00　e) 2007年9月18日6:00　f) 2007年9月18日12:00

g) 2007年9月18日18:00　h) 2007年9月19日0:00　i) 2007年9月19日6:00

图 6.5-2　东海近岸逐小时涌浪有效波高图(部分)

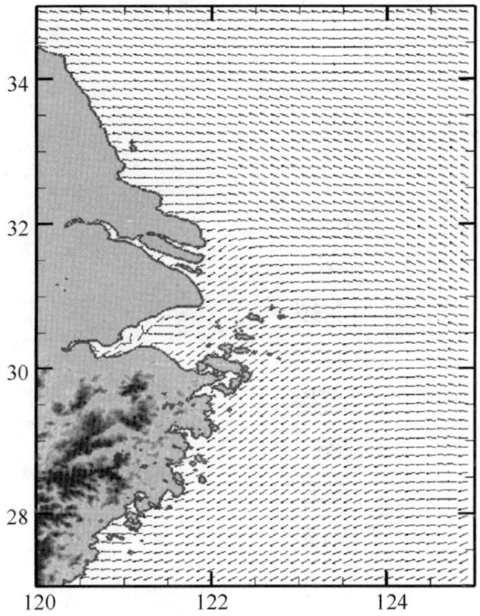

a) 2007年9月17日6:00

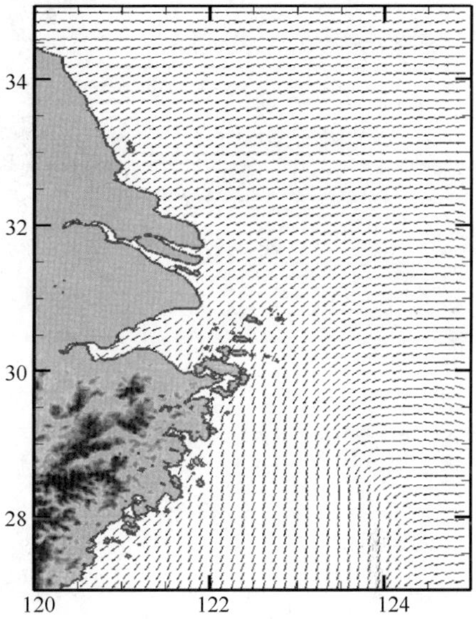

b) 2007年9月17日12:00

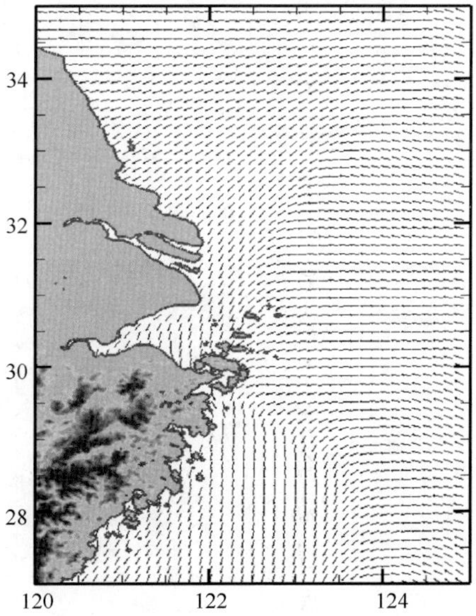

c) 2007年9月17日18:00

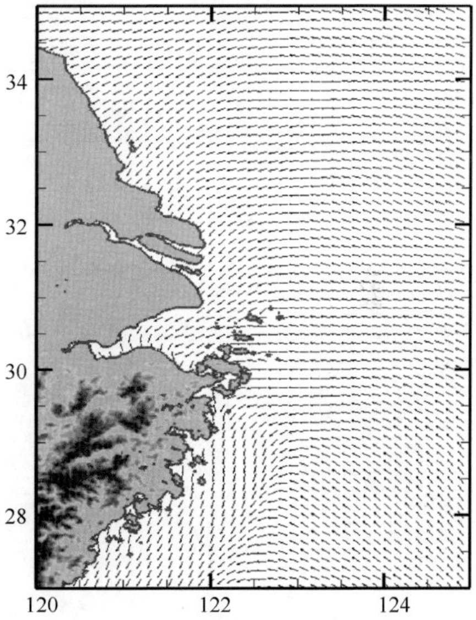

d) 2007年9月18日9:00

图 6.5-3 东海近岸逐小时浪向图(部分)

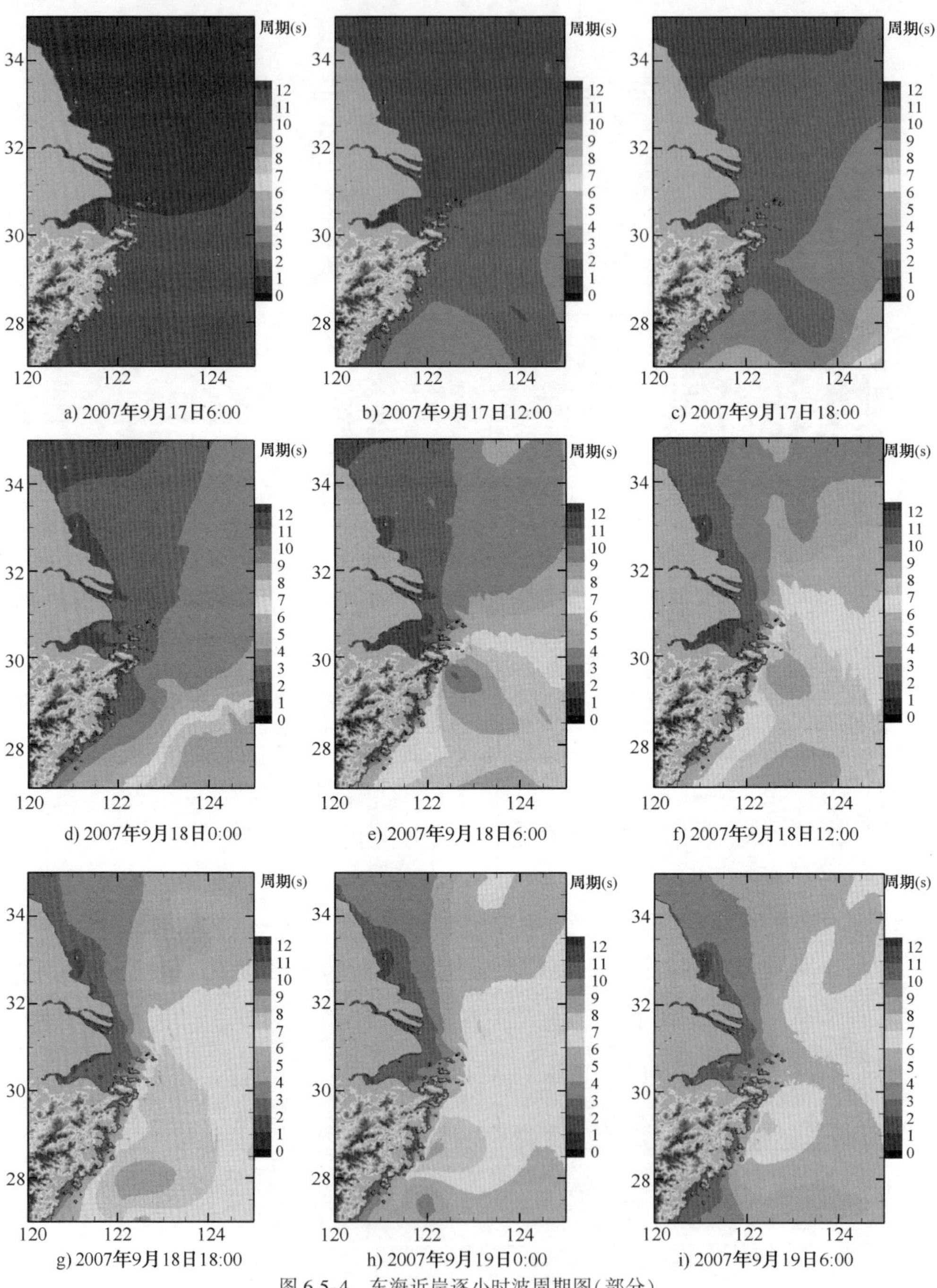

图 6.5-4　东海近岸逐小时波周期图(部分)

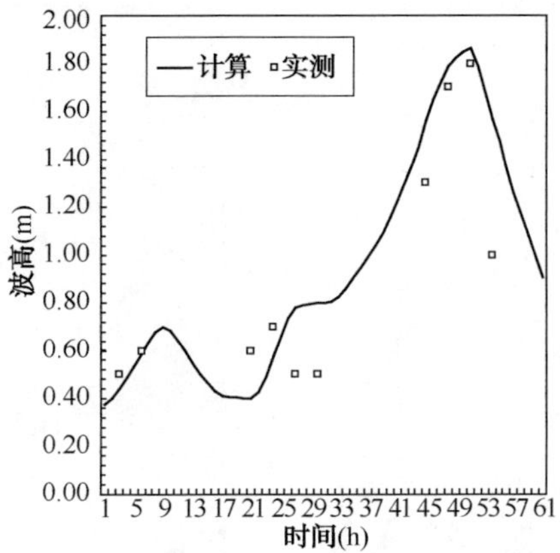

图 6.5-5 洋山附近海区计算波高与实测波高的比较

6.5.2 风暴潮的模拟

东海近岸海区风暴潮的模拟应用 ECOMSED 进行,其模拟的结果包括风暴潮和潮流(图 6.5-6、图 6.5-7)。

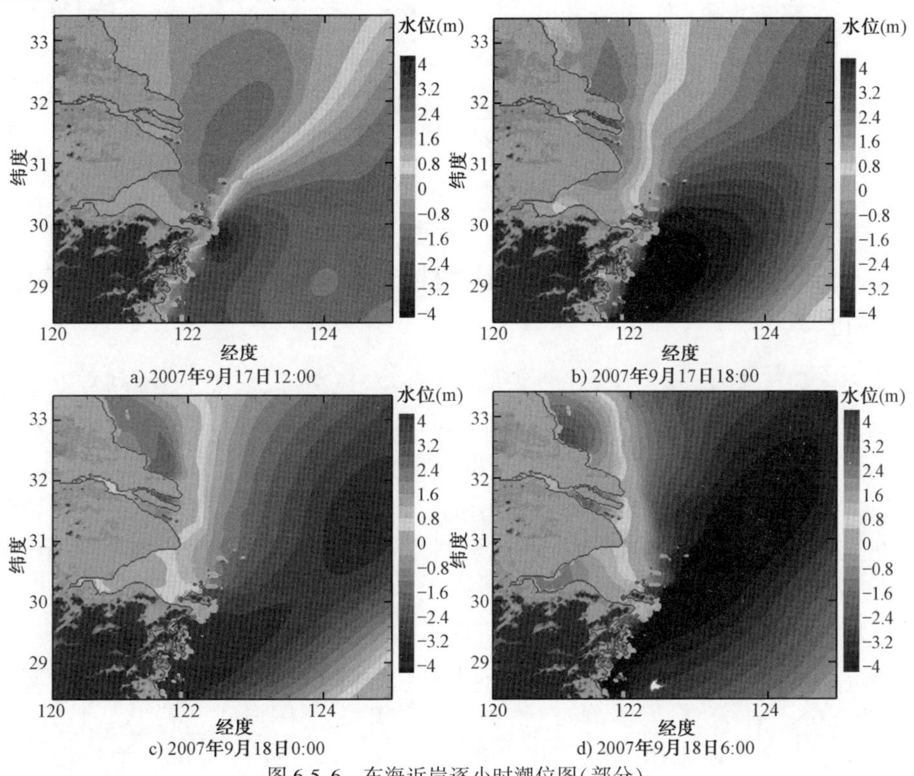

图 6.5-6 东海近岸逐小时潮位图(部分)

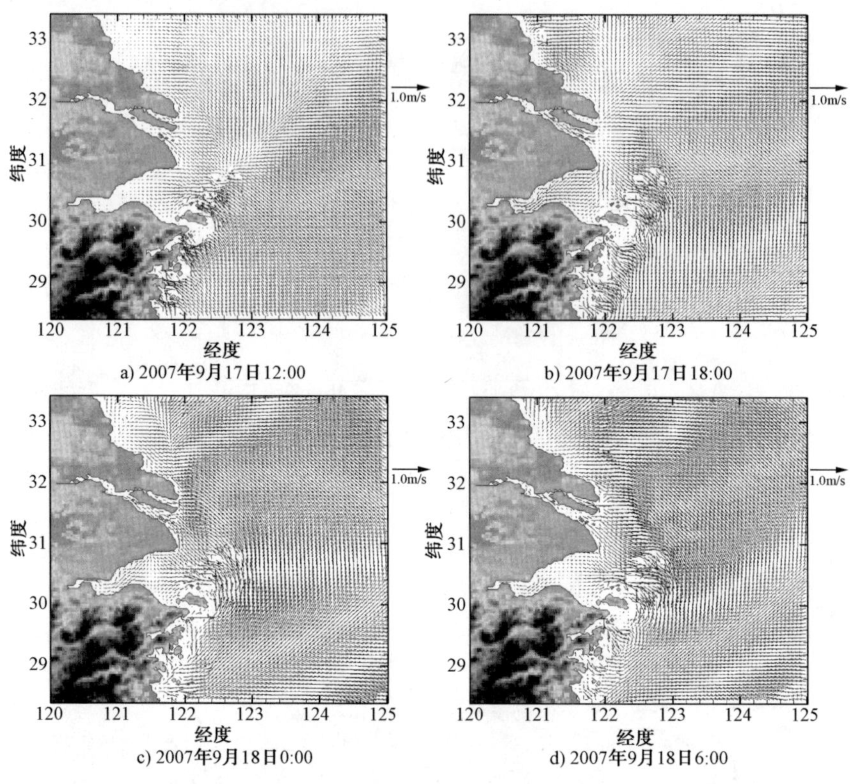

a) 2007年9月17日12:00
b) 2007年9月17日18:00
c) 2007年9月18日0:00
d) 2007年9月18日6:00

图 6.5-7　东海近岸逐小时潮流图(部分)

6.6　台风浪-潮流作用下洋山港附近海区泥沙运移及海床冲淤变化的验证

致灾台风天气下,大、小洋山岛群附近海域台风浪、风暴潮、二维潮流泥沙输移及海床冲淤变化数学模型。模型范围东西向 58km、南北 35km,应用海岸河口多功能数学模型软件包 TK-2D 以及东海近岸海区台风浪-风暴潮-潮流数值模拟结果,进行岛群海域台风浪、风暴潮和潮流作用下,二维泥沙输移及海床冲淤变化数值模拟。在该模型中,并与实测的海床冲淤资料作比较(图 6.6-1 和图 6.6-2),确定模型中参数,为进一步预报奠定基础。

台风"韦帕"于 2007 年 9 月 18～19 日影响洋山港海域,根据台风前后一、二期港区水深测图(2007 年 4 月、10 月),给出洋山港通道内海域的台风前后冲淤变化图,如图 6.6-1 所示。根据实测资料,通道内出现大范围淤积,特别是通道南部水域,一、二期港区水域也出现大面积淤积,港内平均淤积约 0.49m。根据模型计算

结果,如图 6.6-2 所示,与实测结果形势基本一致,港内水域由于受挖深影响,淤积厚度大于滩面的淤积厚度,通过计算结果分析,一、二期港区水域淤积厚度为 0.5～1.5m,平均淤积厚度约为 0.70m。

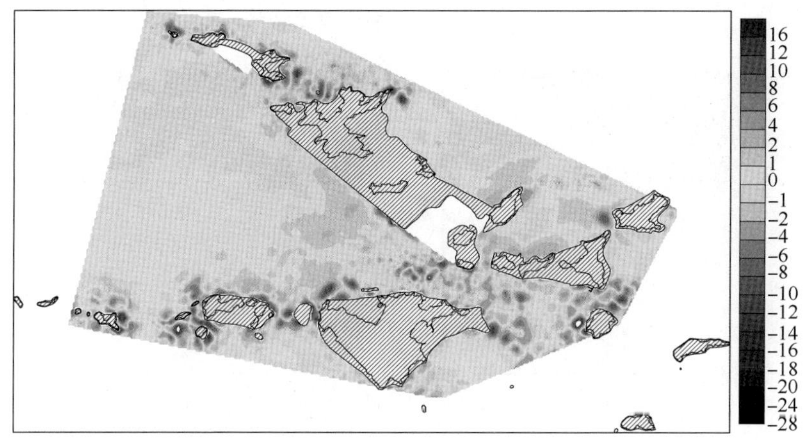

图 6.6-1　2007 年台风"韦帕"前后实测冲淤变化

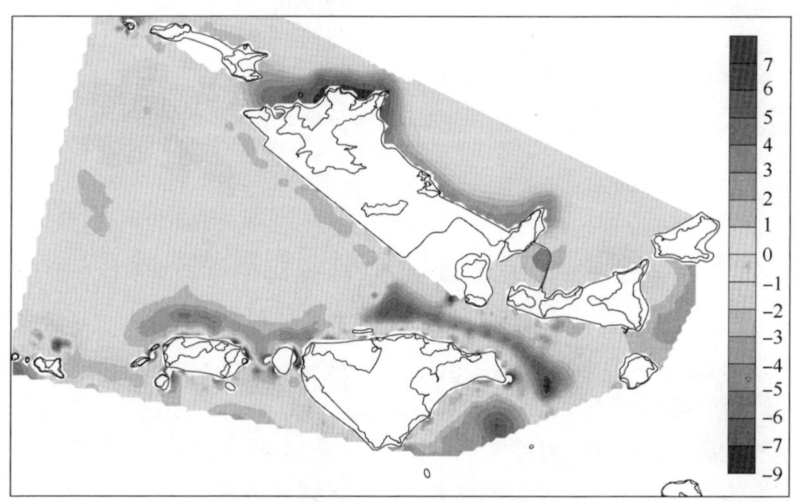

图 6.6-2　模型计算台风"韦帕"前后冲淤变化

6.7　台风浪-潮流作用下洋山港附近海区海床冲淤变化的预报

由于台风"韦帕"在距离洋山港 300 多公里的浙江苍南霞关镇登陆,为了进行台风浪-潮流作用下洋山港附近海区泥沙运移及海床冲淤变化的预报,将台风"韦帕"路径北移 3.5°纬度后的台风浪-潮流作为洋山港附近海区泥沙运移及海床冲淤变化预报的动力条件。

6.7.1 深海海域台风浪-潮-流的预报

(1)应用中尺度大气模式 MM5 模拟的台风“韦帕”路径北移 3.5°纬度后的风场(图 6.7-1)。

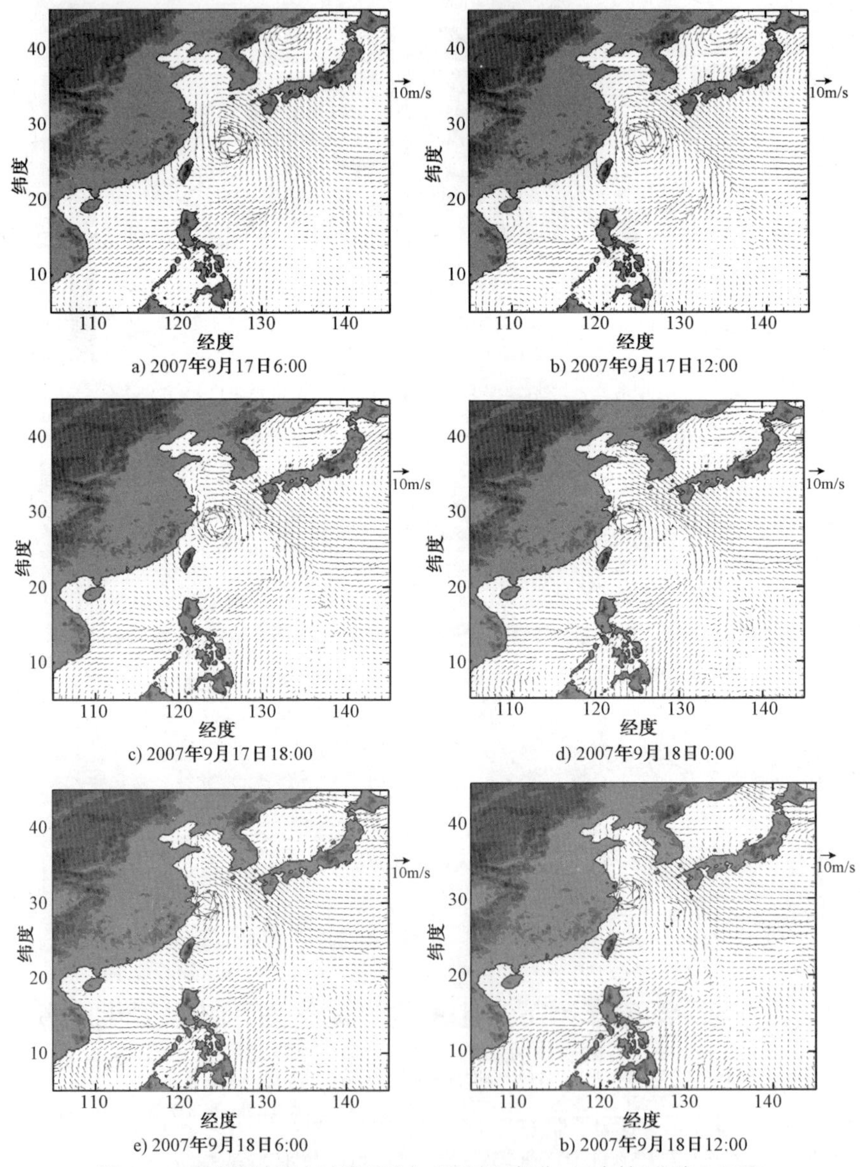

图 6.7-1 深海海域逐小时海面风向、风速图(部分)(“韦帕”北移 3.5°后)

(2)应用中尺度大气模式 MM5 模拟的台风“韦帕”路径北移 3.5°纬度后的气压场(图 6.7-2)。

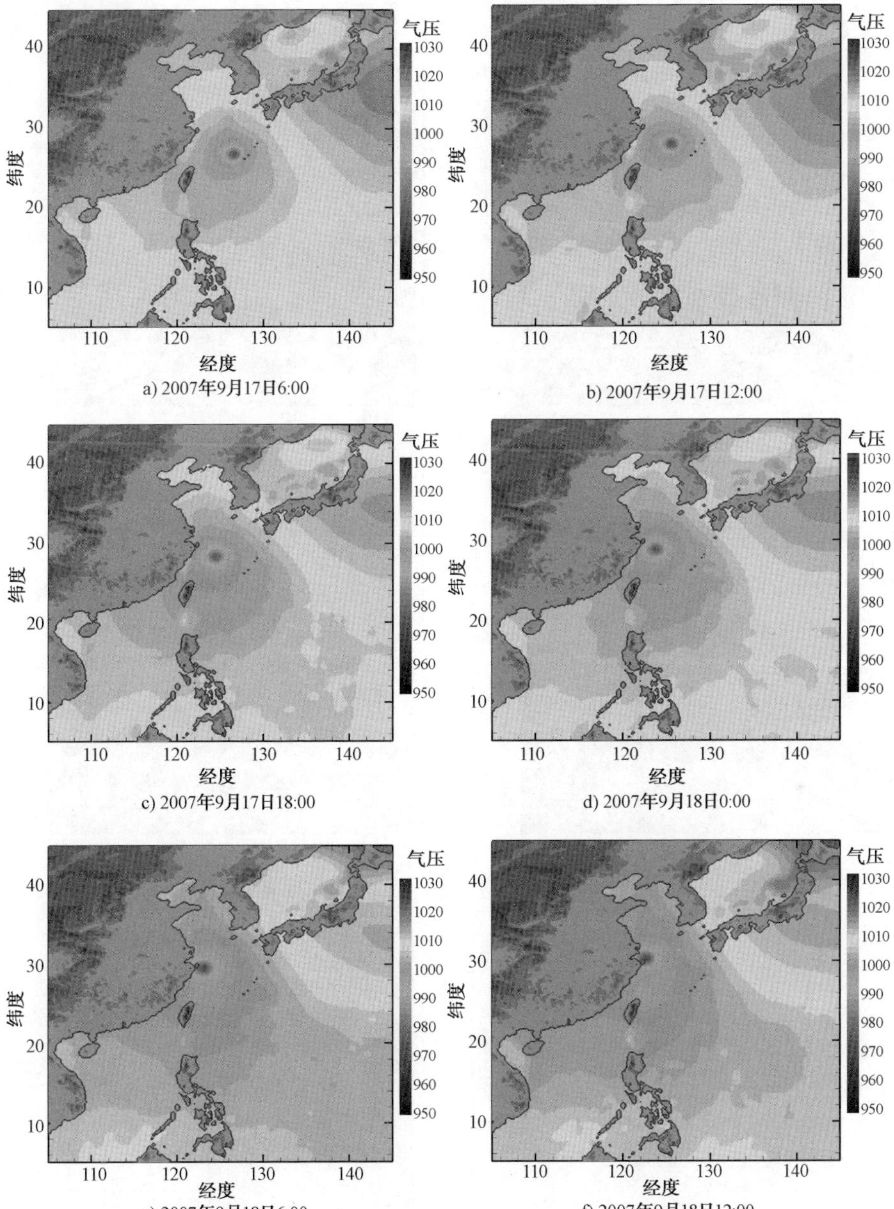

a) 2007年9月17日6:00

b) 2007年9月17日12:00

c) 2007年9月17日18:00

d) 2007年9月18日0:00

e) 2007年9月18日6:00

f) 2007年9月18日12:00

图 6.7-2 深海海域逐小时海面气压图(部分)(“韦帕”北移 3.5°后)

(3)深海海域台风浪。台风“韦帕”路径北移3.5°纬度后,应用第三代深海波浪模型(WAVEWATCH Ⅲ)进行台风浪的模拟,其模拟的结果,包括有效波高、波向、波周期(图6.7-3~图6.7-5)。

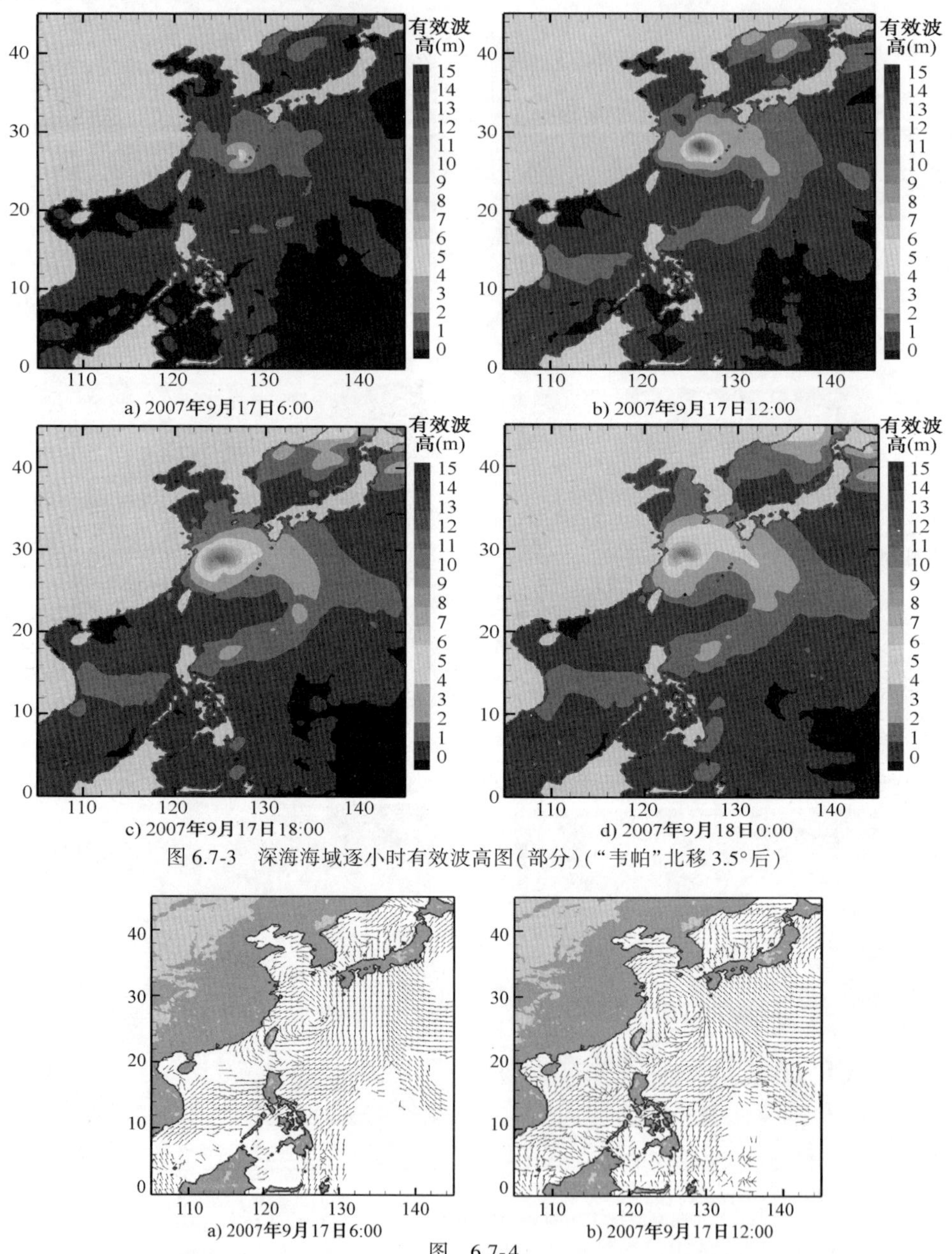

图6.7-3 深海海域逐小时有效波高图(部分)(“韦帕”北移3.5°后)

a) 2007年9月17日6:00　b) 2007年9月17日12:00

图 6.7-4

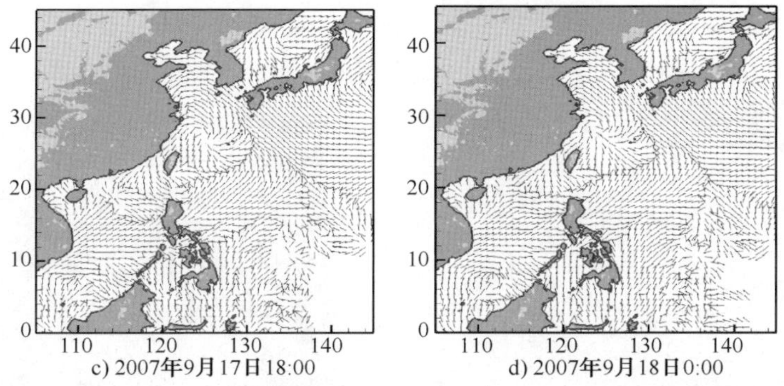

c) 2007年9月17日18:00　　d) 2007年9月18日0:00

图 6.7-4　深海海域逐小时波向图(部分)(“韦帕”北移 3.5°后)

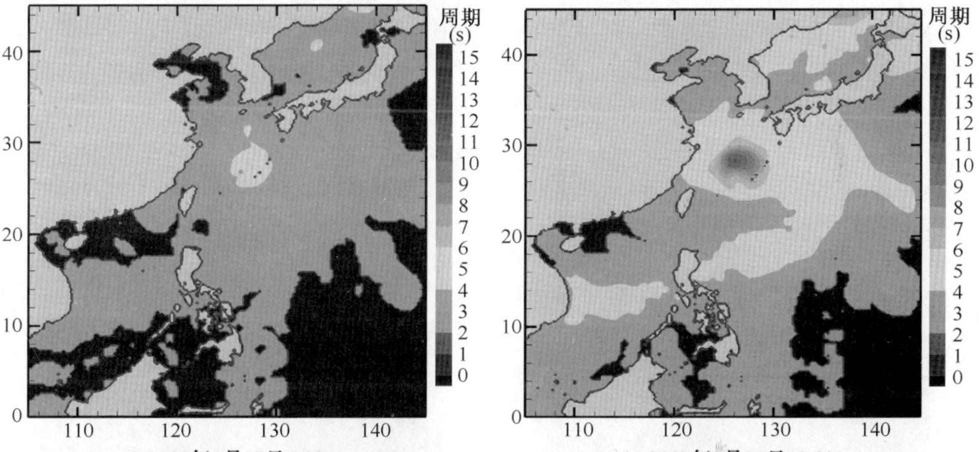

a) 2007年9月17日6:00　　b) 2007年9月17日12:00

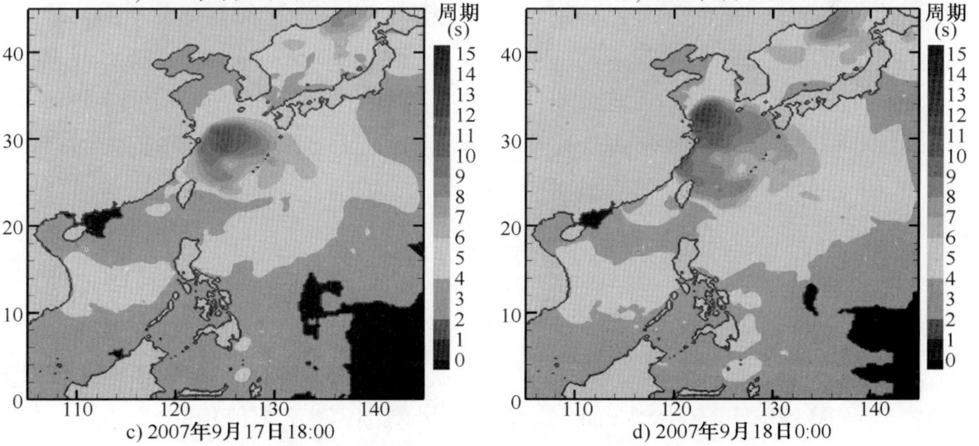

c) 2007年9月17日18:00　　d) 2007年9月18日0:00

图 6.7-5　深海海域逐小时波周期图(部分)(“韦帕”北移 3.5°后)

(4)深海海域风暴潮。台风“韦帕”路径北移3.5°纬度后,应用ECOMSED进行深海海域风暴潮的模拟,其模拟的结果包括风暴潮和潮流(图6.7-6、图6.7-7)。

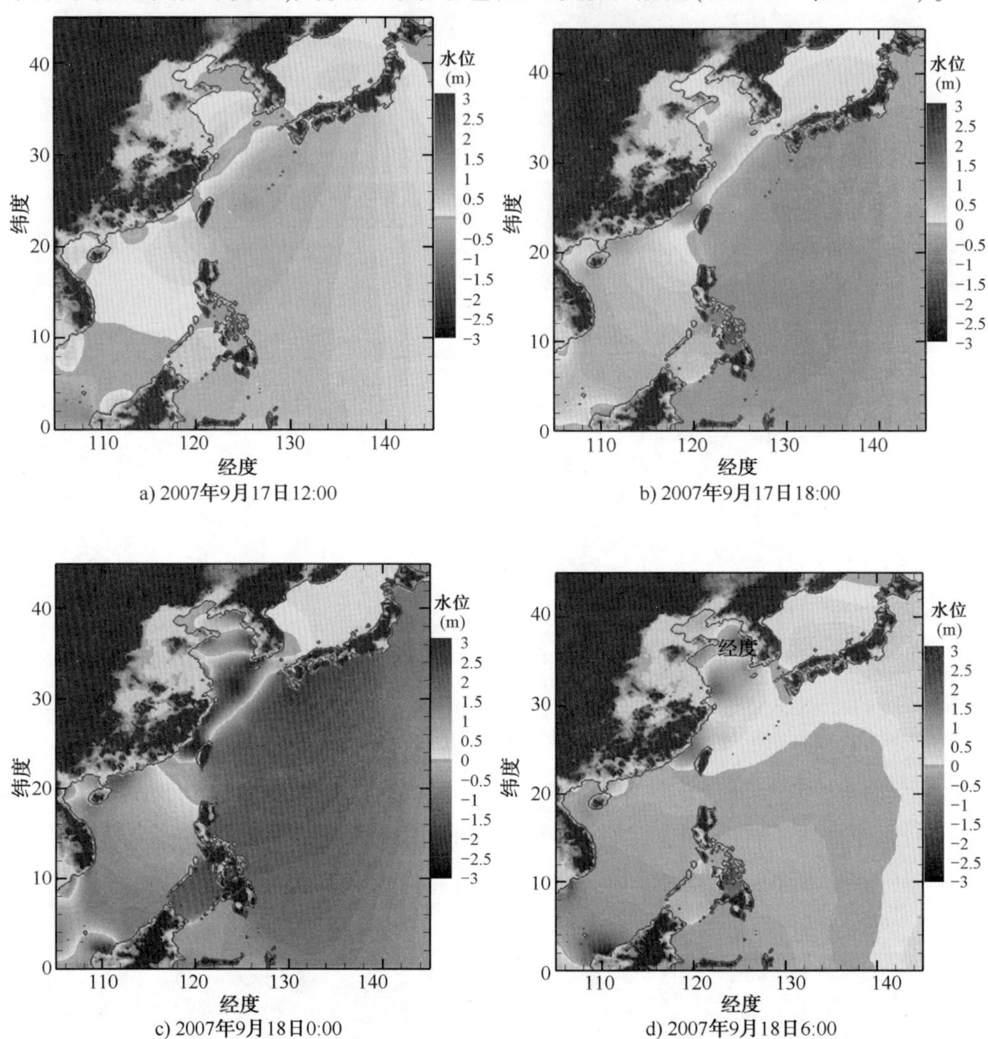

a) 2007年9月17日12:00

b) 2007年9月17日18:00

c) 2007年9月18日0:00

d) 2007年9月18日6:00

图6.7-6 深海海域逐小时潮位图(部分)(“韦帕”北移3.5°后)

6.7.2 东海近岸海区台风浪–潮–流的预报

应用中尺度大气模式MM5、第三代近岸波浪模型(SWAN)和三维河口海岸海洋模式(ECOMSED)以及由深海海域台风浪–风暴潮–潮流数值模拟提供的开边界条件,进行台风“韦帕”路径北移3.5°纬度后近岸海区致灾台风浪–潮–流的数值模

拟,同时为大、小洋山岛群附近海台风浪、风暴潮、二维潮流泥沙输移及海床冲淤变化数值模拟提供精确的边界条件。

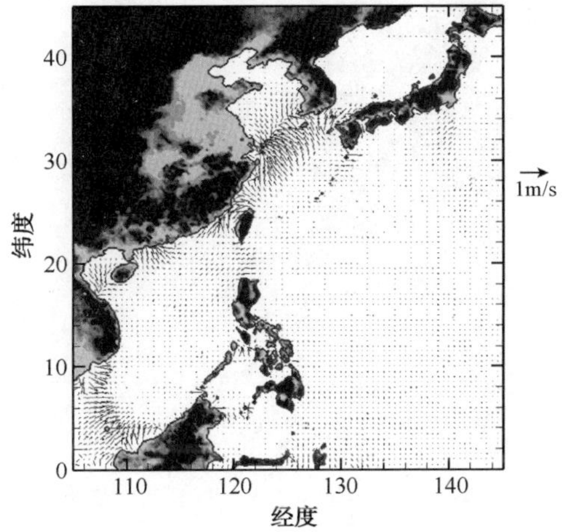

a) 2007年9月17日12:00

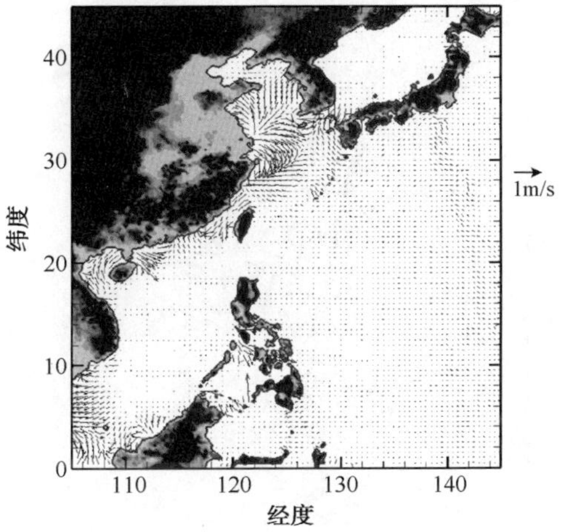

b) 2007年9月17日18:00

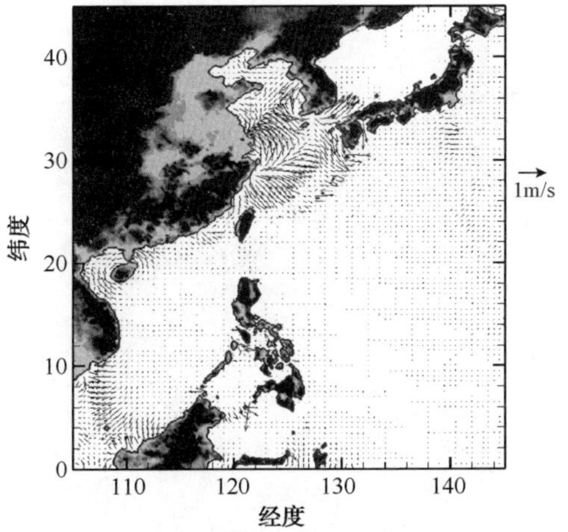

c) 2007年9月18日0:00

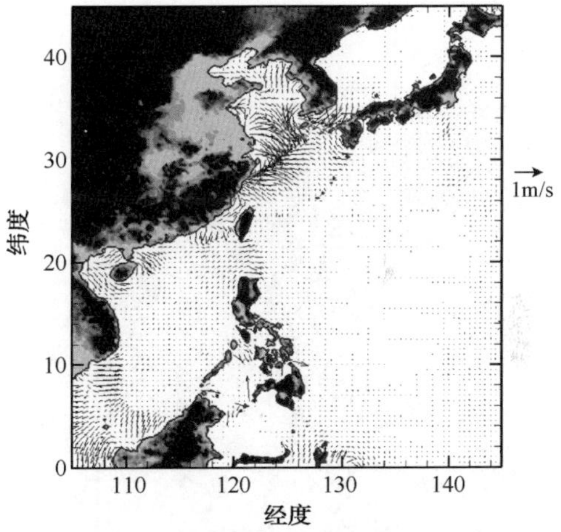

d) 2007年9月18日6:00

图 6.7-7　深海海域逐小时潮流图(部分)(“韦帕”北移 3.5°后)

(1)东海近岸海区台风浪

应用第三代近岸波浪模型(SWAN)进行台风“韦帕”路径北移 3.5°纬度后东海近岸波浪数值模拟,得到逐时风浪有效波高、涌浪有效波高、波向和波周期(图 6.7-8~图 6.7-11)。

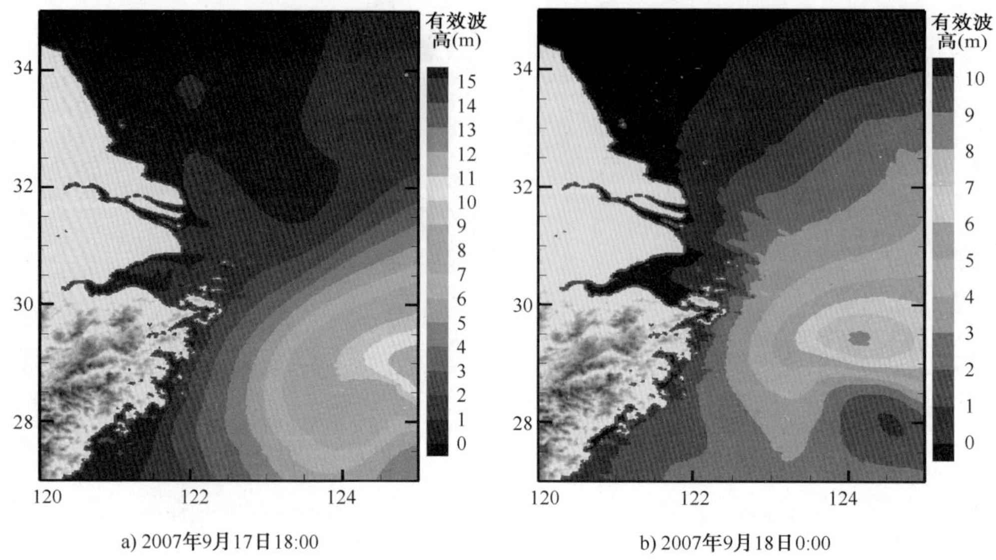

a) 2007年9月17日18:00

b) 2007年9月18日0:00

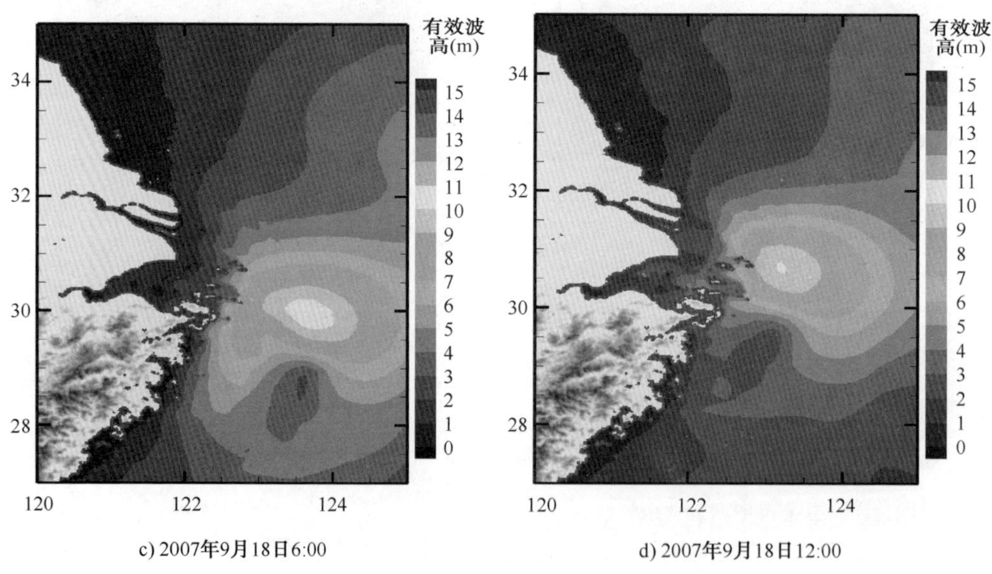

c) 2007年9月18日6:00

d) 2007年9月18日12:00

图 6.7-8 东海近岸逐小时风浪有效波高图(部分)("韦帕"北移 3.5°后)

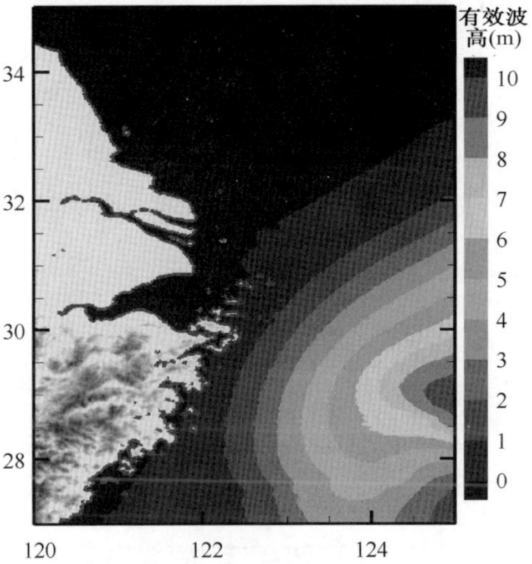

a) 2007年9月17日18:00

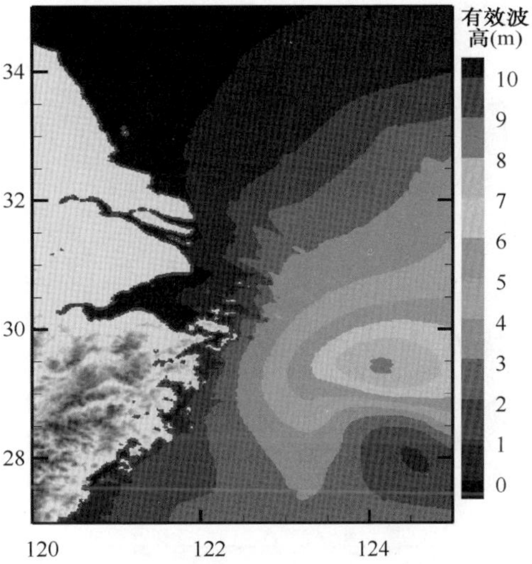

b) 2007年9月18日0:00

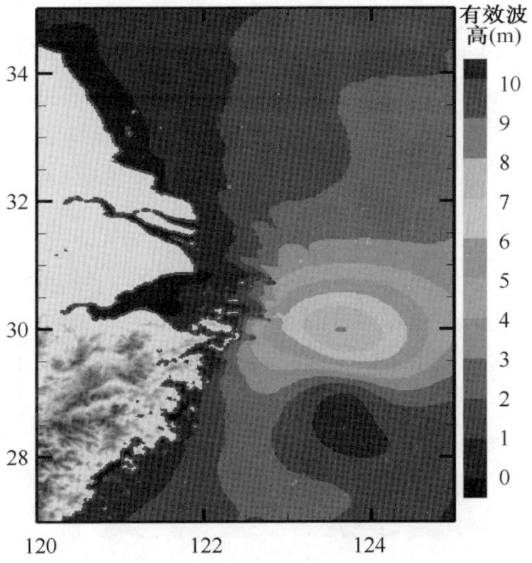

c) 2007年9月18日6:00

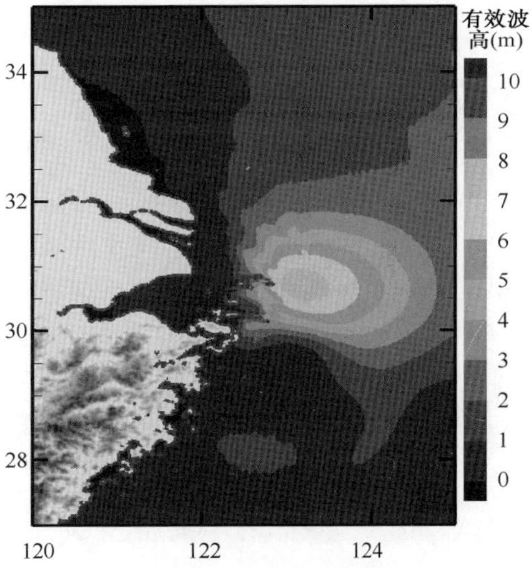

d) 2007年9月18日12:00

图 6.7-9 东海近岸逐小时涌浪有效波高图(部分)(“韦帕”北移 3.5°后)

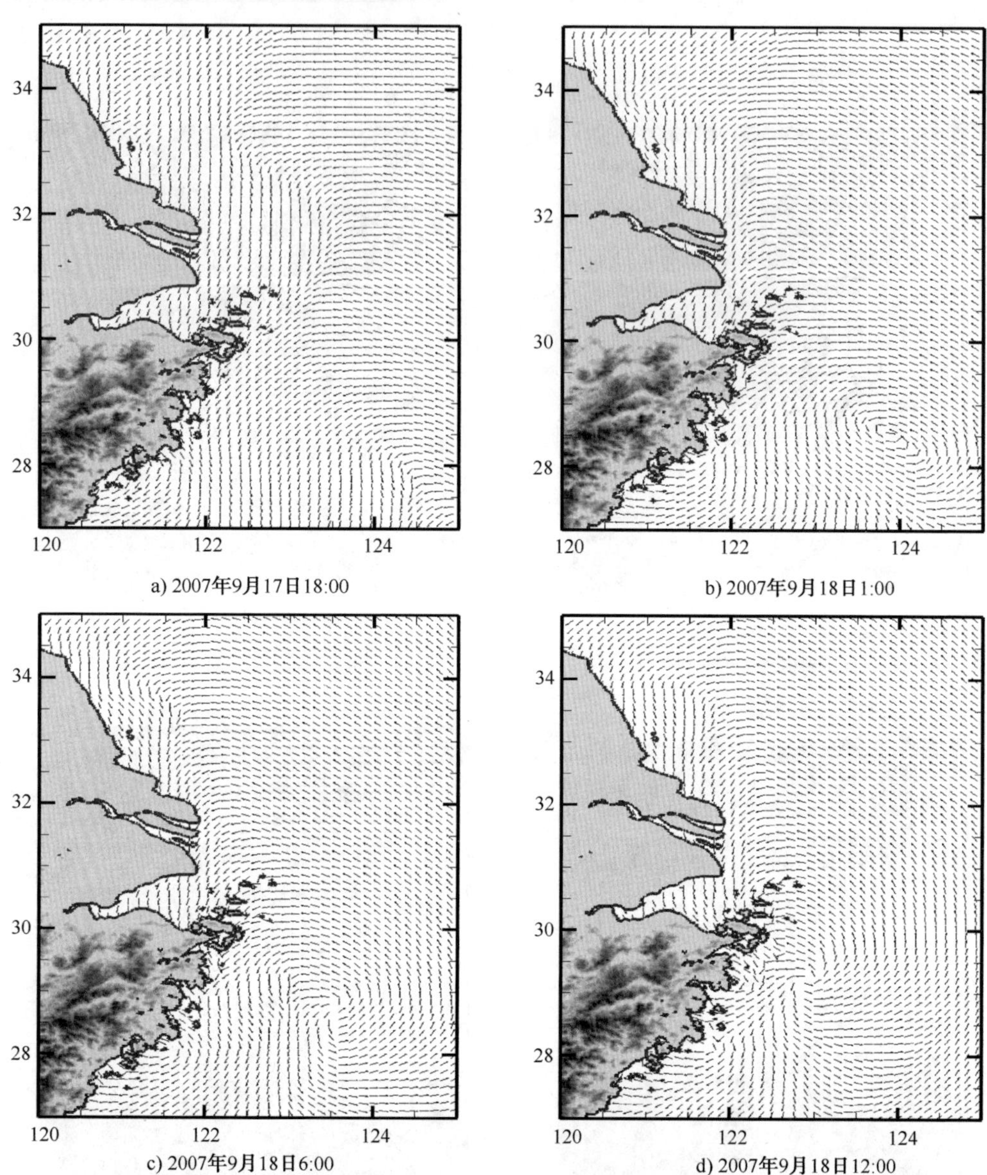

a) 2007年9月17日18:00

b) 2007年9月18日1:00

c) 2007年9月18日6:00

d) 2007年9月18日12:00

图 6.7-10　东海近岸逐小时波向图(部分)(“韦帕”北移 3.5°后)

(2)东海近岸海区风暴潮

应用 ECOMSED 进行台风“韦帕”路径北移 3.5°纬度后东海近岸海区风暴潮的模拟,其模拟的结果包括风暴潮和潮流(图 6.7-12、图 6.7-13)。

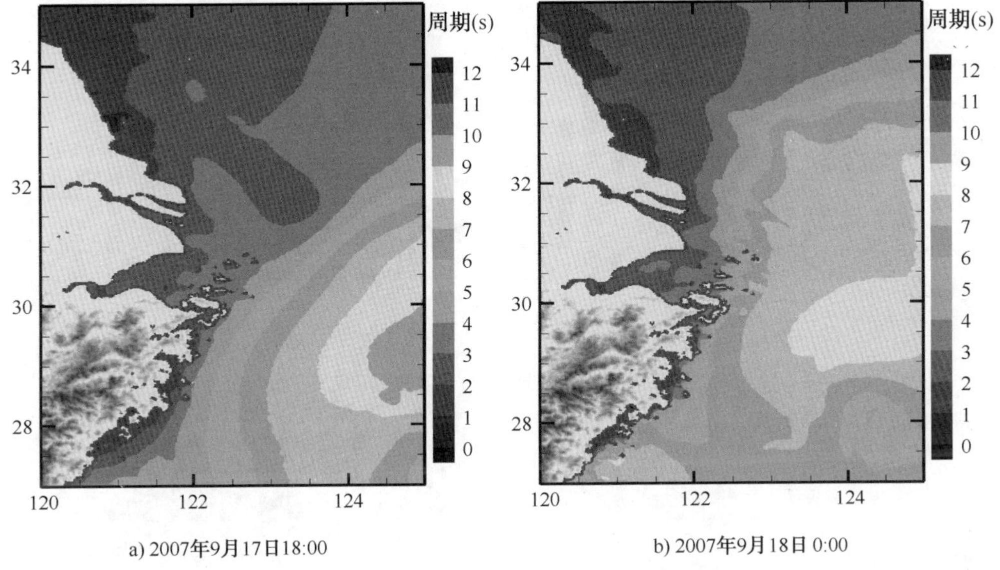

a) 2007年9月17日18:00

b) 2007年9月18日 0:00

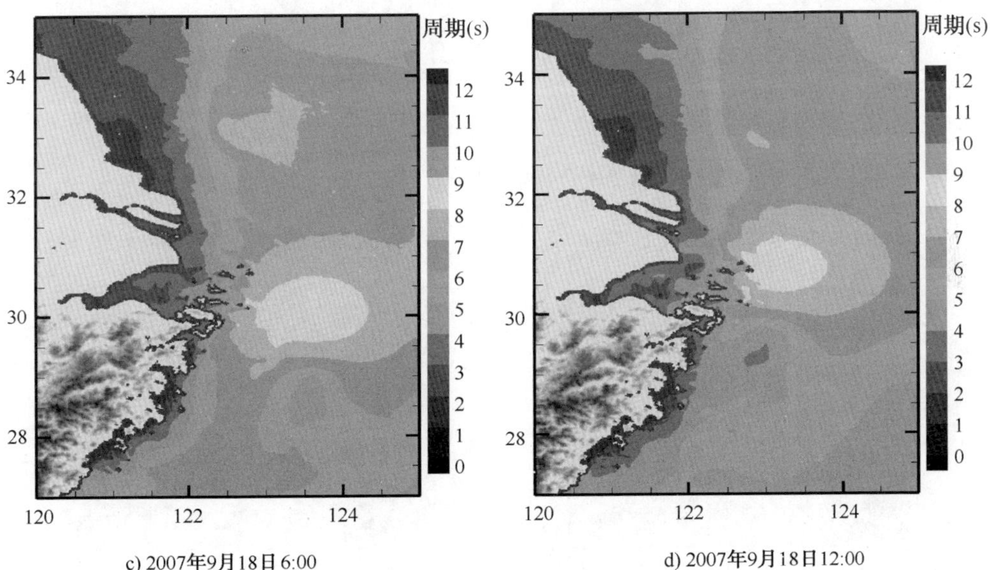

c) 2007年9月18日 6:00

d) 2007年9月18日12:00

图 6.7-11 东海近岸逐小时波周期图(部分)("韦帕"北移 3.5°后)

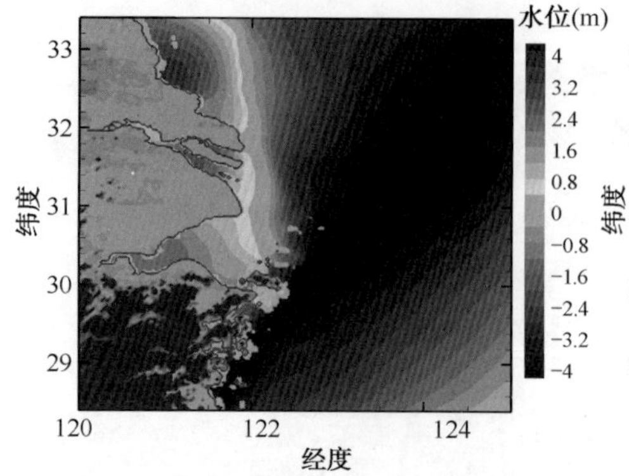

a) 2007年9月17日6:00

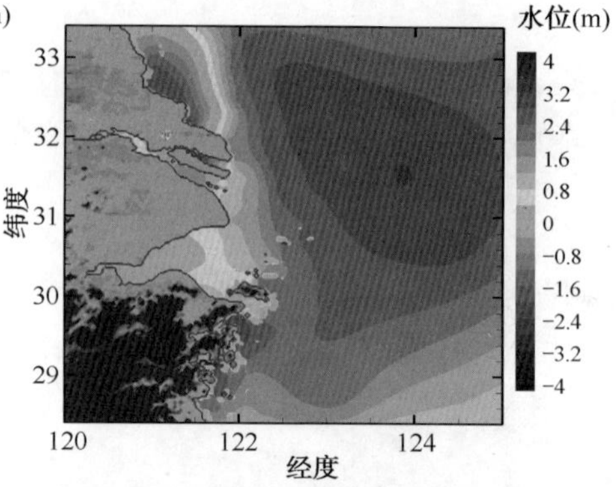

b) 2007年9月17日12:00

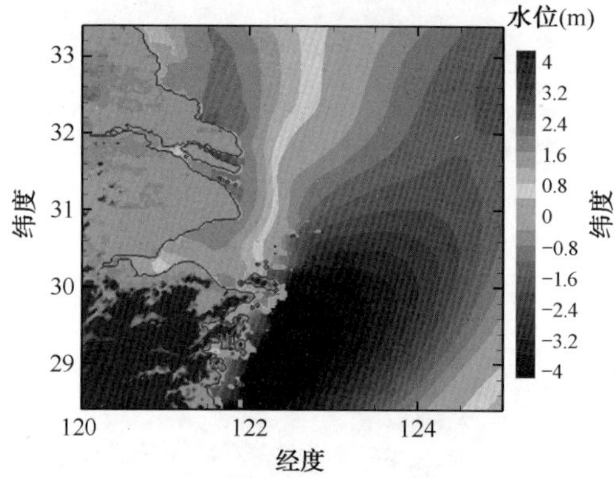

c) 2007年9月17日18:00

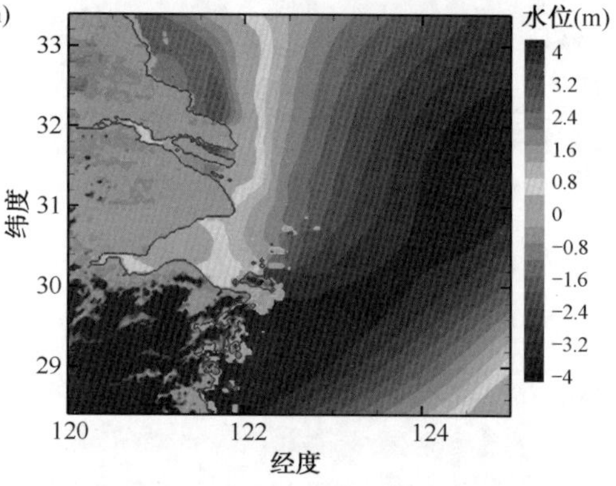

d) 2007年9月18日0:00

图 6.7-12　东海近岸逐小时潮位图(部分)(“韦帕”北移 3.5°后)

a) 2007年9月17日18:00

b) 2007年9月18日0:00

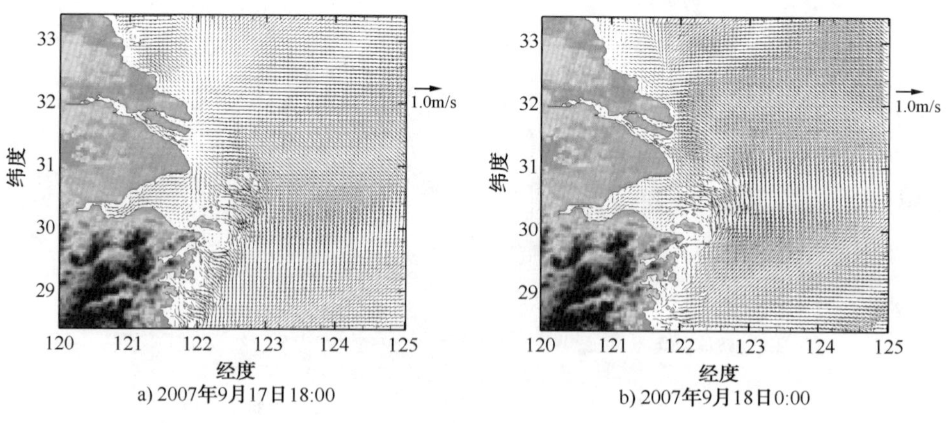

图　6.7-13

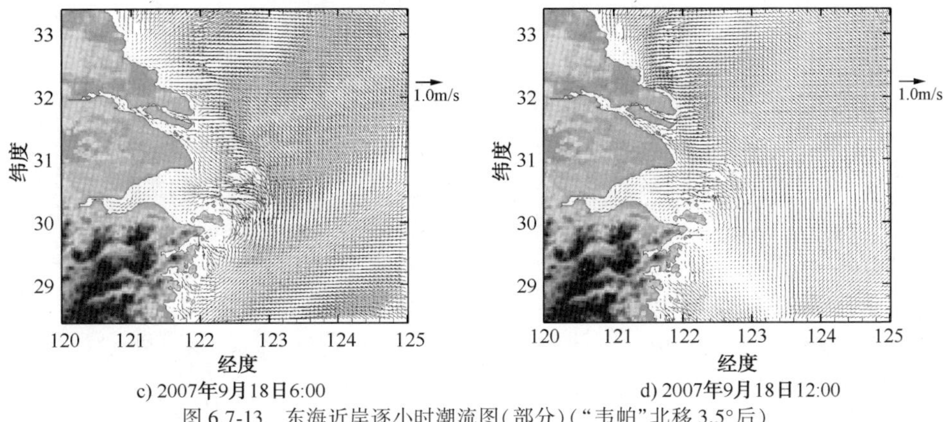

图 6.7-13 东海近岸逐小时潮流图(部分)(“韦帕”北移 3.5°后)

6.7.3 洋山港附近海区泥沙运移及海床冲淤变化的预报

图 6.7-14 为台风“韦帕”路径北移 3.5°纬度后,模型计算所得洋山港海域通道内外地形冲淤变化图。由于台风中心离洋山港更近,与原型“韦帕”相比,对洋山港的影响也趋于更大,由于洋山港为岛群内的港口,受到岛屿环抱作用,外海风浪进入港区后作用大大减弱,总体上通道内淤积幅度不是很大,一般都在 1.5m 以下,通道南部和港区水域相对较大,港区水域淤积幅度为 0.6~1.9m,平均淤积厚度为 0.91m;岛屿的周围受到“岛屿效应”影响呈冲刷状态,东口门窄口可能是由于水流增强,泥沙难以落淤而呈现出冲刷现象。

图 6.7-14 改变“韦帕”中心后模型计算的冲淤变化

6.8 小结

利用真实的“韦帕”台风资料，通过致灾台风天气下，大、小洋山岛群附近海域台风浪、风暴潮、二维潮流泥沙输移及海床冲淤变化数学模型，对洋山港海域通道内地形冲淤变化进行了计算，计算结果和台风前后实测地形变化趋势基本一致，由此确定了模型中参数的合理性和科学性；以此得到的参数，模拟了正向登陆洋山港海域的台风（通过改变“韦帕”中心）对洋山港海域通道和港区的冲淤影响；由于洋山港为岛群内所建港口，受到周围岛屿遮蔽的作用，外海风浪进入港区后，作用大大减弱，总体上通道内淤积幅度不是很大，一般都在1.5m以下，港区水域淤积幅度为0.6~1.9m，平均淤积厚度为0.91m，为实测“韦帕”淤积的2倍左右。

本章参考文献

[1] HENDRIK LTOLMAN. User manual and system documentation of WAVEWATCH-Ⅲ version 1.18. Technical Note[M]. 1999.11.

[2] TOLMAN H L, BOOIJ N. Modeling wind waves using wavenumber-direction spectra and a variable wavenumber grid[J]. Global Atmosphere and Ocean System, 1998, 6: 295-309.

[3] TOLMAN H L, CHALIKOV D V. Source terms in a their-generation wind wave model[J]. J Phys Oceaogr, 1996, 26: 2497-2518.

[4] CHALIKOV D V. The parameterization of the wave boundary layer[J]. J Phys Oceanogr, 1995, 25: 1333-1349.

[5] KAHMA, K K, CALKOEN C J. Reconciling discrepancies in the observed growth rates of wind waves[J]. J Phys Oceanogr, 1992, 22: 1389-1405.

[6] RIS R C, HOLTHUIJSEN L H, BOOIJ N. A Spectral Model for Waves in the near shore Zone[J]. Coastal Engineering, 1994, 10: 68-78.

[7] TOLMAN. H. L. A third-generation model for wind waves on slowly varying, unsteady and in homogeneous depths and currents[J]. J. Phys Oceanogr, 1991, 21(6): 782-797.

[8] Booij N, R.C.RIS, L.H. Holthuijsen. A third-generation wave model for coastal regions, Part I. Model description and validation[J]. J.Geoph. Research, 1999, 104(C4): 7649-7666.

[9] W. ERICK ROGERS, PAUL A. H WANG, DAVID WANG. Investigation of wave growth and decay in the SWAN model: Three regional-scale applications[J]. Jour-

nal of Physical Ocea Mography,2003,2:366-378.

[10] HASSELMANN. K. On the spectral dissipation of ocean waves due to whitecapping [J]. Bound Layer Meteor,1974,6(1-2):107-127.

[11] COLLINS. J. I. Prediction of shallow water spectra[J]. J. Geophys. Res,1972,77(15):2693-2707.

[12] N. Booij,I J.G. Haagsma,L.H. Holthuijsen,et al. SWAN User Manual[M]. Netherlands:Delft University of Technology.,2004:21-25.

[13] Mesoscale Model(MM5),NCAR Technical Note,NCAR/TN -398+ STE. 1994.

[14] 钟中,张金善,黄瑾. MM5 模式在热带气旋模拟中的应用[J]. 海洋预报,2004,21(4):10-15.

[15] 张金善,钟中,黄瑾. 中尺度大气模式 MM5 简介[J]. 海洋预报,2005,22(1):31-40.

[16] 陈庆丰. 海浪模式 WAVEWATCH Ⅲ的比较检验与应用[D]. 青岛:中国海洋大学,2005.

7　典型岛群海域(洋山港海域)建港工程布置物理模型试验研究

7.1　模型建立及验证

7.1.1　模型概述

从1885年Reynolds创建的第一个河口模型开始,已有100多年历史,至今在海岸、河口地区,利用物理模型研究和解决港口、航道工程泥沙问题仍然是最基本、最重要的手段之一。自1999年以来,洋山港海域先后制作了范围相同,但比尺不同的两个物理模型。1999年的模型,位于交通运输部天津水运工程科学研究院(简称“天科院”)河口实验厅,厅长86m,宽36m,模型平面比尺1∶850,垂直比尺1∶135。2004年的模型,位于塘沽海洋高新技术开发区天科院综合实验厅内,厅长90m,宽90m,模型占用大厅的一半,即90m×45m,模型平面比尺1∶600,垂直比尺1∶100,实验厅内有两座大型水池提供模型用水,共容纳水量约1100m^3,厅两侧建有回水廊道与水池相连,厅外建有库容约1000m^{3}地下水库。

模型设计、验证及试验执行交通部❶发布的《海岸与河口潮流泥沙模拟技术规程》(JTS/T 231-2—2010)。

7.1.2　模型设计

(1)模型设计的原则

洋山港海域为强潮流、高含沙地区,泥沙运动的动力条件主要是潮流,因此,模型设计主要按潮流和泥沙运动相似准则进行设计,采用变态模型,不考虑波浪的影响。

(2)潮流定床模型相似理论

潮流定床模型在几何相似条件下,应满足重力相似和阻力相似条件,潮汐水流运动相似比尺如下:

重力相似:

$$\lambda_v = \lambda_h^{\frac{1}{2}} \tag{7.1-1}$$

❶交通部于2008年3月15日更名为交通运输部。

阻力相似:

$$\lambda_c = \left(\frac{\lambda_l}{\lambda_h}\right)^{\frac{1}{2}} \tag{7.1-2}$$

水流运动时间比尺:

$$\lambda_t = \frac{\lambda_l}{\lambda_h^{\frac{1}{2}}} \tag{7.1-3}$$

式中,λ_v 为流速比尺;λ_h 为垂直比尺;λ_l 为水平比尺;λ_t 为时间比尺;λ_c 为谢才系数比尺。

如果利用曼宁系数公式确定谢才系数,即 $C_S = \frac{1}{n}h^{\frac{1}{6}}$。

则糙率比尺:

$$\lambda_n = \frac{\lambda_h^{\frac{2}{3}}}{\lambda_l^{\frac{1}{2}}} \tag{7.1-4}$$

由于研究水域水深均大于10m,表面张力相似要求容易满足,模型主要考虑重力相似和阻力相似。

(3)悬沙冲淤模型相似理论

本模型为悬沙冲淤动床模型,根据泥沙运动相似理论,应满足下列泥沙运动的相似条件:

泥沙沉降相似:

$$\lambda_\omega = \frac{\lambda_h^{\frac{3}{2}}}{\lambda_l} \tag{7.1-5}$$

泥沙起动相似:

$$\lambda_{v_c} = \lambda_v \tag{7.1-6}$$

悬沙挟沙能力相似:

$$\lambda_S = \lambda_{S*} \tag{7.1-7}$$

悬沙冲淤相似:

$$\lambda_{t_1} = \lambda_{\gamma_0}\frac{\lambda_1}{\lambda_{S*}\lambda_h^{\frac{1}{2}}} \tag{7.1-8}$$

挟沙能力比尺:

$$\frac{\lambda_{S*} = \lambda_{\gamma_S}}{\lambda_{\frac{\gamma_S-\gamma}{\gamma}}} \tag{7.1-9}$$

含沙量比尺：

$$\lambda_S=\frac{\lambda_{\gamma_S}}{\lambda_{\frac{\gamma_S-\gamma}{\gamma}}} \tag{7.1-10}$$

式中，ω 为泥沙沉降速度；v_c 为泥沙起动速度；S 为含沙量；$S*$ 为水流挟沙力；t_1 为悬沙造成床面冲淤变形的持续时间；γ_0 为泥沙的干重度；γ_S 为泥沙颗粒的重度；γ 为水的重度。

7.1.3 复合模型的应用

洋山深水港所在的海区为四面开敞水域，为正确反映海域的水流情况，模型四面边界也采取开边界方式进行控制，控制条件相当复杂。在东、西向主流方向，模型两侧采用翻板尾门，以潮位作为生潮控制，南、北两侧通过可逆泵调节进出水量，进出水量的变化由数学模型提供，物理模型的边界与数学模型计算结果达到了有机结合，构成一个非耦合的复合模型系统。

7.1.4 模型布置

(1)模型范围

为保证在各种工程方案条件下研究区域内水流不受边界的影响，必须保证模型的边界与研究范围之间有足够的距离。根据大范围数学模型的计算成果，即在规划方案条件下，以流速变化不大于 0.02m/s 为限，并全面分析历年水文全潮测验资料，综合确定整体物理模型范围及其边界水流条件。最终确定 2004 年模型的边界范围为：北边界在小洋山以北 10km，南边界在大洋山以南 10km，东边界在小衢山附近，西边界在小乌龟以西 15km，水域面积 42km×26km。

模型动床区域西起小乌龟—唐脑山，东至小岩礁—大洋山(东口门窄口)，包括颗珠山汊道，总面积约 $56km^2$。

(2)模型方位

1999 年模型根据 1997 年和 1999 年水文测验各站涨急落急资料分析，模型的主生潮方向取 285°～105°；根据 2000～2003 年现场水文测验资料进一步分析，大、小洋山岛链附近海域涨、落潮主要呈 283°和 110°的往复流，结合数学模型提供的计算成果，确定 2004 年模型南、北边界为 290°～110°。

(3)模型比尺

根据模型研究范围、试验场地、供水条件以及生潮系统能力，按照相似要求进行不同比尺的综合分析，确定水平比尺为 600，垂直比尺为 100，变率为 6，制模面积 70m×42m。1999 年模型水平比尺为 850，垂直比尺为 135，变率为 6.3。新老模型相比，水平和垂直比尺均有所放大，变率基本未变，制模面积和平面布置基本相同。(图 7.1-1)。

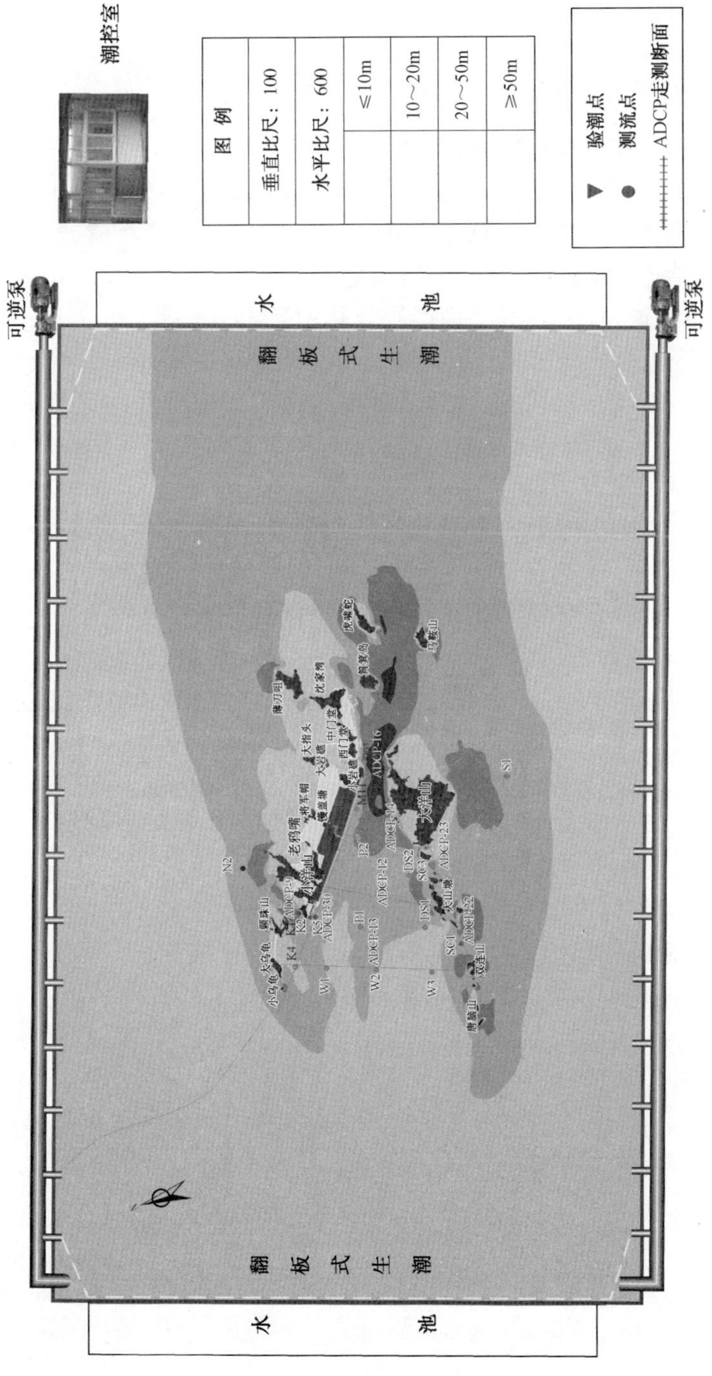

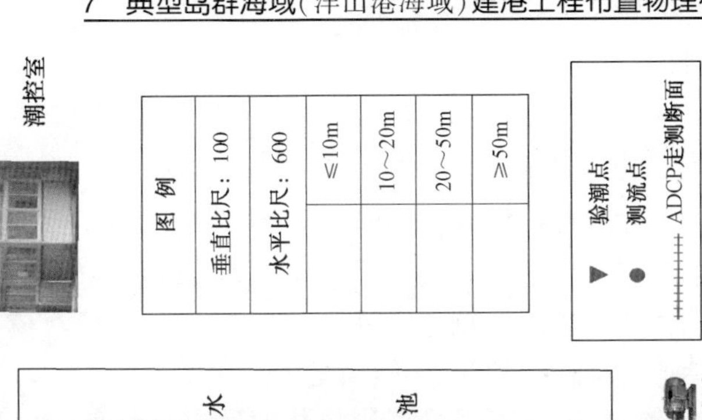

图7.1-1 洋山深水港区模型平面布置图

(4)模型生潮

模型东、西两侧采用翻板尾门由水位控制,南北两侧根据数学模型提供潮量过程,采用可逆泵,由流量控制。

7.1.5 模型沙的选择及泥沙运动相似比尺

(1)模型沙的选择

模型沙主要根据研究海区的水流、泥沙条件、模型沙特性及模型沙材料的来源和加工情况来选择。模型沙的选择必须满足沉降相似,并兼顾起动相似。模型中,如果采用原型沙为模型沙,其沉降虽能满足相似要求,但起动难以满足,而且模型复演时间太长,因而选择塑料沙、电木粉、木屑、煤末及煤灰等5种轻质沙作比较。根据天科院历年来采用的经加工处理后的铜川煤末做模型沙的有关试验成果,基本上可以满足模拟细颗粒泥沙沉降和起动相似要求。

(2)泥沙沉降相似

模型泥沙沉降相似比尺 $\lambda_{\omega}=1.667$。洋山水域原体悬沙平均中值粒径为0.009mm,根据环形水槽试验结果,在含盐度25‰,水温16°~18°,初始含沙量为1.0~1.5kg/m^{3}条件下,其沉降速度为0.047~0.052cm/s,要求模型悬沙的沉速为0.028~0.031cm/s,经试验,选用中值粒径 $d_{50}=0.036$mm 的铜川煤末,基本满足悬沙沉降相似要求。

洋山港区主通道底质平均中值粒径为0.020mm。根据环型水槽试验,其沉降速度为0.053~0.061cm/s。按照模型沉降比尺 $\lambda_{\omega}=1.667$ 换算,要求模型底沙的沉速为0.031~0.037cm/s。采用经加工处理后的 $d_{50}=0.040$mm 的铜川煤末,基本满足沉降相似要求。

(3)泥沙起动相似

模型泥沙起动相似比尺 $\lambda_{v_c}=10$。根据水槽试验天然泥沙的起动流速,底流速大约为50cm/s,垂线平均流速大约为100cm/s。模型沙的起动流速为10.7cm/s,则泥沙起动的相似比尺为9.3,与模型要求的 $\lambda_{v_c}=10$ 基本一致。故模型沙基本满足起动相似条件。

(4)悬沙冲淤时间比尺

由模型水流时间比尺、泥沙干重度和含沙量比尺可求得悬沙冲淤时间比尺,2004年模型和1999年模型分别为110和128(表7.1-1)。

洋山深水港区物理模型比尺情况 表7.1-1

比　尺	2004年模型	1999年模型
试验厅制模尺度	70m×42m	50m×33m
模型范围	42km×25km	42.5km×28km

续上表

比　尺	2004年模型	1999年模型
模型方位	290°~110°	285°~105°
水平比尺(λ_l)	600	850
垂直比尺(λ_h)	100	135
变率(e)	6.0	6.3
流速比尺(λ_v)	10.0	11.62
流量比尺(λ_Q)	6.0×10^5	1.333×10^6
潮量比尺(λ_W)	3.6×10^7	9.754×10^7
潮流时间比尺(λ_t)	60.0	73.16
糙率比尺(λ_n)	0.88	0.90
模型糙率(n_m)	0.017	0.0167
沉速比尺(λ_ω)	1.667	1.845
泥沙起动比尺(λ_v)	10.0	11.62
冲淤时间比尺(λ_{t_1})	110	128

7.1.6　模型观测与验证

(1)模型观测

模型采用自动跟踪水位仪测量潮位,旋浆式流速仪测量流速;采用图像摄取和处理系统测量流向及水流场;采用照像和录像观测流态;使用水下光电测沙仪测量水体含沙量,超声地形仪自动测量水下地形。

(2)模型验证

①1999年模型验证情况。1999年模型潮流验证,根据现场实测资料,分别选取了1996~2000年4次实测水文资料,进行了大、中、小潮不同潮型共58条垂线的流速、流向逐时过程的潮流验证试验,潮位验证选取了小衢山和小洋山两个测站同步资料作为验证点。验证结果:潮位平均偏差为0.07m,最大瞬时偏差为0.18m;平均流向偏差一般为10°左右;潮流速和断面潮量,除个别潮段外,一般偏差为10%左右。

泥沙验证:以小洋山站历年逐日含沙量连续观测资料为基础,经修正计算,得出小洋山深水港区、港区东、西口门、小洋山—小岩礁潮流通道以及外航道的年平均含沙量作为控制条件,其平均含沙量偏差一般控制在10%左右。

地形验证主要以小洋山一侧码头岸线水域固定断面泥沙淤积和外航道开挖段的地形冲淤变化作依据。另外,也同时参照茅草潭和圣姑岙的淤积地形变化的资料。泥沙验证试验基本满足了与原型冲淤相似的要求。

②2004年模型的验证。2004年模型建成后,每年都要根据当年的水深地形测图和定点水文全潮测验资料进行模型地形改制和验证试验工作。流场的验证包括2005年、2006年、2007年和2008年不同阶段流速、流向、潮位、潮量等内容。验证的结果从潮位、流速、流向、憩流时间以及通道潮量相似性综合分析,整体上与原型基本一致,达到相似要求,也基本上符合规范要求。

地形冲淤验证,选取2004~2005年、2005~2006年和2006~2007年的地形变化作为泥沙模型的验证资料。验证结果是,模型的冲淤部位与原型基本符合,模型与原型的冲、淤面积与总面积之比,总体偏差在15%以内,总冲淤量偏差20%以内,满足规范的要求。

7.2 洋山深水港北港区总体规划研究

自2003年提出利用颗珠山汊道以来,北港区规划方案主要是围绕西港区建设方案中大通道方案和小洋山—颗珠山汊道方案进行优化比选试验。

7.2.1 大通道方案和汊道方案潮流试验

(1)方案布置

①大通道方案:

a.导流堤:起点位于小乌龟东南约150m,方位122°~302°,堤长1000m。

b.岸线:分两段,西段位于大乌龟—颗珠山,栈桥式,驳岸方位127°~307°,长2000m;东段位于颗珠山—二期码头西端,满堂式,方位130°~310°,堤长1500m,岸线总长3500m。

c.港池开挖尺度:西港区8.0~14.0m,一、二期工程港区16.0m,三期港区17.5m(图7.2-1)。

②汊道方案:

a.导流堤:起点位于小乌龟西南约760m,方位110°~290°,堤长1000m。

b.防波堤:位于汊道北口颗珠山一侧,长880m,方位104°~284°,北口宽750m。

c.分流鱼嘴:位于蒋公柱,长450m,方位93°~273°。

d.岸线:分两段,西段位于小乌龟—颗珠山,满堂式,方位104°~284°,岸线长2600m;东段位于蒋公柱—二期码头,长900m。

港池开挖深度:西港区8.0~13.5m,一、二、三期工程港区与大通道方案相同(图7.2-2)。

(2)潮流试验结果

①两组规划方案实施后,一、二、三期港区水流平顺。大通道方案和汊道方案

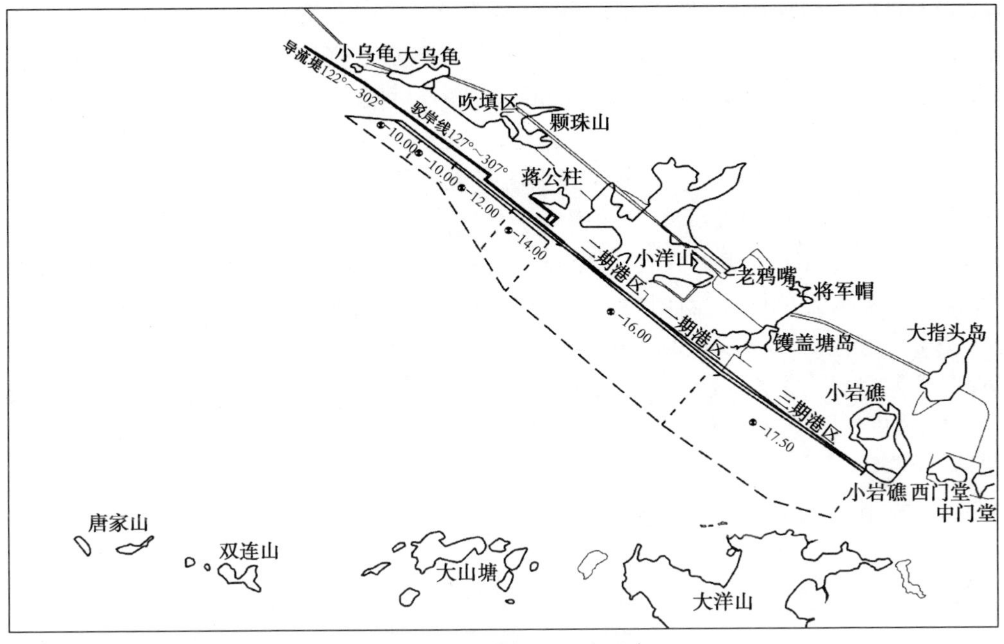

图 7.2-1　大通道方案平面布置图

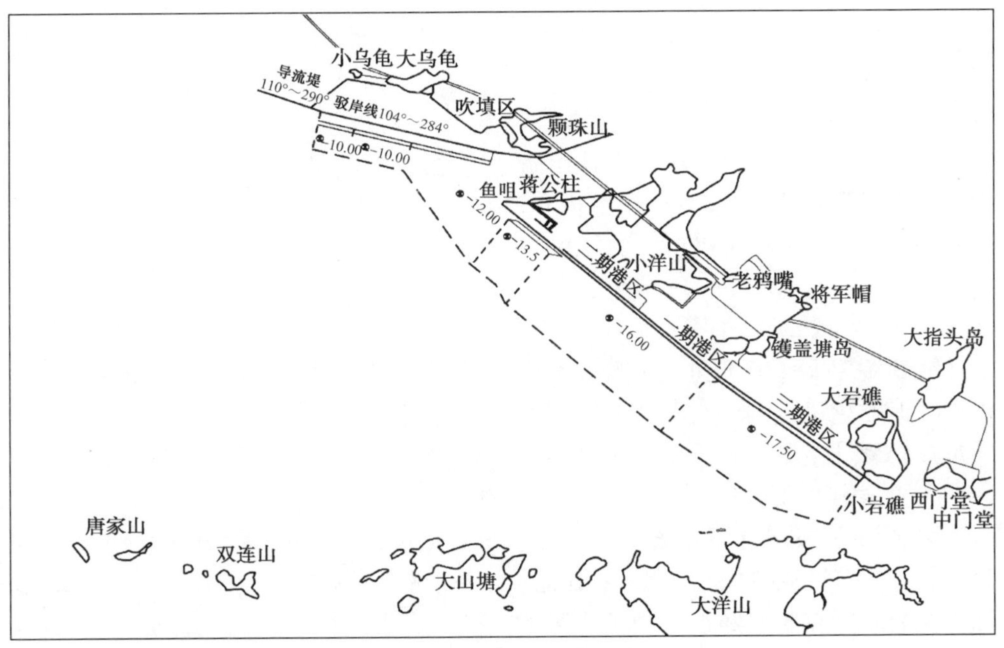

图 7.2-2　汊道方案平面布置图

水流强度与原型相比，二期港区减小，分别为2%和4%，存在不利影响；一、三期港区增大，分别为7%和5%，有改善趋向；两组方案水流强度相比，差别不大，其量值为0.03m/s，约3%。总体来看，两组方案水流条件对一、二、三期港区水深的维护和船舶航行安全不会产生不利影响。

②两组规划方案实施后，西港区水流平顺。大通道方案和汊道方案水流强度与原型相比，分别减小3%和2%，相当于二期港区减幅；两组规划方案水流强度相比，互有优势，西部汊道方案优、中部基本相当、东部大通道方案优。总体来看，两组规划方案水流条件都能保证西港区浚后水深的正常维护。

③两组规划方案实施后，通道水域水流强度与原型相比，以二期港区—大山塘一线为界，以西水流强度减小，以东增大。西部水深较浅，潮流动力减弱，对现状水深的稳定具有不利影响，东部水深较大，潮流动力增强，水深加大，意义不大。

④两组规划方案相比，从潮量上来看，西口门潮量较原型都有减小，分别为11%和6%，大通道方案减小量大于汊道方案；从水流强度来看，颗珠山以西相当于主通道总面积48%水域，大通道方案水流强度较原型平均减小6%，而汊道方案水流强度与原型基本相当，从保证现状水深稳定而言，汊道方案明显优于大通道方案。

⑤颗珠山平顺岸线的布置，较原型流态有明显改善。汊道方案实施后，涨潮主流位于颗珠山一侧，处在弱流的蒋公柱一侧出现有回流或缓流，落潮主流位于蒋公柱一侧，处在弱流的颗珠山一侧出现有缓流，由于水流强度较弱，回流强度不大，不会影响船舶的航行及靠离泊。颗珠山防波堤的建成，潮量较原型减小约24%，汊道内水流强度的减弱，将会导致汊道内水深淤浅，现汊道内平均水深约20m，方案实施后，其最终平衡水深仍可保持10m以上，基本可以满足中、小型船舶航行和靠离泊。

(3)泥沙试验结果

试验按照大通道方案和汊道方案实施后第一年、第二年和第三年全通道水域地形冲淤变化进行，其中，图7.2-3和图7.2-4北港区为分年地形变化，其他水域为地形逐年累计变化。

①主通道冲淤情况。

冲淤部位：从各年两组方案冲淤分布图对照来看，除西北部水域大通道方案淤积，汊道方案冲刷有冲、淤差别外，其他水域冲、淤部位基本相同。两组方案的淤积部位主要发生在北港区水域和工作船码头—大山塘一线以西的主通道水域，冲刷部位主要发生在双连山—大山塘近岛水域和大山塘以东主通道水域。

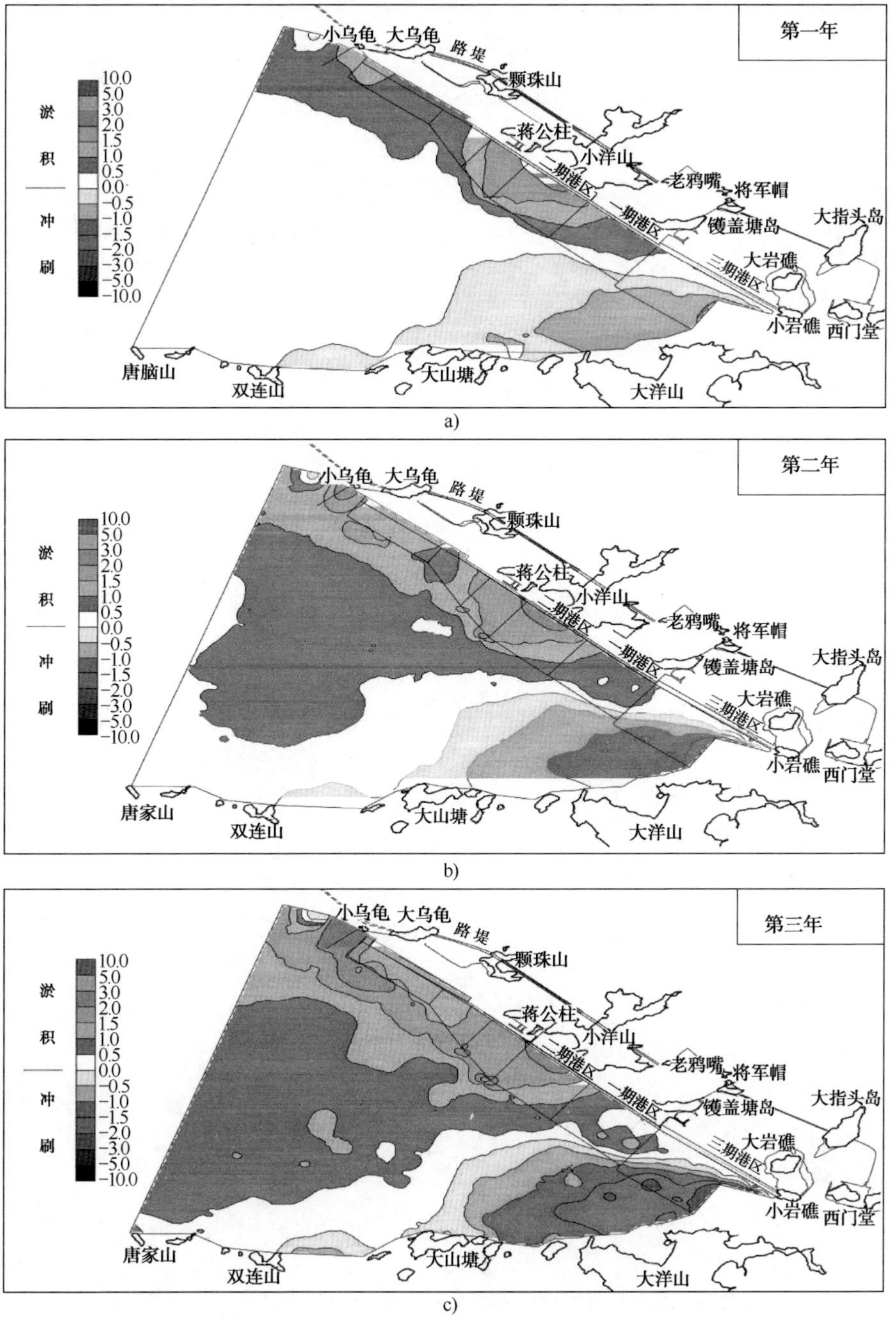

a)

b)

c)

图 7.2-3 大通道方案实施后全通道水域地形冲淤分布图

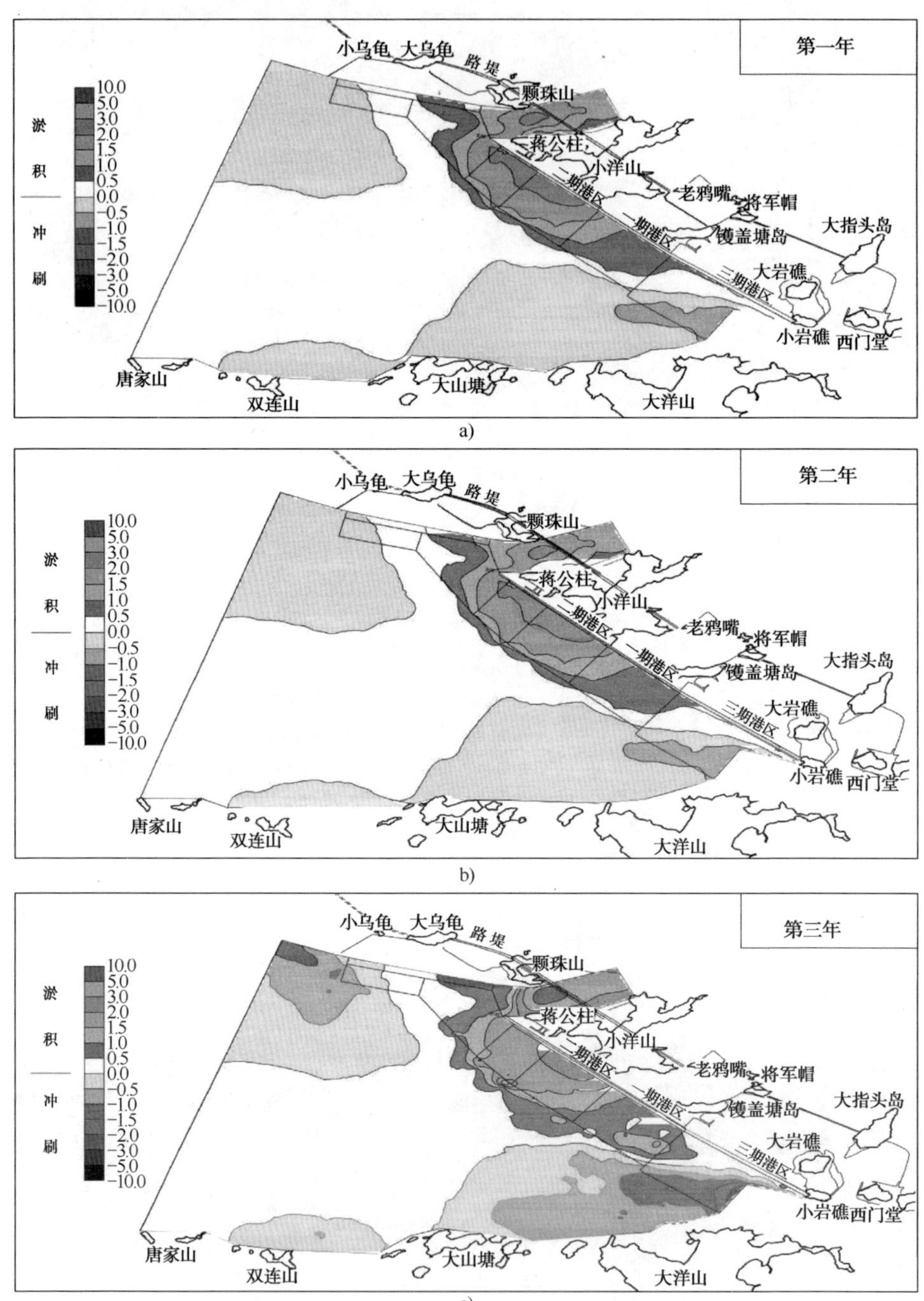

a)

b)

c)

图 7.2-4　汊道方案实施后全通道水域地形冲淤分布图

冲、淤部位年际变化比较明显的有两处:一是通道西北部水域汊道方案的冲刷面积逐年略有扩大,3 年分别为 680 万 m^2、730 万 m^2 和 830 万 m^2,分别约为全通道水域面积的 14%、15% 和 17%;二是双连山—大山塘近岛水域的冲刷面积逐年缩小。

主通道水域冲淤量值:大通道方案,3 年均为淤积,分年淤积量分别为 700 万 m^3、635 万 m^3 和 599 万 m^3,逐年呈递减,3 年累计淤积量为 2000 万 m^3,累计淤积厚度约 0.49m;汊道方案,3 年均为冲刷,分年冲刷量分别为 55 万 m^3、46 万 m^3 和 50 万 m^3,各年基本相当,3 年累计冲刷量为 150 万 m^3,冲刷深度仅为 0.04m,冲淤基本平衡。两个方案淤强相差 0.53m。

主通道西部水域:两组方案 3 年均为淤积,大通道方案,分年淤积量分别为 987 万 m^3、835 万 m^3 和 743 万 m^3,逐年呈递减,3 年累计淤积量为 2565 万 m^3,累计淤积厚度为 0.86m;汊道方案,分年淤积量分别为 74 万 m^3、59 万 m^3 和 27 万 m^3,逐年呈递减,3 年累计淤积量为 160 万 m^3,累计淤积厚度 0.06m。两个方案淤强相差 0.80m。

主通道东部水域:两组方案 3 年均为冲刷,大通道方案,分年冲刷量分别为 217 万 m^3、200 万 m^3 和 144 万 m^3,逐年呈递减,3 年累计冲刷量为 561 万 m^3,冲刷深度 0.49m;汊道方案,分年冲刷量分别为 129 万 m^3、104 万 m^3 和 78 万 m^3,逐年呈递减,3 年累计冲刷量为 311 万 m^3,冲刷深度 0.27m。

总体来看,西港区两组方案实施后,主通道水域地形变化特征主要有:通道西部逐年淤积,东部逐年冲刷,冲、淤逐年均呈递减趋势;冲淤相抵后,大通道方案呈明显淤积,3 年累计淤积厚度平均为 0.49m,其中通道西部平均达 0.86m;汊道方案略有冲刷,3 年累计冲刷深度仅为 0.04m,其中西部为淤积,厚度仅为 0.06m。由此于见,汊道方案优于大通道方案。

②北港区冲淤情况。

a.西港区淤积情况:

大通道方案,西港区 3 年淤积量分别为 290 万 m^3、320 万 m^3 和 347 万 m^3,淤积量逐年递增,年淤强分别为 1.24m、1.37m 和 1.49m;汊道方案,3 年淤积量分别为 299 万 m^3、279 万 m^3 和 267 万 m^3,淤积量逐年递减,年淤强分别为 0.99m、0.92m 和 0.88m。与大通道方案相比,汊道方案淤积量第一年偏大 9 万 m^3,第二年和第三年分别偏小 41 万 m^3 和 80 万 m^3。汊道方案淤强偏小,3 年分别偏小 0.25m、0.45m 和 0.61m,其差值逐年加大。

第三年淤强分布:西部、中部和东部港区,大通道方案分别为 1.43m、1.34m 和 1.67m,汊道方案分别为 -0.13m(冲刷)、0.79m 和 1.79m;两组方案以东部港区淤强最大;两组方案相比,西部港区和中部港区,汊道方案淤强偏小,两者相差分别为1.56m和0.55m,东部港区,汊道方案淤强偏大,两者相差0.12m,差值最大发生在西部港区。

总体来看,从淤积量角度,第一年两个方案基本相当,第二年后,汊道方案优于大通道方案;从淤强角度,汊道方案淤积强度小于大通道方案。

b.东港区(一、二、三期)淤积情况:

东港区大通道方案,3年淤积量分别为357万m^3、375万m^3和364万m^3,各年淤积量基本相当;汊道方案,3年淤积量分别为431万m^3、436万m^3和424万m^3,各年淤积量也基本相当。两组方案相比,汊道方案淤积量偏大,3年分别偏大74万m^3、61万m^3和60万m^3。

第三年平均淤强分布:一期、二期和三期工程港区,大通道方案分别为0.64m、1.56m和0.30m,汊道方案分别为0.81m、1.68m和0.43m;两组方案均以二期港区淤强最大,一期港区次之,三期港区最小。

总体来看,大通道方案一期至三期港区淤积相对偏小,优于汊道方案。

c.颗珠山汊道水域淤积情况:

试验结果表明,颗珠山汊道3年均为淤积,分年淤积量分别为246万m^3、164万m^3和147万m^3,逐年呈递减,3年累计淤积量为557万m^3,淤积厚度为3.25m。

(4)方案评价

综上试验结果,从潮流和通道3年泥沙回淤角度可以看出:

①汊道方案对目前通道水流和潮量影响较小。

从水流强度来看,颗珠山以西相当于主通道总面积48%水域,大通道方案水流强度较原型平均减小6%,而汊道方案水流强度与原型基本相当;两组方案一、二、三期港区水流条件基本相当。从潮量上来看,两组规划方案西口门潮量较原型都有减小,分别为11%和6%,大通道方案减小量大于汊道方案。因此,从保证现状水深稳定而言,汊道方案明显优于大通道方案。

②两组方案北港区总淤积情况基本相当。

北港区总淤积量大通道方案1~3年分别为647万m^3、695万m^3和711万m^3,汊道方案1~3年分别为730万m^3、715万m^3和691万m^3。第二和第三年,两个方案北港区总淤积量基本相当。

③东港区大通道方案回淤量和淤积强度相对较小。

东港区即一期至三期工程港区两个方案年淤积总量,大通道方案平均每年淤积量为365万m^3,汊道方案为430万m^3,年平均减量65万m^3,约占汊道方案回淤总量的15%。汊道方案平均淤强为1.01~1.04m,大通道方案平均淤强为0.89~

0.95m,相差0.08~0.12m。

④西港区汊道方案回淤量和淤积强度相对较轻。

西港区3年淤积量,汊道方案为299万~267万m^3,大通道方案为290万~347万m^3,除第一年淤积量基本相当外,第二年和第三年淤积量分别相差41万m^3和80万m^3;汊道方案平均淤强为0.88~0.99m,大通道方案平均淤强为1.24~1.49m,相差0.25~0.61m。从3年发展趋势看,第三年减量达80万m^3,淤积强度相差0.61m。

⑤汊道方案对维护通道西部水深具有相对稳定的优势。

主通道西部水域,大通道方案3年累计淤积量为2560万m^3,累计淤积厚度为0.86m,汊道方案3年累计淤积量为160万m^3,累计淤积厚度为0.06m。后者有利于维持通道现状水流、泥沙良好条件。

⑥汊道方案有利于西港区的发展。

颗珠山汊道封堵后,西部港区及其周围地形明显淤浅,颗珠山以西港区水域在自然水深和开挖2m条件下,大通道方案年平均淤强为1.38m,汊道方案年平均淤强为0.33m,显然,汊道方案相对于大通道方案,有利于港区的进一步的发展。

从泥沙回淤角度认为:整个北港区两个方案淤积量基本相当,大通道方案在东港区淤积量相对小一点,汊道方案在西港区淤积量相对较轻;汊道方案有维护通道西部地形相对稳定的优势,汊道方案有利于西港区的发展。

综合上述潮流泥沙试验分析后认为,西港区采用汊道方案应是稳妥、合理的方案。

7.2.2 汊道方案优化试验

为发挥颗珠山汊道潮流动力作用,在原西港区汊道方案基础上,模型首先对汊道北口防波堤长度及方位、蒋公柱分流鱼嘴建与不建、西港区码头岸线方位和西导流堤方位及长度等工程方案分别进行优化及比选,形成西港区建设优化方案。在此基础上,针对汊道方案陆域纵深小的不利条件,开展了大乌龟—颗珠山路堤以北海域建大、中、小3种围区方案试验研究工作。

经多组方案试验,确定出西港区优化方案为:颗珠山北口防波堤与北侧围堤连成一体,汊道北口宽为1200m;码头岸线起自颗珠山,西与导流堤连接,方位106°~286°,长3500m;蒋公柱不设鱼嘴,港区码头岸线自二期码头直线向西延伸至蒋公柱,方位130°~310°,长680m;西导流堤起点位于小乌龟西南约900m,方位118°~298°,长1600m;北侧围按中围考虑;西港区和蒋公柱港区浚深按-12.5m、-14.5m和-16.5m进行(图7.2-5)。

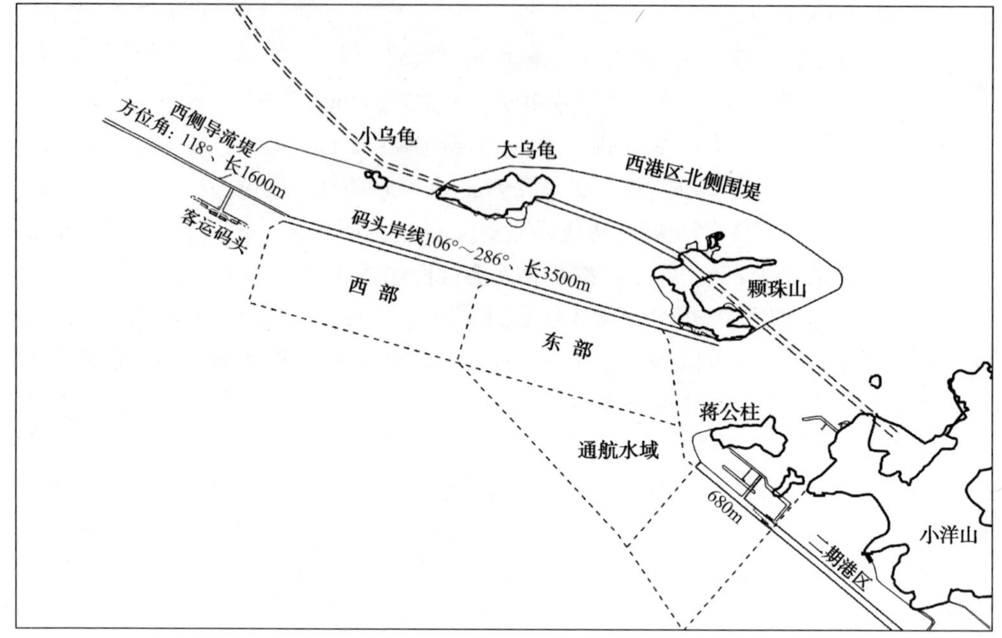

图 7.2-5　西港区优化方案平面布置图

(1)潮流试验结果

方案实施后与原型相比，导流堤水域涨、落潮水流强度均有所增强，增大 8%和 18%，落潮增幅明显大于涨潮；车客渡码头水域涨落潮平均流速增大 15%；西港区水域涨落潮水流强度均有所减弱，约减小 2%；蒋公柱港区涨落潮水流强度均有所减弱，平均流速减小 10%；二期港区约有 3%的减小，一期港区和三期港区分别有 2%和 5%的增幅。

西口门断面潮量减小，涨落潮平均减小 4%；东口门断面潮量增大，涨落潮平均增大 6%；颗珠山汊道断面潮量减小，涨落潮平均减小 9%；大洋山两个汊道断面潮量略有增加，约增大 2%。

除颗珠山汊道内涨急出现范围不大回流，非主流的蒋公柱一侧为缓流区外。总体西港区流态平顺。

(2)泥沙淤积情况

三组浚深条件下，西港区年平均回淤厚度为 1.63～1.99m，蒋公柱港区为 2.02～2.27m，二期港区为 1.56～1.45m，一期港区为 0.89～0.77m，蒋公柱港区淤强最大，其次是西港区，二期港区和一期港区淤强相对较小；西港区和蒋公柱港区随着浚深的加大，淤强增大，一、二期港区随西港区浚深的加大，淤强减小。

主通道水域冲淤情况:西港区方案实施后,主通道水域呈淤积状况,年平均淤强 0.02~0.04m,3 年累计最大淤强为 0.07m,处于微淤状况。

颗珠山汊道水域第一年淤积量分别为 300 万 m^3、292 万 m^3 和 280 万 m^3,平均淤积厚度分别为 1.52m、1.48m 和 1.42m,随着西港区浚深的加大,淤积略有减轻。

(3)方案评述

①西港区汊道方案实施后,通道内地形总体保持稳定;西港区年平均淤积厚度为 1.63~1.99m,与目前二期工程淤积情况相当;随西港区浚深的增大,一、二和三期港区回淤略有减轻。一期港区平均淤积厚度为 0.77~0.89m;二期港区年平均淤积厚度为 1.45~1.56m;三期港区平均淤积厚度为 0.35~0.37m。

②西港区汊道方案实施后,蒋公柱港区由于处于两股水流的汇流和分流处,水流相对较弱,年淤积量情况较为严重,年平均淤积厚度为 2.10~2.27m。

③西港区汊道方案实施后,颗珠山汊道内 3 年累计平均淤积厚度达到 3.3m 和 3.2m,今后应重点关注该汊道的冲淤变化对西港区的影响。

④小洋山北侧围堤方案的实施对水流干扰很小,其影响除小洋山钻头嘴岬角断面水流强度有 2%~5%的减小、颗珠山汊道涨潮潮量有 2%减小外,其他水域均不受其影响。总体来看,从水流及围堤面积综合考虑,中围方案较佳。

⑤从水流泥沙角度,西港区建设深水泊位可行,工程方案布置合理,先行浚深 -14.5m比较稳妥。

7.3 洋山深水港分期建设方案试验研究

7.3.1 一、二和三期港区建设方案

一、二、三期港区位于小洋山—小岩礁,码头岸线总长 5.6km,其中一期港区位于小洋山—镬盖塘,岸线长 1600m,2002 年开工建设,2005 年 10 月建成,港池和泊位设计底高程-16m,宽 780m;二期港区位于小洋山南侧,岸线长 1400m,2006 年 10 月建成,港池和泊位设计底高程-16m,宽 780m;三期港区位于镬盖塘—小岩礁,岸线长 2600m,2008 年 10 月建成,港池和泊位设计底高程-17.5m,小岩礁采取削角工程措施。一期和二期岸线方位为 130~310°,三期岸线方位为 125.5~305.5°,三期与一期在镬盖塘衔接处有 4.5°的夹角。

(1)试验结果

试验于 2000~2003 年开展,试验结果表明,工程建成后,一期和二期港区涨落潮平均流速与原型相比,分别减小 4%和 10%;三期港区涨潮流速增大 7%,落潮流速减小 5%。

蒋公柱浅段开挖，二期水域涨、落潮水流均有3%~4%的增大。

工程实施后，东口门涨、落潮量增加，分别为11%和5%；西口门潮量减小，分别为5%和9%。

港区水域涨落潮流流态平顺，在一期与三期岸线衔接处，码头前沿有小环流产生。

泥沙试验结果表明：一期港区年平均淤强为0.56~0.66m，平均约为0.60m，年淤积量为70万~82万m^3，平均为76万m^3；二期工程港区疏浚后，年平均淤强为2.1m，年维护疏浚量为235万m^3；三期港区泥沙淤积微弱。

（2）方案评价

几年来，港区水深监测结果显示：一期工程维护水域年淤积强度为0.70m，淤积量约60m^3；二期工程港池水域年淤积强度为1.85m，淤积量约200m^3；三期基本没有维护疏浚。与模型试验结果基本一致。

7.3.2 挖入式工作船港池建设方案

为满足中、小型港作船日益增加和安全靠泊的需要，在三期港区东侧兴建了挖入式工作船港池，称为东港池。

东港池是由小岩礁、大岩礁、大指头岛、西门堂诸岛相围而成，水域面积约90万m^2，平均水深为7.6m。其中，泊地及锚地水域面积为56万m^2，占总面积62%，自然水深-9.2m，设计维护水深-5.5m（图7.3-1）。

（1）试验结果

试验在2005年进行，试验结果表明：

在东港池自然水深条件下，涨、落潮的平均流速在工程前分别为0.23m/s和0.18m/s，工程后均为0.10m/s，分别减小56%和44%，平均减小50%，其减幅除口门段相对较小外，其他水域基本相当。浅滩水域保持自然水深，其他水域水深均匀提高至-5.5m（即港池维护水深），由于水深变浅，流速有所增大，故工程前后流速变幅减小，平均减小40%，较自然水深约增大10%。

港池内流态相当紊乱，大部分水域出现回流，在口门处水流往复振荡，与口外水流交换时有发生。

通过悬沙定床模型试验得知。年平均淤强在自然水深和维护水深条件下，分别为3.2m和2.8m，年回淤量分别为290万m^3和250万m^3。在港池维护时期，锚地和泊地淤强最大，口门次之，浅滩水域最小，三者分别为3.1m、2.7m和2.1m。

（2）港池实际淤积和方案评价

挖入式港池淤积主要是涨潮流挟沙落淤，其次是港池内外水量交换增大进沙引起,而落淤率又取决于水流强度和流态。物模泥沙试验显示:东港池按维护水深投产后年淤强达 2.8m,年维护挖泥量高达 250 万 m^3。水深监测结果显示:东港池围筑工程竣工后,自 2006 年 12 月~2007 年 4 月历时 5 个月,在自然水深条件下,淤积量 130 万 m^3,平均淤强 1.3m,简单推算其年淤积量约为 310 万 m^3,平均淤强 3.0m,与模型试验结果基本一致。试验表明:在高含沙量、中等潮差为特征的岛群水域,无论是建设深水,还是浅水港池,一般不宜布置挖入式。

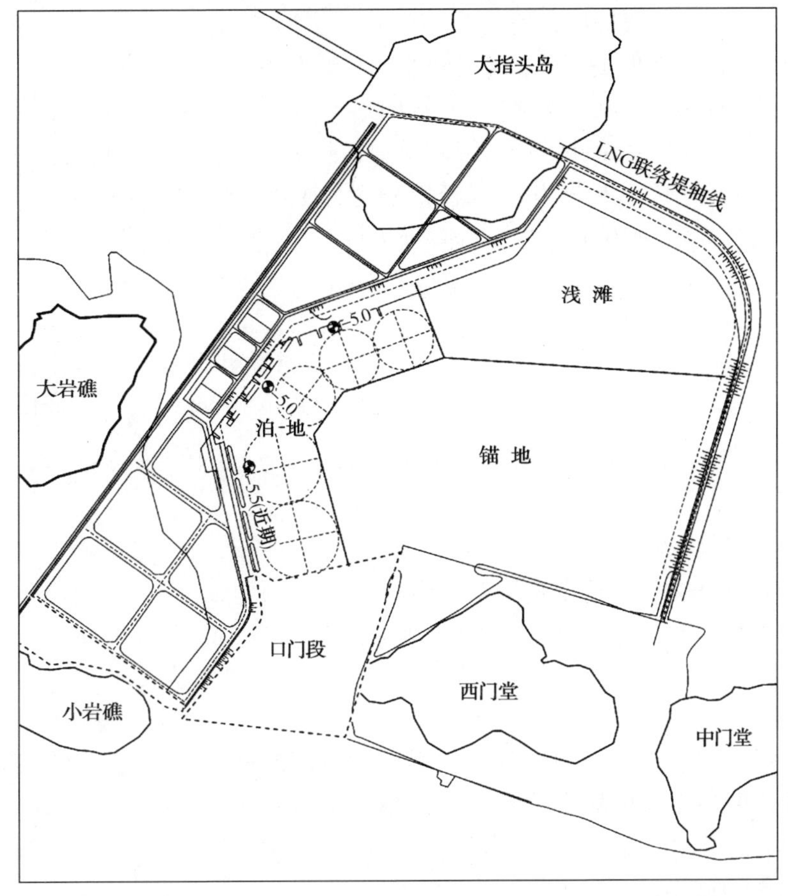

图 7.3-1 东港池平面布置图

7.3.3 航道建设方案

为保证第五代集装箱船进出港区,新开辟进港航道,航道总长为 68.2km(从马迹山 0 点至港区),试验按单向航道考虑,航道宽度为 260m,航道水深为 -16.0m。根据水深图比较,自虎啸蛇岛至小衢山海域约有 8.9km 航道自然水深不足 16.0m,

最小水深为 12.1m,需进行疏浚挖槽予以贯通。

试验结果表明:

(1)潮流变化:一期工程方案实施后,与原型流速相比,涨、落潮流速基本无变化,表明各工程方案对航道水流强度不产生影响。

(2)泥沙淤积预测,通过悬沙定床模型试验得知:航道浚深至-16.0m 水深后,年最大淤强为 0.85m,平均淤积强度为 0.64m,年淤积量为 146 万 m^3。航道淤强分布呈两端小、中部大的规律。

(3)方案评述及航道实际淤积情况

研究结果表明:该航道航线顺直、转向点少,且人工疏浚与水流主流向交角较小,是进出洋山港综合条件最优的进港航道。根据 2006 年 1 月 3 日~2007 年 6 月 7 日的水下地形观测资料得出,进港主航道(实际挖深-17.08m,宽度 285m)累计淤积厚度为 1.32m,折算每年的淤积强度为 0.93m。预报值基本在正常范围内。

7.4 洋山深水港远景规划方案

早期,洋山深水港远期总体规划方案主要围绕着单通道和双通道两种不同布置方案开展优化和比选研究。后期,在西港区汊道方案条件下,对大洋山汊道不同封堵进行比选试验。

7.4.1 双通道规划方案

在大、小洋山岛链之间布置人工岛,其面积约 $4.7km^2$,约占总体规划水域面积的 12%。由于在人工岛南北两侧与岛链岸线形成两个港区通道,故称为双通道方案(图 7.4-1)

试验表明:

(1)潮量变化

与原型相比,西口门(蒋公柱—半山)涨、落潮潮量分别减小 17%和 22%,潮量的减少小于断面尺度的减小。东口门(小岩礁—大洋山窄口)涨、落潮潮量分别增大 18%和 7%。

(2)潮流速变化

在人工岛南北通道内,涨、落潮水流强度均有明显增大,与原型相比,分别增大 32%和 24%,断面平均流速最大可达 1.60m/s。

(3)流态

由于人工岛的布置,使得水流流态复杂,在涨潮时段,人工岛西侧背流面产生历时长、范围大的回流区,在落潮时段,人工岛北侧产生回流,东侧产生尾部涡流。

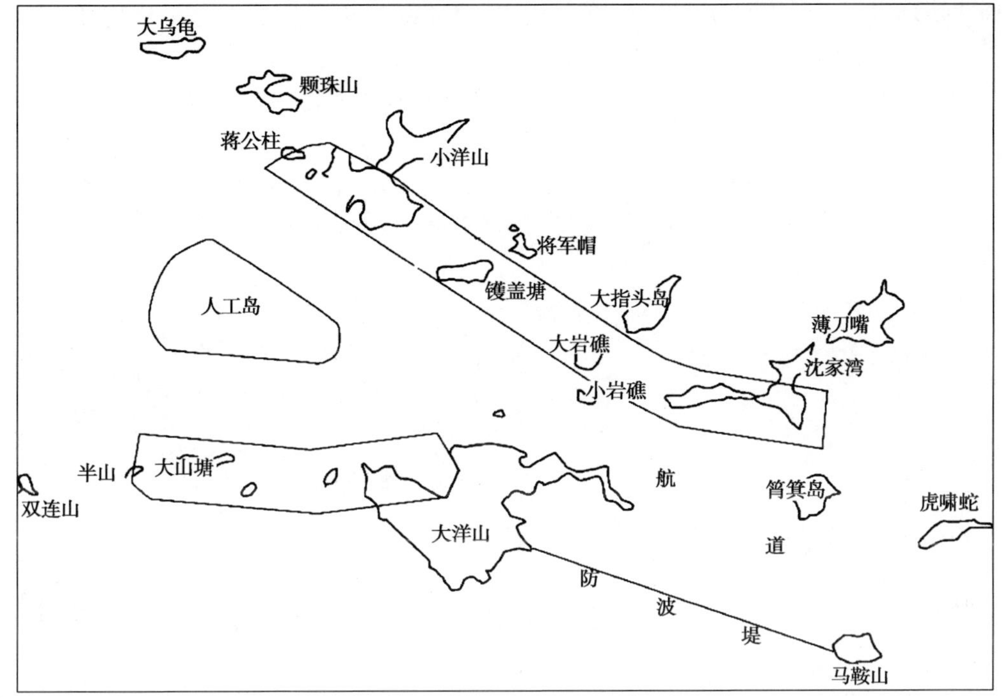

图 7.4-1 洋山港远景规划双通道方案

(4)方案评价

双通道方案虽可增大人工岛南北两通道内的水流强度,但由于人工岛的存在,使得通道水域中部和西部产生回流和涡流,无论对船舶航行还是泥沙淤积,都会带来不利影响,因此,在大、小洋山岛链通道内布置人工岛建筑物的方案不可取。

7.4.2 单通道规划方案

规划港区沿大、小洋山岛链深槽布置,形成一个港区通道,称为单通道规划方案,西口门位于蒋公柱—半山,口门宽 5.8km(图 7.4-2)。

试验表明:

(1)潮量变化

由于大、小洋山部分汊道的封堵使得西口门潮量减少,东口门(小岩礁—大洋山)潮量增加。与原型相比,西口门涨、落潮潮量分别减小 11%和 12%,东口门分别增大 20%和 18%。

(2)潮流速变化

与原型相比,通道西部水域,即蒋公柱—小洋山段,涨、落潮水流强度减弱,平均流速约减小 8%，以东水域水流强度增强，其中小洋山—镬盖塘段平均流速约增大 6%，镬盖塘—小岩礁段约增大 18%。

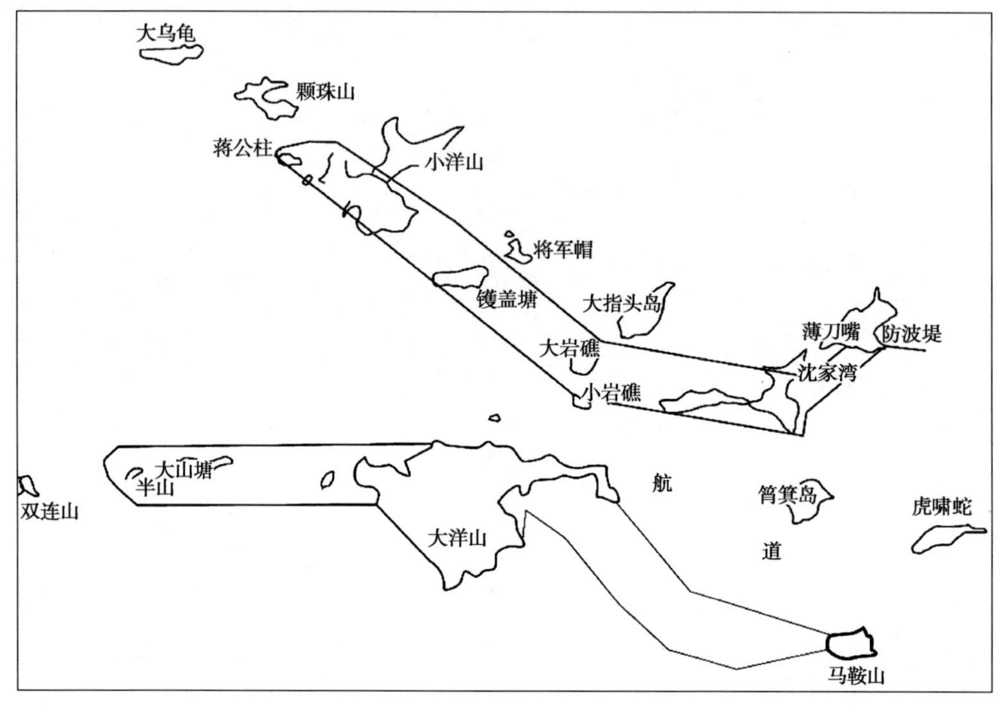

图 7.4-2　洋山港远景规划单通道方案

(3)流态

单通道方案码头岸线平直，水流平顺，流态单一，有利于通道水流通畅和船舶安全航运。

(4)方案评价

单通道方案港区布置因地制宜，顺其自然，岸线平直、简单；小洋山以东通道水域水流增强有利于港区水深的维护；通道流态平顺，保证船舶安全航运。因此，采用单通道方案为总体规划布局的基础是合理的。

7.4.3　西口门缩窄方案

在单通道方案基础上，缩窄西口门开口宽度，其目的主要有两个：一是增强西部水域水流强度，增大水深，减小港区开挖后泥沙回淤；二是减弱窄口处水流强度，保证航运安全。

西口门位于蒋公柱—半山，原单通道方案口门宽 5.8km，在此基础上，进行 3 种宽度试验,即5.0km、4.2km和3.5km(图7.4-3)。其中,西口宽度4.2km和3.5km方案称为窄口门方案,西口宽度5.8km、5.0km的方案称为宽口门方案。

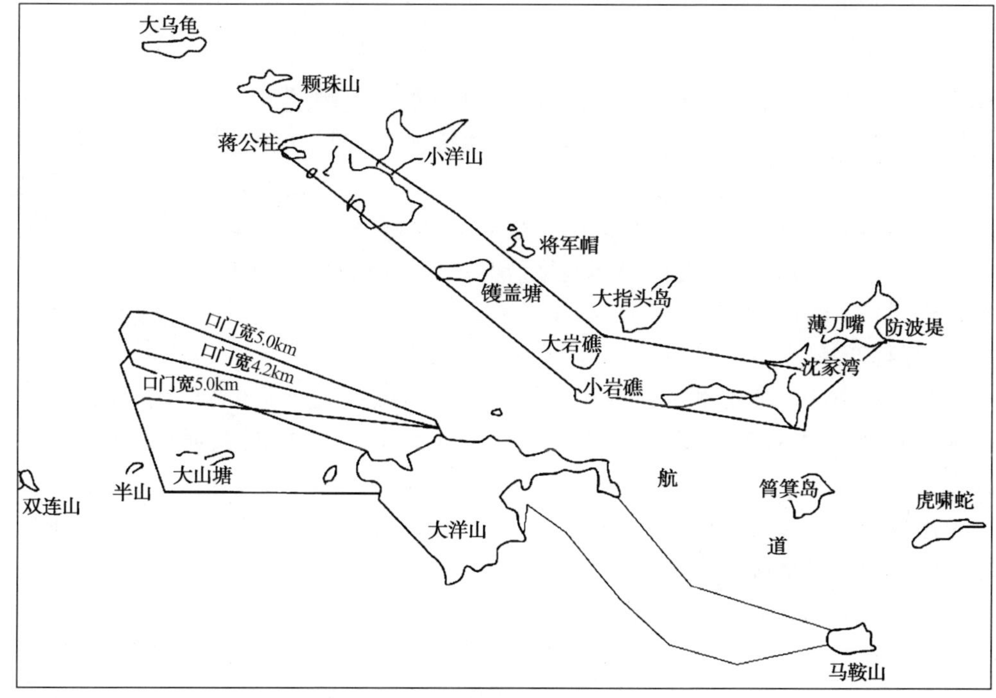

图7.4-3 洋山港远景规划西口门缩窄方案

试验表明:

(1)潮量变化

在东、西口门范围内,涨、落潮潮量随口门宽度的缩窄而逐渐减小,与原单通道潮量相比,3种口门宽度变化量分别为-4%、-8%和-14%,各方案涨、落潮潮量变幅基本相同。

(2)潮流速变化

通道不同水域内的平均流速随口门宽度的缩窄有增、减不同变化。与原单通道流速相比,蒋公柱—小洋山中部通道水域水流强度增强,涨、落潮平均流速3种宽度分别为+10%、+22%和+29%;小洋山中部—镬盖塘通道水域水流强度也有所增强,分别为+2%、+5%和+8%,两者落潮增幅大于涨潮;镬盖塘—小岩礁通道水域水流强度减弱,分别为-3%、-7%和-10%,涨潮减幅大于落潮。

(3)流态

总体规划港区紧贴大、小洋山岛链布置,通道内外水流一致,流态平顺。西口门缩窄是靠改变大洋山一侧港区方位来实现，故与通道外水流形成交角，导致挑流，从而在大洋山一侧产生回流，口门越窄，回流范围越大。

(4)方案评价

从试验结果来看，西口门缩窄提高了通道西、中部水流强度，起到增大水深的作用，同时降低了通道东部水流强度，改善窄口水域船舶航行条件，但口门宽度至少缩至4.0km才能显现出其效果。从另一方面来讲，西口门缩窄方案也存在严重弊端。一是口门缩窄过大，通道潮量减少较多；二是大洋山岸线呈折线，不同程度地改变了通道喇叭形的平面形态，影响东口门附近落潮水流的通顺；三是在南港区挑流影响下，通道水域出现局部回流区。这一切都有可能导致通道地形出现较大的调整，对岸线总体开发、通道水深维护和稳定都将带来不利后果。总之，一般不宜采用西口门缩窄方案。

宽口方案改变通道潮量相对较小，且工程后仍能满足航运的要求，港区西口流速虽有所降低，但降低幅度有限，基本维持天然状态的0.95倍，其通道内的自然水深不会有大的变化，码头岸线深水深用、浅水浅用的原则得以充分利用。从总体发展上比较，宽口门方案充分利用了洋山岛水域的水深条件，顺其自然，并可根据不同阶段港口发展情况及水流自然变化，因势利导，合理调整。从水流泥沙条件上分析，西口宽度在5.0km左右是比较合适的。

7.4.4 中央导流堤减淤措施方案

中央导流堤减淤措施方案是在西港区大通道方案的基础上开展的，旨在增强小洋山岛链沿岸水流强度，改善近岸流态，减轻北港区维护疏浚数量。中央导流堤布置在通道中部的西口门(小乌龟—双连山)内外，长6.0km，呈弧形凸向小乌龟(图7.4-4)。

试验结果：

(1)流速变化

①中央导流堤方案的实施，对北港区水流有不同程度的增强。首先，西港区水域增幅最大，涨、落潮分别增大24%和5%，涨潮增幅突出；其次，工作船码头和二期港区，涨、落潮分别增大5%和7%，对一、三期港区基本没有影响。

②中央导流堤方案的实施，对通道南部水流有所减小，且涨、落潮差别不大。首先，大山塘附近水域减幅相对较大，减小约8%，其次，双连山附近水域减小约5%，对大洋山附近水域基本没有影响。

(2)潮量变化

布设中央导流堤对通道潮量影响不大，方案实施前后相比，东口门潮量不变，西口门（小乌龟—双连山）涨、落潮潮量分别有3%和2%的减小。

（3）流态

中央导流堤方案实施后，导堤两侧涨、落潮分别出现回流区，涨潮出现在导堤凸向的北侧，落潮出现在导堤凹向的南侧，回流区范围和强度，南侧明显大于北侧。

（4）方案评价

从平面布置上来看，中央导流堤的设置类似于总体规划的双通道方案，其目的和效果两者也大致相同。从试验结果来看，西港区水域水流强度涨潮有大幅度增强，有利于水深条件的改善，一、二期港区水流强度虽有所增强，但增幅有限，减淤效果并不理想。导堤两侧大范围回流区的出现，使得通道流态明显恶化。总体来看，不宜采用中央导流堤减淤措施方案（图7.4-4）。

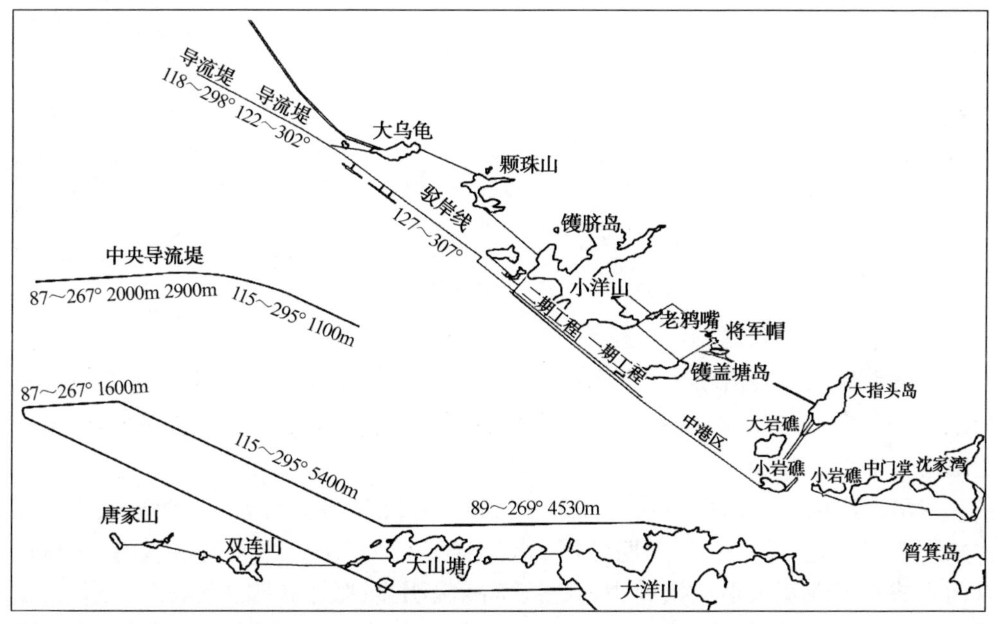

图7.4-4 中央导流堤减淤措施方案平面布置示意图

7.4.5 大洋山汊道封堵方案

大洋山汊道封堵方案研究是在颗珠山汊道保留条件下，即在西港区汊道方案基础上开展的，分别对大洋山岛链中的大洋山—大山塘、大山塘—双连山、双连山—唐脑山3个汊道进行不同封堵的方案试验。目的是了解大洋山不同汊道封堵对北港区的影响，并为大洋山岸线的开发提供初步的了解（图7.4-5）。

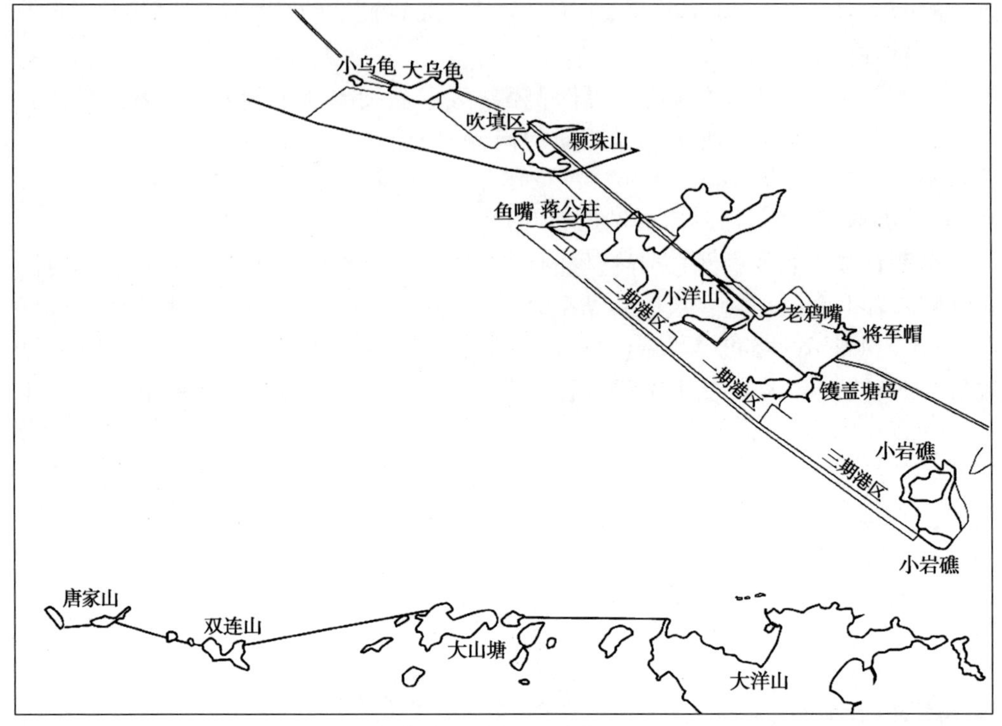

图 7.4-5 大洋山汊道封堵方案研究

(1)试验结果

封堵大洋山—大山塘一个汊道方案,北港区水域基本不受影响,其变化量仅为±1%;通道水域有减小趋势,其变化量为 2%~3%,在封堵汊道的局部水域,减小变幅略有增大。

封堵大洋山—大山塘—双连山两个汊道方案,在北港区水域内,西港区水流强度减小 2%,东港区(一、二、三期港区)水流强度增大 3%。在通道水域内,颗珠山以西水域水流强度减小 9%,其中通道南部减幅明显,减小 18%,在双连山附近,水域水流强度明显减小。

由于双连山—唐脑山汊道位于洋山深水港区以西,北部开敞,不构成通道形势,故其封堵与否,对北港区和通道的水流强度基本没有影响。因此,在前述封堵一个汊道和封堵两个汊道的基础上,增堵双连山—唐脑山汊道,其试验结果基本一致。

颗珠山汊道水流强度随大洋山封堵汊道的增加而增大,与基本方案水流强度相比,封堵大洋山—大山塘一个汊道、大洋山—双连山两个汊道和大洋山—唐脑山 3 个汊道,其水流强度分别增大 7%、16%和 18%。在方案中保留的大山塘—双连山水流强度也有相同性质的变化特征,封堵大洋山—大山塘一个汊道和封堵双连山—唐脑山两个汊道,其水流强度分别增大3%和5%。

流向变化主要有3个特征:一是汊道的封堵,大洋山以西的通道南部流向发生明显变化,对北港区、通道中部以及大洋山水域基本没有影响;二是封堵汊道的附近水域,其流向基本与通道水流一致,汊道水流的影响消失;三是保留汊道的附近水域,涨潮流向北偏,落潮流向南偏,均增大与主通道水流的交角。

封堵大洋山—大山塘一个汊道方案和封堵大洋山—大山塘和双连山—唐脑山两个汊道方案,与方案前相比,封堵的汊道流态有所改善,开敞的汊道基本相同;封堵的大洋山—大山塘—双连山两个汊道方案,在双连山通道一侧产生有回流,特别是涨潮,不如方案前流态;大洋山汊道全封方案,在双连山附近水域涨、落流态紊乱。

封堵大洋山—大山塘汊道,对东、西口门潮量仍分别有增、减趋势,但由于该汊道原型潮量不大,故其变幅涨、落潮平均仅约±2%;对颗珠山汊道约有8%的增量,可以部分补偿由于方案导致的汊道潮量减小的影响;对邻近的大山塘—双连山汊道约有2%的增量。

封堵大洋山—大山塘和大山塘—双连山两个汊道后,西口门潮量约有7%的减少,东口门有3%的增加,颗珠山汊道约有18%的增加。

在上述汊道封堵条件下,位于西口门以西的双连山—唐脑山汊道封堵,对港区通道潮量影响很小,仅约1%。

从潮量试验结果可以看出:封堵大洋山—大山塘汊道对港区通道潮量基本不产生影响;进一步封堵大山塘—双连山汊道会导致西口门潮量明显减小,对港区西部水深的维护将产生不利影响,在南港区规划以前不宜实施。

(2)方案综合比较及评价

从水流条件上可以看出:双连山—唐脑山汊道位于西口门以西,北部开敞,不构成通道形势。从试验结果上来看,封堵大洋山—大山塘汊道或封堵大洋山—大山塘—双连山汊道的基础上,增封双连山—唐脑山汊道,其试验结果基本相同,说明该汊道封堵与否意义不大。

在西港区汊道方案基础上,封堵大洋山—大山塘汊道,除相对三期港区通道水域约有所增大外,流速减少的区域主要在通道南侧和中部局部区域,与目前地形的北冲南淤总体格局是相适应的。封堵此汊道,大洋山一侧各汊道潮量略有增加,颗珠山汊道潮量约有8%的增量,可以部分补偿由于西港区规划方案导致潮量减小的影响,因此,可以考虑封堵措施。

在西港区汊道方案的基础上,封堵大洋山—大山塘—双连山两个汊道,西口门潮量、北港区及通道水域水流强度都有较大幅度的减小,特别是对港区西部水深的维护将产生不利影响，在南港区规划以前，大山塘—双连山汊道不应封堵。

7.4.6 洋山深水港远景规划方案总结

（1）北港区规划方案

北港区规划方案归根结底就是西港区建设方案，根据潮流泥沙模型试验结果以及洋山深水港区海域近期地形冲淤演变趋势，从潮流、泥沙角度综合分析认为，西港区采用汊道方案是稳妥、合理的方案。

（2）远景规划方案

远景规划方案是在北港区规划方案的基础上的南港区规划方案，根据潮流模型试验的初步成果，对远景规划方案可采用南北双汊道规划方案（图7.4-6），即保留颗珠山汊道和大山塘—双连山汊道，在大、小洋山岛链间，形成对称的双汊道布置形式。南北双汊道规划方案，是结合了在建北港区新的边界条件下，充分地利用南北双汊道的潮动力，来代替单通道缩窄西口的作用，能维护海域目前出现的南淤北冲格局。既能保证北港区、西港区的水深维护，又能符合洋山港区远景规划。建议对南北双汊道规划方案做进一步的研究。

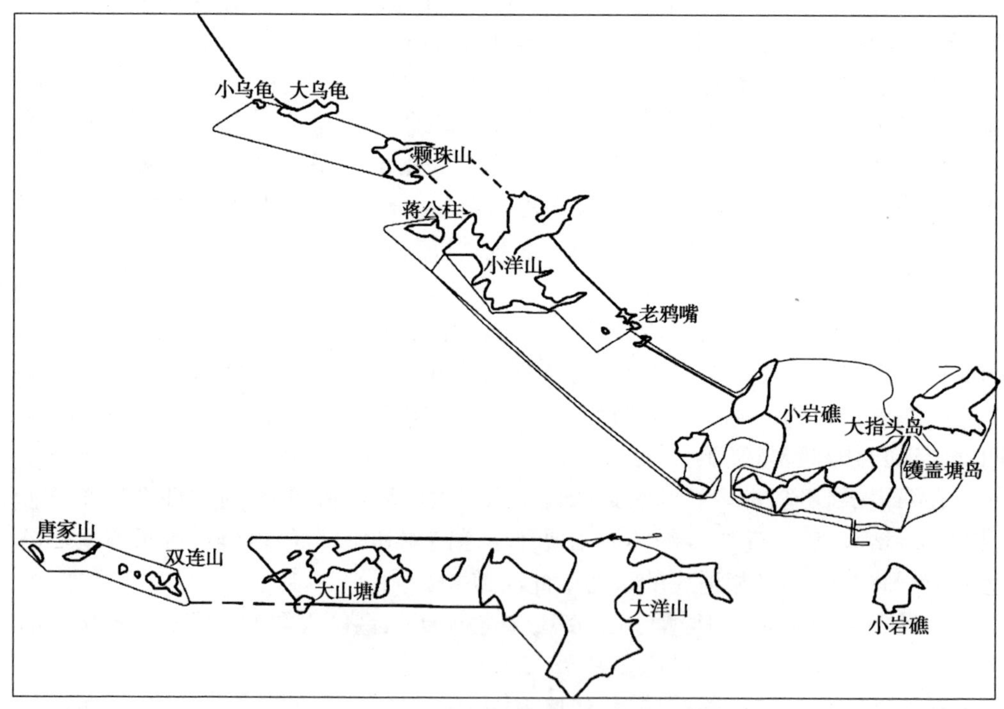

图7.4-6　洋山深水港远景规划方案示意图

本章参考文献

[1] 杨华,冯学英.上海洋山港区和进港航道水域泥沙特性及回淤分析研究[J].水道港口,2000(3):17-22.

[2] 邵荣顺,吴明阳.上海洋山深水港区的选址和规划[J].水运工程,2011(7):51-57.

[3] 邵荣顺,吴明阳,左书华.上海洋山深水港区12年来海床冲淤变化分析[J].海洋工程,2012,30(1):106-111.

[4] 左书华,李蓓,张征,等.多岛屿、多汊道环境下大型深水港建设中的水沙问题研究[J].水运工程,2009(3):24-28.

[5] 吴明阳,冯玉林.上海洋山港定床泥沙模型试验研究[J].海洋学报,2003(3):67-74.

[6] 吴明阳,许家帅,冯玉林.上海洋山深水港区二期工程方案潮流物理模型试验研究[J].水运工程,2010(9):1-6.

[7] 吴明阳,冯玉林.study on the physical model test for the first phase project of the yangshan deep-water harbor in shanghai[R].10 ISRS Symposium-Moscow2007,2007.08:259-266.

[8] 吴明阳,许家帅.上海洋山深水港区水文泥沙研究[J].海岸工程,2011(2):43-49.

[9] 交通部天津水运工程科学研究所.上海洋山深水港区泥沙观测分析报告[R].2005.

[10] 交通部天津水运工程科学研究所.上海国际航运中心洋山深水港区一期工程施工期潮流泥沙及海床地形冲淤变化[R].2004.

[11] 交通部天津水运工程科学研究所.上海国际航运中心洋山深水港海域2005—2006年泥沙淤积问题研究(讨论稿)[R].2006.

[12] 交通部天津水运工程科学研究所.上海国际航运中心洋山深水港区小洋山北港区规划水域水文泥沙测验分析报告(2006年4~5月)[R].2006.

[13] 交通部天津水运工程科学研究所.上海国际航运中心洋山深水港区海域近期地形冲淤演变分析[R].2007.

[14] 交通部天津水运工程科学研究所.上海国际航运中心洋山港区一期工程港池水域水文泥沙测验分析报告[R].2000.

[15] 交通部天津水运工程科学研究所.上海国际航运中心洋山深水港区一期工程港区水域及主要通道水文泥沙测验分析报告[R].2002.

[16] 交通部天津水运工程科学研究所.上海国际航运中心洋山深水港区一期工程建设阶段港区及汊道水文泥沙测验分析报告[R].2004.

[17] 交通部天津水运工程科学研究所.上海国际航运中心洋山深水港区三期工程水域全潮水文测验分析报告(2004 年度)[R].2004.

[18] 交通部天津水运工程科学研究所.上海国际航运中心洋山深水港区一、二期工程水域水文泥沙测验分析报告(2005 年 1 月)[R].2005.

[19] 交通部天津水运工程科学研究所.上海国际航运中心洋山深水港区颗珠山汊道及其附近水域水文泥沙测验分析报告[R].2005.

[20] 交通部天津水运工程科学研究所.上海国际航运中心洋山深水港区水域水文泥沙测验分析报告(2006 年 4~5 月)[R].2006.

[21] 交通部天津水运工程科学研究所.上海国际航运中心洋山深水港区规划水域水文泥沙测验分析报告[R].2007.

[22] 交通部天津水运工程科学研究所.上海国际航运中心洋山深水港区规划水域水文泥沙测验分析报告[R].2008.

[23] 交通部天津水运工程科学研究所.上海国际航运中心洋山港区一期工程潮流泥沙模型试验研究[R].1999.

[24] 交通部天津水运工程科学研究所.上海国际航运中心洋山深水港区西港区及总体规划方案潮流物理模型试验研究[R].2007.

[25] 交通部天津水运工程科学研究所.上海国际航运中心洋山深水港区西港区规划方案局部动床泥沙物理模型试验研究[R].2008.

[26] 交通部天津水运工程科学研究所.上海国际航运中心洋山深水港区总体规划方案潮流物理模型试验研究[R].2000.

[27] 交通部天津水运工程科学研究所.上海国际航运中心洋山港区后续工程(西侧)潮流物理模型试验研究[R].2004.

[28] 交通部天津水运工程科学研究所.上海国际航运中心洋山深水港区西港区整治工程方案潮流物理模型试验研究[R].2006.

[29] 交通部天津水运工程科学研究所.上海国际航运中心洋山深水港区一期工程洋山港区定床泥沙物理模型试验报告[R].2002.

[30] 交通部天津水运工程科学研究所.上海国际航运中心洋山深水港区二期工程港池疏浚开挖方案潮流物理模型试验研究[R].2005.

[31] 交通部天津水运工程科学研究所.上海国际航运中心洋山深水港区西港区深水泊位建设潮流物理模型试验研究[R].2008.

[32] 交通部天津水运工程科学研究所.上海国际航运中心洋山深水港区东港池定

床潮流泥沙物理模型试验研究[R].2007.

[33] 交通部天津水运工程科学研究所.上海国际航运中心洋山深水港区总体规划方案潮流物理模型试验研究[R].2001.

[34] 交通部天津水运工程科学研究所.上海国际航运中心洋山港区总体布局规划优化方案潮流物理模型试验研究[R].2003.

[35] 交通部天津水运工程科学研究所.上海国际航运中心洋山深水港区一期工程洋山港区潮流物理模型试验报告[R].2002.

[36] 交通部天津水运工程科学研究所.上海国际航运中心洋山深水港区西港区规划方案潮流物理模型试验研究[R].2006.

[37] 交通部天津水运工程科学研究所.上海国际航运中心洋山深水港区西港区规划方案潮流泥沙物理模型试验研究[R].2007.

8 基于风浪流共同作用下强潮流岛群海域船舶系缆力及运动量模型试验研究

随着我国沿海港口建设发展,港口泊位能力的增强尤其是深水泊位能力的增加,为大型化和专业化船舶的到港提供了可能。对于深水开敞式码头,船舶荷载是主要的设计荷载之一。由于开敞式码头没有防波堤掩护,码头泊位处海域的风和波浪均较大,当码头处于水深流急海域,或在强潮流岛群海域,水流对船舶的影响已不容忽视,因此,风、浪、流对系泊船舶的安全影响也日益受到重视,尤其是大型油船、散货船和液化天然气(LNG)船逐渐增多,一旦船舶断缆,将给周围环境和人员造成巨大的危害。

系泊船舶荷载及其安全是一个环境荷载与船舶、护舷、系缆系统和系靠船结构间相互作用的问题,较为复杂,通常需要依靠船舶系泊物理模型进行试验研究。模型除环境荷载(风、浪、流)及码头建筑物的模拟外,还包括船模、护舷、系缆系统的模拟等几个方面。船舶系泊模型试验应按照《波浪模型试验规程》(JTJ/T 234—2001)和《海岸与河口潮流泥沙模拟技术规程》(JTS/T 231-2—2010)进行,且应符合《港口工程荷载规范》(JTS 144-1—2010)的有关规定,强潮流海域船舶系泊设计必须综合考虑风浪流的影响。试验通常需要得出以下成果。

(1)船舶在试验条件下的最大位移量(六自由度)以及运动主频率。

(2)测量不同设计水位以及装载度(满载、半载、压载)在风、浪、流作用下的系缆力、撞击力和相应的总动能,并与现行规范计算结果进行对比。

(3)分析船舶系泊条件,优化方案,提出合理的带缆方式。

8.1 模型试验相似准则

8.1.1 物理模型相似

对于风、浪、流作用下船舶系泊物理模型试验,一般采用定床正态整体物理模型。整体物理模型应按重力相似设计,各物理量的比尺分别按下列公式计算:

长度(波高)比尺:

$$\lambda = \frac{l_p}{l_m} \tag{8.1-1}$$

时间(周期)比尺:

$$\lambda_t = \lambda^{\frac{1}{2}} \tag{8.1-2}$$

速度比尺：

$$\lambda_v = \lambda^{\frac{1}{2}} \tag{8.1-3}$$

压强比尺：

$$\lambda_p = \lambda \tag{8.1-4}$$

力比尺：

$$\lambda_F = \lambda^3 \tag{8.1-5}$$

流量比尺：

$$\lambda_Q = \lambda^{\frac{5}{2}} \tag{8.1-6}$$

糙率比尺：

$$\lambda_n = \frac{\lambda_h^{\frac{2}{3}}}{\lambda_l^{\frac{1}{2}}} \tag{8.1-7}$$

排水量比尺：

$$\lambda_v = \lambda^3 \tag{8.1-8}$$

能量比尺：

$$\lambda_E = \lambda^4 \tag{8.1-9}$$

式中，l_p 波高、长度的原体值；l_m 对应的模型值。

8.1.2 船模运动相似

采用船模研究系靠泊条件，须满足一定的相似条件，船模比尺与码头的物理模型比尺应该一致。

(1)几何相似：

模型船与原型船保持线性尺度相似。

$$\frac{L_p}{L_m} = \frac{B_p}{B_m} = \frac{T_p}{T_m} = \lambda \tag{8.1-10}$$

式中，L、B、T 分别为船舶长度、宽度和吃水；p、m 分别为实船和模型。

另外，在满足几何相似的船模中，采用配重方法，在适当位置放置适当的重物，使其符合不同载重时的重力及其分布要求。

(2)运动相似：

$$\frac{v_{p1}}{v_{m1}} = \frac{v_{p2}}{v_{m2}} = \cdots = \lambda_v \tag{8.1-11}$$

式中，v_p、v_m 分别为实船、模型的速度，下标表示不同对应点的位置；λ_v 为速度比尺。

(3)动力相似：

$$\frac{F_{p1}}{F_{m1}} = \frac{F_{p2}}{F_{m2}} = \cdots = \lambda_F \tag{8.1-12}$$

式中，F_p、F_m 分别为作用在实船与模型对应点上的力；λ_F 为力比尺。

由于流体中有压力、惯性力、黏滞力和重力等不同性质的力作用，因此，在动力相似的条件下，对应点上的力多边形几何相似，而且具有同一比例数。船模试验中，并非所有的相似条件都有同等重要的意义，如摩擦力在船舶系泊状态下的摇荡等运动中只起到次要作用。因此，摩擦方面的相似不是最重要的。对于研究船舶系靠泊运动最有意义的是，重力与惯性力之间的部分相似条件，即韦劳德数(Froude Number)相等。

$$\frac{v_p}{\sqrt{gL_p}} = \frac{v_m}{\sqrt{gL_m}} = Fr \tag{8.1-13}$$

同时，船舶系泊下的摇荡是一种非定常运动，所以，还应满足非定常流动的相似条件，即斯特劳哈尔数(Strouhal Number)相等。

$$\frac{v_p t_p}{L_p} = \frac{v_m t_m}{L_m} = Sr \tag{8.1-14}$$

式中，t 为时间间隔或摇荡周期。

由此引出如下各相似关系：

质量关系：

$$\frac{\Delta_p}{\Delta_m} = \frac{\rho_p V_p}{\rho_m V_m} = \frac{L_p^3}{L_m^3} = \lambda^3 \tag{8.1-15}$$

质量惯性矩关系：

$$\frac{\Delta_p L_p^2}{\Delta_m L_m^2} = \lambda^5 \tag{8.1-16}$$

线加速度关系：

$$\frac{L_p}{t_p^2} = \frac{L_m}{t_m^2} = \frac{L_p}{L_m} \cdot \frac{t_m^2}{t_p^2} = 1 \tag{8.1-17}$$

表 8.1-1 列出了实船和船模各相似条件的比值关系。其中线性尺度的比尺不仅是几何相似规律确定的外表尺寸，而且也指重心坐标、稳心半径及稳性高、稳性臂以及船舶质量惯性半径等。

船模试验主要尺度相似关系 表 8.1-1

名　称	比　尺	名　称	比　尺
线性比尺	λ	体积、质量、力	λ^3
角度	1	体积、质量、力的静矩	λ^4
线速度	$\lambda^{\frac{1}{2}}$	体积、质量的惯性矩	λ^5
时间间隔、摇荡周期	$\lambda^{\frac{1}{2}}$	功、能量	λ^4
角速度	$\lambda^{-\frac{1}{2}}$	功率	$\lambda^{3.5}$
角加速度	λ^{-1}	动能、冲量	$\lambda^{3.5}$
面积	λ^2	动量矩	$\lambda^{4.5}$

8.1.3 缆绳护舷相似条件

缆绳的模拟应使船舶模型缆绳根数、缆绳弹性、缆绳质量、缆绳长度和缆绳初拉力等系缆条件均与原型相似。主要相似条件如下：

几何相似：即模型船舶上的带缆点和码头上的带缆点之间的距离相似。

弹性相似：即模型缆绳的受力-变形曲线满足相似条件，船舶模型的缆绳弹性模量宜按原型缆绳实测值模拟。当无实测值时，模型缆绳的受力-变形关系可用 Wilson 公式计算：

$$T_m = \frac{C_p d_p^2\ (\Delta S/S)^n}{\lambda^3} \tag{8.1-18}$$

式中，T_m 为模型缆绳拉力(N)；C_p 为原型缆绳弹性系数，无实测值时，钢缆可取 $C_p = 26.97\times10^4\mathrm{MP_a}$，尼龙缆取 $C_p = 1.540\times10^4\mathrm{MP_a}$；$d_p$ 为原型缆绳直径(m)；$\Delta S/S$ 为原型缆绳相对伸长；n 为指数，钢缆可取 $n = 1.5$，尼龙可取 $n = 3$；λ 为模型长度比尺。

质量相似：即模型缆绳的质量满足相似条件，模型缆绳质量可按下式计算：

$$W = \frac{C_p d_p^2}{\lambda^2} \tag{8.1-19}$$

式中，W 为模型缆绳单位长度质量(kg/m)；C_p 为空气中原型缆绳质量比例系数，钢缆可取 $C_p = 2670[\mathrm{kg/(m^2 \cdot m)}]$，尼龙缆取 $C_p = 670[\mathrm{kg/(m^2 \cdot m)}]$；$d_p$ 为原型缆绳直径(m)；λ 为模型长度比尺。

护舷模拟主要保证模型护舷的反力-变形曲线和能量吸收曲线与原型相似。

8.1.4 系泊安全参考标准

(1)运动量参考标准[1]

船舶运动量是衡量船舶作业条件的重要技术指标,同时也是判断船舶对码头设施影响的参考依据,因此,船系靠泊时,需保证正常作业条件不发生大的运动幅度,以确保港口作业的安全。

国外在20世纪进行了按船舶类型(如散货船、集装箱船、油船、杂货船等)区分的港口装卸安全作业与系泊船舶运动量相关标准的研究。国际航运协会(PIANC)于1990~1994年组织十几个国家的多名专家组成工作小组,专门研究了港口系泊船舶的运动量,对船舶安全作业所允许的船舶运动量范围建立了一个推荐标准;日本在其最新的《港口设施技术标准·解说》中分列了不同船舶安全作业所允许的船舶运动范围;挪威和国际港口协会也提出了不同类型船舶卸货时所允许的运动范围;PerBruun在*Port Engineering*中提出了船长大于200m的大型船舶在长周期波的作用下卸货时,船舶摆动周期60~120s的情况下,其允许的最大位移量;英国规范采用了与国际航运协会推荐标准基本类似的船舶运动量范围;美国军方在其UNIFIED FACL LITIES CRITERIA(UFC)DESIGN:MOORINGS中则直接引用了国际航运协会推荐标准,见表8.1-2~表8.1-7。

国际航运协会(PIANG,1995)不同船舶安全作业推荐允许运动范围标准 表8.1-2

<table>
<tr><th rowspan="2">船 型</th><th rowspan="2">装卸设备</th><th colspan="6">允许运动量</th></tr>
<tr><th>纵移(m)</th><th>横移(m)</th><th>升沉(m)</th><th>回转(°)</th><th>纵摇(°)</th><th>横摇(°)</th></tr>
<tr><td rowspan="3">渔船
10~3000
GRT</td><td>起重机</td><td>0.15</td><td>0.15</td><td rowspan="3">0.4</td><td rowspan="3">3</td><td rowspan="3">3</td><td rowspan="3">3</td></tr>
<tr><td>提升设备</td><td>1.0</td><td>1.0</td></tr>
<tr><td>吸泵</td><td>2.0</td><td>1.2</td></tr>
<tr><td rowspan="2">近海货船
<10000DWT</td><td>船机</td><td>1.0</td><td>1.2</td><td>0.6</td><td>1</td><td>1</td><td>2</td></tr>
<tr><td>装卸船</td><td>1.0</td><td>1.2</td><td>0.8</td><td>2</td><td>1</td><td>3</td></tr>
<tr><td rowspan="4">渡船,滚装船</td><td>侧向跳板</td><td>0.6</td><td>0.6</td><td>0.6</td><td>1</td><td>1</td><td>2</td></tr>
<tr><td>首、尾跳板</td><td>0.8</td><td>0.6</td><td>0.8</td><td>1</td><td>1</td><td>4</td></tr>
<tr><td>Linkspan</td><td>0.4</td><td>0.6</td><td>0.8</td><td>3</td><td>2</td><td>4</td></tr>
<tr><td>钢轨滑道</td><td>0.1</td><td>0.1</td><td>0.4</td><td></td><td>1</td><td>1</td></tr>
<tr><td>杂货船</td><td></td><td>2.0</td><td>1.5</td><td>1.0</td><td>3</td><td>2</td><td>5</td></tr>
</table>

续上表

船 型	装卸设备	允许运动量					
		纵移(m)	横移(m)	升沉(m)	回转(°)	纵摇(°)	横摇(°)
集装箱船	100%效率	1.0	0.6	0.8	1	1	3
	50%效率	2.0	1.2	1.2	1.5	2	6
散货船	抓斗卸船机	2.0	1.0	1.0	2	2	6
	连续卸船机	1.0	0.5	1.0	2	2	2
	装船机	5.0	2.5		3		
油船	装卸臂	3.0	3.0				
液化气船	装卸臂	2.0	2.0		2	2	2

注:1.横移为0~最大值,其他均为正负最大值。

2.在开敞水域,油船装卸臂允许最大纵移为5m。

挪威提出的不同类型船舶卸装时所允许的运动范围 表8.1-3

船 型	纵移(m)	横移(m)	升沉(m)	纵摇(°)	横摇(°)
油船	±2.3	±1.0	±0.5	±4.0	±3.0
矿石船(抓斗装卸)	±1.5	±0.5	±0.5	±4.0	±2.0
滚装船(侧向跳板)	±0.5	±0.3	±0.3	±3.0	±2.0
滚装船(尾斜跳板)	±0.2	±0.2	±0.1	0	0
滚装船(首或尾直跳板)	±0.1	0	±0.1	0	0
杂货船	±0.1	±0.1	0	0	0
液化天然气	±0.1	±0.5	±0.5	±3.0	±2.0

日本《港口设施技术标准·解说》中不同装卸工艺船舶所允许的运动范围 表8.1-4

船舶种类	纵移(m)	横移(m)	升沉(m)	回转(°)	纵摇(°)	横摇(°)
一般货物运输船	±1.0	±0.75	±0.5	±1.5	±1.0	±2.5
杂货运输船	±1.0	±0.5	±0.5	±1.0	±1.0	±1.0
矿石运输船	±1.0	±1.0	±0.5	±1.0	±1.0	±3.0
油船(外航)	±1.5	±0.75	±0.5	±2.0	±2.0	±4.0
油船(内航)	±1.0	±0.75	±0.5	±1.5	±1.5	±3.0
集装箱船(LO/LO)	±0.5	±0.3	±0.3	±0.5	±0.5	±1.5
渡船,集装箱船(RO/RO),汽车运输船	±0.3	0.6	±0.3	±0.5	±0.5	±1.0

国际港口协会提出的散货船和集装箱船安全装卸时所允许的运动范围 表 8.1-5

船型	纵移(m)	横移(m)	升沉(m)	纵摇(°)	横摇(°)
散货船	±1.5	±1.0	±0.5	±3.0	±3.0
集装箱船	±0.5	±1.0	±0.5	±2.0	±2.0

PerBruun 提出的不用类型船舶卸装时所允许的运动范围 表 8.1-6

船　型	允许运动量				备　注
	纵移(m)	横移(m)	升沉(m)	回转(°)	
油船	±2.0	+0.5(离码头)	±0.5	1	纵移最重要
散装矿石船(起重机装卸)	±1.5	+1.0(离码头)	±0.5	1~2(不重要)	纵移最重要
散粮船	±0.5	+0.5(离码头)	0	1~2(不重要)	纵移、横移最重要
液化天然气船	非常小±0.2	非常小	非常小	非常小	所有运动量均属危险
集装箱船	±0.2	±0.3(离码头)	±0.3	~0	
滚装船(尾斜跳板)	±0.3	±0.2(离码头)	±0.1	~0	为了使操作最有效,全部运动均需停止
滚装船(首尾跳板)	±0.1	0	±0.1	~0	

英国规范中不同装卸工艺船舶所允许的运动范围 表 8.1-7

船型	装卸设备	允许运动量					
		纵移(m)	横移(m)	升沉(m)	回转(°)	纵摇(°)	横摇(°)
渔船 10~3000 GRT	起重机	0.15	0.15				
	提升设备	1.0	1.0	0.4	3	3	3
	吸泵	2.0	1.0				
近海货船 <10000DWT	船机	1.0	1.2	0.6	1	1	2
	装卸桥	1.0	1.2	0.8	2	1	3
渡船,滚装船	侧向跳板	0.6	0.6	0.6	1	1	2
	首、尾跳板	0.8	0.6	0.8	1	1	4
	Linkspan	0.4	0.6	0.8	3	2	4
	钢轨滑道	0.1	0.1	0.4		1	1
杂货船		2.0	1.5	1.0	3	2	5
集装箱船	100%效率	1.0	0.6	0.8	1	1	3
	50%效率	2.0	1.2	1.2	1.5	2	6

续上表

船型	装卸设备	允许运动量					
		纵移(m)	横移(m)	升沉(m)	回转(°)	纵摇(°)	横摇(°)
散货船	抓斗卸船机	2.0	1.0	1.0	2	2	6
	连续卸船机	1.0	0.5	1.0	2	2	2
	装船机	5.0	2.5		3		
油船	装卸臂	0.5~2.0	0.5~2.0				
液化气船	装卸臂	0.5	0.5				

(2)系缆力和撞击力要求

根据石油公司国际海事论坛(OCIMF)"Mooring Equipment Guidelines(2008)"资料,对于钢缆(Steel Wire),其缆绳所受拉力不应大于其最小破断力(MBL)的55%;对于合成纤维缆(Synthetic Rope),其缆绳所受拉力不应大于其最小破断力的50%;对于尼龙缆(Polyamide Rope),其缆绳所受拉力不应大于其最小破断力的45%。

上述对于系缆力的要求为推荐值,并非标准值,其充分考虑了缆绳破断的安全富裕量。对此,不同的工程项目文献给出了不同的安全富裕量,有的认为不小于缆绳的55%即可,有的则认为不大于缆绳的60%也行。

对于护舷的撞击力和撞击能量,当实测撞击力和撞击能量超过护舷的设计撞击力和撞击能量时,则认为护舷型号不满足要求。

(3)LNG船的作业标准

根据《液化天然气码头设计规范》(JTS 165-5—2009),LNG船的作业标准如表8.1-8所示。

液化天然气船舶作业条件标准 表8.1-8

项目		进出港航行	靠泊操作	装卸作业	系泊
风速(m/s)		≤20	≤15	≤15	≤20
允许波高(m)	横浪 $H_{4\%}$	≤2.0	≤1.2	≤1.2	≤1.5
	顺浪 $H_{4\%}$	≤3.0	≤1.5	≤1.5	<2.0
允许流速(m/s)	横流	<1.5	<0.5	<1.0	≤1.0
	顺流	≤2.5	<1.0	<2.0	<2.0
能见度(m)		≥2000	≥1000	—	—

注:1.横浪是指与船舶的夹角大于或等于15°的波浪,小于15°的为顺浪;横流是指与船舶的夹角大于或等于15°的水流,小于15°的为顺流。

2.波浪的允许平均周期为7s,对于7s以上大周期波浪需作专门论证。

8.1.5 试验依据规范和标准

船舶系泊模型试验需要依据相关规范和标准进行，主要有交通运输部发布的一些规范和规程，国外的一些标准也可供参考。

(1)交通运输部《液化天然气码头设计规范》(JTS 165-5—2009)；

(2)交通运输部《波浪模型试验规程》(JTJ/T 234—2001)；

(3)交通运输部《海港总平面设计规范》(JTJ 211—1999)；

(4)交通运输部《开敞式码头设计与施工技术规范》(JTJ 295—2000)；

(5)交通运输部《海港水文规范》(JTJ 213—1998)；

(6)交通运输部《港口工程荷载规范》(JTS 144-1—2010)；

(7)海工建筑物第四分册《护舷和系泊装置设计》(英国标准 BS 6349,1994)；

(8)石油公司国际海事论坛(OCIMF)系泊设备指南,2008；

(9)Site Selection and Design for LNG Ports and Jetties,TIGTTO,2004；

(10)《MARITIME STRUCTURES,CODE OF PRACTICE FOR DESIGN OF FENDERING AND MOORING SYSTEMS》(BS6349,PART4:2000)。

8.2 模型及动力条件模拟

8.2.1 模型平面布置

按照试验规程，船舶系泊条件试验需要采用正态整体物理模型，模型长度比尺不应大于 80。采用不规则波试验时，模型不规则波有效波高不应小于 2cm，谱峰值周期不应小于 0.8s。

试验研究需要在试验水池中进行。水池中配备不规则波造波机，可产生试验要求的不规则波浪，并设置一定数量的水泵和相应配套回水廊道，使之构成可控生流系统，可在水池中产生所要求的恒定水流。

试验水池中，造波机与建筑物模型的间距应大于 6 倍平均波长，模型中设有防波堤时，堤头与水池边界的间距应大于 3 倍平均波长，单突堤堤头与水池边界的距离应大于 5 倍平均波长，模型四周均设消波吸能设施，防止多余波能反射及扩散干扰试验。

试验区模拟原型范围，应包括码头、回转水域和防波堤护岸工程。水工建筑物可以采用木板和水泥浇筑或预制拼组模拟；地形可采用桩点法复制，桩点间距不宜过大，对于变化复杂区域应加密桩点间距。地形及建筑物高程用水准仪测控，平面尺寸用经纬仪、全站仪和钢尺测量。港池静水位用精度 0.1mm 的水位测针测量，试验中，静水位变动控制在±0.5mm 以内。

某原油码头模型试验整体布置如图 8.2-1 和图 8.2-2 所示。

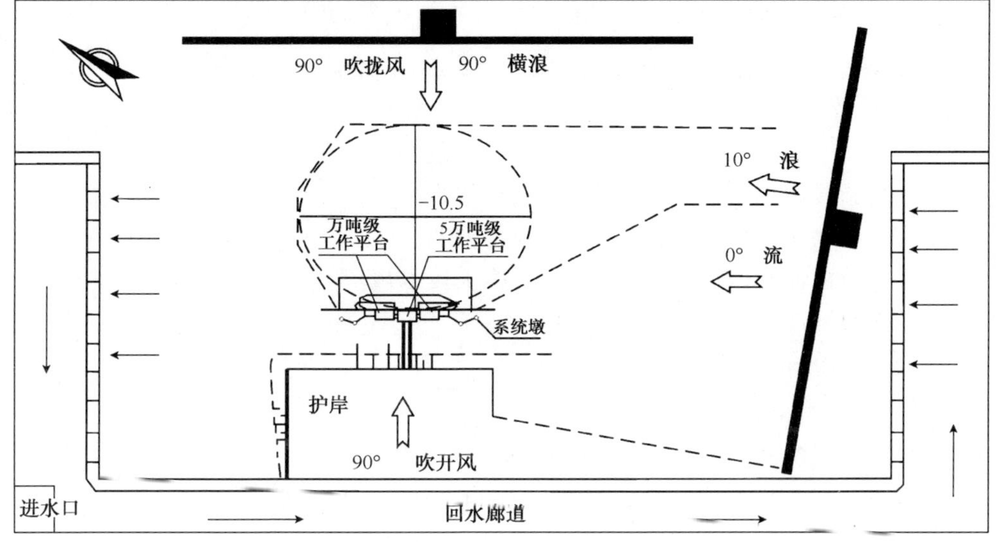

图 8.2-1 某原油码头模型布置图

图 8.2-2 某原油码头模型照片

8.2.2 缆绳的模拟

模型系缆的模拟由缆绳和弹性钢片复合而成,其中缆绳可用杜邦 Kevlar 线,该线具有质量轻,强度高,本身不具备弹性的特点,而缆绳的弹性变形则采用弹性钢片组模拟,使其受力-变形曲线满足相似。当缆绳质量不能忽略时,需要考虑缆绳的质量分布相似。缆绳长度按照自船上绞车经带缆孔至码头上带缆钩间的总长度进行模拟,船与岸相对位置固定后,长度自动满足几何相似。

缆绳模拟时,如一组缆绳的根数为 2 根或 4 根时,通常可将 2 根缆绳合并成 1 根进行其受力-变形曲线的模拟,如一组缆绳的根数为 3 根时,则将这 3 根缆绳合并成 1 根模拟。图 8.2-3 为某原油码头工程系泊缆绳的模拟结果。

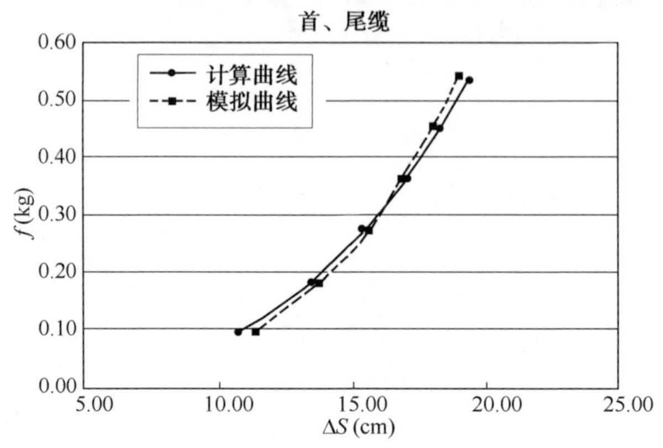

图 8.2-3 某原油码头工程缆绳模拟结果

图 8.2-4 为缆力传感器,一端固定在船上,另一端的变形钢片固定在岸上。

8.2.3 护舷的模拟

护舷的反力–变形曲线模拟可采用磷铜片等变形回零较好的金属片,通过设计一个能测量磷铜片的变形以及受力的机械装置,来测量船舶对护舷的撞击力和撞击能量。图 8.2-5 为护舷模拟及撞击力测量装置。

图 8.2-4 缆力传感器

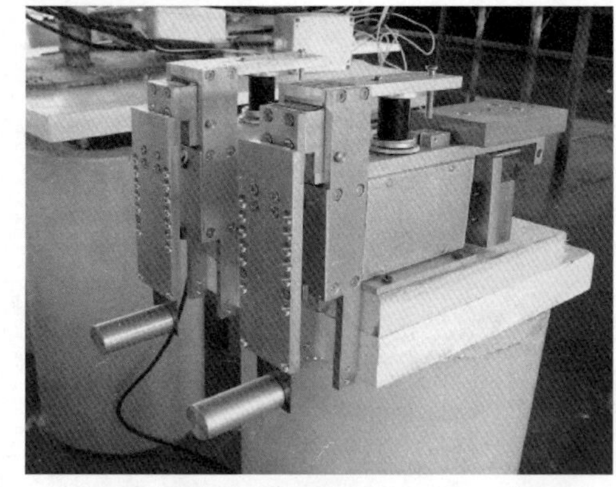

图 8.2-5 护舷模拟及撞击力测量装置

护舷模拟时,也可以根据实际情况进行必要的概化。图 8.2-6 是由一个护舷模型装置模拟的二鼓一板 SUC2500H 标准反力型橡胶护舷的合成,故测量得到的反力和能量为 2 个单鼓一板 SUC2500H 标准型橡胶护舷所受到的船舶撞击力和能量。护舷模拟结果表明,模拟效果较好。

需要指出的是,上述模拟是在静态条件下标定的。今后,应研究缆绳护舷相似

的动态校准和标定办法，以便进一步提高研究水平。

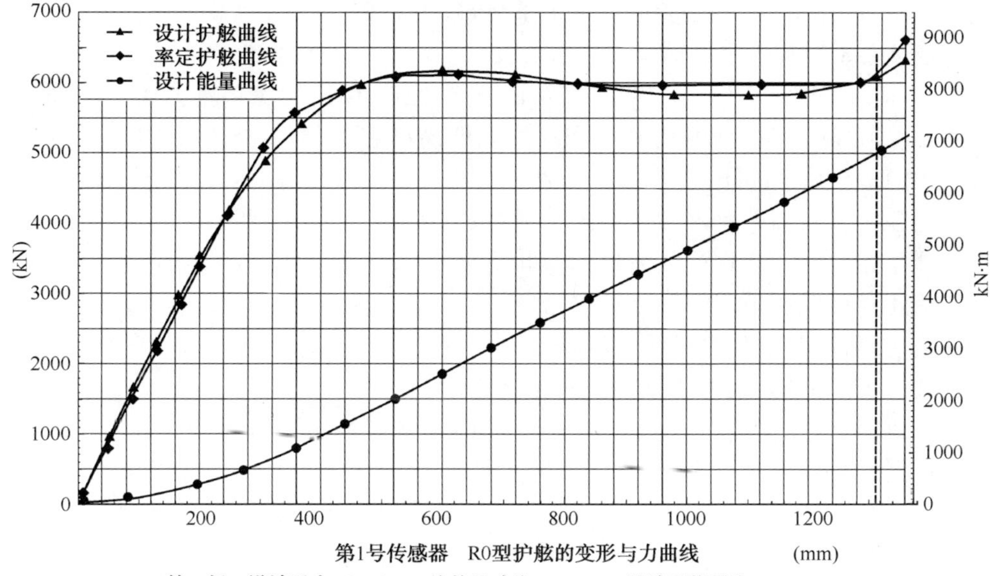

图 8.2-6 SUC2500H 二鼓一板标准反力型橡胶护舷模拟结果

8.2.4 波浪模拟

为了模拟港口的波浪，在模型里需要有造波机。波浪模型试验最关键的设备是造波机，经历了从进口到自主研发，从规则波造波机到不规则波造波机，从单方向不规则波造波机到多方向不规则波造波机和 L 形不规则波造波机的发展历程。其工作原理也经历了从机械、液压到电动的发展过程。

图 8.2-7 为港池可移动摇板式不规则波造波机。可移动不规则波造波机能按

图 8.2-7 港池摇板式不规则波造波机

要求产生规则波和不规则波，能模拟规范谱、J 谱和任意谱。造波周期范围为 0.5～5s。在 40cm 水深条件下，能产生不小于 20cm 的波高。

图 8.2-8 为 L 形吸收式多方向造波机。造波机长度为 38m（长边）+33m（短边）= 71m；数量为 77 单元（长边）+67 单元（短边）= 144 单元；单宽为 0.5m；试验最大水深为 0.8m；试验周期为 0.4～5s；最大波高（规则）为 0.35m；吸收式造波，其 0.5～2倍谱峰频率范围内的吸收率不小于 80%。

船模试验波高的率定均是在码头模型放置之后，在船舶靠泊区域放置波高仪进行测量，当与系泊、作业波高目标值相等或接近时，便以此结果对应的造波机参数作为正式试验所采用的造波参数，之后，放置船舶模型进行试验。试验波浪要素通常需分别模拟顺浪、横浪或斜浪等浪向。试验以不规则波（包括 JONSWAP 谱和规范谱）为主，有时，需要规则波的对比试验。

依据《海港水文规范》（JTS 145-2—2013），在规范谱中，由两个参数来决定规范谱的适用条件，即 H^* 和 P。其中，H^* 决定采用深水谱公式还是有限水深公式，P 决定每个公式的适用范围。由提供的试验波要素计算 H^* 和 P，如满足规范谱的要求，则试验不规则波频谱可采用规范谱模拟，如规范谱不满足，可采用 JONSWAP 谱模拟。

图 8.2-8　L 形吸收式多方向造波机

JONSWAP 谱的表达形式如下：

$$S(f)=\beta_j H_{1/3}^2 T_p^{-4} f^{-5} \exp\left[-\frac{5}{4}(T_p f)^{-4}\right] \times r^{\exp\left[-(f/f_p-1)^2/2\sigma^2\right]} \tag{8.2-1}$$

$$\beta_j=\frac{0.06238}{0.230+0.0336r-0.185\,(1.9+r)^{-1}}[1.094-0.01915\ln r] \tag{8.2-2}$$

$$T_p=\overline{T}/[1-0.532\,(r+2.5)^{-0.569}] \tag{8.2-3}$$

$$\sigma=\begin{cases}0.07 & f\leqslant f_p\\0.09 & f>f_p\end{cases}$$

式中，r 为谱峰因子，试验取平均值 3.3；f_p 为峰频，是谱峰频周期 T_p 的倒数；$S(f)$ 为谱密度；$H_{1/3}$ 为有效波高；f 为频率。

该谱型的优点在于一旦选定了 r 值，即可由设计波要素确定波谱。

8.2.5 水流模拟

停泊在码头前沿的船舶，在潮流作用下会产生水流力，水流力会使船舶缆绳产生系缆力。目前，船舶系泊试验中，潮流的模拟通常进行了简化，一般选择在设计水位条件下，用潮流大小方向固定的恒定水流来模拟。

某海岸动力及环境综合试验厅，采用 360°全开边界生流系统，由计算机控制的 22 台调速可逆水泵组成，分布在港池四周，长边 6 台，短边 5 台。计算机输出信号改变可调整流量，当港池水深 0.3m 时，最大平均流速达 0.2m/s，同时，造波系统与生潮系统互不干扰，见图 8.2-9。

a)

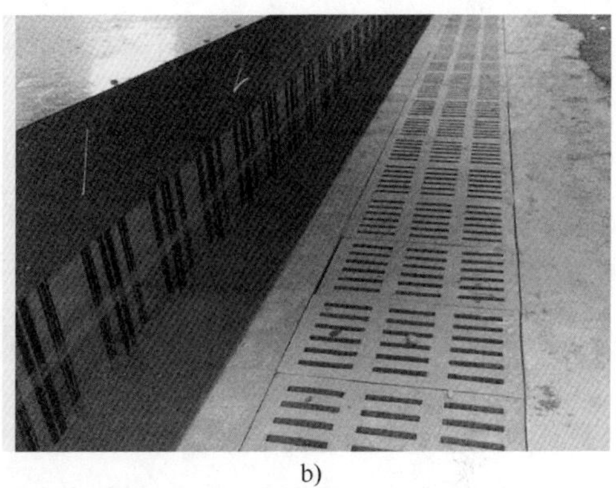

b)

图 8.2-9　港池四周生流水泵及出流口

8.2.6 风的模拟

试验室进行风的模拟主要有两种方法：一是采用鼓风机等设备直接造风；二是按照原型计算风的作用力，再换算成模型值，试验时在风合力的作用点，按照风压力作用方向，用导轮挂重模拟风对船舶的作用。

采用直接用风机模拟风动力的方式，船模需要按照原型比例制作上层建筑物（包括甲板上舱盖、驾驶室等），并通过率定风压力相似为主、风速相似为辅的原则进行验证，以确保要求的风速能够在船模上形成相应的风力。

造风系统由特制的风机组成，可自由移动、变换风向，风速由变频控制，实现局部风场条件，见图 8.2-10。

图 8.2-10　风机组

图 8.2-10 所示单台风机的最高流量不小于 $59200m^3/h$，同时，风机风压不小于 590Pa，厂家电机型号为 DICS160L-4，风筒直径为 1m，出风口为 1m×1m。风机功率为 15kW，电机采用普通电机，电机防护等级达到 IP44 级。单台风机噪声为 90dB(A)。出口风速为 16.4m/s。风机安装于减振支架上，应能承受 0.06g 的加速度冲击。风机能承受连续变频运行，变频器功率 18kW。

8.3　六分量测量设备

8.3.1　船舶的六自由度运动

船舶在波浪中会发生摇荡。假设船舶为刚体，那么船舶在波浪作用下的运动可以分解成绕船上直角坐标系 X、Y、Z 轴的转角 θ、ψ、ϕ 和沿 X、Y、Z 轴的位移 x、y、z，即船舶的六自由度运动量(θ、ψ、ϕ、x、y、z)。分别称为横摇、纵摇、首摇以及纵荡、横荡、垂荡，见图 8.3-1。

系泊船舶在码头前沿的六自由度运动量是船舶系泊条件研究的重要内容，对于码头的结构设计、码头作业天数的确定等具有重要意义。近年来，随着我国港口事业的发展，波浪模型试验中越来越重视船舶六自由度运动量的测量。

8.3.2　国内外现状

水工模型试验中，系泊船舶的六自由度运动量测量方法主要有摄像测量、利用加速度传感器测量以及通过机械装置测量。摄像测量方法属于非接触测量，对船模运动干扰较小，但是，测量系统受环境光线影响较大。加速度传感器测量主要是测量船模的 3 个转角和 3 个运动加速度，再通过积分计算速度和位移，在计算位移时，避免不了累计误差。机械装置测量有通过船模带动一套精密加工的运动系统进行测量的方法，精度较高，缺点是设备加工制作比较麻烦。

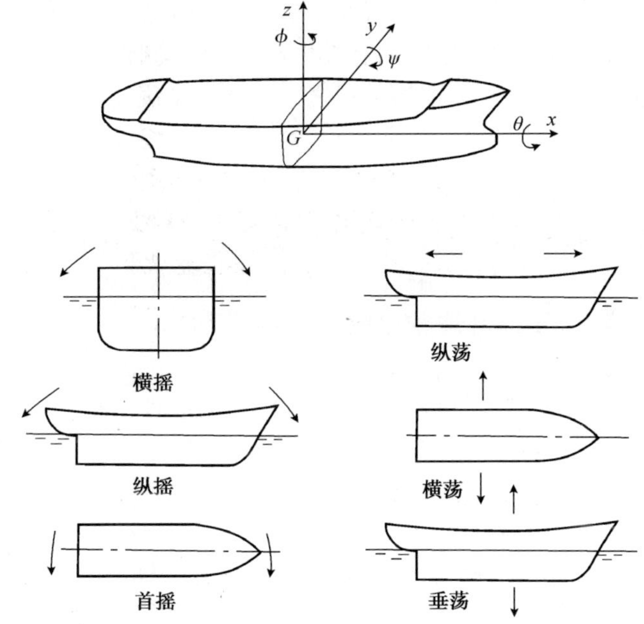

图 8.3-1　船舶六自由度运动量示意图

某研究院从国外引进了一台六自由度测量装置,其原理是用与船模连接的一套机械装置带动电位器,由计算机接收电信号,从而计算出运动量。该装置工作稳定,其缺点是由于设备与船模连接,船小时影响船的运动,从而影响试验精度。某研究院在船舶模型六自由度运动测量中,曾经研制过摄像测量方法,解决了生产问题中的实际问题。但是,由于技术不过关,测试系统并不好用,以至于很快就被淘汰了。

近年来,国内积累了大量的系泊船模六自由度运动测量模型试验经验,成功研制了拉绳式测量系统,该方法属于接触式测量。有资料显示,过去有人采用最多 3 根拉绳,通过带动电位器或水位传感器,测量船模沿三轴向位移,由于传感器和测量方法问题,测量精度不高,没有考虑运动量间的互相影响,并且没有测量角度。为此,在波浪水工模型试验中,尝试用拉绳位移传感器测量系泊船舶的六自由度运动量。该方法的不同之处在于,采用并行机构运动测量技术,能够同时测量系泊船舶的六自由度运动量,不受环境光线影响,没有累计误差,测量精度高。仪器制作和使用都比较简单,实用性强。接触式系泊船模六自由度运动测量系统,解决了模型试验的燃眉之急。该系统船模小时精度受到影响。

某研究院引进国外先进的实时空间虚拟现实(VR)运动跟踪定位系统,并相应研发了应用软件,成功地开展了非接触式测量波浪水流作用下系泊结构浮体运动试验研究。取得了快速、精确，方便、经济、省时，试验数据准确可靠且重复性好的效果；满足了全天候条件下进行试验，有效地避免了原有传统老式六分量的局限和不足。该系统也有不足之处，如船模测量之处不能有金属干扰磁场。但总的来说，电磁式定位测量是目前比较可行的方案。

8.3.3 拉绳式测量简介

为测量船舶六自由度运动量，采用以下方法。为了弥补摄像测量不稳定的缺点，采用接触式测量。为了加工制作简单，采用拉绳式测量系统。利用 6 个拉绳位移传感器测量波浪模型试验中系泊船舶在码头前沿的六自由度运动量。拉绳位移传感器与岸边固定，位于船舶上方，6 根拉绳从传感器拉出，固定于船身。船舶在风、浪、流作用下，发生六自由度运动，同时带动拉绳运动。拉绳位移传感器测量拉绳长度变化，将数据传给信号处理计算机。计算机根据拉绳长度计算出船舶每时刻的姿态，以六分量（θ、ψ、φ、x、y、z）的形式表示。

本方法主要受飞机、汽车、轮船等模拟驾驶操纵运动平台启发。运动模拟平台一般包括上平台和底座。上平台和底座之间设置 6 根液压伸缩缸，通过计算机控制各个液压缸长度，以控制上平台做空间六自由度的运动，以模拟车船等的真实动感。船舶在波浪中运动，不需要油缸推动，故用 6 根拉绳即可达到目的。主要区别是，固定平台安置在船模上方，运动平台（船模）与固定平台是软连接。本方法与传统的拉线木偶也有相似之处，木偶是在拉绳操纵下运动，本方案则是船模拉着绳子运动。

当海船船模足够大（100kg 以上），而单个拉绳拉力不足 0.2kg，并且合力向上，可以忽略绳子对船模运动的影响。仪器测到的运动量，可以反映船模的真实运动。图 8.2-2、图 8.2-3 为测量方法示意图。上平台与岸固定，下平台与船模连接。上平台的传感器有收绳器，船模运动时，6 根绳子永远处于拉直状态。

上平台与岸边固接，上平台上固定着若干个"拉绳式位移传感器"，有电源线和信号线与计算机和电源相接；传感器通过拉绳与下平台相连，下平台与船模固接，拉绳与下平台通过铰接孔用螺栓固定。

船舶六自由度运动量与 6 根拉绳长度之间存在对应关系，需要保证在试验测量范围内这种关系是唯一的。本系统需要测量的未知数是 6 个，因此只要 6 个拉绳传感器布置得当，可以根据 6 个已知的拉绳长度通过解方程组求出。6 个拉绳的布置，要能够反映如图 8.3-1 所示船模六自由度的运动。如果采用更多的拉绳传感器，则可得到超静定系统，测量精度会更高，但是，对船模本身的束缚也更多。

拉绳式六分量测量装置，具有原理简单、加工和使用方便等特点。系统成功地实现

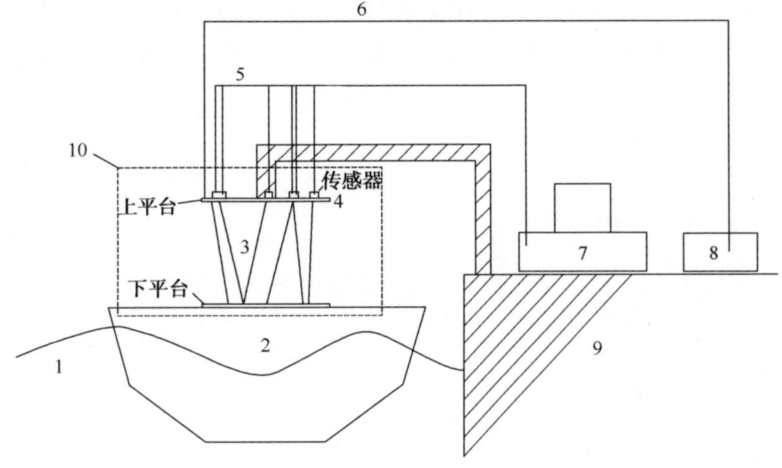

图 8.3-2 测量系统工作示意图

1-水及波浪;2-波浪中的船模;3-拉绳式船舶运动测量装置,有电源线与电源连接,信号线与计算机连接;4-拉绳位移传感器系统,包括若干个传感器探头;5-拉绳位移传感器信号线;6-拉绳位移传感器电源线;7-数据采集与处理计算机;8-拉绳位移传感器电源;9-码头及岸模型;10-测量装置,详见图 8.3-3

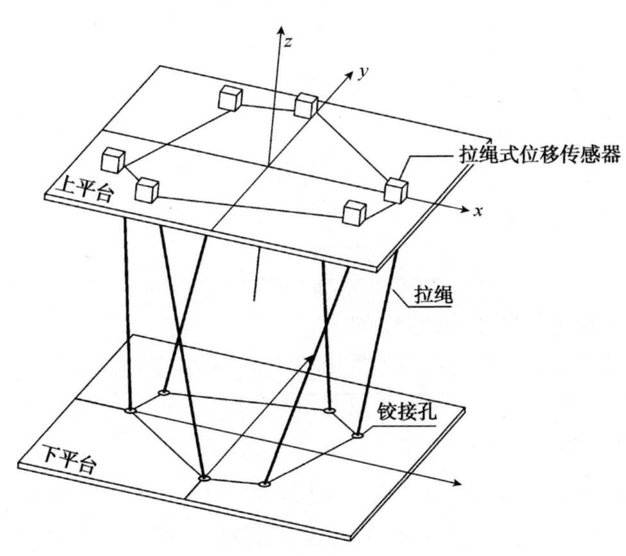

图 8.3-3 测量装置立体图

了六分量优化算法,可以采用此装置研究系泊船舶在风、浪、流作用下的运动。通过试验表明:该装置测量精度较高,达到了预期的目的。经测试,该系统能够达到以下指标。

六自由度运动测量范围:

横摇　$-20° \sim +20°$

纵摇　$-10° \sim +10°$

首摇　$-10° \sim +10°$

横荡　$-100 \sim +100$mm

纵荡　$-100 \sim +100$mm

垂荡　$-50 \sim +50$mm

灵敏度:

角度　$<0.02°$

长度　<0.01mm

误差:

角度　$<0.1°$

长度　<0.1mm

在某矿石码头工程船舶运动物理模型试验中,船舶模型按 1∶80 设计。其主要尺度见表 8.3-1。在空船横向波浪作用下,船舶六自由度试验测量结果见图 8.3-4。图中数据为模型值。可见横摇幅度最大,周期性明显;纵摇幅度很小,周期性也很明显。首摇曲线表明,首摇周期要远远大于横摇和纵摇,并且基本属于不规则运动。纵荡是长周期的运动,而横荡与垂荡则周期较短,其中垂荡规律性最好。试验测得六分量的最大值约为:横摇 1.8°、纵摇 0.2°、首摇 0.5°以及纵荡 10mm、横荡 18mm、垂荡 3mm。采样速率大于 50Hz,按照采样定理,满足船舶运动周期对仪器采样速度的要求。六分量试验数据合理,达到了预期的目的。

船舶主要尺度表　　表 8.3-1

类型	总长(m)	柱间长(m)	型宽(m)	型深(m)	吃水(m)	排水量(t)
实船	332	320	58	30.4	23	357479.98
模型	4.15	4	0.72	0.38	0.29	0.68

8.3.4　电磁式测量简介

作为最快、最准确的、可升级的电磁跟踪器(图 8.3-5),LIBERTY™表现出在新技术上的一大飞跃。目前发展最先进的数字信号处理器(DSP)电子产品,使它成为完美的六自由度实时解决方案。LIBERTY 速度快,而且易于使用,利用一个直观的图形用户界面(GUI),可扩展性好,失真检测和改进的信噪比以增加稳定性和

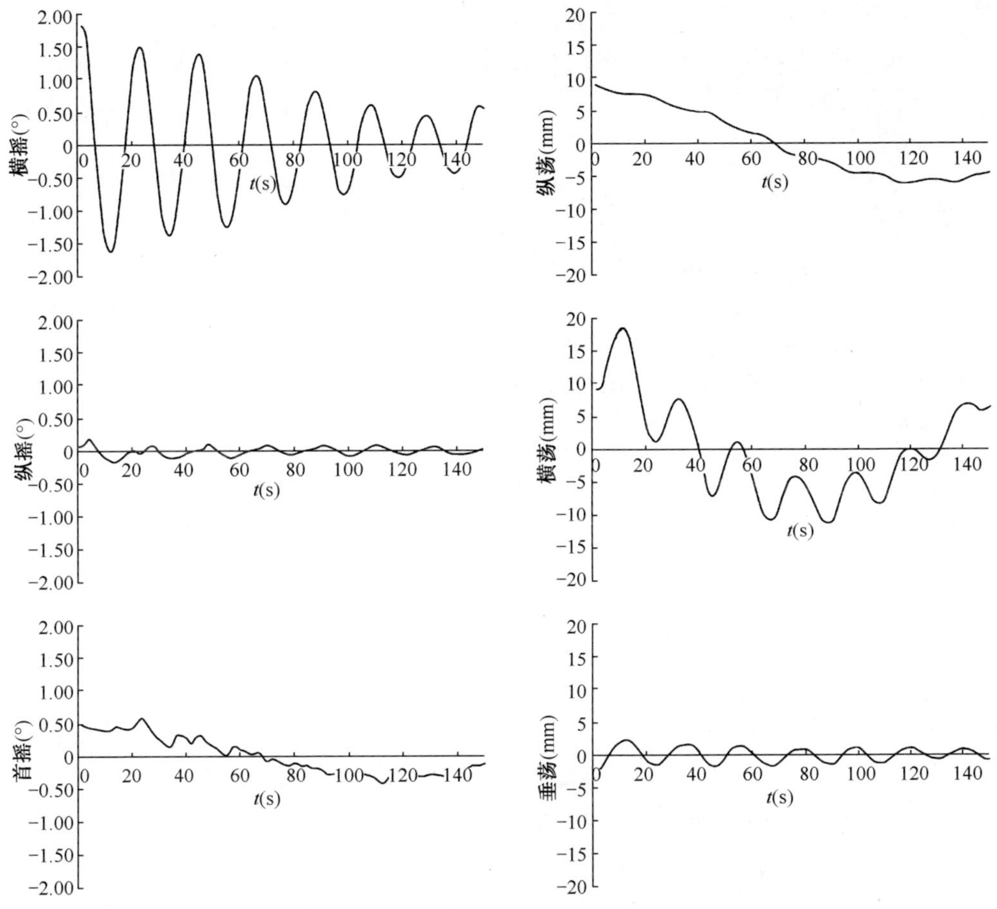

图 8.3-4 在波浪作用下的船舶六自由度试验测量结果

绝对精度，同时，提供一致的高品质数据。

整个测试系统由 LIBERTY 和计算机采集处理系统组成。LIBERTY 包括一个系统电子模块(SEU)、一个传感器和一个发射源。系统电子模块：系统电子模块包含必需感应标志物所产生的磁场的硬件和软件，计算出的位置和方向，并与上位计算机通过 RS-232 或 USB 连接。发射源：发射源包含密封在一个注塑壳内的电磁线圈，能放射出磁场。发射源是该系统为传感器测量的参照系。传感器：该传感器包含密封在一个注塑壳内的电磁线圈，该电磁线圈能检测到由发射源发射的磁场。

纯粹的非接触式测量应该是测量手段对测量目标没有丝毫的影响。本系统还没有完全做到，因为本系统还是需要把传感器固定到被测物体上。但是，由于传感

图 8.3-5　POLHEMUS LIBERTY

器只有不到 5g 重，对于船舶运动来说，完全没有影响，因此，对于船模型试验来说，非接触式是可以的。另外，还有一种无线传感器，质量约 20g，但是测量精度略低（图 8.3-6）。

电磁信号源与岸边固定，位于船舶上方，并与主机连接，主机则与控制和数据采集计算机连接。电磁传感器与船身连接，并与主机连接。系统主机把传感器相对于电磁信号源六自由度信息实时传给数据采集计算机。计算机进行必要的数据采集和计算。计算机根据信号计算出船舶每时刻的姿态，以六分量（θ、ψ、ϕ、x、y、z）的形式表示。

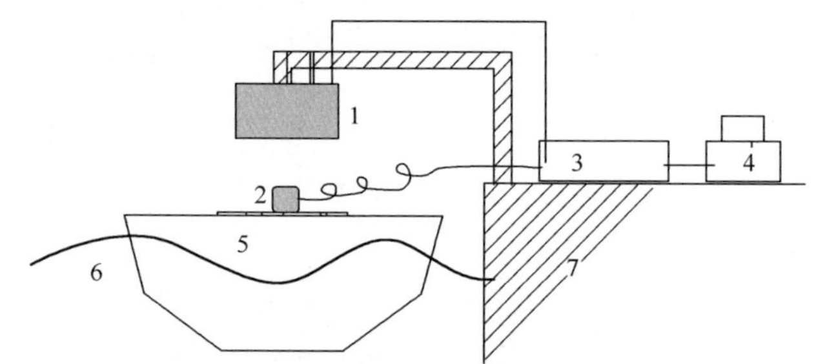

图 8.3-6　测量系统工作示意图

1-电磁信号源，有信号线与 3 连接；2-位移传感器，有信号线与 3 连接；3-系统主机；4-数据采集与处理计算机；5-波浪中的船模；6-水及波浪；7-码头及岸模型

测量范围：

横摇　　-20°～+20°

纵摇　　-10°～+10°

首摇　　-10°～+10°

横荡　　-100～+100mm

纵荡　　-100～+100mm

垂荡　　-100～+100mm

灵敏度：

角度　　<0.01°

长度　　<0.01cm

误差：

角度　　<0.2°，相对误差

位移　　<0.1cm，相对误差

设备稳定性体现了设备的抗干扰能力以及自身元器件性能的优劣。由于实际试验时间一般很短，因此，本次只对60s内固定点测量结果进行分析。调试好设备后，固定传感器，采集60s，得到数据见表8.3-2。表中数据仅为开始测量的一部分，因为数据量太大，本报告只给出数据分析的结果。

传感器稳定性测试 表8.3-2

序号	a_x(cm)	a_y(cm)	a_z(cm)	r_z(°)	r_y(°)	r_x(°)
440809	1.873842	18.20081	-4.31227	6.177717	0.829162	-0.71263
440810	1.873848	18.20082	-4.31226	6.177701	0.829126	-0.71259
440811	1.873842	18.20082	-4.31225	6.177713	0.829173	-0.71255
440812	1.873828	18.20081	-4.31225	6.17782	0.829179	-0.71259
440813	1.873825	18.20081	-4.31225	6.177824	0.829203	-0.71253
440814	1.873817	18.20081	-4.31225	6.177883	0.829252	-0.71256
440815	1.873812	18.20081	-4.31223	6.177896	0.82926	-0.71247
440816	1.873806	18.20082	-4.31222	6.177935	0.829265	-0.71238
440817	1.873781	18.20082	-4.31222	6.178072	0.829318	-0.71241
440818	1.873797	18.20081	-4.31222	6.17799	0.829275	-0.71242
440819	1.873783	18.20082	-4.31222	6.1781	0.829325	-0.71243
440820	1.873792	18.20082	-4.31223	6.178116	0.829316	-0.71251
440821	1.873792	18.20082	-4.31225	6.178108	0.829345	-0.71255
440822	1.873801	18.20082	-4.31225	6.178068	0.829346	-0.71259
440823	1.873798	18.20082	-4.31225	6.178051	0.829383	-0.71254
440824	1.873795	18.20083	-4.31225	6.178065	0.82942	-0.71259
440825	1.873809	18.20082	-4.31226	6.178002	0.829447	-0.71263
440826	1.873801	18.20083	-4.31225	6.178046	0.829489	-0.71263
440827	1.873811	18.20082	-4.31225	6.178017	0.829452	-0.71263
440828	1.87381	18.20082	-4.31226	6.178001	0.82945	-0.71271
440829	1.873803	18.20082	-4.31225	6.178033	0.829455	-0.71271
440830	1.873799	18.20082	-4.31224	6.178043	0.829453	-0.71268
440831	1.873806	18.20082	-4.31224	6.178007	0.829455	-0.71268
440832	1.873804	18.20082	-4.31223	6.178037	0.829419	-0.71266
440833	1.873803	18.20082	-4.31222	6.178012	0.829473	-0.71264

由表8.3-2可见，数据测量的灵敏度充分满足以下标准：角度<0.01°；长度<0.01cm。对于一组数据，我们通常需要知道其均值、方差、标准差、中位数等具有统计意义的信息。对60s的数据进行描述统计分析，得到表8.3-3的有关参数。可见传感器测到的位置数据和姿态数据稳定性很好。其有效数据中，位置可以达到0.01cm，角度可以达到0.1°，完全满足技术指标的要求。

传感器稳定性测试　　表 8.3-3

参数	a_x(cm)	a_y(cm)	a_z(cm)	r_z(°)	r_y(°)	r_x(°)
平均	1.873853	18.20099	-4.31284	6.174795	0.828618	-0.72065
标准误差	9.15×10^{-7}	9.47×10^{-7}	1.91×10^{-6}	8.26×10^{-6}	2.73×10^{-5}	3.34×10^{-5}
中位数	1.873862	18.20102	-4.31282	6.174753	0.829756	-0.72196
标准差	9.9×10^{-5}	0.000103	0.000206	0.000894	0.002955	0.003613
方差	9.81×10^{-9}	1.05×10^{-8}	4.26×10^{-8}	7.99×10^{-7}	8.73×10^{-6}	1.31×10^{-5}
峰度	-0.56555	0.128249	1.854278	3.298098	-0.28639	1.406088
偏度	-0.27506	-1.02743	0.614944	1.432429	-0.90319	1.436599
区域	0.000486	0.000582	0.001657	0.005327	0.012251	0.017131
最小值	1.873583	18.20063	-4.31352	6.173163	0.82095	-0.7259
最大值	1.874069	18.20121	-4.31186	6.17849	0.833201	-0.70877
求和	21942.82	213133.6	-50503.4	72306.85	9703.117	-8438.77
观测数	11710	11710	11710	11710	11710	11710
最大	1.874069	18.20121	-4.31186	6.17849	0.833201	-0.70877
最小	1.873583	18.20063	-4.31352	6.173163	0.82095	-0.7259
置信度(95.0%)	1.79×10^{-6}	1.86×10^{-6}	3.74×10^{-6}	1.62×10^{-6}	5.35×10^{-6}	6.55×10^{-6}

经过性能测试和模型试验的应用,得出有以下几条结论。

(1)选择的电磁式六分量测量装置,具有反应快、精度高、安装和使用方便等特点。可以采用此装置研究系泊船舶在风、浪、流作用下的运动。

(2)经过测试,测试系统的各项技术指标均达到或超过设计指标。采样速率、位置、角度的灵敏度以及误差均满足技术要求。

(3)通过水流以及波浪作用下船模运动测量试验表明:系统试制达到了预期的目的,满足科研对设备的需求。

(4)先进的试验设备必然能够促进研究水平的提高和效率的提高。该系统试制成功,对我们今后的工作科研生产有十分积极的意义。

(5)为了进一步完善测试手段,提高测试水平,今后应购置必要的试验台,用于对设备或仪器进行校准和测试。

8.4 某工程船舶系泊试验简介

8.4.1 工程概况

工程为 LNG 接收站项目工程,其码头平面布置形式为开敞式蝶形局状,码头方位角为 51.33°~231.33°。其主要建筑物和平面布置如表 8.4-1 所示,平面布置及结构如图 8.4-1 所示和图 8.4-2。

工程主要建筑物一览表　　　　表 8.4-1

建 筑 物	平面尺度(m)	顶面高程(m)	备注
工作平台	51×27(长×宽)	8.50	
1 号、4 号靠船墩	20×14(长×宽)	6.50	主靠船墩
2 号、3 号靠船墩	13×11(长×宽)		副靠船墩
1~6 号系缆墩	13ϕ		
引桥	192×12.5(长×宽)	8.50~7.30	

工程主要建筑物具体由工作平台、靠船墩、桥墩、系缆墩及引桥组成,泊位总长考虑 3 种方案,分别为 440m(原设计方案)、420m(对比方案 1)和 400m(对比方案 2)。码头设置主靠船墩 2 个,副主靠船墩 2 个,最大靠泊长度(两个主靠船墩中心间距)116m,工作平台尺度为 51m×27m,结构采用高桩梁板结构,排架间距 8m。主副靠船墩平面尺度分别为 20m×14m 和 13m×11m,采用高桩墩式结构。系缆墩为直径 13m 的圆形墩台,采用高桩墩式结构。引桥采用高桩梁板结构。

8.4.2 试验目的及研究内容

在给定的试验条件下,测定系泊船只在波浪、水流和风等共同作用下,船舶横移、纵移、升沉、横摇、纵摇、回转 6 个运动量以及缆绳的拉力、船舶对码头的撞击力,通过试验要求达到以下目标:

(1)实测船舶在试验条件下的最大位移量(六自由度)以及运动主频率,重点是船舶的升沉、纵摇、横摇运动,并对试验条件下,实测船舶位移大于或等于 2m 的工况进行重点说明,并提出优化分析意见。

(2)测量不同水位以及各装载度(满载、压载)在风、浪、流作用下船舶系缆力,还需观测相应的总动能,并与现行《液化天然气码头设计规范》、《港口工程荷载规范》计算结果进行比较。

(3)根据试验结果,对平面布置方案进行对比,合理调整系缆布置形式。

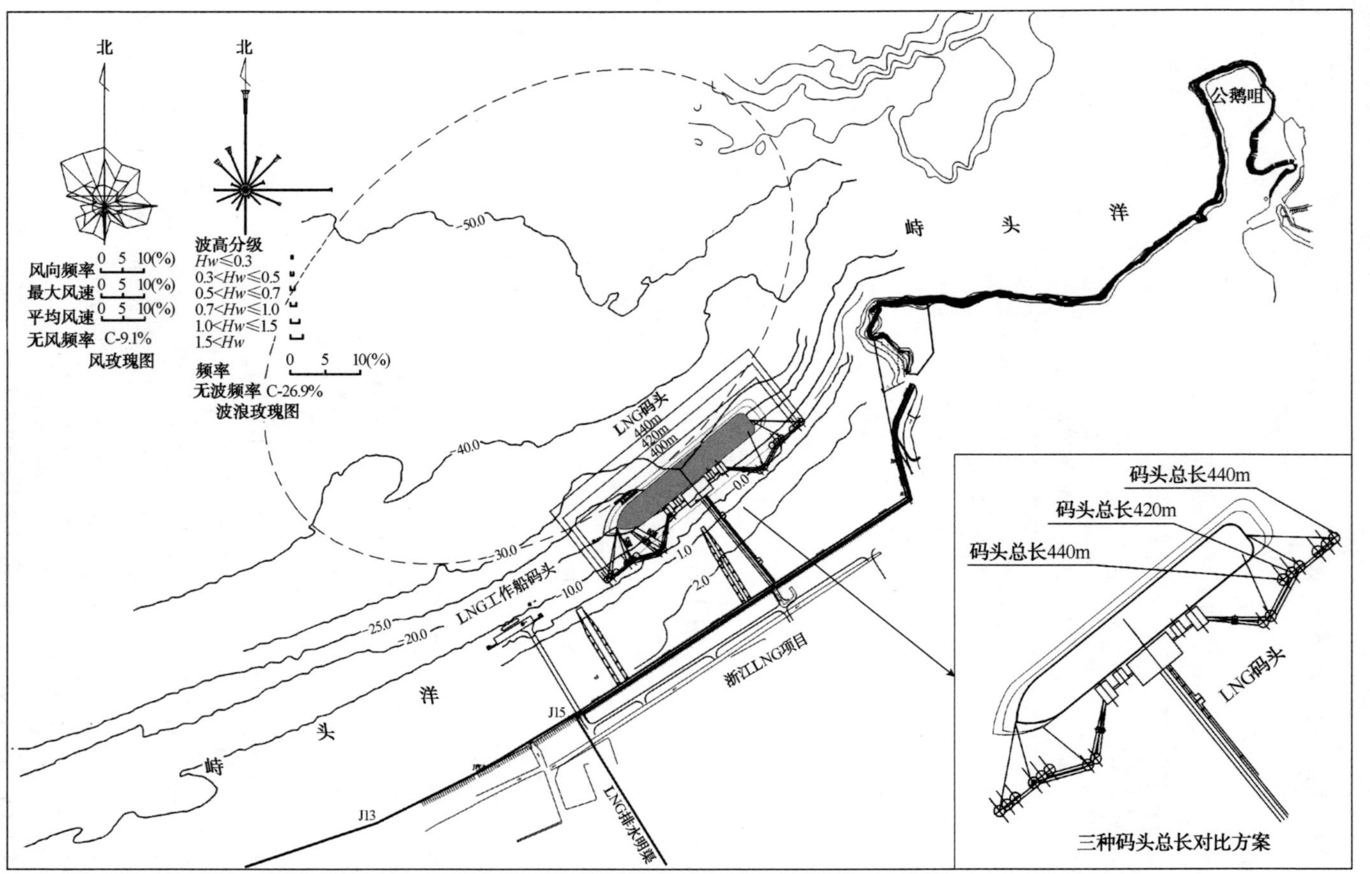

图8.4-1 某LNG接收站项目平面布置图

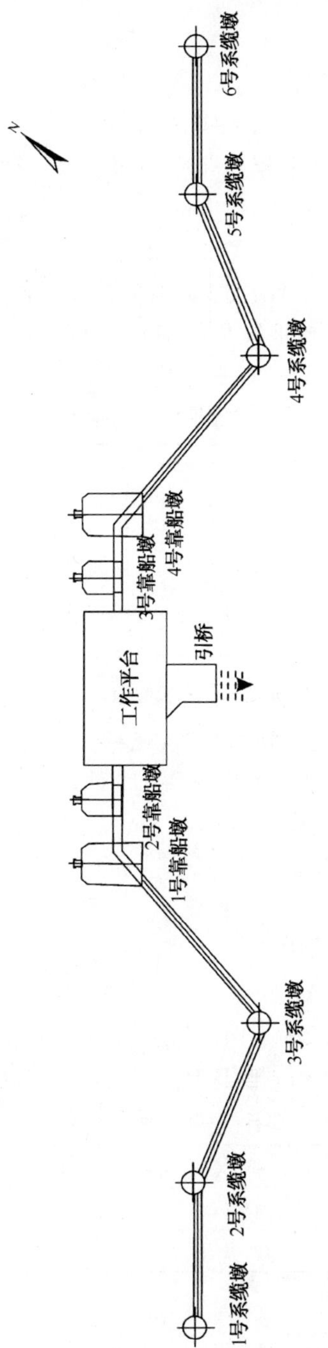

图8.4-2　某LNG接收站项目码头平面布置示意图

8.4.3 试验基本条件

1)水位(当地理论深度基准面)

(1)设计高水位为3.65m(高潮累积频率10%)。

(2)设计低水位为0.37m(低潮累积频率90%)。

(3)平均水位为2.02m。

2)水流

基于潮流物理模型试验结果,确定试验水流条件如表8.4-2所示,流速沿用技术要求中的较大流速值(实测最大垂线平均流速),而流向采用物模试验结果最大流速所对应的流向值,该值与拟建LNG码头方位(51.33°~231.33°N)基本一致。

LNG系泊试验流速流向模拟条件 表8.4-2

水位	涨潮		落潮	
	流速(m/s)	流向(°N)	流速(m/s)	流向(°N)
平均	1.21	231	1.61	50
设计高	0.8	231	—	—
设计低	—	—	1.02	50

另外,根据现场实测数据以及物理模型试验中流向随时间的变化情况,在主流向维持与码头轴线一致的往复流趋势的时候,还存在一定的变化。因此,试验在模拟上述主流的基础上,还应考虑不利流向角度,如对缆绳拉力影响较大的开流情况进行模拟,开流角度确定为15°,涨潮流速1.0m/s,落潮流速1.4m/s,以分析码头前沿流向变化时对系泊条件的影响。

3)试验波浪要素

不规则波试验模拟的谱型采用规范谱和JONSWAP谱两种谱形式,试验波浪参数见表8.4-3。

(1)作业波高:横浪 $H_{4\%}=1.2\text{m}$,顺浪 $H_{4\%}=1.5\text{m}$,周期分别为7s、6s。

(2)系泊波高:横浪 $H_{4\%}=1.5\text{m}$,顺浪 $H_{4\%}=2.0\text{m}$,周期分别为8s、7s。

LNG船泊位试验波浪参数表 表8.4-3

试验工况	顺浪(m)	横浪(m)
作业	1.5(6s)	1.2(7s)
系泊	2.0(7s)	1.5(8s)

4)风

风包括吹拢风、吹开风和45°斜吹开、45°吹拢风。作业期间,试验风速为

15m/s;系泊状态,试验风速为 20m/s。

5)试验船型与载度

设计船型为 266000m^{3}LNG 和 217300m^{3}LNG,船型主尺度见表 8.4-4。装载度分别为:设计高水位压载、设计低水位和平均水位均为满载。

设计代表船型主尺度 表 8.4-4

设计船型	长度(m)	型宽(m)	型深(m)	首/尾(吃水 m)
266000m^{3}LNG 船舶	345.0	53.8	27.0	12.2
217300m^{3}LNG 船舶	315.0	50.0	27.0	12.2

6)缆绳与护舷

(1)系缆布置

①系缆墩 6 座。其中 1 号、6 号系缆墩选用 1500kN×4(四钩)快速脱缆钩;2~5 号系缆墩选用 1500kN×3(三钩)快速脱缆钩;1~4 号靠船墩选用 1500kN×2(双钩)快速脱缆钩。

②靠船墩 4 个。包括 2 个主靠船墩(1 号和 4 号),相距 116m;2 个副靠船墩(2 号和 3 号)。靠船墩选用 1500kN×2(双钩)快速脱缆钩。

③缆绳材质。缆绳材质为超高分子量聚乙烯(UHMWPE/HMPE),直径为 44mm,266000m^{3}LNG 船舶最大可用缆绳数量为 20 根,217300m^{3}LNG 船舶最大可用缆绳数量为 18 根。缆绳初始张力为 137kN。

④系缆方式。266000m^{3}LNG 船舶缆绳布置方式见图 8.4-3,缆绳布置方式为 4:2:2:2。217300m^3 LNG 船舶缆绳布置方式见图 8.4-4,缆绳布置方式为 4:1:2:2,其中倒缆系在主靠船墩上。

不同水位和载度,各缆绳长度略有不同,初步确定各缆绳的长度范围如表 8.4-5所示。

两种 LNG 船型的系泊缆绳长度(m) 表 8.4-5

设计船型	首缆	首横缆	首倒缆	尾倒缆	尾横缆	尾缆
266000m^{3}LNG 船舶	65~75	50~60	38~44	38~44	40~55	65~75
217300m^{3}LNG 船舶	78~84	50~55	36~42	36~42	40~55	78~84

(2)护舷

①主靠船墩:SUC2000H 标准型(标准反力型)二鼓一板,共 2 个。

②副靠船墩:SUC2000H 标准型(标准反力型)一鼓一板,共 2 个。

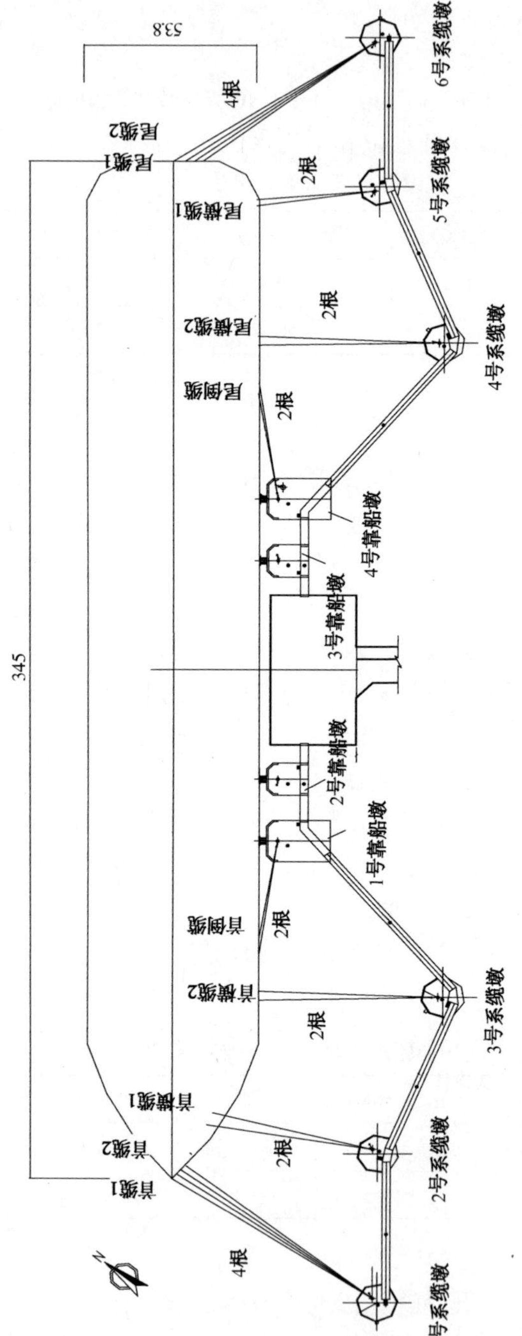

图8.4-3　266000m³LNG船舶缆绳布置方式

注：图示尺寸以米计，标高以米计(理论最低潮面)。

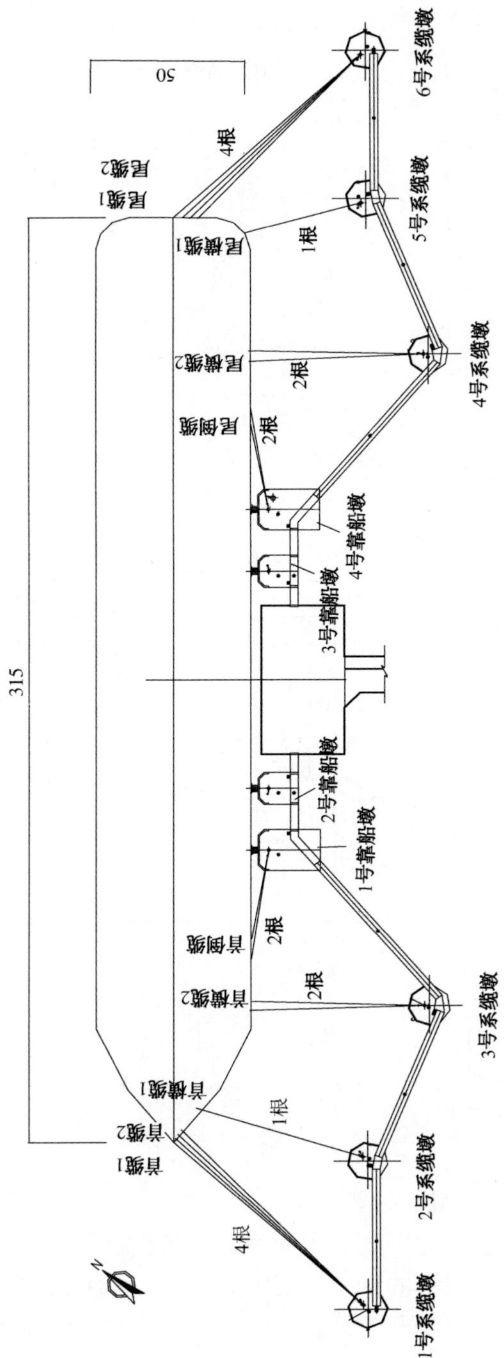

图8.4-4 217300m³LNG船舶缆绳布置方式

注：图示尺寸以米计，标高以米计(理论最低潮面)。

SUC2000H 标准型橡胶护舷压缩变形性能如表 8.4-6 和图 8.4-5 所示。

SVC2000H 标准型橡胶护舷压缩变化性能 表 8.4-6

橡胶配方	设计反力(kN)	最大反力(kN)	设计吸能量(kN·m)	最大吸能量(kN·m)
RE 超高反力型	3000	3199	2643	2798
RS 超高反力型	2671	2839	2346	2484
RH 高反力型	2315	2561	2033	2153
R0 标准反力型	1781	1893	1564	1656
R1 低反力型	1425	1514	1251	1325

注:1.设计压缩变形 52.5%,最大压缩变形 55%,公差为±10%。

2.选用超高反力型橡胶护舷,应与制造方取得联系。

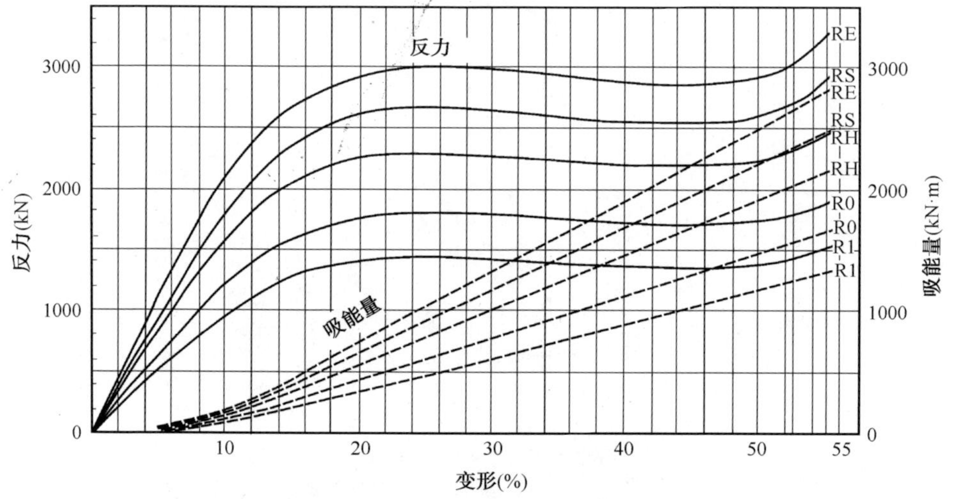

图 8.4-5 SVC2000H 标准型橡胶护舷压缩变形性能图

RE-超高反力型;RS-超高反力型;RH-高反力型;R0-标准反力型;R1-低反力型

资料来源:沈阳普利司通有限公司产品技术资料。

8.4.4 模型设计和制造

本模型为风、浪、流综合作用下的船舶系泊物理模型,采用正态整体物理模型试验方法,几何比尺 1∶60。考虑模拟范围以及船模的相似性,船模及 LNG 码头模型制作、船模、重心位置、转动惯量的调节、系泊缆绳力学特性、护舷以及海域环境模拟等,均根据正态相似比尺的要求进行设计。包含风、波浪、潮流 3 种动力条件,在其作用下,对船舶六个自由度变化、系缆力、挤靠力(撞击力)和波高、流速等进行测量。试验中对码头前沿及后方地形均须进行模拟,并按照 266000m^3 LNG 和 217300m^3 LNG 船舶的参数制作船舶模型并进行试验。

船模的制作完全以原型船舶型线图按 1∶60 的比例缩小。两种试验船型的具体模拟情况见表 8. 4-7 和表 8. 4-8,船模实拍照片如图 8. 4-6 所示,缆绳及护舷布置见图 8. 4-7。

a) 266000m^3 LNG船模

b) 217300m^3 LNG船模

图 8. 4-6 试验船模

相对护舷的变形系数而言,码头的变形要小很多,模型按照刚性处理,同时考虑到本工程码头为桩基结构,且桩基布置较密,建成后,桩群将会对波浪传播和水流流动产生一定的影响,因此,码头结构形式的模拟完全按照原型 1∶60 的比例缩小。其中,码头面板等上部结构采用木材制作,底部与采用钢筋焊接加工的码头群桩结构连接成一体,并连接稳固,以达到足够的刚度和稳定性。

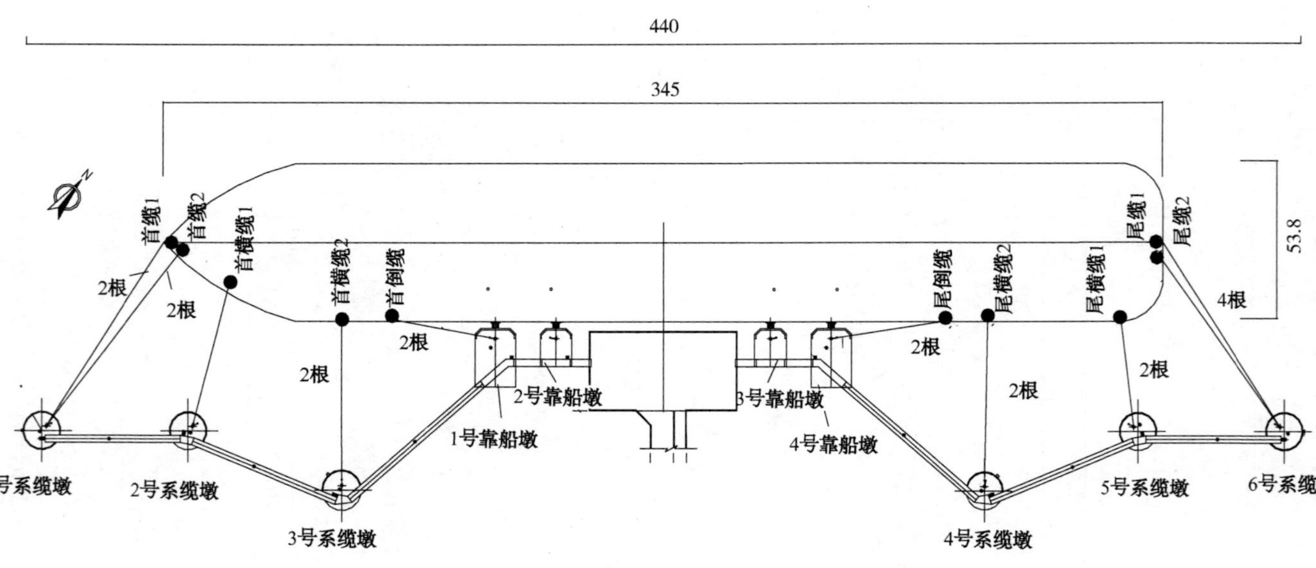

图8.4-7 266000m^{3}LNG船舶模型中缆绳及护舷布置及编号示意图

●-拉力传感器

注：图示尺寸以米计，标高以米计(理论最低潮面)。

试验船型 266000m³模拟参数(比尺 1：60)　　表 8.4-7

参数＼类型	满载		压载	
	实船	模型	实船	模型
船总长(m)	345	5.75	345	5.75
柱间长(m)	330	5.50	330	5.50
船型宽(m)	53.8	0.90	53.8	0.90
型深(m)	27	0.45	27	0.45
吃水(m)	12.2	0.203	7.2	0.12
排水量(10^3kg)	184271.4	0.832	107702.1	0.486
重心高(m)	21.6	0.36	22.1	0.368
浮心高(m)	6.71	0.112	4.14	0.069
稳心半径(m)	21.4	0.357	34.6	0.577
纵稳心半径(m)	653.3	10.889	941.7	15.694
横惯性矩(10^3kg/m^2)	73104776	0.094	43512388.81	0.056
纵惯性矩(10^3kg/m^2)	1.254×10^9	1.613	733047795.5	0.943
稳性高(m)	6.5	0.109	16.7	0.278
纵稳性高(m)	638.4	10.641	923.7	15.395
横摇周期(s)	15.6	2.016	10.8	1.401
纵摇周期(s)	11.3	1.459	9.4	1.213

试验船型 217300m³模拟参数(比尺 1：60)　　表 8.4-8

参数＼类型	满载		压载	
	实船	模型	实船	模型
船总长(m)	315	5.25	320.25	5.25
柱间长(m)	290	4.83	294.83	4.83
船型宽(m)	50	0.83	50.83	0.83
型深(m)	27	0.45	27.45	0.45
吃水(m)	12.2	0.20	8.54	0.20
排水量(10^3kg)	146871.23	0.66	105215.88	0.47
重心高(m)	19.6	0.32	20.1	0.33
浮心高(m)	6.71	0.11	4.91	0.08
稳心半径(m)	18.97	0.31	26.74	0.44

续上表

参数＼类型	满载		压载	
	实船	模型	实船	模型
纵稳心半径(m)	517.01	8.48	649.53	10.65
横惯性矩($10^3kg/m^2$)	49405521.81	0.06	36826150.92	0.044
纵惯性矩($10^3kg/m^2$)	771991876.4	0.91	571629269.6	0.68
稳性高(m)	6.085	0.099	11.54	0.19
纵稳性高(m)	504.12	8.26	634.34	10.40
横摇周期(s)	14.92	1.91	11.05	1.41
纵摇周期(s)	11.17	1.43	10.13	1.30

8.4.5 主要结论及建议

经过对大量试验组次系统的试验研究与分析，得到以下主要结论。

(1)船舶运动量

①在试验条件下，落潮流、横浪与吹(开)拢风的组合为船舶横向运动的最不利工况，而落潮流、顺浪与吹(开)拢风的组合是船舶纵向运动最不利的工况，压载相对于满载时的运动量要大，两种船型中($266000m^3$船型和$217300m^3$船型)，较小船型运动量相对略大，受风浪流影响更为敏感。

②码头长度的对比中，船舶运动量随着码头长度的缩短有整体减小趋势，特别是对于减小系缆角度后反应相对敏感的横向运动，如横摇、横移特征量。各方案对应的船舶各自由度最大运动量如表8.4-9所示。

各码头长度下船舶各运动量最大值对比($266000m^3$船型)　　表8.4-9

码头长度(m)	纵移(m)	横移(m)	升沉(m)	纵摇(°)	横摇(°)	回转(°)
440	1.04	1.31	0.97	0.66	3.85	0.48
420	1.05	1.13	0.84	0.63	3.50	0.41
400	0.74	1.10	0.69	0.65	3.33	0.39

③由于试验中不规则波$H_{4\%}$与规则波$\overline{H}$相等，故不规则波试验结果比规则波略大，试验结果中，JONSWAP谱不规则波作用下的船舶运动量平均为规则波的1.4倍。

④$266000m^3$船型在原设计方案码头平面布置下，系泊与作业试验的各组工况下，六自由度船舶运动量分别为：纵移0.16~1.24m、横移0.09~1.44m、升沉0.10~

0.97m、纵摇 0.10°~0.90°、横摇 0.12°~3.85°和回转 0.12°~0.74°。码头平面布置调整后,各运动量特征值有增有减,但整体上略有增大,增大幅度有限。各工况试验中,船舶运动均能满足 PIANC 推荐值,试验中没有出现位移超过 2m 的情况。

⑤217300m^{3}船型在码头平面布置调整后的情况下,系泊与作业试验状态下,六自由度船舶运动量分别为:纵移 0.28~1.36m、横移 0.17~1.92m、升沉 0.11~0.99m、纵摇 0.11°~0.59°、横摇 0.24°~4.70°和回转 0.18°~0.66°。各工况试验中,船舶运动均能满足 PIANC 推荐值,试验中没有出现位移超过 2m 的情况。

⑥对于 266000m^{3}船型,各系缆优化方案与原系缆方式相比,各自由度运动量整体上均有不同程度的降低。其中,优化方案一,最大纵移 0.73m、横移 0.73m、升沉 0.41m、纵摇 0.25°、横摇 1.40°和回转 0.42°;优化方案二,最大纵移 1.02m、横移 1.06m、升沉 0.51m、纵摇 0.42°、横摇 2.15°和回转 0.43°。两者相比,优化方案一相对较小。

⑦对于 217300m^{3}船型,各系缆优化方案与原系缆方式相比,各自由度运动量整体上均有不同程度的降低。其中,优化方案一,最大纵移 0.53m、横移 0.81m、升沉 0.78m、纵摇 0.47°、横摇 3.28°和回转 0.91°;优化方案二,最大纵移 0.75m、横移 1.05m、升沉 0.57m、纵摇 0.39°、横摇 2.91°和回转 0.41°。总体来看,两个优化方案相差不大,各有优势。

(2)船舶系缆力与撞击力

①横浪作用时,横缆受力最大;潮流较大时,倒缆受力较大。横缆和倒缆是主要受力缆绳,首尾缆受力要小于前两者。风对缆绳受力产生影响,吹开风作用下,缆绳受力比吹拢风大,但使得在横浪作用时,对护舷的撞击力减小。

②码头面长度由 440m 缩短至 420m,直至 400m,3 种长度下系缆力相差不大,但运动量有减小,考虑到本海区海流较大,首尾缆对船舶靠泊定位帮助较大,根据中期成果专家审查意见,码头面长度仍为 440m,并对 2 号和 5 号系缆墩的位置调整为与 3 号和 4 号系缆墩在同一直线上,倒缆系在副靠船墩上。

③方案调整后,横缆受力较设计方案均匀,其最大缆力比原设计方案要小,因此,调整方案对均匀并减小横缆受力效果明显;倒缆系在副靠船墩上后,倒缆缆绳增长,缆力有所减小,由于落潮流速大于涨潮流速,尾倒缆通常大于首倒缆。

④266000m^{3}船舶在 4:2:2:2 系缆方式条件下,一组横缆(2 根)最大受力为 1270kN,一组倒缆最大受力(2 根)为 1121kN,其中横缆(2 根)的受力为双根缆绳破断力(2042kN)的 62%,超过缆绳的控制强度为缆绳破断强度 55%的要求,应适当增加横缆根数或对系缆方式进行优化。

⑤266000m^{3}船舶在系缆方式优化方案一(即 4:4:0:2)的条件下,一组横缆

(2 根)最大受力为 1063kN,其大小为破断力的 52%,满足要求。

⑥217300m^{3}船舶在 4 ∶ 1 ∶ 2 ∶ 2 系缆方式条件下,一组横缆(2 根)最大受力为 1643kN,超过缆绳的控制强度为缆绳破断强度 55%的要求,通过优化,建议使用优化方案一(即 3 ∶ 2 ∶ 2 ∶ 2)的带缆方式,其一组横缆(2 根)最大受力分别为 1154kN,为破断力的 56%,基本满足系缆要求。

⑦护舷所受最大撞击力发生在船舶压载、横浪波高 1.5m,周期 8s,吹拢风 20m/s 的条件下;各种条件下,二鼓一板护舷最大撞击力为 3556kN,最大撞击能量为 1341kJ,其最大撞击力和撞击能量均小于设计值,其撞击能量约为设计吸能量的 43%;一鼓一板护舷最大撞击力为 1777kN,最大撞击能量为 930kJ,其最大撞击力略大于设计值,其撞击能量小于设计值,约为设计吸能量的 59%。因此,护舷设计可行。

8.5 系缆船舶波浪力计算

8.5.1 概述

停靠码头的船舶,在风、浪、水流等因素的作用下,若运动量过大,不仅影响装卸作业安全,还影响自身以及码头结构的安全。通常停靠在码头的船舶需要用缆绳与码头上的系船柱或系船墩连接,以限制船舶的运动。图 8.5-1 是某 LNG 船的系泊示意图。

根据各缆绳的位置、出缆方向和作用不同,有如下几种缆绳名称。头缆又称首缆,主要承受船首方向风流的外力作用,防止船身后退和船首外移。尾缆主要承受船尾方向风流的外力作用,防止船身前冲和船尾外移。前倒缆主要承受来自船尾方向的作用力,防止船位前移。后倒缆主要作用是防止船身后退。前(后)横缆主要承受吹开风的作用力,防止船头(尾)外张。

系泊时,缆绳的具体使用要根据码头的情况、船舶长度、缆绳强度、停泊时间长短及天气、潮汐情况来决定。通常,万吨级船舶靠码头时,带头缆、尾缆各 3 根,前后倒缆各一根。5 万吨级左右及以上船舶除首、尾缆及前后倒缆有所增加外,因船长较大,往往在船中附近还要增带几根缆,可以根据本船情况而定。

通常,缆绳由绞车施加一定的初始力。由于船舶受自然、人工等因素的作用,会使缆绳拉力发生变化。系缆力与船舶受到的风、浪、水流荷载有关。

系缆力的大小直接影响靠泊船舶以及码头结构的安全。根据《港口工程荷载规范》(JTS 144-1—2010),特定吨位船舶系缆力的标准值不应大于缆绳的破断力,也不应小于一定的数值。

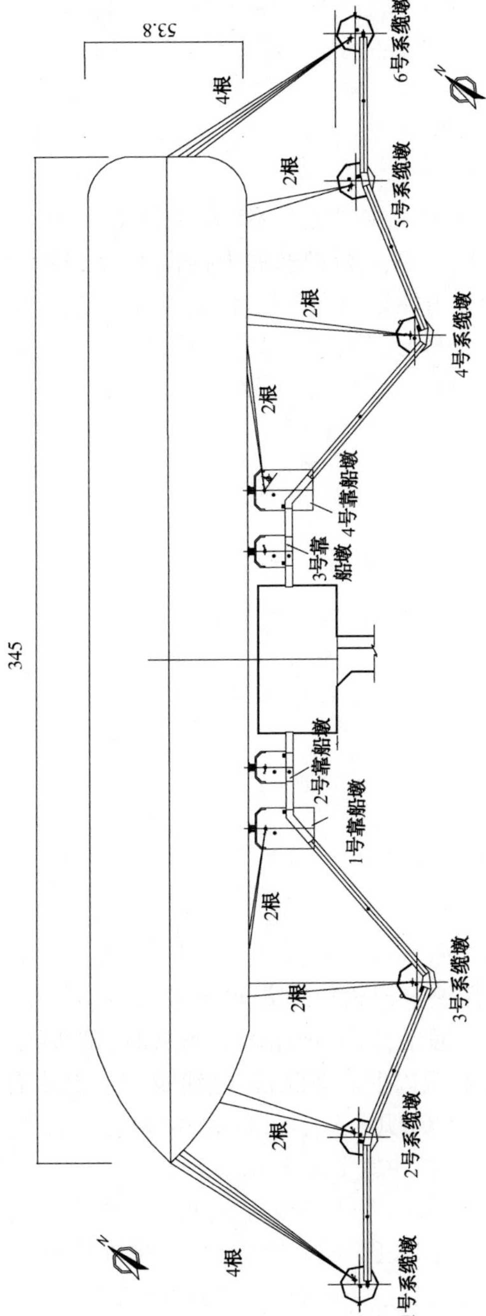

图8.5-1 266000m³LNG船舶缆绳布置方式

注：图示尺寸以米计，标高以米计(理论最低潮面)。

设计系缆力的标准值,可采用港口工程荷载规范中的公式计算。公式中考虑了风与水流的作用以及船舶带缆的方式。该规范中,船舶系缆力公式没有考虑波浪的作用,这给设计系缆力的计算带来困难。

为了考虑波浪力的作用,有时为了慎重起见,往往采用水工模型试验的方法对系缆力进行测量。

为寻求波浪作用下系缆力的计算方法,对船舶在波浪作用下系缆力的模型试验成果,进行整理分析,在船舶系缆力规范公式中,加入波浪的作用因素,提出了船舶波浪力计算经验公式。

波浪作用下,船舶系缆力与下列因素有关:一是与船舶尺度(长度、宽度、吃水深度)、载量(满载、半载、压载)、船舶运动特性(自振、横摇、纵摇、升沉等)有关;二是与波浪特性(波高、周期、波浪入射角度等)有关;三是与系缆方式和缆绳特性(弹性系数、缆绳松紧程度等)、护舷特性等有关。

准确地计算每根缆绳的受力特性是十分复杂的过程,需要建立波浪作用下系缆船舶运动的数学模型。而建立数学模型用到的船舶水动力参数又必须通过模型试验来解决,也就是说,重要工程的船舶系缆力主要还是应通过模型试验来解决。

为了便于应用,本着实用的观点,根据模型试验的成果,拟在《港口工程荷载规范》(JTS 144-1—2010)船舶系缆力的标准值公式中加入波浪荷载的作用。

根据波浪作用下船舶系缆力的试验资料,分析波浪的作用,换算成相当于水流或风对船舶作用产生的横向分力以及纵向分力的波浪荷载标准值,再进行量纲分析,建立波浪力标准值与波浪、船舶等关系的计算公式。

8.5.2 波浪荷载影响因素

这里,我们对本文研究的波浪荷载进行定义:波浪荷载是指由于波浪作用而引起的船舶对缆绳的作用力,表示为平行于船身的纵向力和垂直于船身的横向力。显然,系泊船舶的波浪荷载越大,缆绳的拉力也就越大。

因此,船舶所受波浪荷载与船舶本身的尺度、载量等有关,也与波浪特性有关,同时,还与系缆方式、护舷特性等要素有关。波浪的影响,包括波高的大小、波动的周期以及入射波的方向等3方面的内容。船舶的影响,包括船舶吨位、吃水以及横摇周期等。系缆方式则包括缆绳的种类、数量以及系缆布置形式等。

靠泊码头的船舶受到的力 F,包括风力 F_1、水流力 F_2、波浪力 F_3 及其他力 F_4(暂忽略)的作用,即:

$$\left.\begin{aligned}&F=F_1+F_2+F_3+F_4\\&F_1=f(\gamma_1,A_1,V_1,g)\\&F_2=f(\gamma_2,A_2,V_2,g)\\&F_3=f(H,T,\theta,W,L,B,D,d,x,m,g\cdots\cdots)\end{aligned}\right\}\tag{8.5-1}$$

对于风力和水流力,相关资料较多、较成熟,不再进行讨论,下面仅对波浪力进行论述。波浪力与下列因素有关,即波高(H)、周期(T)、波向(θ)、排水量(W)、船长(L)、船宽(B)、吃水(D)、水深(d)、系缆方式(x)、附加质量(m)、重力加速度(g)等。

(1)波浪荷载与有效波高的关系

试验资料表明:在其他条件不变的情况下,有效波高越大,系缆力越大,也就是波浪荷载越大。图 8.5-2 为某 8 万 m^3LNG 船舶在横浪作用下,在不同波高的条件下的最大系缆力值。试验时的波动周期为 8s。系缆力与波高值近似为线性关系。

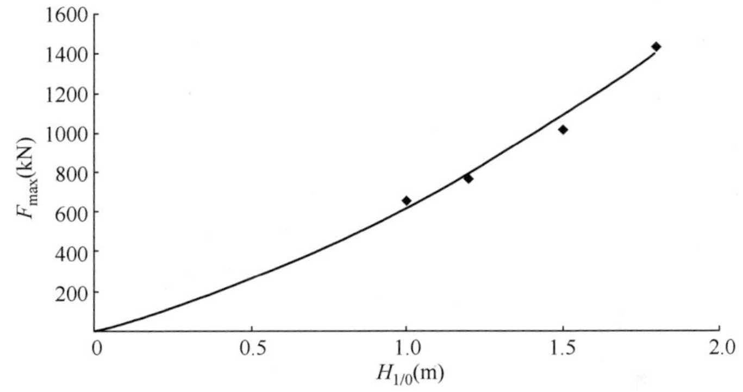

图 8.5-2 8 万 m^3LNG 船舶在不同波高条件下的最大系缆力试验值

(2)波浪荷载与波向的关系

经验表明,在波要素相同时,顺浪和斜浪作用于船舶,船舶的运动量远小于横浪作用时的运动量。因此,就波浪方向而言,横浪为控制方向。单纯顺浪作用时的缆绳最大拉力远小于横浪作用时的缆绳拉力。故顺浪不是缆绳拉力的控制工况。

30°和 45°波向时,护舷受力不均匀,个别受力会大些,但最大撞击力和系缆力要小于 90°波向。因此,波浪作用下,系缆力受控制的波向为 90°波向,即波向与船纵轴线垂直的情况。

(3)波浪荷载与船舶载重量的关系

试验资料表明,单独浪作用下,船舶载重量越大,系缆力越大;系缆力与船舶载重量基本上为线性关系。图 8.5-3 为横浪、风、流共同作用条件下,在不同波高条件时的最大系缆力试验值。试验条件下,系缆力与船舶吨位值近似为线性关系。

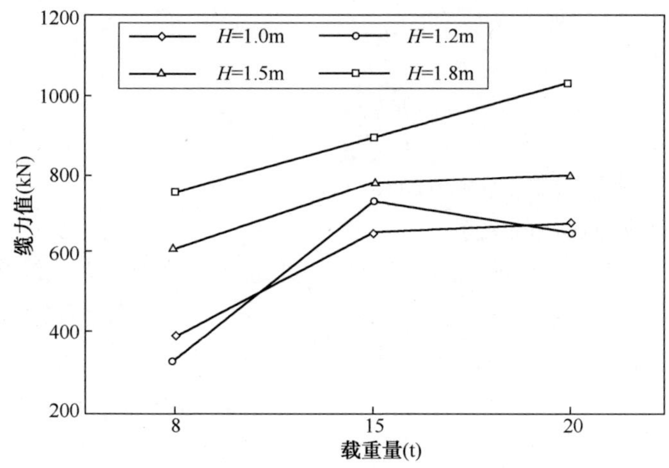

图 8.5-3 不同载重量船舶在风、流以及横浪作用条件下最大缆力试验值

(4)波浪荷载与载度的关系

图 8.5-4 为 25 万 t 矿石船在波高 $H_{4\%}=1.2m$,周期 $T=8s$ 条件下不同载度时的系缆力试验值。试验资料表明,载度不同,系缆力变化较大。相同的船型,一般的规律是,载度较小时,运动量较大,相应的系缆力也较大。载度不同影响船舶总体的排水量,同时也影响船舶的横摇、纵摇特性。计算波浪荷载时,应从吃水深度和横摇、纵摇特性变化这两方面考虑。

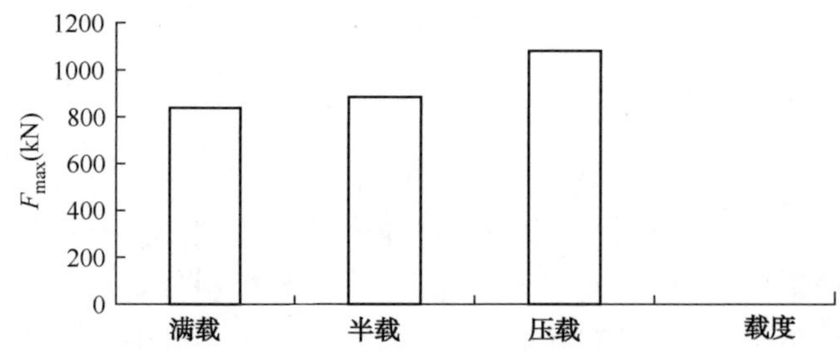

图 8.5-4 25 万 t 矿石船不同载度条件下的最大缆力值

(5)波浪荷载与波周期的关系

试验资料表明,波浪周期不同,系缆力会发生变化。无论设计高水位,还是设计低水位,不同载度船舶的固有横摇周期与波浪的平均周期接近时,船舶的横摇角取得最大值。反之,波浪周期与船舶固有横摇周期距离越远,其横摇角也越小。而

船舶运动量大,必然导致系缆力增大。因此,公式中应加入船舶在不同周期波浪作用下共振的作用。

(6)波浪荷载与水深的关系

多数系泊船舶运动物理模型试验研究表明,码头前沿水深不同,系泊船舶的系缆力相差不大,且互有大小。因此,计算公式中可以不反映水深的影响。公式适用的水深范围应是满足船舶正常停靠泊的水深。

(7)波浪荷载与水位的关系

其他试验条件相同时,两种水位比较,船舶运动量差别不大。缆绳拉力和不同水位之间的关系比较复杂,这主要是因为,不同水位时,缆绳与船舶形成的角度有所差别。因此,水位的影响可以归结到系缆方式的影响。

系缆力与载度、水深、水位三者的关系,性质相同,可归结为缆绳与船舶角度的差别。

(8)波浪荷载与系缆的关系

物理模型试验表明,最大系缆力随着缆绳的增加而有所减小。全部缆绳中,最大拉力通常出现在横缆上;倒缆的缆绳拉力也较大,首缆和尾缆的缆绳拉力都很小。

由于问题的复杂性,很难有一个通用系缆方式来代表所有情况的船舶系缆。但是,应该存在着一种标准的、通用的或常规的船舶系泊条件。本次计算选用《港口工程荷载规范》(JTS 144-1—2010)10.4.2 节的方法,表示系缆方式对系缆力的影响。

8.5.3 公式的建立

系泊船舶在波浪作用下的运动是一个十分复杂的过程。整理分析船舶荷载经验计算公式可以简化工程计算,便于应用和快速估算。基于以上分析,建立波浪作用下船舶荷载计算公式。首先要明确各物理量的符号和量纲。

船舶实际排水量	W	(t)
船舶满载排水量	W_f	(t)
船舶吃水	D	(m)
船舶柱间长	L	(m)
船舶型宽	B	(m)
横摇周期	T_x	(s)
纵摇周期	T_y	(s)
入射波高	H	(m)

船前波高	h	(m)
波浪周期	T	(s)
波浪入射角度(波向与船舶纵轴线夹角)	θ	(°)
船舶受横向波浪力	F_x	(N)
船舶受纵向波浪力	F_y	(N)
船舶受最大系缆力	N	(N)
海水密度	γ	取 $1025\mathrm{kg/m^3}$
重力加速度	g	取 $9.81\mathrm{m/s^2}$

根据模型试验得到的波浪作用下缆绳最大拉力与各试验参数的关系，首先分析横向力与各影响因素的关系，纵向力与此相同，只不过参数略有变化。

横向力与船前波高的关系：

$$F_x \approx k_1 h \tag{8.5-2}$$

横向力与船舶载量的关系：

$$F_x \approx k_2 LD \tag{8.5-3}$$

船前波高与入射波高的关系：

$$h \approx k_3 H(1+\sqrt{|\sin\theta|}) \tag{8.5-4}$$

横向力与波向的关系：

$$F_x \approx k_4 \sin\theta \tag{8.5-5}$$

横向力与周期的关系：

$$F_x \approx k_5 a_x \tag{8.5-6}$$

$$a_x = \frac{1}{\sqrt{\left[1-\left(\frac{T_x}{T}\right)^2\right]^2 + 4\left(\frac{T_x}{T}\right)^2 \mu_x{}^2}} \tag{8.5-7}$$

式中，a_x 为船舶横摇角与波浪周期关系的参数；

μ_x 为船舶横摇无因次阻尼系数。

于是，得到系泊船舶波浪作用横向力经验计算公式：

$$F_x = k_1 k_3 H(1+\sqrt{|\sin\theta|}) k_2 LD k_4 \sin\theta k_5 a_x \gamma g \tag{8.5-8}$$

$$F_x = xH(1+\sqrt{|\sin\theta|}) LD a_x \gamma g \sin\theta \tag{8.5-9}$$

式中，k_i 为经验系数，$i=1\sim5$；x 为综合系数，无量纲。

为了量纲和谐加入了海水密度 γ($1025\mathrm{kg/m^3}$)和重力加速度 g($9.81\mathrm{m/s^2}$)。

同理，得到系泊船舶波浪作用纵向力经验计算公式：

$$F_y = yH(1+\sqrt{|\cos\theta|})BDa_y\gamma g\cos\theta \tag{8.5-10}$$

$$a_y = \frac{1}{\sqrt{\left[1-\left(\frac{T_y}{T}\right)^2\right]^2+4\left(\frac{T_y}{T}\right)^2\mu_y{}^2}}$$

式中，y 为综合系数，无量纲；a_y 为船舶纵摇与波浪周期关系的参数；μ_y 为船舶纵摇无因次阻尼系数。

μ_x、μ_y 随载度增大而增大。根据经验，可按下式计算：

$$\left.\begin{aligned}\mu_x &= 0.3\frac{W}{W_f}\\ \mu_y &= 0.3\frac{W}{W_f}\end{aligned}\right\} \tag{8.5-11}$$

式中，W 为船舶实际排水量，t；W_f 为满载排水量，t。

公式计算的思路是，事先要得到波浪对船舶作用的横向和纵向总力。其中的综合系数实际就是总力试验值与计算值的比值。收集到的试验资料中，并无船舶受总力的测量值。所以，根据波浪作用下，船舶系缆力的最大值资料以及对应的船型和波浪资料，利用港口工程荷载规范中停靠在码头的船舶系缆力计算方法，反算船舶所受总力，即波浪荷载。再根据计算得到的船舶波浪荷载，反算经验公式中的波浪力综合系数。

具体计算方法详述如下。

(1)首先任意设定一个综合系数值，如设为 0.05，根据波浪、船型等资料计算系缆力标准值。

(2)将计算得到的系缆力标准值与模型试验的船舶系缆力最大值进行比较。

(3)如果计算得到的系缆力标准值与模型试验的船舶系缆力最大值不一致，相应调整综合系数，重新计算系缆力标准值。

(4)如果计算得到的系缆力标准值与模型试验的船舶系缆力最大值一致，得到合适的综合系数。

在计算了大量的试验资料以后，就可以对综合系数的选取进行分析评价。

表 8.5-1 列出了国内多项工程模型试验资料相应的计算结果，包括船型和综合系数以及阻尼系数值。由于试验多有重复组次，表中的综合系数是相同试验情况的平均值。因为是试算综合系数，所以系缆力计算值与试验值是相等的。

分析表 8.5-1 可以发现，几种试验情况，基本上都可以得到满足试验数据拟合精度的综合系数，同一个模型试验中，综合系数分散程度并不大。说明经验公式从形式上是合理的。

综合系数计算结果　　表 8.5-1

船　型	载度	x	μ_x	y	μ_y
25 万 t 矿石船	满载	0.0651	0.300		
25 万 t 矿石船	半载	0.0406	0.189		
25 万 t 矿石船	空载	0.0241	0.114		
25 万 t 矿石船	满载			0.0750	0.300
25 万 t 矿石船	半载			0.0567	0.189
25 万 t 矿石船	空载			0.0308	0.114
15 万 t 矿石船	满载	0.0574	0.300		
15 万 t 矿石船	半载	0.0426	0.200		
15 万 t 矿石船	空载	0.0322	0.156		
200000m^3 LNG	满载	0.0182	0.300		
200000m^3 LNG	半载	0.0186	0.215		
200000m^3 LNG	空载	0.0207	0.158		
145000m^3 LNG	满载	0.0314	0.300		
145000m^3 LNG	半载	0.0493	0.221		
145000m^3 LNG	空载	0.0490	0.155		
80000m^3 LNG	满载	0.0489	0.300		
80000m^3 LNG	半载	0.0492	0.207		
80000m^3 LNG	空载	0.0461	0.151		
15 万 t 矿石船	半载	0.0284	0.172		
15 万 t 矿石船	空载	0.0622	0.172		
10 万 t 矿石船	满载	0.0986	0.300		
10 万 t 矿石船	半载	0.0834	0.195		
10 万 t 矿石船	空载	0.0465	0.126		
10 万 t 矿石船	半载			0.0528	0.195
10 万 t 矿石船	空载			0.0438	0.126
15 万 t 矿石船	半载	0.0339	0.172		

综合系数反映了船型及试验方法的差异。阻尼系数则反映了船型和吃水以及系缆方式的影响。

由于试验数据具有经验性和偶然性,因此,也不能排除有些试验数据测量误差较大的可能性。在充分分析试验数据以后,暂时推荐综合系数取值如下:

$$x=0.05$$

$$y=0.05$$

如果有模型试验的数据或者是原型观测的数据,在应用计算公式的时候,可以根据实际情况,对综合系数 x、y 进行修正。

8.5.4 算例

上述综合系数 x、y 是根据对大量波浪模型试验情况进行分析计算以后提出的。因为综合系数选用的是所有计算情况的平均值,所以能够反映一般的规律,适用于大多数情况。以下为利用本文的计算方法对波浪作用下系泊船舶的波浪力标准值以及相应的系缆力标准值进行计算的结果。

某液化天然气(LNG)项目接收站配套码头工程系泊船舶运动物理模型试验,测定系泊船舶在波浪、水流和风作用下,在不同水位、不同装载状态时 LNG 船舶系缆力。根据试验要求,不考虑地形影响,模型地形取平底,高程为-17.0m。为保证试验的准确性,模型外围边界设置了消浪设施。码头(如工作平台、靠船墩、系缆墩)的外形尺寸和高程按设计图纸模拟。在保证波浪传播、水流运动相似及码头整体结构具有足够的刚度和稳定性的前提下,对码头结构进行适当的简化(表 8.5-2)。

试验船舶主尺度 表 8.5-2

船舶吨级	总长 L (m)	型宽 B (m)	型深 H (m)	满载吃水 T(m)	备注
80000m^{3}LNG 船舶	239.0	40.0	26.8	11.0	FLUOR 提供
145000m^{3}LNG 船舶	281.8	43.4	26.0	11.4	FLUOR 提供
200000m^{3}LNG 船舶	325.0	51.5	27.5	12.0	FLUOR 提供

145000m^{3}LNG 船舶 3 个载度、横浪、波浪不同波高和周期的计算结果的符合程度见图 8.5-5。图中反映了多组系缆力试验值与计算值的比较。计算过程中,综合系数取 0.05,可见系缆力计算值与试验结果符合较好。

80000m^{3}LNG 船舶 3 个载度、横浪、波浪不同波高和周期的计算结果符合程度见图 8.5-6。图中反映了多组系缆力试验值与计算值的比较。计算过程中,综合系数取 0.05,可见系缆力计算值与试验结果符合较好。

200000m^{3}LNG 船舶 3 个载度、横浪、波浪不同波高和周期的计算结果符合程度见图 8.5-7。图中反映了多组系缆力试验值与计算值的比较。计算过程中,综合系数取 0.019,可见系缆力计算值与试验结果符合较好。如果综合系数选0.05,则差别较大。本例计算说明,系缆力计算值的分布规律与试验的吻合程度是很好的,但是综合系数的建议值则不是万能的。当然,许多模型试验结果表明,系缆力数值的随机性是很大的,系缆力相差一倍并不鲜见。因此,计算的结果与试验值存在误差也是可以理解的。关键是,经验公式正确地反映了船舶尺度、载量以及波高等因素对系缆力的影响。实际应用时,可以根据具体情况,对综合系数或阻尼系数进行适当的调整。如可根据部分情况的试验值调整参数,然后根据率定好的参数,对其余试验组次进行计算。

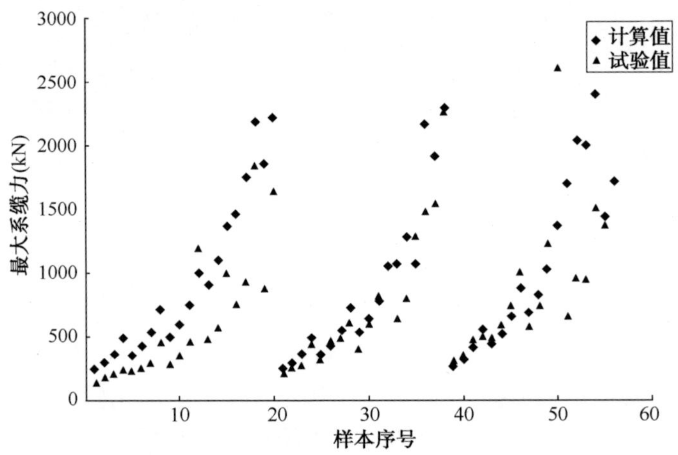

图 8.5-5　90 °横浪作用下,145000m^3 LNG 船舶最大系缆力公式计算结果

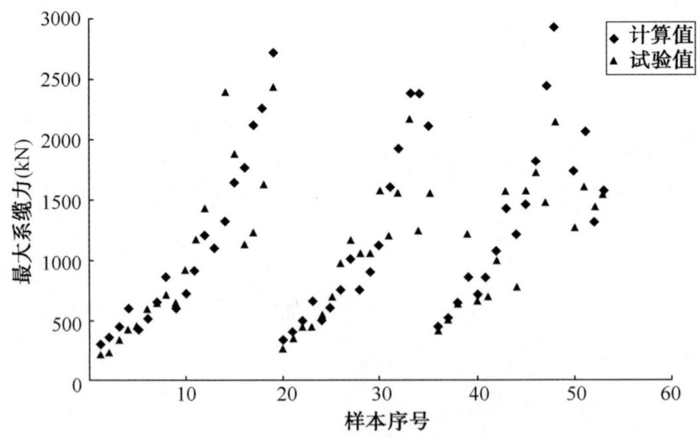

图 8.5-6　90 °横浪作用下,80000m^3 LNG 船舶最大系缆力公式计算结果

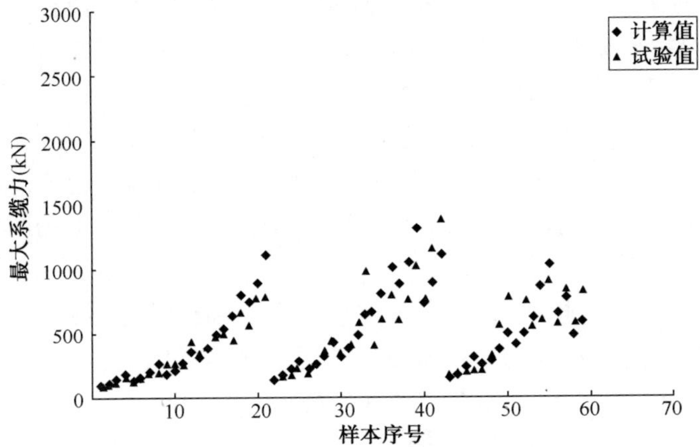

图 8.5-7 90°横浪作用下,200000m³ LNG 船舶最大系缆力公式计算结果

8.5.5 计算方法

波浪对系泊船舶的作用力及相应的系缆力标准值的计算按以下方法进行。

(1)波浪荷载的计算

波浪对系泊船舶的横向作用力:

$$F_x = xH(1+\sqrt{|\sin\theta|})LDa_x\gamma g\sin\theta \tag{8.5-12}$$

波浪对系泊船舶的纵向作用力:

$$F_y = yH(1+\sqrt{|\cos\theta|})BDa_y\gamma g\cos\theta \tag{8.5-13}$$

式中,F_x 为波浪对系泊船舶的横向作用力,N;F_y 为波浪对系泊船舶的纵向作用力,N;x、y 为波浪力综合系数,无量纲,实际为模型试验值与公式计算值的比值,在没有试验数据时,$x=y=0.05$;H 为入射波高,(m);θ 为波浪入射角度(波向与船舶纵轴线夹角),(°);L 为船舶柱间长,(m);B 为船舶型宽,(m);D 为船舶吃水,(m);γ 为海水密度,取 1025kg/m³;g 为重力加速度,取 9.81m/s²。

a_x、a_y 是反映船舶横摇以及纵摇与波浪周期关系的参数,称为放大系数,按下式计算:

$$\left.\begin{aligned} a_x &= \frac{1}{\sqrt{\left[1-\left(\frac{T_x}{T}\right)^2\right]^2+4\left(\frac{T_x}{T}\right)^2\mu_x{}^2}} \\ a_y &= \frac{1}{\sqrt{\left[1-\left(\frac{T_y}{T}\right)^2\right]^2+4\left(\frac{T_y}{T}\right)^2\mu_y{}^2}} \end{aligned}\right\} \tag{8.5-14}$$

式中，T_x 为横摇周期，(s)；T_y 为纵摇周期，(s)；T 为波浪周期，(s)；T_x、T_y 可由试验获得，也可以根据有关公式估算。

(2)船舶系缆力标准值的计算

根据《港口工程荷载规范》：当码头前沿水流较大时，系缆力应考虑风与水流对计算船舶作用所产生的横向分力总和 $\sum F_x$ 和纵向分力总和 $\sum F_y$。各分力 F_x 和 F_y 应根据可能同时出现的风和水流按《港口工程荷载规范》第 10.2 节和第 10.3 节的规定计算。

这里对该公式进行扩展，在横向分力总和 $\sum F_x$ 和纵向分力总和 $\sum F_y$ 中加入波浪力。由于波浪存在波峰和波谷，所以波浪的作用是双向的，在与水流力、风力同时作用于船舶时，考虑波浪力绝对值的线性叠加。

系缆力的标准值 N 及其垂直于码头前沿线的横向分力 N_x，平行于码头前沿线的纵向分力 N_y 和垂直于码头面的竖向分力 N_z 可按下式计算：

$$\left.\begin{aligned} N &= \frac{K}{n}\left[\frac{\sum F_x}{\sin\alpha\cos\beta}+\frac{\sum F_y}{\cos\alpha\cos\beta}\right] \\ N_x &= N\sin\alpha\cos\beta \\ N_y &= N\cos\alpha\cos\beta \\ N_z &= N\sin\beta \end{aligned}\right\} \tag{8.5-15}$$

式中，N、N_x、N_y、N_z 分别为系缆力标准值及其横向、纵向和竖向分力，kN；$\sum F_x$、$\sum F_y$ 为分别为可能，同时出现的风和水流以及波浪对船舶作用产生的横向分力总和及纵向分力总和 kN；K 为系船柱受力分布不均匀系数，当实际受力的系船柱数目 $n=2$ 时，K 取 1.2，$n>2$ 时，K 取 1.3；n 为计算船舶同时受力的系船柱数目；α 为系船缆的水平投影与码头前沿线所成的夹角，(°)；β 为系船缆与水平面之间的夹角，(°)。

受力系船柱数目 n 和间距按表 8.5-3 选用。系船缆夹角 α、β 按表 8.5-4 选用。

不同船长受力系船柱数目及间距 表 8.5-3

船舶总长 L(m)	≤100	120~150	150~200	200~250	250~300
受力系船柱数目 n	2	3	4	5~6	7~8
系船柱间距 a(m)	20	25	30	30	30

注：若实际受力系船柱数目少于表列数，按实际采用。

系船缆夹角 α、β 表 8.5-4

结构类型	系船缆夹角(°)	
	α	β
海船码头	30	15
河船码头	30	0
孤立系船墩柱	30	30

8.5.6 小结

(1)根据分析和试验给出的波浪作用下横向力、纵向力计算方法,基本反映了船舶大小、载度、波高以及船舶横摇、纵摇周期与波浪周期大小的影响。试算表明,多种试验情况,基本上都可以得到与试验数据拟合精度较高的综合系数,同一个模型试验中,综合系数分散程度不大。说明经验公式在形式上是合理的。公式的规律性良好,已经可以用于指导模型试验或进行初步的系缆力计算。

(2)公式中横向力、纵向力综合系数的推荐值为0.05,反映了报告中收集到的船舶系缆力试验值的综合情况。对一般的码头系泊条件,可以利用文中给出的计算方法对波浪作用下横向力、纵向力以及系缆力进行初步估算。对重要工程,应该进行波浪模型试验,利用试验得到的系缆力数据对综合系数以及阻尼系数进行修正。找到更合理的综合系数和阻尼系数后,则可进一步对试验情况进行计算,减少试验工作量。

(3)基于以上研究,建议对规范系缆力标准值公式进行扩展,在横向分力总和、纵向分力总和中加入波浪力。由于波浪存在波峰和波谷,所以波浪力是双向的,在与水流力、风力同时作用于船舶时,考虑波浪力绝对值的线性叠加。

(4)系缆船舶波浪荷载以及系缆力计算方法如下:

①首先,明确波浪作用下系缆船舶的各项基本指标,包括船长、船宽、吃水、排水量、满载排水量、横摇和纵摇周期以及相应的阻尼系数;然后,明确系缆布置和入射波浪的大小、周期、方向。

②根据以上基础数据,利用文中的公式,计算系缆船舶受到的纵向力、横向力,如果有水流和风的作用,考虑叠加以后的合力。

③根据船舶受到的纵向力、横向力,利用《港口工程荷载规范》(JTJ 215—1998)10.4.1节的方法,计算船舶系缆力的标准值,以供设计和研究参考。

(5)由于搜集的船型有限,特别是还缺乏油船的资料,所以文中推荐的综合系数代表性可能有局限。今后应该加强原始数据的积累,进一步寻求波浪力综合系数及其与船型等的关系,完善经验公式。

(6)波浪力计算公式具有简单易用的特点,可以快速对系缆力进行估算。为了完善波浪力计算公式,还应进行波浪作用下船舶所受总力的物理模型试验研究,也要进行系泊船舶横摇、纵摇阻尼系数模型试验研究。

(7)虽然,国外已有商品化的船舶系泊软件,可用于模拟计算不同条件下系泊船舶的六自由度运动量和缆绳、护舷的受力情况,可以作为传统物理模型试验的补充和部分替代的工具。但是,系缆船舶在波浪等外力作用条件下的运动是非常复杂的运动系统。应不断加强模型试验以及原型观测工作。这些工作,也可为船舶系泊数学模型的研制提供基础数据。

本章参考文献

[1] 中交水运规划设计院有限公司. 以船舶运动量表示的作业标准研究[R]. 2009.12.

[2] 邹志利,张日向,张宁川,等. 风浪流作用下系泊船系缆力和碰撞力的数值模拟[J]. 中国海洋平台,2002,17(2):22-27.

[3] 张日向,刘忠波,张宁川. 系泊船在风浪流作用下系缆力和撞击力的试验研究[J]. 中国海洋平台,2003,18(1):28-32.

[4] 李焱,郑宝友,高峰,等. 浪流作用下系泊船舶撞击力和系缆力试验研究[J]. 海洋工程,2007,25(2):57-63.

[5] 张文忠. 江苏液化天然气(LNG)项目接收站配套码头工程系泊船舶运动物理模型试验报告[R]. 天津港湾工程研究所,2006.

[6] 李焱. 曹妃店矿石码头一期工程船舶系泊条件物理模型试验研究报告[R]. 交通部天津水运工程科学研究院,2004.

[7] 高峰,李焱. 武钢舟山凉潭岛矿石中转码头工程物理模型试验研究报告[R]. 交通部天津水运工程科学研究院,2006.

[8] 张宁川. 大连港矿石专用码头工程水转水泊位水工物理模型试验研究系列报告[R]. 大连理工大学,2004.

[9] 中华人民共和国行业标准. JTJ 215—1998 港口工程荷载规范[S]. 北京:人民交通出版社,1998.

[10] 潘少华.波浪、冰凌和船舶对水工建筑物的荷载与作用[M].北京:海洋出版社,1986.

[11] 布鲁恩.P. 港口工程学[M]. 交通部第一航务工程局设计院技术情报组,译. 北京:人民交通出版社,1981.

[12] 蒋庆,葛宏征,谢鹏. 船舶类型及吨位因素对船舶系缆力的影响[J]. 水运工

程,2007(9).51-59.

[13] 吴秀恒. 船舶操纵性与耐波性[M].北京:人民交通出版社,1999.

[14] 吴澎,姜俊杰,张廷辉,等. 开敞式蝶形码头墩位平面布置的优化研究[J]. 水运工程,2009(1):175-182.

[15] 姜海荣.基于双 CCD 非接触式浮体六自由度测试系统的研制[D]. 大连:大连理工大学,2005,52-58.

[16] 郝轶宁. 六自由度运动姿态模拟系统的研究[J]. 北京理工大学学报,2002,22(3):331-334.

[17] 倪建斌. Matlab 在 Stewart 平台正解中的应用[J]. 机械工程师,2005(11):92-94.

[18] 李树军.一种求解 6-3 构型并联机器人机构位置正解的逼近算法[J].机械科学与技术,2002,21(1):81-85.

[19] 罗强. Delphi4.0 下 TeeChart 控件的编程方法[J]. 长沙大学学报,1999,13(4):50-52.

[20] 李忠明.基于 Delphi6 的串口通信程序实现方法研究[J]. 兰州大学学报:自然科学版,2004,40(4):41-44.

[21] 孟祥玮,高学平. 船模六自由度运动量的接触式测量[J]. 船舶力学,2010(4):379-384.

[22] 石油公司国际海事论坛(OCIMF).系泊设备规范(译稿)[S]. 2008.

[23] 李焱,高峰. 漳州港古雷港区古雷作业区南 2#液体化工码头工程船舶泊稳物理模型试验[R]. 交通运输部天津水运工程科学研究院,2010.6.

[24] 高峰,李焱. 浙江 LNG 接收站项目 LNG 船舶系泊试验研究[R]. 交通运输部天津水运工程科学研究院,2009.3.

[25] 李焱, 刘海源. 大连港新港 18 号~21 号泊位工程船舶系泊物理模型试验研究[R]. 2009.8.

[26] 王汝凯,蔡长泗. LNG 接卸港设计须知[J]. 水运工程,1998(3):45-56.

[27] 高峰.青岛港董家口 40 万吨矿石码头波浪模型试验[R]. 交通运输部天津水运工程科学研究院,2009.7.

[28] 喀麦隆克里比深水港工程船舶系泊物理模型试验研究报告[R]. 中交天津港湾研究院有限公司,2012.2.

9　岛群海域建设深水大港关键问题分析及工程布置的基本原则

9.1　岛群建设深水大港的关键问题分析

9.1.1　岛群建设深水大港的有利条件

(1)岛群深水大港的开发受到国家和地方政府的重视

面对我国国民经济的高速发展、海运船舶大型化、城市发展和港口建设与农争地矛盾突出、深水岸线紧缺(特别是泥质海岸)的局面,以及岛群所具有的特殊地理位置和发展深水大港的综合优势,岛群开发已成为必然。例如:"温州半岛工程",通过南、北两条各长14.5km和16.5km的长堤,将灵昆岛和霓岛连成一片,在基本不占用耕地的条件下,使温州城市发展空间东延60km,新增包括洞头等岛在内的造地面积200km^2,足以使温州城市面积扩大两倍;舟山港和洋山港岛群,处于长江"黄金水道"枢纽点和土地资源奇缺的"长三角"外缘,特别是与我国最大经贸中心上海市一水相隔,岛群开发无疑是对上海城市经贸发展、完善城市配套和深水港口资源缺乏的有力补充和支撑。所以,现在已经并将继续获得国家和地方在资金投入和政策等方面的优惠,从而为岛群深水大港的开发提供了首要前提。

(2)航道资源丰富、口门众多,具有同时满足不同船型分类进出的选择空间

从"准海洋型"岛群看,即使在汊道数量有限且汊道通航条件欠优的主水道,至少也有两个通航口门(如北仑港的金塘水道,洋山港的大、小洋山水道);至于舟山岛群,其优势则更为突出,可供1万~30万吨级船舶进出的主要水道即达23条,其间不乏同时满足水流顺畅、水深好、有效水域宽、航道走向与强风向交角小的优良航道,实施船舶分类进出的可选条件相当充分。

(3)深水岸线丰富

岛群水域所拥有的潮汐通道广布和强水流优势,决定了深水岸线资源的丰富性。相关资料显示:北仑港区所处的金塘水道,自杨公山至穿山西口,全长约15km,水道南依大陆,北屏面积较大的金塘岛,峡道水深、泊稳条件优良,宽度在3.1~6.0km,水道两岸多数地段都存在开辟深水岸线的可能性;大、小洋山水道,经连岛改造,洋山港不仅目前已形成深水岸线13.5km,而且存在向东、西两侧延伸和开

发南岛链(大洋山一侧)的广阔发展空间;舟山群岛,10m 水深以上的岸线长达 183km,15m 水深以上的岸线长度也在 80km 以上,是我国天然深水岸线分布最广的区域。

(4)泊稳条件良好

岛群中的多数港区在岛屿掩护下,不需修建防波堤即可满足船舶安全作业的波浪条件,从而显著地提高了作业天数。例如,舟山岛群各港的年平均允许作业时间(含大风影响日)在 300~330 天,北仑港可作业天数超过上述值,洋山港就目前的港区分布看,因浪大而停止作业的概率也很小。不仅如此,良好的港区掩护还大大提高了对灾害性天气的防范能力。

(5)锚地数量多、分布范围广、条件优

锚地按主要用途,大致可分为引航、待泊、过驳、联检、避风 5 类。一般港口所处海域,由于受海区边界、水深等条件所限,通常采用一个锚地、多种用途的方法,很难具备舟山群岛的锚地优势。据交通部规划研究院[1]《宁波—舟山港总体规划》(2007 年 3 月)统计,舟山群岛共有近 50 个不同水深、面积、容量,以及用途多样、底质良好的各类锚地,船舶总容量逾 200 艘。其中,1 万~10 万吨级锚地有 9 个,10 万~20 万吨级锚地有 11 个。

(6)水流挟沙力强、港口淤积相对较轻

尽管影响水流挟沙力的因素众多、计算公式各异,但水流的挟沙力与流速的 2~3 次方成正相关却为各家所认同。因此,岛群水道所拥有的强流优势,成为维护深槽稳定、减轻港口淤积不可多得的有利条件。

尽管港口淤积受外界沙源、水体含沙浓度、港池和航道相对挖深以及波、流状况等多因素的影响,情况十分复杂,从而给各岛群港口开发后的淤积量预报带来了许多困难,但是,从已建港口的清淤情况看,“准海洋型”岛群港口,无论含沙量大(洋山港),还是较小(舟山港),顺岸式码头的港池淤积却都较轻。例如:北仑港,如前所述,除受围垦影响而造成局部水域淤强较大外,尽管港区水体含沙量达 1.0kg/m^{3}左右,但深水港区及航道的淤积甚微,自然水深维护良好;洋山港,虽然其年平均含沙量高达 1.4kg/m^3,但二期深水港区的年最大淤强仅在1.68m左右,其一期和三期港区港池的年淤积强度都在 0.5m 以内。

(7)具有建设深水大港的综合优势

自然条件优势:所谓“深水大港”,从含义讲,在自然条件方面应同时具备以下 3 点:一是港、航天然水深良好,能适应国际航运船舶大型化的发展趋势;二是拥有较充足的深水岸线资源,能为港口码头群体布置提供长运的发展空间,从而使港口大吞吐量地位的提升成为可能;三是拥有与深水大港相匹配的锚地。在这些方面,岛群与泥质海岸或河口建设深水大港的自然条件相比,具有绝对优势。

其他优势:除上述外,由于"准海洋型"岛群距大陆相对较远、常住人口少、峡道水体交换充分,因此,还具有港口扩建(或实施某一港口工程)对行洪无影响、拆迁投资和安置难度小、煤炭和矿石装卸粉尘及噪声污染小、水环境和生态环境维护较易,利于易燃、易爆货类存放等多方面的特定优势。

尽管岛群建港也存在岛—陆连接(如建桥)、围填造陆投资较大等某些不利方面,但从社会发展趋势和"百年大计"的港口发展规模的角度出发,岛群海域建设和发展深水大港与海岸、河口建港利弊相比,显然前者的综合优势更加明显。

9.1.2 影响港口淤积和地形演变的主要因素分析

为了阐明工程布局的影响,除要求有关资料的观测项目较全(如潮流、泥沙、波浪、底质、地形等)、资料系列较长(数年或更长时间)外,还应有工程实施前后可供变化的对比及较长时间的实践检验资料。从本次调研及资料收集情况看,洋山港自建港以来,除每年进行一次测区范围广、观测项目较全的勘测外,还有针对性地进行了单项或2~3项的补充测量。其他调查港口则基本不具备这些条件。此外,洋山港具有"准海洋型"岛群的动力、泥沙、地形等方面的共性特征,在岛群建设深水大港优势方面,洋山港也与其类同,因此,具有相当的代表性。

基于以上所述,本节将主要以洋山港为例,同时兼顾其他港口,对影响港区水沙条件、地形演变及港口淤积的主要因素,进行列举和分析。

1)海洋水沙环境的影响

一般而言,位于陆岸近侧的港口淤积实践经验可以总结为:当河流入海沙量较大时,应避免在主要输沙方向下游选址。但通过对影响岛群水域的水流、泥沙环境等的分析表明,相对某些岛群而言,上述经验有待于进一步完善。

对于洋山港区而言,其泥沙来源,一般认为是长江口和杭州湾泥沙反复搬运而来。2002年建港以来进行的大量水文泥沙测验及分析表明,洋山港及其周边均属高含沙范畴,其中,港区的年平均含沙量达1.40kg/m^3,港区周边海域的年平均含沙量介于1.01~1.63kg/m^3,这也与处于长江口、杭州湾高含沙范围有关。但是,洋山港高含沙量原因不止于此。一方面,洋山港区处于长江口外三角洲前缘浅滩区,冬季风浪掀沙、潮流输沙造成该区含沙量增高;另一方面,主要是受到岛群之间的峡道效应影响,造成泥沙在岛屿之间反复搬运,表现出局部高含沙量现象。

另外,对于瓯江口外的岛群而言,也是如此。一方面,受到瓯江口下泄泥沙向外扩散的影响;另一方面,受到岛群之间岛屿地形效应影响不断落淤,落淤在岛群周围的泥沙,在风浪、潮、流的作用下,又在岛群之间反复搬运,造成局部含沙量高。

通过上述论证,不难得出以下结论:

(1)岛群水域的泥沙环境与海区总体泥沙环境密切相关。

(2)在岛群和周边海床的淤泥质泥沙具有可冲刷性,海区流速又较强的条件下,岛群水域通常具有相对高含沙量的区域分布特征。

(3)岛群中,岛屿之间的峡道效应对局部含沙量的分布也有一定的影响。

2)港口岸线形式的影响

(1)顺岸式

通常,港口的岸线形式可分为顺岸式、挖入式和突堤式3种类型。港口岸线形式的选择取决于欲建港区的水流、泥沙、波浪、陆域和岸线资源状况等多种因素。从我国的情况看,在内河、河口及岛间峡道等水域,多采用与岸线走向大体一致的顺岸式岸线布置。

如前所述,洋山港位于崎岖列岛大、小洋山岛链所夹的喇叭形海域,水道流速强劲、含沙量高;除此之外,涨落潮流向与岛链走向也趋于一致。该港已建的一期、二期及中港区码头岸线为顺岸式连接,其走向与涨落潮流向的交角很小,仅在10°左右,港口建设的自然条件总体优越。从洋山港几年来的维护疏浚状况推断,在底高程达-16m(理论基面)、相对挖深达6~7m的条件下,二期港池的最大年淤强在1.7m以内;一期港池的最大年淤强在0.7m以内;中港区紧临大洋山深槽延伸段,自然水深良好,则基本没有淤积;内航道基本不需开挖,外航道开挖后的最大年淤强也仅在0.7m左右。实践表明,即使在洋山现港区所处的宽阔(宽3.5~7.2km)水道内进行浅水深挖,顺岸式码头港池的淤积小于含沙量,远低于洋山港的其他淤泥质港口(如20世纪90年代以前的天津港)。在宽度相对较窄的水道,建筑顺岸式深水码头后,其淤积将更加轻微。因此,在岛群水道,采用与流向相近的顺岸式码头岸线布置是成功的。

(2)挖入式

采用在岸线以内挖陆成港的挖入式岸线布置多见于海港类,如河北省的京唐港等。以往的经验总结为,在深水区贴近海岸、陆上有大面积滩地可开挖港池时,可考虑建设挖入式港区。但迄今为止,采用挖入式尚为数有限。就本次调查范围而言,除洋山港工作船港池外,尚未见到在岛群水道采用挖入式布置的其他范例。

岛群水道挖入式港池的淤积情况如下:在洋山港一期工程基本竣工,二期工程4个泊位即将完成的条件下,为改变工作船码头占据深水岸线的不合理状况,节省深水岸线资源,同时满足中、小船舶泊稳之需,在中港区东侧兴建挖入式工作船港池。港池口门宽200m,平均宽660m,长约1020m,水域面积67万m^2(图9.1-1)。2006年12月14日围填成型后,港域淤积严重。2007年4月~2008年4月,平均淤厚超过 3m，年疏浚量逾 210 万 m^3，清淤经费支出过大，现已弃而不用。有关分析表明，港区淤积主要由潮汐棱体所决定的涨潮流挟沙沉积所致，伴有部分异重流挟沙落淤和口门区的回流淤积；物理模型试验资料显示[9]：围筑工程竣工后，挖入式港池口门的平均流速在 0.34m/s 以内，与原型相比减小 49%~56%；内、外港池流速分别约为 0.04m/s 和 0.10m/s，与原型相比分别减小 91%和 80%。从而不难看出，海区的高含沙属性及挖入式港区水流强度的大幅度衰减为悬沙落淤所提供的良好沉积环境，是淤积严重的根本原因。

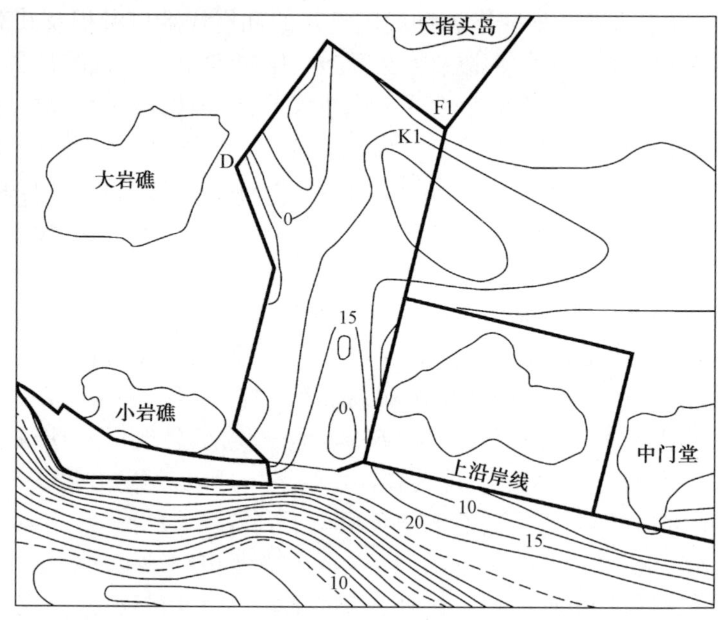

图 9.1-1　洋山港工作船港池优化方案 1 平面布置图

这里还需指出的是：第一，洋山港水域的平均潮差较小，仅为 2.74m，如果位于强潮型岛群区，其挖入式港池的淤积将更加严重；第二，洋山港挖入式港池围筑前，其水域的自然水深较小，如果像洋山港顺岸式码头那样，将现挖入式港池浚深至 -16m，其外侧海床底部高浓度含沙水体的异重流潜入量将大大增加，年淤强将远远超过 3m。

顺岸式和挖入式两种岸线布置在港口淤积强度上的巨大反差表明，在以流速大、含沙量高为特征的岛群水道，无论是建设深水还是浅水码头，采用挖入式岸线布置，都是不可取的。即使在流速大、含沙量相对较小的岛群水道（如舟山群岛），也以取用顺岸式布置为宜。尽管在此区，其挖入式港池的年淤积厚度较洋山港同

类港池为小,但与同水域顺岸式相比,挖入式港池的淤强也要大得多。但在水体含沙量很小,深水岸线贫乏,具有围岛造陆建港空间的特定水域(如伶仃洋的新沙港等),挖入式仍不失为一种可供选择的港口平面形式。

(3)环抱式及突堤式

所谓环抱式,即堤根与岸线以大角度相交,双堤自岸向海延伸至常见大浪的破波带以外的平面布置形式。环抱式常见于淤泥质和粉沙质海岸,如天津港和黄骅港等。在岛群水域,尚无采用环抱式的建港范例。

从对洋山港挖入式工作船港池和我国已建的环抱式港口淤积及其对周边潮流动力、地形演变的影响看,即使在水域宽阔(如大、小洋山水域)的岛群通道内,也不可采用环抱式。实践及分析表明,由于岛群水道自岸向外的水深和含沙量相近,所以建设环抱式港区,不仅工程造价高昂、淤积的严重性与挖入式相当,而且在双堤强挑流影响下,水道地形将出现剧烈调整,对岸线总体开发、航道水深的维护和航线的稳定,都将带来严重的不良后果。

突堤式(实体码头)的弊病与环抱式大致相同。尽管纳潮棱体对港区淤积影响稍逊于环抱式,但堤头两侧的强回流淤积却十分严重,同样不可取。采用长度适度的透空栈桥式却是一种可以考虑的布置形式,例如:北仑栈桥式矿石码头,多年实践证明是成功的;瓯江口北侧乐清湾水道,待建码头也将采用透空式。物理模型试验表明[7],当港池由-7m 增深至-17.5m 后,年平均淤强也仅在 0.5m 以内(详见 9.2 节)。

3)码头及港口配套工程建设的影响

北仑港 2.5 万吨级和 10 万吨级矿石码头,采取自岸向外透空栈桥式的 F 形布置(图 9.1-2)。水下工程竣工后,尽管因桩基阻力增加,流速略有降低,但对 F 形港区淤积基本没有影响,即使在水下工程竣工之初的地形剧烈调整期,地形变幅也仅在±0.5m 以内,总体处于自然演变的动态平衡范围。然而,工作船码头西侧的淤积却较严重,最大淤厚达 3~4m。此外,由于北仑港开发之初缺乏长期规划,某些工程建设对淤积的影响也相当突出。如北仑电厂煤码头和灰堤等工程,造成涨落潮较大流速区向外侧偏转,致使建于-11~-12m 水深的电厂的 8 个取水口中有 6 个完全淤死。另外,一些工程对局部通航水深的影响也时有出现。如位于金塘水道与穿山水道之间的大榭岛西侧浅滩,随着北仑港各工程的实施,-10m 以内的浅滩在 1974(北仑建港前)~1993 年(建港后)的 19 年间,累计向深水淤进 252m;1997 年穿山水道西口门以西建成协和石化码头后,该浅滩淤长速度进一步加快,1993~1999 年,6 年间该浅滩继续外推 230m,原-10m 区已淤浅至-8.5m,造成穿山西口水道变浅,直接影响着 2 万吨级船舶的安全进出。

图 9.1-2　北仑港局部码头布置示意图

4)围垦工程的影响

(1)陆抛泥沙流失对港口淤积的影响

缺乏天然陆域,特别是纵深较大的陆域,是岛群港口建设的先天不足,因此适度围海造陆成为必然。由于开山回填投资过大,从围垦近侧或其他海域取土陆抛,成为人们解决土源的主要选择。但洋山港的实践和分析表明,陆抛泥沙流失的影响值得重视。该港在对小洋山—镬盖塘汊道南、北两口门实施封堵的过程中,为满足抛沙船舶进出之需,曾在汊道南口预留一个宽 300m、深大于-10m 的通道。随着陆域高程的快速抬升和陆高重心南移,泥土流失的严重性开始显现。如 2003 年 3~12 月,在一期岸线尚未形成的情况下,一期西段的最大淤厚达 3m,中段槽区最大淤厚超过 10m,围垦区以西滩面也呈现出厚度不等的大范围淤积。假设此时在一期工程的西侧已建深水码头,陆抛泥沙流失对港池水深维护的短期影响,将是灾难性的。不仅如此,泥沙的大量流失也在一定程度上提高了成陆造价,延长了成陆时间。

(2)围垦工程对港口淤积的影响

在调查的各港口中,围垦对港口淤积的影响以泉州湾内的后渚港区最为突出。

1934~1972 年的 38 年时间内,自湾顶洛阳闸下—湾口秀涂水道的地形基本稳定,后渚港前沿最大水深达 11.8m,水道深槽最大水深达 12.9m,10m 等深线的范围长达 2150m。但在洛阳闸建成和大规模围垦后,使潮量减小约 25%。随着流速的明显下降,严重淤积相继出现。如 1978 年,石油码头竣工时,港池平均水深为-5.6m,到 1985 年,即淤至-1.8m,净淤 3.8m;码头前沿 56 天内的最大淤厚达 2.2m;码头外侧自然深槽区和拦门沙航道,分别以 5m 等深线替代了原来的 10m 等深线,以 3m 等深线替代了原来的 5m 等深线。

围垦对“海湾型”岛群港口淤积影响远较“准海洋型”岛群水道围垦影响大。其原因在于,海湾水流强弱主要取决于纳潮量,而纳潮量又与水域面积成正比关系,因此,随着围垦面积的增加,流速必然相应减小;然而,岛群水道则不然,纳潮量在水道行潮量中仅占十分次要的地位。例如,北仑港所处的金塘水道,其纳潮量仅约为1.5亿m^3,而进出水道的潮量却高达38亿m^3,后者为前者的25倍,大、小洋山水道也近于15倍,只要围垦不过分占有水道宽度且不存在明显挑流,则行潮量和水流的平面分布均不会发生大的变化,围垦对预建港区淤积的影响远低于“海湾型”港口,应在情理之中。因此,具有大面积围垦规划,含沙量又不太低(特别是规模不大)的海湾,不应作为深水港址的选择区。但对于无大河注入、水体含沙量又低的深水海湾,仍不失为深水港址的可选地之一。

除此之外,欠合理围垦对岛群港口通航条件的影响也值得重视。浙东象山半岛南部,拥有万吨级码头及5万吨级船舶修造厂的石浦港,在自然及少量围垦的条件下,航道水深均表现为稳定。近几年来,由于在白礁、石浦至三门湾以东实施大规模围垦,致使珠门作业区的西航道出现较明显的淤积,其平均淤厚超过2.5m,从而也在相当程度上增加了航道水深维护的难度。

5)汊道封堵的影响

无论是从岛群缺少港口建设所需的天然陆域,还是从增加深水岸线长度出发,进行汊道封堵都是必要的。但在工程实施前,须对汊道封堵规划进行充分的综合论证,以扩大其利,防止出现不利情况。

洋山港自2002年4月~2005年9月,先后完成了小洋山—镬盖塘、大乌龟—颗珠山、将军帽—大指头、大指头—大岩礁以及大岩礁—小岩礁共5条汊道的封堵(图9.1-3)。从汊道封堵对港区水沙条件和港区地形演变的影响出发,堵汊是成功的。但也出现了某些值得重视的问题。

(1)汊道封堵的正效应

①有利于港区水体含沙量的降低。对工程前的原型资料勘测及分析表明,小洋山—镬盖塘汊道,以涨潮向主水道汇流,落潮向外分流,涨潮进沙量大于落潮出沙量为特征,封堵该汊道对减轻一期工程港区淤积趋于有利。实测资料显示,该汊道封堵前,一期港区的涨、落潮平均含沙量为1.52kg/m^3,而当汊道封堵后,至2004年,港区的平均含沙量降至0.98kg/m^3,下降率达36%。但需要注意的是,并非所有汊道的涨潮含沙量均大于落潮含沙量,堵汊与港区含沙量增减的利弊关系,应根据具体情况而定。

②有利于港区水流归顺。洋山港的现码头岸线基本沿主水道北侧岛链的延伸方向布置(图9.1-3)。一主多汊决定了落潮及涨潮时,主、汊交汇区的分、汇流现象

明显,加之汊道走向与主水道走向多以大角度相交,从而在交汇区形成复杂流态,不仅对局部水域主流向的影响较大,对港区前沿流向及水流强度的总体稳定也存在不可忽视的负面影响。然而,当小洋山—镬盖塘及将军帽—大指头汊道封堵及一、二期码头建成后,其情况则出现了本质上的变化。岸线走向(310°~130°)与水道中部的涨落潮流向(308°及128°)的交角,全线均维持在5°以内,水流顺畅、流态良好。位于一、二期东侧的中港区,其岸线走向与码头前沿涨、落潮流向的交角也都在10°以内。无论从船舶靠离,还是从港口减淤角度看,汊道封堵带来的良好效应都非常明显。

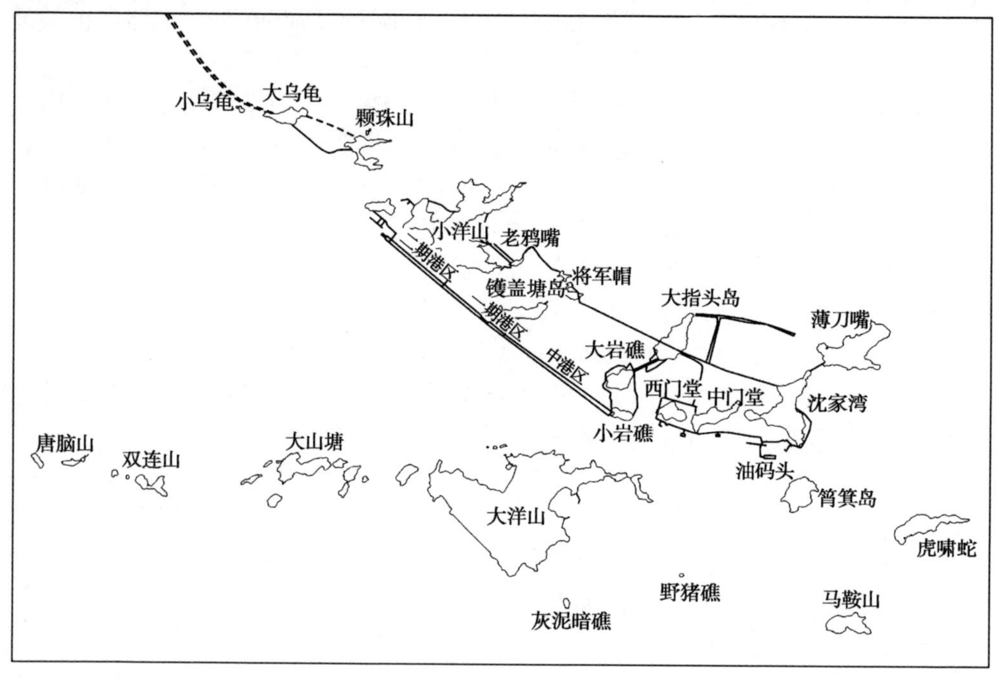

图9.1-3　洋山港码头岸线布置及汊道封堵平面图

③有利于减轻回流对港区淤积的影响。从挟沙水流淤积形式的差异出发,可分为正常淤积和回流淤积两类。港区的正常淤积表现为涨落潮期的泥沙落淤;回流淤积则是在上述淤积之上的叠加。港区或某一水域的回流现象,常表现在挖入式港池、水流流向与防波堤轴线交角较大时的堤头内侧以及岛群汊道与主水道交汇区的下侧等水域。回流流速及其分布范围与导致回流出现的水流强度和流向与建筑物或岸线走向的交角,在总体上呈正相关关系。原型勘测表明,涨潮时,将军帽—大指头汊道主流向与主水道的交角为50°以上,从而在交汇口以西的一期港区

(特别是近交汇口水域)形成了范围及强度均较大的回流区。水深测图对比显示,回流对港区淤积的影响明显,泊地的最大年淤强达 3m 左右。而当将军帽—大指头汊道封堵后,同范围的年平均淤强仅在 0.8m 左右,最大淤强也在 1.5m 以内,封堵汊道对减少港区淤积量的效益显著。

④有利于主流向港区靠近。水道的主流向取决于岛群的总体走势、汊道与主水道的交角大小、汊道水流强度及其位置等复杂条件的组合,情况比较复杂。在一主、多汊的条件下,汊道堵、留对水道主流向的影响常表现得较为突出。水深测图的等深线位移显示,地形变化略滞后于水流变化。根据将军帽—大指头、大指头—大岩礁—小岩礁 3 条汊道的封堵时间看,2005 年 4 月测图基本可代表堵汊前的地形状况,2006 年 4 月则为堵汊后的地形。两个时期的水深图对比表明(图 9.1-4、图 9.1-5):汊道封堵后,二期码头南侧的-10m 线西移 300m(表现为冲刷);远离港区的水道南侧-10m 线则相反,向东推进约 3000m(表现为强淤进)。-15m 线的变化在性质上与-10m 线相似,一、二期码头前沿的-15m 线向西移动(冲刷),水道中、南部则东移(淤积)。由于在含沙量一定时,地形的冲淤是水流强弱在平面变化上的最终体现,从而可以认为,上述汊道封堵后,主水道中线附近的强流区有向北部港区偏转的现象;相反,水道南侧的水流强度则相应有所减弱。主流的这种变化,显然对减轻港口淤积、归顺码头前沿水流趋于有利。

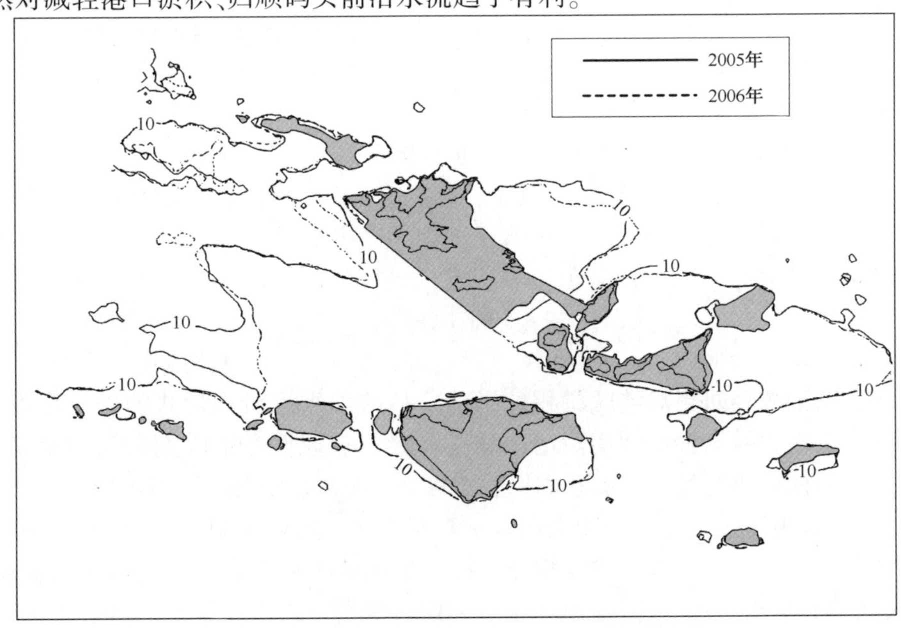

图 9.1-4　2005 年 4 月~2006 年 4 月-10m 等深线变化

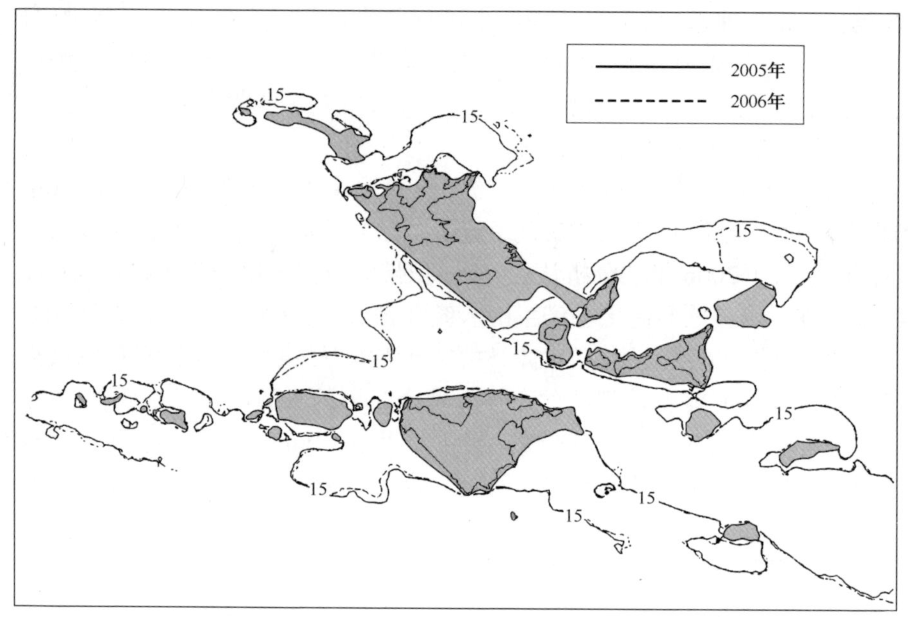

图 9.1-5　2005 年 4 月 ~2006 年 4 月 -15m 等深线变化

关于主流北移的原因，分析认为，主要与封堵上述 3 条汊道后，汊道的涨潮汇流对大洋山深槽西向水流的侧向应力消失有关；当然，南岛链汊道的涨潮流对水道主流北偏也在一定程度上有助长作用。从这一点上看，港口建设中保留某些汊道是必要的。

(2)汊道封堵对宏观地形演变的负面影响

岛群的丰富深水岸线资源，是以水流强劲为条件，当水流减弱或水流形式发生变化、水体含沙量又较大时，地形将出现相应的迅速调整。鉴于某些港口工程的实施往往是利弊兼存，因此，在避免不利因素出现的同时，应力求通过工程的合理布置，减小其弊、扩展其利，从而达到有利于地形稳定和减轻港口淤积的目的。

现以洋山港为例：对洋山港的汊道封堵可简要概括为，总体成功与个别负面影响兼存。下面主要对负面影响作一分析。

尽管将军帽—大指头汊道封堵在导引水道主流向港区靠近、减轻港区回流、归顺流态等方面效果良好，但主流北移也带来了水道地形的强烈变化。2005 年 4 月以前，先后对小洋山—镬盖塘和大乌龟—颗珠山汊道实施了封堵，有关勘测分析表明，水道地形与建港前(2002 年)相比，除在两条汊道内口槽区出现局部明显淤浅外，宏观地形基本一致，水道地形处于冲淤更替的类自然演变状态。但当 2004 年 8 月 ~2005 年 4 月，位于水道东侧的将军帽—大指头汊道封堵工程竣工后，在水道中、西部，则快速出现了两条强淤积带。一条位于一、二期港区南侧（简称“北部淤积带”），另一条分布于双连山—大山塘西北侧（简称“南部淤积带”）。2006 年的有关研究认为，北部淤积带的出现，主要与一、二期港池基建疏浚泥沙的扩散有关，该淤积带的存在是暂时的，随着疏浚工程的结束将逐步消失。南部淤积带，无论从分布范围、淤积厚度和稳定性上看，都有别于前者。2006 年 4 月与上述汊道封堵之初的水深图对比显示，南部淤积带的面积达 1093 万 m^2，一般淤厚为 0.5~2.0m，最大淤厚超过 4m。2006 年的分析认为，该淤积带的出现主要与将军帽—大指头汊道封堵，导致本区水流明显减弱（流速下降率约 12%）直接有关。尽管在淤积带形成前，曾在该区以西实施了部分基建土水抛，但从抛泥量远小于淤积量，以及两者在泥沙色泽、粒度的明显差异和水动力综合分析看，淤积带的形成与水抛基本没有关系，该淤积带将继续存在下去。两年以后的水深图对比表明，南部淤积带非但没有退缩，反而在原有基础上继续扩大（图 9.1-6）。目前在小洋山和大山塘（南岛链）连线以西水道，总体上已形成了南淤北冲的地形演变大格局。

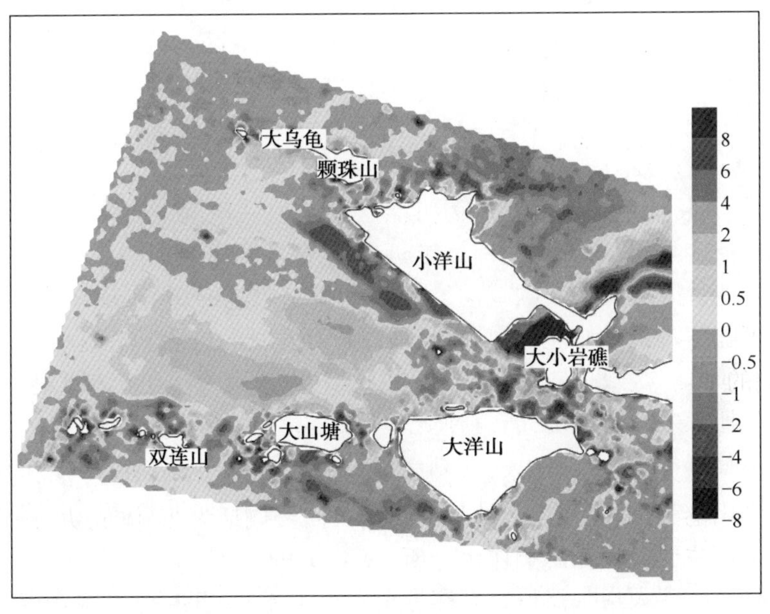

图 9.1-6　2005 年 4 月 ~2006 年 4 月冲淤变化图

根据上述分析可以认为，尽管岛群水道具有水流强劲、自然水深良好等建设深水大港的有利条件，但当水体含沙量较大、堵汊或其他港口工程改变了水流平面分布规律后，某些水域较大范围强淤的出现将相继而生，其变化对港口淤积的影响不可忽视。

试想,如果南部强淤积带出现在水道北部,其后果将非常严重,所幸的是,并非如此。可见,在岛群水道实施港口工程中,对围垦及汊道堵、留利弊进行充分论证的重要性。

洋山港的工程实践表明,理想的汊道封堵,应以满足增加陆域、延伸岸线、实现导流引沙和弱分水强分沙、保持槽滩地形基本稳定为条件。

9.1.3 涨落潮流路分歧水道的岸线布置

通常,有潮海区潮流多具有一定的往复流性质,岛群水道尤其如此。为确保水流具有较强的挟沙力,减轻港池开挖后的淤积,港口岸线多布置在近岸区的涨、落潮流路基本重叠的一侧。但从本次调研的情况看,许多水道的涨、落潮流路不尽相同,流路分歧现象明显,关于这一点,前面已有详述。

在流向严重分异的水道两侧,从减淤角度出发,是否都有益于建港、采取什么样的岸线开发排序等,是港口选址及岸线规划需考虑的问题之一。尽管就本次调查而言,无论在流路分歧、基本无汊道水道(如北仑港区),还是一主多汊水道(如洋山港),目前的港区均分布于一侧,尚未搜集到两侧对映布置的先例。但从两港的发展看,都有开发对岸的远景规划或设想;另外,从水流、泥沙、自然水深等现状分析出发,确也存在继续开发的可行性。如果,金塘水道两岸良好的天然水深和稳定的槽滩分布,使北侧岸线开发成为可能已无需进一步阐述,那么,鉴于洋山港的镬盖塘东部汊道封堵后,不仅使南岛链近侧的流速衰减、地形淤积明显,而且其淤积还有随着西港区规模较大的疏浚所带来的引流效应的增强,使南部淤积带进一步扩大的可能性。果真如此,南侧岸线是否还有开发的可能?分析认为,洋山水道南、北两侧的水体含沙量基本相近,强淤积带的出现主要由于南部流速下降,打破了原水流与地形之间的平衡,当两者新的平衡建立后,淤积将停止,也就是说,淤积带的发展不具有永恒性。假设在规划南岛链的开发时,自东端的大洋山深槽至西口门,通过适当的围垦,比如在采用一定放宽率缩窄中、西部水域宽度的条件下,确保大洋山峡口的进出潮量基本稳定,那么随着南部强淤积带所处水域单宽流量的提高,其地形将转淤为冲,创建一种既有利于南侧岸线开发,也利于现港区水深维护的理想局面是可能的。建议对此作进一步的论证。

因此,从岛群水道建港优越的自然条件和上面的分析出发,在水道两侧自然水深良好、工程布置合理、确保潮量和主流基本稳定的前提下,两侧岸线都存在开发的可行性。

从港口淤积实践和分析看,当水道两侧都具有开发所需的必要条件时,为利于减淤和港口起步,在港口建设的其他条件(如陆岛连接等)允许的前提下,应首先选择水流相对较强、流路逼近岸线一侧起步和延伸。这样不仅有利于岸线的充分利用、降低港口桥梁建设等工程的初期投入,而且对减少码头群体的淤积量也十分有利。洋山港的流路分析表明,在宽度较大、岛屿分布较顺畅的水道内,无论涨、落潮,两岸近侧的水流都具有空间上的相对独立性,没有横向交换的情况,从而使两侧的水流输沙总量都分别近于一个定值。在这种前提下,港区的淤强将遵循随着泊位数量增加而降低的淤积规律,与同数量泊位分别排于两侧相比,前者的淤积强度明显将大大低于后者。从这一点看,自一侧起步延伸的岸线开发排序要优越得多。

9.1.4 浅水深挖的必要条件及其可行性

从我国港口工程的某些实践和泥沙淤积机理出发,不宜在浅水区布置吨位级较大的码头或切滩开发深水航道,以避免大量淤积的出现,这一点已为人们所熟知。但从本次调研和其他某些港口的淤积研究情况看,上述原则有值得商榷的余地。例如,瓯江口北侧的乐清湾港区,物理模型试验结果表明[10],当3个5万吨级集装箱泊位自-7m(国家85高程)浚深至-17.5m后,年平均淤强仅为0.47m。为了验证模型试验结果的可信度,在港区水域进行了试挖淤积观测[11,12](试挖坑规模为500m×100m×3m),尽管2005年"卡努"台风过境时,该水域最大含沙量达1.8~3.2kg/m^3,但台风后,挖深达2.4m区的淤厚仅为0.04~4.37cm,"泰利"台风过境后的最大淤厚也只有8.3cm。从而可以推测,在该区的年平均含沙量仅为0.14kg/m^{3}的条件下,泥沙的淤量不会太大,模型试验小于0.5m的年淤积厚度预测值,不致出现性质上的偏差。有关分析认为,浅水深挖后淤强不大,与水域含沙小、水流速度大(落潮流速在1m/s以上)、引流归槽以及港池与深槽呈一定的坡度连通等有利因素有关。

洋山深水港二期工程,在港区挖深6m,海域含沙量高达1.4kg/m^{3}的情况下,年淤强也仅在1.68m左右,从淤强水深比和淤积量吞吐量比两个指标分析,应属于淤积一般的港口。

航道浅水深挖也不乏成功的实例[13-16]。通常,湾口或河口的拦门沙航道是淤积最重的区域,但防城港的拦门沙航道浚深后,其淤积却较轻。当航道自天然最小水深-2.3m浚深至-5.5m后的一年时间内,非但未出现淤积,反而冲刷5万m^3;1977年挖深至-6.5m后,其年淤积量仅为1万m^3;1993年继续加深至-8m,拦门沙航道则表现为冬季冲刷、夏季略淤与自然滩面冲淤转换相似的水深演变过程。浅水深挖淤积甚微的主要原因有:一是该拦门沙是历史时期泥沙沉积的产物,目前已处于相对稳定状态；二是拦门沙水域的外界沙源贫乏；三是水体含沙量极低，即使在拦门沙水域，其年平均含沙量也仅为0.003～0.067kg/m^3。

广东东水港，位于沙质海岸，滩面沉积物的平均中值粒径为0.25～0.5mm，航道由-1.1～-1.9m浚深至-9m后，预报年淤强为0.16～0.36m，实际淤强仅为0.1～0.2m。航道淤积轻微，主要与拦门沙为4000～5000年前的古沉积物堆积、航道开挖后流速提高（约增22%）和水体含沙量极低有关。湛江港随着港口的发展，拐点多、水深不足的斗龙村老航道已难于适应，切滩开辟龙腾航道方案开始提到日程上来。多种手段的研究表明，当浅滩-7～-10m段增深至-21.8m后，其年平均淤厚仅为0.23m，淤积甚微。这一结论已为10万吨级航道竣工后的淤积实践所证实，水深图对比表明，其实际年淤强仅为0.1m以内。航道切滩而过，淤积却十分小，也因海域含沙量低（约为0.1kg/m^3）、水流顺畅且较强劲、缺乏外界沙源所致。

从以上实例可知，尽管导致各港淤积较轻的原因不尽相同（如因流强、含沙量小，或流速虽不太强但含沙量极低，或沙源贫乏、拦门沙沉积古远等），但归根结底，淤积轻微的主因是水动力较强、泥沙环境优越。因此，可以得出这样的结论：

（1）当欲建港区的含沙量较小、流速又较大，或流速不大但含沙量极低时，在对港池和航道浚深后的淤积状况进行充分论证的前提下，实施浅水深用一般是可行的。

（2）尽管上述淤积较轻的列举多源于无岛屿分布的湾口或海岸，但从水流和泥沙是决定淤积轻、重的制约因素和泥沙淤积的机理分析出发，无岛屿湾口及海岸与岛群水道之间，除波况有所不同（在岛群水域，波浪对含沙量的影响小于非岛群区，因此前者对开挖区水深的维护更有利）外，其他关系基本类同。因此，在与上述列举相近的条件下，在岛群水道实施浅水深挖是可行的。

9.2 岛群水域港口选址及工程布置的基本原则

分析自然条件、总结共性特征和建设深水大港的有利条件，不仅在于掌握环境因素的宏观规律并加以合理利用，同时也为岛群海域港口选址及工程布置原则的制订提供了基础资料和基本依据。建港自然条件的优劣、选址及工程布置的合理性，直接影响着工程建设的难度、造价、工期以及港口建成后的维护费用，从而给“基本原则”制订的正确性提出了更高的要求。基于上述，同时出于《海港总平设计规范》（JTJ 211—1999）和《海港水文规范》（JTJ 213—1998）中对港口选址等已有较成熟而详尽规定的考虑，本章将结合洋山港建设的工程经验，力求避免为求全而重复摘抄，主要从岛群水域特定的水文、泥沙角度出发，对两个规范中尚未涉及或内容覆盖不全的方面，进行条款增补或某些条款的内容充实。

9.2.1 岛群港口选址原则

(1)应对拟选港址区的气象、地形、地貌、水文泥沙、波浪、底质等自然条件进行调查分析和必要的勘测,应根据港口性质、规模、运营的具体要求,对自然环境条件的可行性作出详尽的分析。

(2)港址应选在自然水深适当、海床稳定、水流平顺、波浪掩护条件较好的水域区,不宜在水文条件复杂、地形冲淤转换频率高或转换强度大的区域选址。

(3)中、小型港口选址,应注意因地制宜、便于起步;宜在临近陆岸和深槽较稳定的河口岛屿、湾口岬角或浅水湾内岬角水域选择港址。

(4)深水大港港址的确定,应同时兼顾具有足够的深水岸线或具备维持港口可持续发展所需的岸线开发空间、适度的水域宽度和泊稳条件,以及与港口发展相匹配的航道和锚地资源。

(5)当水流速度大、床沙较易起动,造成水体高含沙的条件较充分时,可在距沙源较远、含沙量较低的沿岸泥沙流运行主方向的下游岛群选择港址。

(6)在水流强、含沙量大、水域宽阔、天然水深条件有限的主水道选址,应对港口不同挖深的泥沙淤积,从量级上作出判断;当淤积较重时,应具有实施减淤工程的可能性。

(7)在位处粉沙质海岸的岛群选择港址,应充分注意港池、航道浚深后的淤积问题,防止年淤积量过大和严重骤淤现象的出现。

9.2.2 岛群港口工程布置原则

(1)岛群中港口的建设,应根据不同岛群区域的资源环境承载能力,现有开发密度和发展潜力,实行统筹规划、远近结合,分期实施,有效保护可贵的深水岸线。

(2)应充分利用已有滩涂,结合促淤、疏浚弃土陆抛及开山填海等方式,根据建设需要逐步形成陆域。

(3)应根据规划港区各地段的水深条件、岛屿分布状况及汊道堵留利弊等分析,统筹兼顾、合理分区,以确定岛屿分片或整体连接的最佳形式。

(4)应充分利用并力求通过汊道封堵等方法扩展岸线资源和港口陆域,平顺水流流态,减小波浪入侵,满足港口泊稳条件。岸线布置应深水深用、浅水浅用。对浅水深用的岸线,应充分论证港池、航道开挖后的泥沙淤积情况。

(5)当主水道与汊道分、汇流区的水流紊乱或在其上、下侧回流现象较明显时,可通过汊道封堵和合理的岸线布置,归顺港区水流和进港航道的流态,避免港池及航道大量淤积。

(6)对于一主、多汊的水道,一般不宜将汊道全部封堵。汊道封堵应以对主水道含沙量和潮量影响较小,维持槽、滩地形相对稳定为前提,特别是应注意防止主流向非港区侧转移的不利情况出现。

(7)在含沙量相对大的潮汐水道,不应采用挖入式和实体突堤。应采用整体连接顺畅的顺岸式,也可采用桩基跨度较大的栈桥式,以减轻工程对水道及临近港区流场的不利影响。

(8)通常,宜在涨、落潮流路趋于一致的水道侧建筑码头。对于涨、落潮流路分歧,但宽度大、水流强、水深条件较好的水道,也可在其两侧分别布置岸线;岸线布置应从水道一侧开始和延伸,以减少工程初期的淤积量,利于港口起步。

(9)当条件允许时,陆域围填宜在近侧水域取土陆抛。但应防止围垦泥沙严重流失及港池、航道基建弃土抛泥扩散对港口淤积和水环境的影响。

(10)抛泥地应选择在开敞水域泥沙运动主导方向的港口下方。不宜在港区上下两侧的水道内实施疏浚弃土水抛。

(11)港口的通海航道,不宜选择在浅滩段过长或水下礁石较多的水道口门一侧。

(12)在港口淤积治理时,即使在水域宽度较大的水道内,也不应采用丁坝挑流;另外,也不宜在中部水域布置顺坝调整潮量分配。

9.3 洋山港建设的关键问题和工程布置基本原则

9.3.1 洋山港建设的关键问题

洋山深水港处在多岛屿、多通道,由大、小洋山两条岛屿链围成的面积为40km^{2}的喇叭口形海域;是以落潮流为主的高含沙、强潮流的潮汐通道;泥沙运移形态主要是以潮流作用为主的悬沙运动。随着工程建设、小洋山岛链中汊道的封堵,海床的冲淤变化也在不断调整,因此,洋山海域是一个既复杂又敏感的海域。

大、小洋山通道的西部水域开阔,其宽度约7.7km,水域平均水深9m,港口建设的关键是水深不足、开挖后的泥沙回淤。东部水域狭窄,其宽度约为1.0km,潮动力强,水深较大,最大水深约90m,对港口而言,主要问题是潮流过大,影响船舶航行安全。

因此,在洋山港地处外海岛群的淤泥质海岸上建设深水港,关键问题是减少泥沙回淤,保证航行安全。同时,还要考虑满足港口的泊稳条件。利用岛群的掩护作用,将岛群连接起来,防止外海波浪入侵,提高港口作业天数和满足船舶靠离泊的安全。

9.3.2 工程布置的基本原则和方案布置

1)工程布置的基本原则

在洋山港特定的自然环境条件下,根据模型试验研究成果和工程实际情况,从泥沙淤积的角度提出如下工程布置原则:

(1)洋山港区总体规划布局宜于沿大、小洋山岛链深槽顺岸布置。

(2)在通道水域内,不宜布置诸如人工岛、中央导流堤等严重影响通道水流平顺的工程。

(3)对通道边界、水流环境改变过大的口门缩窄工程,一般不宜采用。

(4)汊道封堵与否,应以平顺水流、增强港区水流强度、保证通道水流通畅以及满足陆域要求为原则。在多汊岛群港口工程中,应视汊道堵、留利弊充分论证后而定,不宜以封堵作为工程布置原则。

(5)洋山港区不宜布置产生严重泥沙淤积的挖入式港池。

(6)港区岸线应尽量平直布置,尽量避免产生较强回流的折线或类似突堤式的布置,如西港区汊道方案蒋公柱港区西侧岸线。

(7)处于冲刷或稳定的岸段,对局部浅段开槽引流是当前港区减淤的基本有效措施之一。

(8)充分利用泥沙资源,围堤促淤造陆,减少疏浚抛泥影响,满足港口长期发展用地需求。

2)洋山深水港规划方案的布置

(1)北港区规划方案

北港区规划方案归根结底就是西港区建设方案,根据潮流泥沙模型试验结果以及洋山深水港区海域近期地形冲淤演变趋势,从潮流、泥沙角度综合分析认为,西港区采用汊道方案是稳妥、合理的方案。

(2)远景规划方案

远景规划方案是在北港区规划方案的基础上的南港区规划方案,根据潮流模型试验的初步成果,对远景规划方案可采用南北双汊道规划方案(图 9.3-1),即保留颗珠山汊道和大山塘—双连山汊道,在大、小洋山岛链间,形成对称的双汊道布置形式。南北双汊道规划方案是结合了在建北港区新的边界条件下,充分地利用南北双汊道的潮动力,来代替单通道缩窄西口的作用,能维护海域目前出现的南淤北冲格局。既能保证北港区、西港区的水深维护,又符合大洋山港区远景规划。建议对南北双汊道规划方案做进一步研究。

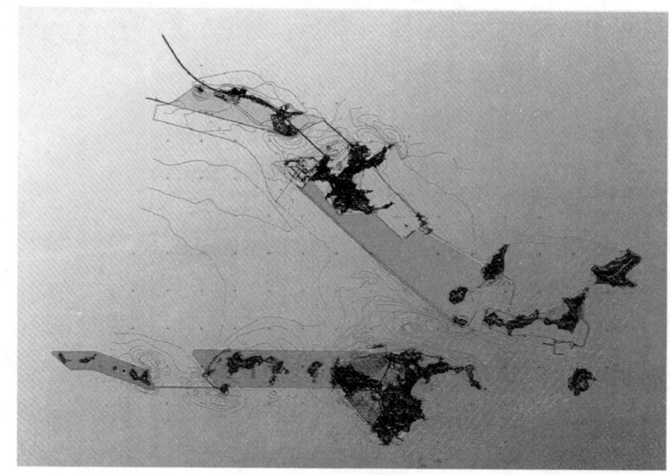

图 9.3-1　远景规划方案示意图

本章参考文献

[1] 宁波—舟山港管理委员会,交通部规划研究院. 宁波—舟山港总体规划[M]. 2007.3.

[2] 中华人民共和国行业标准. JTJ 211—1999　海港总平面设计规范[S]. 北京:人民交通出版社,1999.

[3] 中华人民共和国行业标准. JTJ 213—1998　海港水文规范[S]. 北京:人民交通出版社,1998.

[4] 交通运输部天津水运工程科学研究所. 上海国际航运中心洋山深水港区一期港池水域浮泥观测及泥沙淤积分析[R]. 2006.1.

[5] 泉州市港口管理局,福建省交通规划办公室. 泉州市港口总体规划(2005—2030 年)(报批稿)[R]. 2007.6.

[6] 舟山港港航管理局. 舟山港航道与锚地规划[R]. 2006.

[7] 交通运输部天津水运工程科学研究所. 瓯江口及其附近海域泥沙淤积环境与冲淤演变分析[R].2007.7.

[8] 交通运输部天津水运工程科学研究所. 后渚港的淤积及其治理,1984.11.

[9] 交通运输部天津水运工程科学研究所. 上海国际航运中心洋山深水港区挖入式工作船港池潮流模型试验及泥沙淤积分析[R].2005.5.

[10] 南京水利科学研究院. 温州港乐清湾港区规划及码头布置定床水流模型试验研究[R]. 2005.9.

[11] 曾长新,叶建国. 乐清湾港区浅水深用可行性分析[J]. 中国水运,2007(2):44-45.

[12] 叶建国,庄晓荣. 乐清湾港池开挖后骤淤可能性分析[J]. 海洋工程,2007,25(1):114-119.

[13] 罗肇森. 水东湾的建港条件及拦门沙航道的开发研究与实践[J]. 水利水运科学研究,1993(1):1-12.

[14] 尤芳湖,林国军,杨治家. 防城港拦门沙航道泥沙冲淤变化规律的研究[J]. 海洋科学,1980(1).

[15] 杨治家,林国军,吴龙生,等. 防城港拦门沙航道浚深-7.5m 后的泥沙冲淤的研究[J]. 海洋科学,1988(1).

[16] 南京水利科学研究院. 防城港深水码头建设及航道治理关键技术研究报告[R]. 2008.1.

[17] 交通运输部天津水运工程科学研究所. 上海国际航运中心洋山深水港区海域近期地形冲淤演变分析[R]. 2007.12.

[18] 交通运输部天津水运工程科学研究所. 上海国际航运中心洋山港区一期工程潮流泥沙模型试验研究[R]. 1999.11.

[19] 交通运输部天津水运工程科学研究所. 上海国际航运中心洋山深水港区西港区及总体规划方案潮流物理模型试验研究[R]. 2007.11.

[20] 交通运输部天津水运工程科学研究所. 上海国际航运中心洋山深水港区西港区规划方案局部动床泥沙物理模型试验研究[R]. 2008.1.

[21] 交通运输部天津水运工程科学研究所. 上海国际航运中心洋山深水港区总体规划方案潮流物理模型试验研究[R]. 2000.1.

[22] 交通运输部天津水运工程科学研究所. 上海国际航运中心洋山港区后续工程(西侧)潮流物理模型试验研究[R]. 2004.11.

[23] 交通运输部天津水运工程科学研究所. 上海国际航运中心洋山深水港区西港区整治工程方案潮流物理模型试验研究[R]. 2006.6.

[24] 交通运输部天津水运工程科学研究所. 上海国际航运中心洋山深水港区一期工程洋山港区定床泥沙物理模型试验报告[R]. 2002.5.

[25] 交通运输部天津水运工程科学研究所. 上海国际航运中心洋山深水港区二期工程港池疏浚开挖方案潮流物理模型试验研究[R]. 2005.12.

[26] 交通运输部天津水运工程科学研究所. 上海国际航运中心洋山深水港区西港区深水泊位建设潮流物理模型试验研究[R]. 2008.1.

[27] 交通运输部天津水运工程科学研究所. 上海国际航运中心洋山深水港区东港

池定床潮流泥沙物理模型试验研究[R]. 2007.2.

[28] 交通运输部天津水运工程科学研究所. 上海国际航运中心洋山深水港区总体规划方案潮流物理模型试验研究[R]. 2001.6.

[29] 交通运输部天津水运工程科学研究所. 上海国际航运中心洋山港区总体布局规划优化方案潮流物理模型试验研究[R]. 2003.1.

[30] 交通运输部天津水运工程科学研究所. 上海国际航运中心洋山深水港区一期工程洋山港区潮流物理模型试验报告[R]. 2002.5.

[31] 交通运输部天津水运工程科学研究所. 上海国际航运中心洋山深水港区西港区规划方案潮流物理模型试验研究[R]. 2006.11.

[32] 交通运输部天津水运工程科学研究所. 上海国际航运中心洋山深水港区西港区规划方案潮流泥沙物理模型试验研究[R]. 2007.1.

10 结　　语

洋山深水港从1998年开始论证至今，作者们全程参与了水动力及泥沙的研究工作。本书依托交通科技重大专项课题《岛群中建港水动力关键技术问题研究》这个平台，对十几年来洋山深水港水动力和泥沙问题研究进行了全面总结和理论提炼，并增加了岛群中波浪和船舶系泊试验研究的成果。

(1)全面总结和分析了岛群中建设深水大港的有利条件，论述了岛群港口选址及建筑物布置的基本原则。

本项目从与淤积有关的水文、泥沙条件出发，调查收集了上海洋山港、浙江宁波—舟山港、福建泉州港、浙江温州港等岛群港口资料，依托洋山深水大港规划、建设经验和调研成果，根据岛群水域的水流、泥沙、地形演变等与河流的径流、输沙的相关程度及港口周边陆域宏观棱廓特征，首次提出了将岛群中的港口分为河口型、海湾型和准海洋型3种类型；在此基础上，对岛群水道的动力、泥沙、地形特征，港口位置、岸线形式，汊道封堵工程对港口淤积的影响，以及建设深水大港的有利条件等，进行了较深入的分析和全面总结；论述岛群港口选址及建筑物布置的基本原则，对岛群建设深水大港和浅水深用等港口选址及码头岸线布置基本原则提出了许多新见解，为港口发展和规范的相应条款进行了补充修订提供参考。

(2)以洋山深水港为背景，全面分析了洋山海区动力条件和泥沙环境，详细解析了洋山港海域的海床性质、泥沙运移形态以及泥沙冲淤机理。

以现场资料为基础，根据室内试验成果和理论分析，详细解析了洋山港海域的海床性质、泥沙运移形态以及泥沙冲淤机理。洋山港海域为淤泥质海床，泥沙运动形态以悬移质为主，含沙量垂线分布差异不大。泥沙的冲淤除与背景含沙量有关外，主要与本地泥沙的再悬浮、搬运及沉积有关。水体中的粗颗粒泥沙、底部悬沙以及憩流附近时刻水体中的悬浮絮凝团是造成海床淤积的有效沙源。洋山港海域的泥沙运动及海床变化是与其水流动力条件相适应的，潮流的强弱在一定程度上决定了海床的冲淤变化，潮流对泥沙具有起悬和搬运双重作用。因此，把握该海域的潮流动力变化，对于研究其海床的冲淤变化至关重要。

(3)基于平衡含沙量理论，提出了海床冲淤指标，建立了海床冲淤演变预测模式和顺岸式港池淤积预报公式,为洋山港海床演变分析和港池泥沙淤积预测提供了新的手段。

从现场垂线含沙量的分布变化与潮流的关系以及室内试验成果出发,首次提出了沉降型和起悬型平衡含沙量的概念。利用平衡含沙量理论,提出了海岸冲淤机理主要是实际含沙量与平衡含沙量不一致所造成的,冲淤速率取决于实际含沙量与平衡含沙量之差。根据洋山港的资料,得出了适用于洋山港区流急、水深和高含沙量、平衡含沙量公式,导出海床冲淤指标,建立海床演变预测模式,为洋山港海床演变分析提供了新的研究手段。同时,利用平衡含沙量理论,深入研究了顺岸式港池内水流归槽下槽内流速变化规律,建立顺岸式港池淤积预报公式,为港池淤积计算提供了新的方法,并探索引流减淤有效措施。顺岸式港池淤积预报公式纳入新的《海港水文规范》中。

(4)采用二维潮流、泥沙及海床冲淤数学模型和引进改进的美国夏威夷大学CFMS中飓风模型、全球潮汐模型、第三代深海波浪模型、第三代近岸波浪SWAN模型、潮汐风暴潮模型以及海岸河口多功能数学模型软件包TK-2D,对洋山工程海区台风暴潮骤淤进行了数学模拟研究。

本研究依托于上海国际航运中心洋山深水港建设工程,采用东中国海、长江口、杭州湾整体海区三层嵌套的方法建立了洋山港工程海域二维潮流、泥沙及海床冲淤数学模型,对工程海区潮流和地形冲淤变化进行计算;并联合应用美国夏威夷大学CFMS中飓风模型、全球潮汐模型、第三代深海波浪模型、第三代近岸波浪SWAN模型、潮汐风暴潮模型以及海岸河口多功能数学模型软件包TK-2D,对洋山工程海区台风暴潮骤淤进行了数学模拟研究。

通过二维潮流泥沙数学模型,较好地复演了封堵北港区镬盖塘—小洋山汊道、镬盖塘—小岩礁汊道和小乌龟—颗珠山汊道后的潮流场和地形的变化,并在此基础上,对保留颗珠山汊道(汊道方案)和封堵颗珠山汊道(大通道方案)后主通道水域及各汊道的涨、落潮潮位、流速、潮量的变化以及地形的变化进行了预测,可作为洋山西港区建设方案比选的依据。利用强台风"韦帕"(2007年13号台风)的资料及区域内风、浪、气压、水文、泥沙等相关资料,系统地模拟、预报了洋山港附近海区的台风浪、风暴潮、海流及泥沙骤淤情况。为洋山港的建设提供了依据。

(5)利用整体物理模型,采用清水潮流和浑水局部动床试验方法,总结和论述设计部门提出的各种建设方案和规划方案试验成果,结合对试验的认识,从泥沙角度对洋山港岛群海域港口的平面布置提出建议。

本项研究依托工程为建设中的洋山深水港。利用整体物理模型,采用清水潮流和浑水局部动床的试验方法,深入研究了洋山建设以来,各港区及其主通道水域的潮流和泥沙冲淤情况、各汊道的水沙条件与主通道的关系,优化设计部门提出的洋山深水港建设方案。对北港区规划方案通过充分试验、论证认为,汊道方案对维护通道水深地形稳定具有明显优势,是避免风险的稳妥、合理、可发展的方案。对远景规划方案,可采用南北双汊道规划方案,初步试验结果表明,在北港区新的边界条件下,充分地利用南北双汊道的潮动力,维持通道内目前出现的南淤北冲格局,既能保证北港区,西港区的水深维护,又符合大洋山港区的远景规划。

(6)系统地研究了岛群波浪的特点及模拟方法,解析了岛群间波浪的方向分布、频率分布特征。

在传统 PEM 波浪数学模型的基础上,通过不对称差分,增强了绕射性能;运用方向和频率的分割合成及相互作用,实现多方向不规则波的模拟;增加了风能输入源项;通过实测资料验证,表明方向谱波浪数学模型适用于岛群波浪的计算与研究。

(7)通过模型试验,结合已有规范,提出了考虑波浪的船舶系泊参数的新的计算方法。

通过风、浪、流综合作用下的船舶系泊正态整体物理模型,细致地研究了系泊船只在波浪、水流和风等共同作用下,船舶横移、纵移、升沉、横摇、纵摇、回转 6 个运动量,以及缆绳的拉力、船舶对码头的撞击力等。根据分析和试验给出的波浪作用下横向力、纵向力计算方法,基本反映了船舶大小、载度、波高,以及船舶横摇、纵摇周期与波浪周期大小的影响。基于试验研究成果,对规范系缆力标准值公式进行扩展,在横向分力总和和纵向分力总和中加入波浪力。由于波浪存在波峰和波谷,所以,波浪力是双向的,在与水流力、风力同时作用于船舶时,要考虑波浪力绝对值的线性叠加。